KB089748

맥스웰 몰츠 성공의 법칙

Psycho-Cybernetics: Updated and Expanded
by Maxwell Maltz, MD, FICS
Originally Published by Perigee,
an imprint of Penguin Random House LLC, New York

Korean Translation Copyright ⓒ 2019 by The Business Books and Co., Ltd.
This edition is published by arrangement with TarcherPerigee, an imprint of
Penguin Publishing Group, a division of Penguin Random House LLC, New York
through Shinwon Agency Co., Seoul.

PSYCHO CYBERNETICS

부와 성공을 부르는 마음의 법칙 사이코사이버네틱스

맥스웰 몰츠 성공의 법칙

맥스웰 몰츠 지음 | 매트 퓨리 해설 | 신동숙 옮김

비즈니스북스

옮긴이 **신동숙**

고려대학교 영문과 대학원을 졸업하고 바른번역 소속 번역가로 활동하면서 교육, 여성, 경제 경영 등 다양한 분야의 책을 번역해왔다. 주요 역서로는 《인간은 필요 없다》, 《제리 카플란─인공지능의 미래》, 《인간은 과소평가 되었다》, 《경제의 특이점이 온다》등이 있다.

맥스웰 몰츠 성공의 법칙

1판 1쇄 발행 2003년 5월 1일
2판 1쇄 발행 2010년 8월 20일
3판 1쇄 발행 2019년 12월 3일
3판 16쇄 발행 2024년 1월 11일

지은이 | 맥스웰 몰츠
해 설 | 매트 퓨리
옮긴이 | 신동숙
발행인 | 홍영태
편집인 | 김미란
발행처 | (주)비즈니스북스
등 록 | 제2000─000225호(2000년 2월 28일)
주 소 | 03991 서울시 마포구 월드컵북로6길 3 이노베이스빌딩 7층
전 화 | (02)338─9449
팩 스 | (02)338─6543
대표메일 | bb@businessbooks.co.kr
홈페이지 | http://www.businessbooks.co.kr
블로그 | http://blog.naver.com/biz_books
페이스북 | thebizbooks
ISBN 979─11─6254─115─9 03190

사이코사이버네틱스,
모든 사람이 경험할 삶의 변화

자기계발서는 크게 두 부류로 나뉜다. 하나는 읽고 나서 '참 좋은 책이군!' 이라는 생각이 드는 책이고, 다른 하나는 마음속에서 큰 울림을 느끼며 인생이 긍정적인 방향으로 바뀌는 계기가 되는 책이다. 진정으로 훌륭한 자기계발서를 만나면 그 책을 만난 날짜와 시간 혹은 책을 추천해 준 사람의 이름을 적어 두기도 한다. 또 책을 읽기 전 자신의 모습과 지금 현재의 모습이 확실히 다르다는 것을 알게 된다.

이것이 바로 독자들이 자기계발서의 고전으로 꼽히는《맥스웰 몰츠 성공의 법칙》을 읽으며 경험할 일들이다. 1960년대에 처음 출판된 이후 이 책은 전 세계에 3,500만 부 이상 팔려 나갔다. 사회 각계각층의 많은 이들이 이 책을 만나면서 그때껏 경험한 적 없는 엄청난 성공을 이루었다. 자기계발 분야 역시 이 책 덕분에 크게 성장했다. 오늘날 시각화나 정신적 이미지를 응용한 자기계발서는 모두 몰츠 박사의 이론에 직접적으로 영향을 받았으며 사이코사이버네틱스에 깊이 뿌리내리고 있다.

***

대학을 졸업하고 캘리포니아로 거처를 막 옮겼던 1987년 2월에, 나는 혼자서 헬스 트레이닝 강좌를 열기로 결심했다. 대학 때 레슬링 전국 대회에서 우승한 경력이 있었고 올림픽 금메달리스트인 댄 게이블과 브루스 바움가트너 밑에서 배운 경험이 있으니, 어린 선수들을 지도하거나 몸을 만들고 싶어 하는 성인들을 충분히 가르칠 수 있다고 생각했다.

그러나 그 분야에 첫발을 내디디며 어쩐지 마음 한구석이 불편했다. 솔직히 따져 보면 나는 사업 경험도 없었고 돈도 거의 없었다. 그리고 시작도 하기 전부터 해낼 수 없다는 생각이 들었다. 마음속 깊은 곳에서 내 실력으로는 어림도 없고 성공하기 힘들 것이라는 목소리가 들렸다. 성공하기를 간절히 원하면서도 실패할 것 같았으니, 속으로 얼마나 애가 탔는지 모른다. 그런데 어째서 나는 실패할 것 같다는 생각을 하게 되었을까?

이 질문의 답을 곰곰이 생각해 보면 고등학교 시절이 떠오른다. 당시 나는 아이오와 대학교에 입학해 댄 게이블의 밑에서 레슬링을 배우고 싶다는 꿈을 품었고 결국 그 목표를 이루었다. 하지만 소속된 체급에서 1인자가 되었던 적은 없었다. 나는 늘 2인자였다. 각종 대회와 토너먼트, 팀 대항 경기에 나가 대다수의 시합에서 이겼지만 우승의 왕좌를 차지하지는 못했다. 그래서 2학년을 마친 뒤 펜실베이니아의 에든버러 대학교로 이적해 대학 대표팀 선수가 됐다.

대학 3학년 때 나는 39승으로 학기 최고 성적을 거두었고, 미국대학스포츠협회 NCAA 가 주최하는 전국 규모 대회인 디비전 Division Ⅱ에서 우승했다. 이후 디비전 Ⅱ에서 다시 한 번 우승하고, 상위 경기인 디비전 Ⅰ 토너먼트에서도 우승을 하겠다는 목표를 세웠다. 하지만 그 목표를 이루진 못했다. 심지어 아주 저조한 성적이었다. 그 후 한동안은 잔뜩 위축되어 지내다가, 4학년이 되면서 다시 마음을 가다듬고 만회해 보겠다고 결심했다. 4학년 때는 그 어느 때보다도 기량이 향상됐지만 여전히 우승에는 한참 못 미쳤다.

지금에 와서 생각하면 내 성적이 기대에 미치지 못했던 이유를 여러 가지 댈 수 있지만 그때는 전혀 알아채지 못했다. 그리고 졸업 후 일을 처음 시작했을 때도 대학 시절에 느꼈던 것과 똑같이 미래에 대한 두려움과 걱정에 사로잡혀 있었던 것 같다.

운명적인 사건은 위기의 순간에 찾아오기 마련이다. 한동안 나는 고객이 없어 사업을 접어야 할지 모를 지경에 이르렀고 1987년 5월 초순에 운명적인 전환점을 맞게 됐다. 당시 잭이라는 57세의 성공한 기업 경영자가 트레이닝 레슨을 12회 신청해서 그분을 레슨하고 있었다. 그분은 레슨 때마다 내 사무실 책장에 꽂힌 책에 눈길을 주고는 했는데, 그러면서 자연스럽게 독서에 관한 이야기를 많이 나누게 됐다.

다섯 번째 레슨 날, 웨이트 트레이닝을 받으면서 중간에 잠시 숨을 돌리던 중에 그분이 내게 이런 질문을 던졌다.

"매트, 자네《맥스웰 몰츠 성공의 법칙》이라는 책 읽어 본 적 있나?"

"아니요. 좋은 책인가요?"

"뭐랄까, 자기계발서의 바이블 같은 책이야. 꼭 한번 읽어 보게."

그리고 그분께서는 약 10분 동안 성공과 자아 이미지에 관한 이야기를 해주었다. 모든 사람은 스스로가 그린 자신의 이미지를 뛰어넘는 성취를 할 수 없다는 내용이었다.

"우리 각자의 미래는 무의식 속 정신적인 청사진에 의해 만들어지고, 그것이 우리가 삶의 일부라고 믿는 영역에 영향을 준다네. 고객을 더 많이 유치하거나 돈을 더 벌고 싶으면 우선 자아 이미지부터 넓혀야 하는 거지. 그러지 않으면 아무리 애를 쓰더라도 확실하고 효과가 오래 지속되는 변화를 이룰 수가 없다네."

나는 레슨이 끝나자마자 곧바로 차를 몰고 가장 가까이에 있는 서점인 캐피톨라 북카페로 갔다. 그곳에서 《맥스웰 몰츠 성공의 법칙》을 사서 사무실로 돌아와 즉시 읽기 시작했다. 초판 서문에는 이런 글귀가 있었다. "이 책은 단순한 독서가 아니라 실제 적용을 목적으로 썼다. 우리가 어떤 책을 읽으면 정보를 얻을 수 있다. 그러나 단순히 알기만 하는 것이 아니라 실제로 경험하려면 그 정보에 창조적으로 응답해야 한다."

책에서 몰츠 박사는 자신이 소개한 기술을 계속 연습하고 최소한 21일 동안은 판단을 보류해야 한다고 독자들에게 당부했다. 21일은 실제 효과가 나타나는 데 필요한 시간이라는 사실이 오늘날 연구를 통해 밝혀졌다. 또한 그는 기술을 지나치게 분석하거나, 비판하거나, 효력 있는가를 이치적으로 따지지 않도록 주의해야 한다고 일렀다. 그러면서 "몸소 실천하고 결과를 직접 판단해야만 확인할 수 있다."고 덧붙였다.

나는 그 말을 그대로 따랐다. 그리고 곧 내가 왜 실패할 것 같은 기분을 느꼈는지, 나의 형편없는 '자아 이미지'가 어떻게 내 일을 저지했는지 정확히 알게 되었다. 간단히 말해 내가 실패할 것 같은 기분을 느꼈던 이유는 실망, 상실, 차질, 실패를 끊임없이 되새겼기 때문이었다. 더러운 거름으로 얼굴을 문지르듯 나쁜 기억만을 떠올리며 스스로를 무능하게 느꼈던 것이다. 사실은 깨끗한 물처럼 내가 뭔가를 잘해 냈던 기억으로 얼굴을 깨끗이 닦았어야 했다.

나는 스스로에게 이런 말을 해줄 수도 있었다. '그래, 나는 아이오와 대학교에 진학해서 댄 게이블 코치님 밑에서 레슬링을 배우겠다는 꿈을 이뤘어. 나는 에든버러 대학교로 이적해서 선수로서의 입지를 확고히 하고 전국 대회에서도 우승했어. 나는 한 학기 우승한 적도 있어.'

나는 운동선수 대다수가 성취하기 어려운 성과를 이뤄 냈음에도 모든 대회에서 이긴 것은 아니었기에 스스로 실패했다고 생각했다. 나는 목표를 품고 긍정적으로 생각하는 것만으로는 충분하지 않다는 사실을 깨닫지 못했다. 자아 이미지가 중요하다는 사실은 들어 본 적이 없었다. 한때 배운 자기최면이 마음을 가다듬는 데 도움이 되기도 했지만 과거로 돌아가서 최고의 기억을 떠올리라는 가르침은 금시초문이었다. 원하는 것을 이뤘을 때의 느낌은 고사하고, 원하는 것을 그리는 법조차 배운 적이 없었다.

나는 실패한 기분을 뼛속까지 간직한 채로 일하는 것은 물론 모든 일상을 그렇게 살았다. 다시 말하지만 나는 목표가 있었고 진심으로 성공하고 싶었다. 하지만 그와 동시에 내게 사람들을 가르칠 만한 실력이 있는지 확신하지 못하고 있었다. 생각해 보면 세계 대회나 올림픽에서 금메달을 딴 것도 아니었고, '그저 딱 한 번' 전국선수권대회에서 우승을 했던 것이 다였으니 말이다.

그때부터 《맥스웰 몰츠 성공의 법칙》에 푹 빠져 살았다. 책을 읽으며 날마다 지켜야 할 일이 있다는 사실을 알게 됐고 바로 실천했다. 예전에는 해본 적이 없는 경험이었다. 나는 몰츠 박사가 '정신의 영화관'The Theater of the Mind 이라고 이름 붙인 상상력 훈련도 했다. 눈을 감고 마치 머릿속에서 상연되는 영화를 보듯 가장 좋았던 순간의 기억을 떠올렸다. 우승했을 때, 원하던 것을 이뤘을 때 같은 가장 행복했던 순간들을 되짚었다.

최고의 순간을 재현하고 생생히 느낀 뒤에는, 스위치를 켜듯 필요할 때마다 내가 최고의 자리에 올라 행복했던 이미지를 떠올렸다. 그러자 미래에 목표를 이룬 나의 모습을 상상할 때도 현재 그 일이 일어난 것처럼 생생하게, 또 과거에 그랬듯이 성공하는 경험을 할 수 있었다.

이 기술을 완전히 습득한 뒤로 내 삶은 바뀌기 시작했다. 무엇보다도 즉시(과장이 아니라 말 그대로 그 즉시) 기분이 좋아졌다. 행복했고, 성공한 기분이 들었다. 승자가 된 듯했다.

기분이 묘했다. 논리적으로 설명이 안 됐기 때문이다. 대체 어떻게 '지금' 행복하고, 성공하고, 승자가 된 기분을 느낄 수 있는 걸까? 행복하고 좋은 기분을 느끼려면 먼저 원하는 목표를 먼저 달성해야 하는 것 아닌가? 실패한 경험들은 어떻게 된 거지? 내가 시도했지만 이루지 못했던 모든 경험과 사건들에 대해 영원히 속상해해야 하는 게 아니었던가?

그런 문제들이 바로 이 책을 수동적으로 읽기만 해서는 이해할 수 없는 부분이다. 분석하고, 설명하고, 논쟁하고, 지식으로 따지려고 해서는 이해할 수 없다. 이 진실을 확인하려면 반드시 실천을 통해 경험해야 한다. 단순히 글을 읽는 것만으로는 진실을 확인하거나 느낄 수 없다.

1987년 5월의 영광스러운 경험 이후 나는 대단히 큰 성과를 거두었다. 내가 기억하는 성취, 업적, 성공 사례만 해도 상당하다. 단기적으로는 헬스 트레이닝 사업이 크게 번창했다. 1997년에는 34세의 나이로 쿵푸의 본고장인 중국 베이징에서 열린 쿵푸 대회에서 세계 챔피언 타이틀을 얻었다. 미국인으로서는 최초로 이룬 성과였다. 그 뒤로는 책을 쓰고 피트니스와 무술 프로그램을 만들어 전 세계에 내 이름을 알렸다.

2003년에 사이코사이버네틱스 재단 대표로 있던 내 친구 댄 케네디로부터 재단의 웹사이트 관리를 맡아 달라는 부탁을 받았다. 그리고 재단 일에 관여하기 시작한 지 2년 만에 재단을 인수했고, 사이코사이버네틱스에 관한 세미나를 진행하고 기술과 원칙을 적용해 그룹 및 개인 코칭을 해오고 있다. 내가 지도했던 많은 사람들이 코칭을 통해 예전에는 엄두도 내지 못했던 성공을 이루었다고 증언했다. 기업가, 의사, 영업사원, 운동선수, 변호사, 감독, 교사, 음악가, 작가, 그 외 각계각층에 종사하는 수많은 이들이 몰츠 박사가 설명했던 내용을 실천했다. 그들은 사이코사이버네틱스를 알게 된 다른 수많은 사람과 마찬가지로, 현재와 미래의 삶을 더 훌륭하게 만들었다.

이 책을 읽으면서 발견하게 될 많은 비밀들 중에 특히 중요한 것은 '목표를 향해 가는 하루하루는 물론이고 바로 지금 이 순간 행복해질 수 있다'는 사실이다. 원하는 바를 달성해야만 행복해지는 게 아니라 그 과정에서 행복을 발견하면 사이코사이버네틱스의 약속이 이미 지켜진 것이다.

웨인 다이어 Wayne W. Dyer 박사는 저서 《이제는 또렷이 볼 수 있다》I Can See Clearly Now 에서 사이코사이버네틱스가 그에게 어떤 영향을 미쳤는지 이야기했다. 이 이야기를 읽으면 그가 "행복으로 가는 길은 없다. 행복이 곧 길이다."라는 말을 즐겨 했던 이유가 무엇인지 쉽게 이해할 수 있다.

* * *

《맥스웰 몰츠 성공의 법칙》의 이번 개정판에도 몰츠 박사가 처음에 썼던 글 대부분이 그대로 보존되어 있다. 그가 전하는 메시지의 울림은 여전히 태양처럼 우리를 비출 것이다. 개정판에서 수정된 부분은 많지 않으며, 이 시대 독자들이 이 내용을 더 잘 받아들일 수 있도록 하려는 측면에서만 수정을 가했다.

몰츠 박사의 대작에 내가 힘을 보탠 부분은 이 서문과 맺는말 그리고 본문 중간중간에 자아 이미지 개선과 관련해 추가적인 지침과 설명을 제시하면 좋겠다고 생각한 부분에 덧붙인 것 정도다.

마지막으로 이 책이나 몰츠 박사의 이론, 코칭, 세미나, 메시지를 전 세계에 알릴 기회나 자격과 관련해 궁금한 점이 있거나 의견이 있다면 웹사이트 psycho-cybernetics.com에 남겨 주기 바란다.

매트 퓨리
사이코사이버네틱스 재단 대표

성공의 법칙으로
당신의 삶을 바꿔라

'자아 이미지'self-image라는 개념의 발견으로 심리학과 창조성을 다루는 영역에 돌파구가 마련됐다. 이미 1950년대 초부터 자아 이미지의 중요성이 알려지기 시작했지만 이 책이 출판되기 전에는 그에 관한 문헌이 거의 없었다. 흥미롭게도 그 이유는 '자아 이미지 심리학'이 효과가 없어서가 아니라 놀라울 정도로 효과가 컸기 때문이었다. 내 동료의 다음과 같은 말에서도 당시 사람들의 심정이 어땠는가를 엿볼 수 있다.

"내가 발견한 사실을 공식적으로 밝히기가 망설여진다네. 특히 일반 대중들에게 알리는 건 더더욱 말이야. 환자들의 구체적인 사례를 제시하면서 그들이 경험한 놀라운 변화에 대해 설명하면 터무니없는 과장이라는 비판을 받거나, 사이비 종교 집단으로 몰리거나, 아니면 그 두 가지 공격을 한꺼번에 받게 될 테니 말일세."

나 역시 그와 비슷하게 꺼림칙한 느낌이 있었다. 어떤 식으로든 이 주제에 관해 책을 쓴다면 동료 의사들은 정통에서 벗어난 접근으로 받아들일 게 거의 확실했다. 우선 성형외과 의사가 심리학에 관한 책을 쓰는 것부터가 통상적인 관례에 어긋난다. 두 번째로 심리학에서 정설로 여겨지는 영역, 즉 엄격하고 폐쇄적인 심리학 이론을 벗어나서 물리학, 해부학, 사이버네틱스라는 새로운 체계에서 인간의 행동을 설명하는 것은 더더욱 정통에서 벗어난 기이한 주장으로 받아들여질 터였다.

그럼에도 나는 훌륭한 성형외과 의사라면 심리학자의 자질이 있든 없든 모두가 일종의 심리학자이며, 그래야 마땅하다고 본다. 환자의 외모를 바꾸는 시술은 그 사람의 미래까지 바꿔 놓는 경우가 거의 대부분이기 때문이다. 육체적인 이미지가 바뀌면 성격과 행동, 때로는 재능과 능력에 이르기까지 그 사람의 존재 전체에 변화가 생긴다.

나는 이미 오래전에 이 일에 엄청난 책임이 따른다는 사실을 절감하고, 환자들과 나 자신을 위해 내가 하는 일을 제대로 이해해야겠다고 결심했다. 책임 있는 의사라면 전문 지식과 숙련된 기술도 없이 환자의 얼굴과 몸 이곳저곳을 시술하지는 않을 테니 말이다. 환자의 얼굴에 손을 대는 것은 그 사람의 내면까지 바꾸는 일이라고 받아들인다면 환자의 내면에 관해서도 전문성을 갖출 책임이 있다.

성격에도 얼굴이 있다?

나는 이전 책《새 얼굴, 새 미래》New Faces, New Futures 에서 특히 얼굴 성형으로 새로운 삶을 맞이하게 된 환자들의 사례를 소개했다. 그 책에는 얼굴이 바뀌면서 갑자기 성격까지 극적으로 바뀐 놀라운 이야기들이 담겨 있다. 이런 측면에서 나는 내가 이룬 성과에 뿌듯함을 느끼기도 했다. 하지만 화학자 험프리 데이비 경 Sir Humphry Davy 이 일찍이 말했던 것처럼, 나도 성공보다는 실패에서 더 많은 것을 배웠다.

환자들 중에는 수술을 받더라도 내면이 바뀌지 않는 사람들도 있었다. 얼굴이 두드러지게 추하거나 외모에 기괴한 특징이 있었던 것을 고친 사람들은 수술을 받은 뒤 대부분 즉각적으로(주로 21일 이내에) 자존감과 자신감이 높아졌다. 하지만 일부 환자들은 계속해서 열등감을 느끼고 미흡하다고 생각했다. 마치 자신이 여전히 추한 얼굴을 하고 있다는 듯 실패감을 느끼고 실제로 실패한 사람처럼 행동했다.

이는 외적인 이미지 재건이 내면의 품성까지는 변화시키지 못했다는 의미다. 외적인 변화 말고도 다른 요인이 필요하다. 그 요인 역시 보통은 성형 수술의 영향을 받지만 그렇지 않을 때도 있다. 이런 요인까지 재건되면 사람 자체가 변화하지만, 재건되지 않으면 육체적인 특성이 크게 달라졌더라도 예전 모습 그대로 살아가게 된다.

그런 사례를 보면 마치 성격 그 자체에 '얼굴'이 있는 것처럼 비육체적인 성격의 얼굴이 성격 변화의 진정한 열쇠가 되는 듯했다. 성격의 얼굴이 상처 입거나, 왜곡되거나, 추하거나, 열등한 채로 남아 있으면 외모가 변했더라도 예전과 다름없이 행동했다. 반면 성격의 얼굴이 재건될 수 있었던 경우에는 과거의 감정적 상처가 제거되고, 심지어 성형 수술을 받지 않았더라도 변화가 나타났다. 이 분야를 탐구하기 시작하면서 나는 개인의 정신적, 영적 개념인 '자아 이미지'와 스스로에 대한 그림이 성격과 행동에 영향을 끼치는 진정한 요인임을 확인하게 됐다. 이에 관해서는 제1장에서 더 설명할 것이다.

새로운 진실은 밖에서 온다

나는 국경을 넘어야 하는 한이 있더라도, 진실을 찾을 수 있는 곳은 어디든 가야 한다고 항상 믿어 왔다. 오래전 성형외과 의사가 되겠다고 결심했을 당시 독일은 성형 의술에서 전 세계 어느 지역보다도 월등히 앞서 있었다. 그래서 나는 국경을 넘어 독일로 건너갔다.

이와 마찬가지로 자아 이미지를 찾는 과정에서도 경계를 넘어야 했다. 다만 이때 넘어야 했던 경계는 눈에 보이지 않는 것이었다. 물론 심리학 분야에서도 자아 이미지의 개념과 자아 이미지가 인간의 행동에 끼치는 영향에 관한 인식이 잡혀 있었다. 하지만 자아 이미지가 어떻게 영향력을 발휘하며 새로운 성격을 만들고, 자아 이미지가 바뀔 때 인간의 신경 체계에서 어떤 일이 벌어지는가에 대한 심리학의 해답은 '정확히는 모르지만 어찌되었든 그렇게 된다'는 식이었다.

그래서 나는 그 문제의 답을 심리학이 아닌 사이버네틱스에서 찾았다. 사이버네틱스는 목적론을 어엿한 과학으로 복구시킨 접근 방식이었다. 사이버네틱스라는 신생 분야가 심리학자들이 아니라 물리학자들과 수학자들의 연구를 중심으로 대두되었으며, 특히 기계 시스템의 목적 지향적인 행동과 관련이 있는 학문이라는 것이 다소 신기했다. 사이버네틱스는 기계의 목적 있는 행동에서 '무슨 일이 일어나는지'와 '무엇이 필요한지'를 설명한다. 심리학은 인간의 마음에 관한 방대한 지식을 내세우면서도, 인간이 어떻게 책상 위에 놓인 연필을 집어 들 수 있는가와 같은 단순하고 목표 지향적이며 의도적인 상황에 관해서는 만족스러운 답변을 내놓지 못하고 있다. 마치 외계와 다른 행성에 관해 고찰하면서도 정작 자기 집 뒷마당에 무엇이 있는지는 파악하지 못하는 것과 같았다.

하지만 물리학자들에게는 답이 있었다. 사이버네틱스라는 새로운 과학의 도입으로 심리학에 중요한 돌파구가 마련됐다. 이런 큰 발전이 물리학자와 수학자들의 활동에서 나왔다는 건 사실 놀랄 일이 아니다. 실제로 과학의 모든 중대한 발견은 다른 분야에서 나올 가능성이 크다. 흔히 우리가 '전문가'라고 이야기하는 사람들은 해당 학문으로 규정된 범위 내의 지식을 가장 철저히 파악하고 있는 이들이다. 그렇기에 실상 모든 새로운 지식은 밖에서, 즉 내부 전문가가 아니라 외부에서 들어온다.

예를 들면 파스퇴르는 의학 박사가 아니었다. 라이트 형제는 항공 엔지니어가 아니라 자전거 정비공이었다. 아인슈타인은 엄밀히 따지면 물리학자가 아니라 수학자였지만 그가 제시한 수학적 발견은 물리학의 모든 지론을 완전히 뒤엎었다. 마리 퀴리는 의학 박사가 아니라 물리학자였지만 의학에 큰 공헌을 했다.

마음에 관한 새로운 과학, 사이버네틱스

이 책은 사이버네틱스 분야의 새로운 지식을 소개하고, 독자들이 이 지식을 실제 삶에 적용해서 각자 중요한 목표를 성취할 수 있는 방법을 제시할 것이다.

정신의 자동 유도 시스템

자아 이미지는 인간의 성격과 행동의 열쇠다. 그러므로 자아 이미지를 바꾸면 성격과 행동이 바뀐다.

그런데 이뿐만이 아니다. 자아 이미지는 개인적인 성취에 한계를 그어 무엇을 할 수 있고 할 수 없는지를 규정한다. 즉, 자아 이미지를 확장하면 '가능성의 영역'을 확장하는 셈이 된다. 적절하고 현실적인 자아 이미지는 새로운 능력과 재능을 불어넣고 실패를 성공으로 바꾼다.

자아 이미지 심리학은 그 자체로 가치가 있을 뿐 아니라 오래전부터 알고 있었지만 그 배경을 제대로 이해하지 못했던 많은 현상을 설명하기도 한다. 예를 들어 오늘날 개인심리학, 심신의학, 산업심리학 분야에는 '성공형 성격, 실패형 성격, 행복해지기 쉬운 성격, 불행해지기 쉬운 성격, 건강을 지키기 쉬운 성격, 병에 걸리기 쉬운 성격' 같은 유형이 존재한다는 반박하기 힘든 임상 증거가 있다. 자아 이미지 심리학은 이런 부분을 비롯해 삶에서 관찰할 수 있는 많은 측면들을 새로운 관점에서 본다. 긍정적인 사고의 힘을 새롭게 부각시키고, 왜 긍정적인 사고가 통하는 사람도 있고 그렇지 않은 사람도 있는지 그 이유를 설명한다(긍정적인 사고는 그 사람의 자아 이미지와 일치하면 실제로 효력을 발휘한다. 하지만 자아 이미지와 불일치할 경우 자아 이미지가 바뀌지 않는 한 효력이 나타나지 않는다).

자아 이미지 심리학을 이해하고 활용하려면 목표 성취에 적용되는 메커니즘에 관한 내용을 알아야 한다. 인간의 뇌와 신경 체계는 각 개인의 목표 성취를 위해 사이버네틱스의 원칙에 따라 의미 있게 작용한다. 즉, 기능적 측면에서 뇌와 신경 체계는 복잡하고 경이로운 '목표 추구 메커니즘'을 형성하는데, 이는 메커니즘 작동 주체의 운영 방식에 따라 성공의 구조가 될 수도 있고 실패의 구조가 될 수도 있는, 일종의 내재적인 자동 유도 시스템이다.

기계와 기계적 원리의 연구에서 시작한 사이버네틱스가 창조적이고 유일무이한 존재인 인간의 존엄을 회복시키는 문제에까지 작용한다는 사실은 다소 아이러니하다. 인간의 마음과 정신의 연구에서 출발한 심리학이 결국에는 정신적 측면을 거의 배제하는 상황에까지 이른 것이다. 그렇다 보니 인간도 기계도 모두 이해하지 못했던 행동주의자들은 그 둘을 혼동해서 생각은 단순히 전자電子의 이동일 뿐이고 의식은 화학 작용에 불과하다며 '의지'와 '목적'을 근거 없는 믿음으로 치부했다. 그러나 물리적인 기계의 연구에서 시작한 사이버네틱스는 그런 실수를 하지 않는다. 사이버네틱스는 인간이 기계라고 설명하지 않고, 인간에게 기계적인 측면이 있고 그런 기능을 사용한다고 설명한다. 나아가 기계적 구조가 어떻게 작동하며 어떻게 활용될 수 있는가를 제시한다.

창조적 경험으로 더 나은 자아 이미지를 세운다

자아 이미지는 지적인 능력이나 지식에 의해서가 아니라 오직 '경험'에 의해 좋든 싫든 바뀐다. 우리는 의식적으로 혹은 자기도 모르게 과거의 창조적인 경험에서 자아 이미지를 만들어 낸다. 그런 자아 이미지는 동일한 방법을 이용해서 바꿀 수 있다. 사랑이 무엇인지를 '배운' 아이가 아니라 사랑을 직접 '경험한' 아이가 건강하고 행복하며 심리적으로 안정된 어른으로 자란다. 현재의 자신감과 태도는 열심히 공부해서 배운 것이 아니라 경험으로 체득한 결과다.

자아 이미지 심리학은 오늘날 사용되는 다양한 치료법들 간의 격차를 메우고 그 방법들 사이의 갈등을 해소할 뿐 아니라 직간접적인 상담, 임상심리, 정신분석, 자기암시의 공통분모가 되고 있다. 그 모두가 창조적인 경험을 활용해 더 나은 자아 이미지를 만든다.

이론이 어찌되었든 간에 바로 이것이 정신분석학의 치료 절차뿐 아니라 실제 상황에서 실제로 진행되는 일이다. 현실에서 상담을 진행할 때 분석가는 환자가 두려움, 수치, 죄책감, 부정적인 생각들을 쏟아 내더라도 절대 비판하거나, 비난하거나, 훈계하지 않으며 충격을 받지도 않는다. 환자는 난생처음 인간으로 받아들여지는 경험을 하면서 자신에게도 가치와 존엄이 있다는 느낌을 받고, 자기 자신을 받아들이고 자신을 새로운 눈으로 바라보게 된다.

성공을 상상하면 진짜 성공하는 이유

최근 실험심리학과 임상심리학 분야에서 또 하나의 발견이 나오면서, 자아 이미지를 바꾸는 직접적이고 통제된 방법으로 '경험'을 활용할 수 있게 되었다. 실제 세계의 경험은 어렵고 가혹할 수도 있다. 예를 들어 키보다 깊은 물속에 사람을 빠뜨리면 그 경험으로 수영을 배우는 사람도 있겠지만 물에 빠져 목숨을 잃는 사람도 있다. 실제로 육군은 가혹한 훈련으로 많은 소년들을 '남자'로 만든다. 하지만 이런 군대 경험 때문에 많은 이들이 신경증을 앓는다는 사실은 익히 알려져 있다.

'성공이 성공을 부른다'는 말은 이미 수백 년 전부터 회자된 말이다. 우리는 성공을 경험함으로써 성공적으로 역할을 수행하는 법을 배운다. 과거에 경험했던 성공의 기억은 각자의 '저장된 정보'가 되어 현재의 과업에 자신감을 갖도록 해준다. 하지만 여태껏 실패만 경험했다면 성공했던 과거의 경험을 어떻게 기억해 낼 수 있을까? 그런 사람들은 마치 경험이 없어서 일자리를 얻을 수 없고, 일자리가 없으니 경험을 할 수 없는 젊은이들의 처지와도 비슷하다.

이런 딜레마는 우리의 마음이라는 일종의 실험실에서, 경험을 창조하고 통제하며 인위적으로 만들어 나감으로써 해결할 수 있다. 실험심리학과 임상심리학 모두 인간의 신경계가 실제 경험과 '생생하게 구체적으로 상상한 경험'의 차이를 구별할 수 없다는 사실을 추호의 의심도 없을 정도로 명확히 입증했다.

과장된 이야기처럼 들릴지 모르지만, 본문에서는 이런 인위적인 경험이 다트를 던지거나 농구 골대에 공을 넣는 것 같은 실질적인 기술을 향상시키는 데 활용된 통제실험 사례를 다룬다. 대중 앞에서 연설하기, 치과에 가는 두려움 극복하기, 사회적인 태도 계발하기, 자신감 키우기, 제품을 더 많이 팔기, 체스 실력 키우기 등(경험을 통해 성공할 수 있다고 알려진 사실상 모든 상황)에 이 기술을 활용한 사람들의 이야기를 살펴보면서 그 실제적인 영향을 확인할 것이다. 또 저명한 심리학자 두 사람이 수행했던 놀라운 실험에 대해서도 알아볼 것이다. 이 실험에서 신경증 환자들은 '정상적인 상태'를 경험함으로써 병을 치유했다. 그리고 가장 중요하다고 꼽을 만한, 만성적인 불행을 느끼는 사람들이 행복을 경험함으로써 삶을 즐기게 된 경우에 대해서도 알아볼 것이다.

3주 후 나타나는 변화를 경험하라

이 책은 단순한 독서가 아니라 실제 적용을 목적으로 썼다. 어떤 책을 읽으면 우리는 정보를 얻을 수 있다. 그러나 단순히 알기만 하는 것이 아니라 실제로 경험하려면 그 정보에 창조적으로 응답해야 한다. 정보 습득 그 자체는 수동적이다. 하지만 경험은 능동적인 활동이다. 우리가 뭔가를 경험하면 신경계와 중뇌 안에 어떤 변화가 생긴다(더 자세히 설명하자면 새로운 기억 심상과 신경 패턴이 뇌의 회백질에 기록된다).

이 책은 말 그대로 독자들이 그런 경험을 해보도록 만드는 데 맞춰졌다. 내가 만난 환자들의 사례를 내 의도에 맞게 소개하는 것은 최소화하려고 노력했다. 대신에 상상력과 기억력을 활용해서 독자들이 각자의 사례를 만들어 보도록 유도했다. 그 외에도 독자 여러분이 시도하거나 실천해야 할 내용들이 본문 곳곳에 있다. 어렵지 않게 간단히 해볼 수 있는 연습인데, 최대의 효과를 얻기 위해서는 연습 과제를 반드시 규칙적으로 실천해야 한다.

이 책에 나온 자아 이미지 변화 기법들을 시도했지만 아무런 효과가 없을 경우 지레 낙심하지 말고, 최소한 21일 동안은 판단을 보류하고 묵묵히 실천해 나가라. 우리의 정신적 이미지에 자각할 수 있을 정도의 변화가 나타나려면 적어도 21일은 지나야 하기 때문이다. 성형 수술에서 환자가 수술 후 새로 바뀐 얼굴에 적응하는 데도 대략 21일 정도가 걸린다. 또 팔이나 다리를 절단했을 경우에도 환각지幻覺肢(절단된 팔다리가 아직 그 자리에 있는 듯한 느낌이 드는 현상—옮긴이)는 약 21일 동안 유지된다. 이사 후에도 새집에서 최소 3주는 살아야 '집 같은 느낌'이 들기 시작한다. 과거의 정신적 이미지가 새로운 이미지로 굳어지는 데 약 21일이 필요한 사례는 그 밖의 많은 영역에서도 관찰된다.

따라서 비판적인 잣대를 적어도 3주 동안은 보류하겠다고 동의해야만, 이 책을 읽으면서 유익한 효과를 얻을 수 있다. 이 기간 동안에는 자꾸 고개를 돌려서 뒤를 돌아보지 말아야(얼마나 진전했는지 자꾸 확인하려 들지 말아야) 한다. 그리고 이 책에서 설명하는 개념의 정당성을 이치적으로 따지거나, 효과가 과연 있을지 마음속으로 논쟁하는 일도 피해야 한다. 설령 비현실적이라고 느껴지더라도 하기로 정한 연습은 꼭 실천한다. 그런 행동이 어쩐지 위선적으로 느껴지거나 새로운 자아 이미지가 다소 불편하거나 부자연스럽더라도, 새로운 역할을 계속해서 연기하고 스스로를 새로운 조건에서 바라보도록 한다.

지적인 논쟁을 벌이거나 그에 대해 큰 소리로 떠들어 대는 방식으로는 이 책에서 강조하는 개념의 정당성을 입증할 수도, 부인할 수도 없다. 확인하는 길은 그저 실제로 해보고 직접 판단하는 방법뿐이다. 내가 21일 동안 분석적인 논쟁을 보류하라고 부탁하는 이유는, 자신의 삶에 이 방법이 유효한지 아닌지를 알아볼 정당한 기회를 독자들이 누릴 수 있기를 바라기 때문이다.

적절한 자아 이미지 형성은 평생 꾸준히 추구해야 할 과업이다. 일생에 걸쳐 진행되는 그런 발전 과정을 단 3주 만에 완수하는 것은 당연히 불가능하다. 그렇더라도 3주라는 시간 동안 자신이 발전했다는 사실을 충분히 느낄 수는 있다. 그리고 그런 단기간의 발전은 때로는 상당히 극적으로 나타나기도 한다.

성공한 사람이 아닌 '성공적인' 사람이 되라

이 책에 '성공'_{success} 과 '성공적인'_{successful} 이라는 표현이 자주 등장하기 때문에 본문에 들어가기에 앞서 두 단어를 구분해서 정의하고자 한다.

이 책에서 말하는 성공은 명성의 상징이 아니라 창조적인 성취와 관련이 있다. 엄밀히 말해서 우리 모두는 '성공한' 사람이 되려고 노력하기보다는 '성공적인' 사람이 되려고 노력해야 하며, 또 그렇게 될 수 있다. 명성을 얻기 위해 성공한 사람이 되려고 하고 그것을 드러내는 어떤 증표를 가지려고 하다 보면 신경증, 좌절, 불행이 뒤따른다. 하지만 '성공적인' 사람이 되겠다는 마음을 품으면 물질적인 성공뿐 아니라 만족과 성취감, 행복을 이룰 수 있다.

유명한 웹스터 사전을 편찬한 노아 웹스터_{Noah Webster} 는 성공을 '자신이 추구하는 목표를 만족스럽게 성취한 것'이라고 정의했다. 사회적 지위가 비슷한 사람들이 기대하는 바에 자신을 억지로 맞추는 것이 아니라 마음속 깊은 곳에 있는 욕구, 열망, 재능에 기인한 목표를 성취하기 위해 창조적으로 노력하는 자세는 행복과 성공을 부른다. 자신에게 주어진 역할을 수행하기 때문이다.

인간은 본래 목표를 추구하는 존재다. 그리고 인간은 선천적으로 그렇게 만들어졌기 때문에 목표를 추구하는 사람으로서 자신이 의도했던 대로 기능하지 못하면 행복해질 수 없다. 원래 진정한 성공과 진정한 행복은 한데 어우러져 있다. 그리고 이 둘은 서로 작용해서 더 큰 성공과 행복을 낳는다.

맥스웰 몰츠

차례

제1장

자아 이미지부터 바꿔라

자신의 한계를 뛰어넘는 가장 강력한 무기

내면에서 들리는 목소리에 귀를 기울여라 | 자아 이미지를 바꾸지 않으면 아무것도 변하지 않는다 | 수술 후에도 남아 있는 마음의 흉터 | 상상 속에서 고통받는 사람들 | 진실된 자아 이미지를 그려라 | 우리의 본능은 더 나은 삶을 원한다 | 잠재의식의 놀라운 힘 | 이 책을 읽고 인생을 바꾼 사람들 | 성공은 결정되는 게 아니라 선택하는 것이다

자아 이미지부터 바꿔라

자신의 한계를 뛰어넘는 가장 강력한 무기

현재의 처지에 굴하지 않고, 그보다 훨씬 나은 무엇이
자기 안에 숨겨져 있다고 믿는 사람들의 성취보다 더 훌륭한 것은 없다.

_브루스 바튼Bruce Barton

지난 10여 년 동안 심리학, 정신의학, 의학 분야에서 혁명적인 변화가 진행되어 왔다. '자아'와 관련된 새로운 이론과 개념들이 임상심리학자와 정신과 의사, 심지어는 나 같은 성형외과 의사들의 연구나 새로운 발견을 통해 발전하고 더욱 성장한 것이다. 이 새로운 이론들은 개인의 인격과 건강, 심지어는 기본적인 능력과 재능 면에서도 극적인 변화를 불러일으켰다. 항상 실패만 하던 사람이 성공을 거두는가 하면, F학점을 받던 학생이 특별히 과외를 받은 것도 아닌데 며칠 만에 전 과목 A학점을 받는 우등생이 되기도 했다.

다음은 1959년 《코즈모폴리턴》Cosmopolitan 1월호에 실린 여러 심리학자와 의사들로부터 수집한 연구 사례들을 소개한 글이다.

자아를 이해한다는 것은 성공과 실패, 사랑과 증오, 쓰라림과 기쁨의 차이를 구별할 수 있음을 의미한다. 진정한 자아의 발견은 결혼 생활을 위기에서 구해 주고, 흔들리는 직장 생활에 기운을 북돋워 주며, '인격 파탄'을 경험한 실패자들을 변화시킨다. 또 다른 측면에서 진정한 자아의 발견은 자유로움을 추구하려는 욕구와 타인과 일치하고자 하는 욕구 사이의 갈등을 조정해 준다.

이 말은 이후 일어난 모든 일들을 암시하는 전조 역할을 했다. 이 책이 처음 출간되었을 당시에는 서점의 자기계발서 코너는 가장 구석에 위치해 있고, 종수도 얼마 없었다. 하지만 지금 자기계발서 코너는 서점에서 가장 넓은 자리를 차지하고 있다. 또한 이러한 추세에 따라 심리학자, 정신과 의사, 치료 요법 전문가들이 대거 양산되었으며 과거에는 없었던 스포츠 심리학자나 기업 실적 평가사 같은 새로운 분야의 전문가들도 등장했다.

어떤 사람은 이 책이 시대를 조금 앞서 나간다고 생각하거나 너무 오래되어서 진부하다고 느낄 수도 있을 것이다. 하지만 독자 여러분이 어떻게 결론을 내리든 중요한 점은 이 책이 제시하는 기본적인 약속이 논쟁을 넘어 사실로 판명되었다는 것이다. 다시 말해 '한때는 도저히 풀기 어려웠던 문제들도 이제는 해결하기 쉬워졌'고 말할 수 있다.

여러분이 풀기 어렵다고 느끼는 것이 무엇이든 그리고 이 책을 읽게 된 계기가 무엇이든, 이 책은 정확하고 올바른 심리학적 개념을 사용해서 이런 어려운 문제를 알기 쉽게 설명한다. 나아가 정신 훈련 기법과 몇 가지 실행 단계들을 통해 쉽게 이해하고 숙지할 수 있도록 도울 것이다.

내면에서 들리는 목소리에 귀를 기울여라

현대에 들어서 가장 중요한 심리학적 발견은 '자아 이미지'의 발견이라고 할 수 있다. 자아 이미지를 잘 이해하고 자신의 목표에 맞게 이를 변화시키거나 삶을 경영하는 법을 알게 되면 우리는 엄청난 자신감과 힘을 얻을 수 있다. 스스로가 얼마나 인식하고 있느냐와 상관없이 우리 내부에는 어떤 정신적인 청사진이나 그림이 존재한다. 그것을 의식의 눈으로 관찰하면 다소 모호하고 불명확한 것으로 보일 수도 있다. 어쩌면 의식적으로는 구별하기 힘든 개념일 수도 있다. 하지만 그런 청사진은 분명 존재하며, 그 세부 내용까지도 잠재의식에 자세히 기록되어 있다.

자아 이미지는 '나는 어떤 부류의 사람'이라는 개인적인 생각이다. 그것은 자신에 대한 긍정적인 믿음으로부터 나온다. 자신에 대한 믿음은 대부분 과거의 경험, 성공 또는 실패, 모욕감, 승리감, 자신을 대하는 다른 사람들의 태도, 특히 어린 시절의 경험을 통해 무의식적으로 형성된다.

이 모든 것으로부터 자아(또는 자아의 그림)가 만들어진다. 자기 자신에 대한 생각이나 믿음이 일단 형상화되면 개인적인 면에 관한 한 그것은 '진실'이 된다. 사람들은 그것이 옳은지 그른지 의심하지 않고 마치 진실인 것처럼 행동하려고 한다.

자아 이미지는 자신이 성취할 수 있는 것과 할 수 없는 것, 자신이 하기 어려운 것과 쉬운 것, 심지어는 다른 사람들이 자신에게 반응하는 방식까지도 마치 집 안의 온도를 조절하는 자동 온도 조절기처럼 분명하고 과학적으로 컨트롤한다.

개인의 모든 활동, 감정, 행동, 능력은 자신이 만들어 낸 자아 이미지와 항상 일치한다. 여기서 '항상'이라는 단어에 유의하자. 이 말은 의식적인 노력이나 의지에도 불구하고 자아 이미지에 반하는 행동은 할 수 없다는 사실을 가리킨다(이것은 이를 악물고 풀기 어려운 문제를 해결하려고 아무리 노력해도 실패하는 것과 같은 이치다). 그러므로 자아 이미지를 잘 관리하는 것이 무엇보다 중요하다.

'뚱뚱한' 자아 이미지를 가지고 있는 사람이 있다고 하자. 그런 사람은 단것을 좋아하고 정크푸드를 끊지 못하며 항상 운동할 시간이 부족하다는 핑계를 댄다. 아무리 의식적으로 노력한다고 해도 체중을 감량하거나 조절할 수 없다. 그런 사람은 자신의 자아 이미지를 뛰어넘는 초인적인 능력을 발휘하거나 그것으로부터 탈피할 수도 없다. 혹시 그렇게 된다 하더라도 두 손가락 사이에 감겨 있다가 슬며시 풀려 버리는 고무 밴드처럼 다시 원 상태로 돌아갈 것이다. 즉, 자신이 생각하는 스스로의 모습에 맞춰서 행동하게 된다. 아무리 의식적으로 노력하거나 의지를 불태우더라도 자아 이미지에 반하는 행동은 사실상 할 수가 없다.

또한 자신을 '실패한 인간'으로 생각하는 사람은 아무리 좋은 의도나 강한 의지를 갖고 있더라도, 그리고 설사 기회가 주어진다 하더라도 실패하고 만다. 또 자신을 부당한 희생자라고 여겨 '항상 고통을 받는다'고 생각하는 사람은 반드시 그런 상황에 직면하게 된다. 그런 상황의 예로는 골프 경기, 세일즈, 대중 연설, 체중 감량, 인간관계 등을 꼽을 수 있다. 자아 이미지의 조절은 독립적으로 작용하기 때문에 자신도 모르게 서서히 이루어진다. 따라서 지금 설명하는 스냅백 효과snapback effect(갑작스런 반동을 통해 원래의 자리로 돌아오는 물리적인 현상을 가리키는 말—옮긴이)들은 보편적인 현상이라고 할 수 있다.

자아 이미지는 우리의 전체적인 인격과 행동, 심지어는 환경을 형성하는 전제이자 기초이며 우리 삶의 밑바탕이다. 그 결과 우리의 경험은 자아 이미지를 증명하고 이를 강화시켜 악순환이 계속되거나 좋은 일만 계속 생기게 되는 것이다.

예를 들어 자신은 F학점만 받는다고 생각하거나 수학에 전혀 소질이 없다고 생각하는 학생은 성적표를 통해 그 사실을 확인한다. 스스로가 자신을 증명한 셈이다. 남들이 싫어하는 유형이라고 자신을 평가하는 여학생은 실제로 학교 무용 수업 시간에 친구들이 자기를 회피하는 상황에 놓인다. 스스로 거부당하는 경험을 불러들이는 것이다. 수심에 가득 찬 표정과 처량한 몸가짐, 남의 비위를 맞추려고 지나치게 신경 쓰는 모습, 자신에게 모욕을 줄 것 같은 사람에게 무의식적으로 적대감을 나타내는 등의 행동이 자신에게 다가오는 사람들을 멀리 쫓아낸다.

이와 마찬가지로 세일즈 전문가나 기업가도 실제 경험을 통해 자신의 자아 이미지가 옳다는 사실을 입증하려는 경향이 있다. 자신이 어려워하는 부분이나 인생에서 좌절을 느끼는 것이 무엇이든 간에 자아 이미지에 각인되어 있는 사실을 입증하고 강화시키는 것이다.

이런 객관적인 증거가 존재하기 때문에 사람들은 문제의 근원이 자아 이미지나 자신에 대한 가치 평가에 있다는 사실을 거의 인식하지 못하는 것이다. 한 학생에게 대수학algebra을 '잘할 수 없다고 생각하기' 때문에 좋은 성적을 내지 못하는 거라고 말해 보라. 그러면 그 학생은 분명 여러분이 말도 안 되는 이야기를 한다고 생각할 것이다. 그러면서 좋은 성적을 내려고 열심히 노력해 보지만 성적은 여전히 제자리를 맴돌 뿐이다. 만일 어떤 영업 사원에게 그가 일정 수준 이상의 성과는 거둘 수 없는 사람이라고 말해 보라. 그는 자신의 주문 실적을 제시하면서 여러분의 생각이 잘못되었다는 사실을 입증하려 할 것이다. 하지만 그는 자신이 얼마나 노력했고 어떻게 실패했는지 너무 잘 알고 있다.

그러나 일단 자아 이미지를 변화시켜야 한다는 생각을 갖게 되면 놀라운 변화가 일어난다. 학생은 성적이 오르고 세일즈맨은 영업 능력이 엄청나게 향상된다. 분명히 말하지만 '모든 것은 머리에 달려 있다'고 말하는 것만으로는 충분하지 않다. 사실 그것은 모욕적인 말이다. 모든 것은 우리의 머릿속에 각인되어 있는 생각의 틀에 달려 있다고 설명하는 편이 보다 생산적인 표현일 것이다. 이 생각의 틀이 바뀌면 자아 이미지는 여러분을 자유롭게 하고, 잠재 능력과 경험을 자극시켜 아주 색다른 결과를 이끌어 낸다.

자아 이미지는 바뀔 수 있다. 그 사실을 꼭 기억해 두어야 한다. 수많은 사건과 사례들은 나이와 상관없이 자아 이미지를 변화시킬 수 있음을 보여 준다. 다시 말해 너무 어리거나 너무 나이가 들어서 자아 이미지를 바꿀 수 없는 것은 아니다. 누구나 자아 이미지의 변화를 통해 새로운 인생을 시작할 수 있다.

자아 이미지가 어떻게 작용하는지를 나타내는 두 그림을 살펴보자. 우리가 두 개의 상자 안에서 살고 있다고 가정해 보자. 가장 바깥쪽의 굵은 선은 실제 상황이나 실제 한계를 나타낸다. 굵은 선 안쪽에 있는 점선은 자기 스스로 부여한 한계를 나타낸다. 두 선 사이의 영역은 아직 사용하지 않은 잠재 능력의 영역이다. 자아 이미지를 강화하고 자유롭게 만드는 방법을 발견하면 아래쪽 그림과 같이 점선이 바깥 선 쪽으로 이동하고 잠재 능력도 최대한 발휘할 수 있다.

〈자아 이미지와 잠재 능력의 상관관계〉

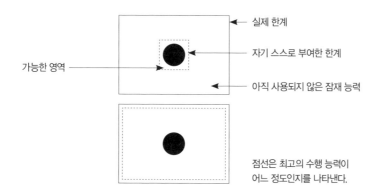

자아 이미지를 바꾸지 않으면 아무것도 변하지 않는다

습관이나 인격, 삶의 방식을 바꾸기 힘든 이유 중 하나는 그것을 바꾸려는 모든 노력이 자아(내면적인 문제)보다는 자아를 둘러싼 외부(겉으로 드러나는 행동) 쪽을 향하고 있기 때문이다.

수많은 환자들이 내게 다음과 같은 이야기를 하곤 했다.

"긍정적 사고를 하라는 말씀이시죠? 이미 다 해봤지만 아무 효과도 없었습니다."

그러나 이런 사람들은 어떤 상황이나 자신의 습관 또는 성격('일자리를 얻을 것이다', '앞으로 더 차분해지고 평정을 얻을 것이다', '벤처 비즈니스 환경이 내게 유리하게 돌아설 것이다' 등)에 대해 긍정적인 생각을 하고 있는지, 그렇게 하려고 노력했는지 스스로 의문을 제기해 볼 필요가 있다. 그들은 대부분 자신의 자아 이미지를 절대로 바꾸려 하지 않는다.

예수는 헌 옷에 새 천 조각을 덧대거나 낡은 부대에 새 술을 담는 행동의 어리석음을 경고한 바 있다. 긍정적 사고는 예전과 똑같은 자아 이미지에 새로운 천 조각 같은 것을 덧대는 정도로는 성공적으로 작동할 수 없다. 사실 부정적인 자아 이미지를 가지고 있는 사람이 특정 상황에서 긍정적으로 생각을 바꾸기란 불가능하다. 수많은 실험 결과에서 알 수 있었듯이, 일단 자아 이미지가 변하면 새로운 자아 이미지와 일치하는 다른 일들도 손쉽게 성취된다.

자아 이미지 심리학의 선구자인 프레스콧 레키 Prescott Lecky 박사는 최초로 이런 사실을 증명하는 설득력 있는 실험을 수행했다. 그는 개인의 인격을 '개념들의 시스템' system of ideas 으로 이해했으며 이 모든 개념들은 서로 일관성을 가지고 연결되어 있다고 보았다. 이 개념의 시스템과 일치하지 않는 개념은 거부되거나 받아들여지지 않으며 행동으로 옮겨지지도 않는다. 물론 시스템과 일치하는 개념은 수용된다. 개념의 시스템을 형성하는 근본 원리이자 중심적 위치에 있는 것이 바로 개인의 '자아 이상', 자아 이미지 혹은 자신을 바라보는 견해다. 레키는 교사였던 까닭에 자신의 이론을 수천 명의 학생을 대상으로 실험할 수 있었다.

그는 학생들이 어떤 과목을 학습하는 데 애를 먹는다면 이는 그 과목을 배우는 데 자신을 일치시키지 못했기 때문이라는 이론을 펼쳤다. 만일 학생들이 자아 이미지를 변화시키도록 유도할 수 있다면 학습 능력 또한 크게 향상될 것이라고 믿었다.

실험 결과 그의 믿음은 옳은 것으로 입증되었다. 단어 시험에서 100개 중 55개의 철자가 틀려 낙제점을 받았던 학생이 다음 해에는 평균 91점을 받아 교내에서 가장 뛰어난 학생이 되었다. 학점이 나빠 학교를 그만둔 한 남학생은 컬럼비아 대학교에 입학해서 전 과목 A학점을 받는 우등생이 되었다. 라틴어 수업에서 네 번이나 낙제점을 받았던 한 여학생은 학교 상담 교사와 이야기를 세 차례 나눈 뒤 84점으로 라틴어 과목을 수료했다. 시험 당국으로부터 영어를 구사할 능력이 없다는 통보를 받았던 한 소년은 다음 해 문학상 시상식에서 표창장을 받았다.

그 학생들이 낙제했던 이유는 아둔하거나 기본 능력이 부족해서가 아니었다. 문제는 부적절한 자아 이미지였다.

"저는 수학적인 개념이 없어요."

"저는 천성적으로 철자에 약해요."

한마디로 그들은 점수와 실패를 동일시했던 것이다. 그저 "시험에 떨어졌어요."라고 말하지 않고 '저는 실패자입니다'라는 결론을 내렸고 "그 과목에서 낙제했어요."라고 말하는 게 아니라 "저는 낙제생이에요."라고 말했다.

레키 박사에 대해 더 자세히 알고 싶다면 그의 저서 《자기일관성: 성격의 이론》Self-Consistency: A Theory of Personality 을 읽어 보면 도움이 될 것이다 (이 책의 영문판은 현재 절판된 상태다). 레키 박사는 또한 손톱을 물어뜯거나 말을 더듬는 학생들의 습관을 치료하는 데도 동일한 방법을 사용했다.

나는 레키 박사의 사례보다 더 설득력 있는 이야기들을 알고 있다. 낯선 사람을 만나는 일이 두려워 한 번도 집 밖으로 외출하지 않았던 여성이 대중 연설가가 되어 열심히 살아가고 있으며, 영업이 적성에 맞지 않는다고 생각해서 항상 사직서를 준비해 두었던 세일즈맨이 6개월 뒤 사원 100명 중 최고의 세일즈 사원이 된 경우도 있다. 신경과민과 매주 계속되는 설교 준비로 인한 압박감에 퇴직을 고려하던 목사가 현재 주일 설교 외에도 일주일에 두세 차례 순회 설교까지 하는 경우도 있다. 그 목사는 자신이 신경과민이라는 사실에 더 이상 신경 쓰지 않는다.

수술 후에도 남아 있는 마음의 흉터

언뜻 성형외과 수술과 심리학은 별로 관련이 없거나 아무런 연관성이 없는 것처럼 보일 수도 있다. 그러나 내가 자아 이미지의 존재를 처음으로 알게 되고 이렇게 중요한 심리학적 발견을 하게 해준 분야가 바로 성형외과였다.

성형외과를 개업할 당시 나는 환자의 얼굴에서 결점이 사라지면 그 사람의 성격이나 인격에도 극적이고 갑작스러운 변화가 생긴다는 사실을 알고 놀란 적이 있었다. 여러 다양한 사례들은 사람의 신체 이미지에 변화를 주면 완전히 다른 사람이 될 수 있다는 사실을 보여 주었다. 내가 손에 들고 있는 외과용 메스는 환자의 외모뿐만 아니라 그들의 인생 자체를 바꿔 주는 마법의 지팡이였다. 수줍음 많고 내향적이었던 사람은 대담하고 용감해졌으며, 명청해 보였던 소년은 민첩하고 똑똑하게 변해서 성인이 된 뒤 유망한 회사에 취직해 임원의 자리에까지 올랐다. 또 센스와 신념을 잃어버린 한 세일즈맨은 자신감의 표본이 되었다.

하지만 그들 중에서도 가장 놀라운 인물은 변화의 의지가 전혀 없어서 선도할 수 없는 상태에 있다가 하룻밤 만에 모범수로 변신한 상습적인 범죄자였다. 이후 그는 가석방으로 출소해 사회에서 책임 있는 인물로 살아갈 수 있었다.

나는 일반 대중보다는 동료 의사들을 위해서 쓴 《새 얼굴, 새 미래》라는 책에서 그런 사례를 보고한 적이 있다. 그 책의 출간과 함께 주요 잡지에서도 유사한 기사가 나왔는데 범죄학자, 심리학자, 사회학자, 신경정신과 의사들로부터 집중적인 질문 공세를 받았다. 당시엔 명확한 답변을 줄 수 없었지만 그 덕분에 이 주제에 대한 연구를 시작할 수 있었다. 그런데 희한하게도, 그다지 많은 경우는 아니지만 성공뿐만 아니라 실패 사례에서도 중요한 깨달음을 얻곤 했다.

귀가 마치 양쪽 문이 열린 택시처럼 생겼다는 말을 듣는 소년이 있었다. 그는 항상 놀림을 당하며 살았는데, 때로는 잔인할 정도의 모욕을 듣기도 했다. 그에게 다른 사람과의 교제는 모욕과 고통을 의미하는 것이었다. 그는 일체의 사회적 접촉을 피해야 했으며, 사람들을 두려워하고 세상을 등져야만 했다. 그 소년은 자신이 외부에 드러나는 것을 몹시 두려워해 주변에 '멍청이'라고 알려졌다. 하지만 귀를 수술하고 난 뒤에는 두려움과 모욕감이 사라져 남들과 같은 평범한 생활을 할 수 있게 되었다.

자동차 사고로 얼굴에 흉터가 생겨 고통을 받았던 세일즈맨도 있었다. 그는 매일 아침 면도할 때마다 뺨에 난 끔찍한 상처와 이상하게 뒤틀린 입 모양을 보았다. 아마도 그는 생전 처음으로 고통스럽게 자의식을 느꼈을 것이다. 그는 자신이 부끄럽고, 자신의 외모가 다른 사람에게 혐오감을 줄 것이라고 생각했다. 그에게는 그 상처가 강박관념이 되어 버린 것이다.

그는 스스로를 사람들과 '다른' 부류로 분류했다. 그는 사람들이 자신에 대해 어떻게 생각하는지 궁금했다. 그러나 곧 그의 자아 이미지는 일그러진 얼굴보다 더 손상되고 말았다. 자신감을 잃어버린 것은 물론 그의 내면은 증오와 적대감으로 가득 찼다. 모든 관심은 자신에게로 향했으며, 주된 목표는 자아를 보호하면서 가급적이면 모욕감을 느낄 수 있는 상황을 피하는 것이었다. 그러나 흉터를 고치고 일반인의 얼굴로 돌아가자 자신에 대한 태도와 모습, 감정에도 큰 변화가 생겨났다. 그로 인해 그는 자신이 하는 일에서도 커다란 성공을 거둘 수 있었다.

그러나 때때로 이해할 수 없는 의문이 일곤 했다. 만일 외과용 메스가 마법의 힘을 지니고 있다면, 새로운 얼굴을 갖게 된 몇몇 사람이 여전히 예전의 인격을 가지고 있는 이유는 무엇일까?

그렇다면 변화하지 않는 사람들은 예외가 아닐까? 코에 난 커다란 혹 때문에 평생 수줍어하며 자의식에 빠져 살았던 공작 부인이 있었다. 성형외과 의사가 정말 아름다운 코와 얼굴을 만들어 주었지만, 그녀는 여전히 자신을 미운 오리 새끼처럼 생각하며 산다. 메스가 마법의 힘을 지니고 있다면 왜 그 공작 부인에게는 아무 효과가 없는 것일까? 또한 새로운 얼굴을 갖게 되었지만 여전히 예전의 인격을 지니고 사는 사람들은? 수술 후에도 자신의 외모에 아무런 차이가 없다고 느끼는 사람들의 반응은 어떻게 설명할 수 있을까?

성형외과 의사들은 대개 한 번쯤은 이런 경험을 해봤을 것이다. 그리고 아마도 나와 마찬가지로 당혹스러웠을 것이다. 외모에서 아무리 극적인 변화가 일어난다 하더라도 이렇게 말하는 환자들도 있다.

"이전과 똑같은 것 같아요. 의사 선생님은 도무지 아무것도 하신 게 없군요."

　이런 환자들은 친구나 가족조차 잘 알아보지 못할 정도로 새롭고 아름다워진 외모에 대해 아무리 칭찬해 주어도 소용없다. 이들은 자신이 별로 바뀐 것이 없다고 느끼거나 전혀 개선되지 않았다고 생각하면서 실제로 어떤 변화도 일어나지 않았다고 부인하곤 한다. 또한 수술 이전과 이후의 사진을 비교하면서 수술이 잘 되지 않았다고 생각하고 의사에게 적대감을 품기도 한다. 무척이나 이상하고 신비한 어떤 힘에 이끌려, 이들은 자신의 생각을 다음과 같이 합리화한다.

　"물론 코에 더 이상 혹이 보이지는 않지만, 여전히 내 코는 예전과 크게 달라진 게 없어!"

　"흉터가 더는 보이지 않는 것 같지만, 여전히 상처는 남아 있어!"

　자아 이미지의 실체를 찾는 데 도움이 되었던 또 다른 사례는 모든 상처나 흉터가 수치심과 모욕감을 불러일으키지는 않았다는 사실이다.

　나는 독일에서 의학 공부를 할 당시 명예 훈장을 달거나 한 것처럼 '결투에서 생긴 상처'를 자랑스럽게 여기는 학생들을 여럿 보았다. 그들은 대부분 대학의 엘리트들이었으며, 얼굴에 난 상처는 훌륭한 지위를 누릴 만한 자격이 있음을 증명하는 표식과도 같았다.

　이런 학생들에게 얼굴에 난 끔찍한 상처가 주는 심리적 효과는 앞에서 예로 든 세일즈맨의 뺨에 난 상처를 없앴을 때 나타나는 심리적 효과와 동일했다. 이 일로 인해 나는 외과용 메스가 아무런 마법의 힘도 없다고 생각하기 시작했다. 어떤 사람에게는 자랑스러운 상처를 주기도 하지만, 다른 사람에게는 흉터를 없애는 도구로 사용될 수도 있는 것이다.

상상 속에서 고통받는 사람들

선천적인 결함이나 사고로 얻은 흉터 때문에 고통받는 사람들에게 성형수술은 실제로 마법과도 같은 작용을 한다. 이런 사례들을 통해 모든 노이로제나 불행, 실패, 두려움, 걱정 그리고 자신감 부족에 대한 만병통치약은 바로 신체적인 결함을 제거하는 대대적인 성형 수술이라고 쉽게 결론을 내릴 수도 있을 것이다.

이 이론에 따르면 일반적이거나 거부감을 주지 않는 얼굴을 가진 사람은 심리적인 핸디캡에서 자유로워야 한다. 그들은 쾌활하고 행복하며 자신감이 넘치고 불안감이나 걱정거리가 없어야 한다. 하지만 사실은 그렇지 않다는 것을 우리는 아주 잘 알고 있다.

어쨌거나 우리는 성형외과를 방문하는 사람이 순전히 상상 속에서 추하다고 느끼는 부위를 수술로 고치려는 이유에 대해 명확하게 설명하지 못한다. 예를 들면 35~45세의 여성들은 지극히 정상적인 외모이며 대부분 아주 매력적인데도 자신이 못생기고 나이 들어 보인다고 생각한다. 그런가 하면 자신의 입과 코 또는 가슴 크기가 현재 한창 인기 있는 할리우드 스타나 10대 팝 스타 또는 학교에서 가장 인기 있는 학생에 비해 아주 볼품없고 추하다고 생각하는 소녀들도 있다. 또 자신의 귀가 너무 크거나 코가 너무 길다고 믿는 남성들도 있다. 양심이 있는 성형외과 의사들은 이런 사람들의 시술을 고려조차 안 하겠지만, 안타깝게도 의사협회가 정식 회원으로 인정하지 않는 이른바 '미용 의사'들은 양심의 가책을 느끼지 않는다.

그런데 이렇게 자신이 추하다고 상상하는 것은 특별한 일이 아니다. 10대부터 대학생, 성인 남녀를 대상으로 한 어떤 설문 조사에서는 각각 70퍼센트, 80퍼센트, 90퍼센트에 이르는 사람들이 자신의 외모에 만족하지 못한다고 답했다. 만일 '평범한'이나 '평균적인'이라는 말이 제대로 된 의미를 지니고 있다면 전체 인구의 90퍼센트에 이르는 사람들이 자기 외모가 '비정상적'이거나 '남과 다르다', '결함이 있다'고 말할 수는 없을 것이다. 하지만 앞의 설문 조사에 따르면 놀라울 정도로 많은 사람들이 자신의 신체 이미지에 부끄러움을 느끼고 있다.

또 어떤 사람들은 건강을 위해 체중 감량이나 운동을 하는 과정 중에 상상 속에서 불만을 느끼기도 한다. 이런 사람들은 실제 흉터 때문에 고통을 받는 사람처럼 행동한다. 그들은 흉터가 있는 사람과 동일한 부끄러움을 느끼며 똑같은 공포와 걱정을 품고 있다. 실제로 온전하게 살고자 하는 그들의 모든 잠재력은 동일한 심리적 장애물에 의해 차단되고 억제된다. 물리적이라기보다는 정신적, 감정적으로 생긴 '상처'로 그만큼 고통받고 있는 것이다.

진실된 자아 이미지를 그려라

자아 이미지의 발견으로 이런 현실적 불일치가 존재하는 이유를 이해할 수 있게 되었다. 자아 이미지는 성공뿐만 아니라 실패를 결정짓는 공통분모이다.

자아 이미지가 가지고 있는 비밀은 다음과 같다. 진정으로 산다는 것, 다시 말해 합리적으로 만족하는 삶을 살기 위해서는 적절하고 진실에 바탕을 둔 자아 이미지를 가지고 있어야만 한다. 그러기 위해서는 먼저 자신에게 적합한 자아를 발견해야 한다. 그리고 적절한 자존감이 있어야 한다. 자신이 신뢰하고 믿을 만한 자아를 발견해야만 하며, 부끄러워 하지 않고 숨기는 것이나 감추는 것 없이 창의적이고 자유롭게 자신을 표현할 수 있는 자아를 가지고 있어야 한다. 마지막으로 자신의 강점과 약점 모두를 알고 있어야 하며 그것들에 대해 솔직해야 한다. 자신의 자아 이미지는 그 이상도 그 이하도 아닌, 적절하고 합리적인 수준의 '자기 자신'이 되어야 한다.

이런 자아 이미지가 지속적으로 안전하게 보존되면 기분이 좋아진다. 하지만 이것이 위협받으면 걱정이 앞서고 불안감을 느끼게 된다. 자아 이미지가 적절하고 아주 자랑스럽게 생각된다면 자신감을 느낄 것이다. 우리는 자유롭게 자기 자신을 느껴야 하며 표현할 수 있어야 한다. 그리고 최선의 상태에서 능력을 발휘해야 한다. 자아 이미지가 부끄러움의 대상이 되는 경우, 사람들은 그것을 표현하기보다는 숨기려는 경향이 있다. 한마디로 자아 이미지를 창조적으로 나타낼 수 없는 것이다. 이렇게 되면 타인에 대해 적대적으로 변하고, 함께 어울려 살아가기도 힘들어진다.

얼굴의 상처가 자아 이미지를 강화시키는 경우(앞서 독일에서 봤던, 결투로 상처를 입은 학생들의 경우)는 자부심과 자신감이 커진다. 그러나 얼굴의 상처가 자아 이미지의 가치를 떨어뜨리는 경우(앞서 예로 든 세일즈맨의 경우)에는 자부심과 자신감을 상실하는 결과를 낳는다.

결론적으로 얼굴에 난 흉터를 성형 수술로 고친다 하더라도, 손상된 자아 이미지를 치료하고 복구하지 않는다면 수술로 인한 심리적 변화는 별로 크지 않을 것이다. 심지어는 성공적인 수술 후에도 가끔 손상된 자아 이미지가 지속되며, 팔이나 다리를 절단한 뒤에 흔히 나타나는 환각지 같은 상태가 발생할 수 있다.

우리의 본능은 더 나은 삶을 원한다

이런 경험들을 하면서 나는 새로운 길을 걷기 시작했다. 1945년 무렵 나는 성형 수술 상담을 요청한 수많은 사람들에게 수술 이상의 조치가 필요하며, 그들 중 일부는 수술이 아예 필요하지 않다는 걸 확신했다. 이 사람들을 코, 귀, 입, 팔이나 다리에 문제가 있는 환자가 아니라 치료가 필요한 온전한 인간으로 본다면 외과적인 수술 이상의 뭔가를 해주어야 했다. 즉, 그들이 영적으로 새롭게 단장하고, 마음의 상처를 없애고, 외모만이 아니라 생각과 태도까지 바꾸는 방법을 알려 줄 필요가 있었다.

이를 계기로 나는 면밀하게 관찰하기 시작했으며, 내가 접했던 사례들을 정리하고 동료와 일반 대중들에게 했던 강연을 기초로 1960년에 이 책의 초판본을 출간했다. 이후 《리더스 다이제스트》나 《코즈모폴리턴》 같은 인기 잡지에 인용되기도 했으며 기업으로부터 단체 주문이 쇄도하기도 했다. 특히 그린베이 패커스의 감독인 빈스 롬바르디를 포함해 A급 운동선수나 감독들이 이 책을 훈련에 활용하기도 했다.

이 책의 성공은 수많은 강연 요청과 세미나 투어, 라디오, TV 인터뷰 등으로 이어졌으며, 심지어는 내가 진행하는 라디오 프로그램까지 생길 정도였다. 나의 발견에 대해 강연을 해달라고 섭외가 들어온 곳은 교회, 대학교, 기업 등이었다. 결국 나는 《자아 이미지의 놀라운 힘》The Magic Power of Self Image 을 비롯해 그 책의 속편 격인 책을 몇 권 더 쓰게 되었다. 그리고 해마다 자아 이미지가 가지고 있는 놀라운 힘에 대해 강연하고 상담한 기록, 나의 조언을 듣고 목표를 달성한 실제 사례가 차곡차곡 쌓여 갔다.

이런 노력은 지금껏 상당한 보람이 있었다. 나는 이제 우리가 진정으로 원하는 것은 보다 나은 삶(나는 이것을 생동감이라고 표현한다), 다시 말해 자아 이미지가 만든 스스로의 한계에 구속받지 않은 생활을 하는 것이라고 더욱 확신하게 되었다. 행복, 성공, 마음의 평화처럼 인생 최고의 개념이라고 생각하는 것이 무엇이든 우리는 더 나은 삶을 위해 그런 것들을 본능적으로 원한다. 하지만 우리가 행복과 자신감, 성공의 개념을 너그럽게 받아들여야만 비로소 더 나은 삶을 즐길 수 있다.

그리고 자신의 능력을 제한하고 신이 준 재능에 불만을 품거나 걱정, 두려움, 자기 비하, 자기혐오를 멈추지 않는다면 훗날 얼마든지 발전할 수 있는 삶을 포기하는 것이며 신이 준 잠재 능력에 등을 돌리는 것이다. 삶의 축복을 부인하면 우리는 죽음을 맞이할 수밖에 없다.

내 생각에 이전의 심리학은 인간의 위대함과 변화의 잠재력을 너무 비관적으로만 봐 왔던 것 같다. 심리학자나 정신과 의사들은 이른바 '비정상적인' 사람들을 상대하기에 그와 관련된 문헌들도 자연히 자기파괴적인 성향과 다양한 기형적 인격에 초점을 맞추고 있다.

여기서 한 가지 걱정스러운 점은 일반 대중들이 이런 관점에 너무 많은 영향을 받아서 미움이나 파괴 본능, 죄의식, 자책감 등 인간이 가진 비정상적인 요소를 정상적인 인간의 그것과 혼동한다는 것이다. 보통 사람들은 이런 모든 부정적인 힘에 맞서 오로지 자신의 나약한 의지만으로 싸워야 한다고 생각할 때 한없이 힘없고 무기력해진다. 하지만 만일 이런 느낌이 인간이 지닌 본성이나 특성이라면 자신을 계발하기 위한 우리의 모든 노력은 결국 부질없는 일이 될 것이다.

그러나 수많은 환자들과의 임상 경험을 통해 확신하건대, 우리는 혼자서 그 일을 할 필요가 없다. 우리의 마음속에는 생명 본능이라는 것이 있다. 이는 우리의 건강과 행복, 보다 나은 삶을 지향하는 모든 것을 간절히 원한다. 우리의 생명 본능은 창조적 메커니즘, 개개인에게 잠재해 있는 자연 발생적인 성공 메커니즘을 통해 우리 자신을 위해 활동한다.

이 책은 이런 자연 발생적인 성공 메커니즘을 완벽하게 활성화하면서 우리의 자아 이미지를 자유롭게 만드는 데 필요한 실용적인 개념과 교훈을 알려 주고자 노력할 것이다. 만일 우리가 이 모든 것에 마음의 문을 연다면 앞으로 경험할 긍정적인 변화에 스스로도 놀랄 것이라고 확신한다.

잠재의식의 놀라운 힘

인간의 정신이 어떤 구조를 가지고 있는가 하는 문제는 분명 논란의 여지가 많다. 우리의 뇌 속은 은하수에 빛나는 수천억 개의 별보다도 훨씬 더 많은 신경세포로 가득 차 있다. 각각의 신경세포는 수만 개의 다른 신경세포로부터 정보를 받아 다시 수만 개의 메시지를 전달하는데, 그 합계는 실로 엄청난 수에 이른다. 우리의 뇌와 관련된 책인 《신경과학과 마음의 세계》Bright Air, Brilliant Fire: On the Matter of the Mind 에서 신경과학자 제럴드 에델만Gerald M. Edelman 은 그런 연결 고리를 1초에 하나씩 세어 나간다면 3,200만 년 후에야 다 셀 수 있을 것이라고 말했다.

뇌에서 일어나는 이런 작용은 '새 메일이 도착했습니다'라는 소리를 내며 컴퓨터 바탕 화면에 뜬 아이콘을 클릭하는 일과 아주 비슷하다. 또한 1만 개 혹은 2만 개가 넘는 이메일 메시지를 분류하고 우선순위를 매기며 폴더를 만들어 정리하고 답장을 보내는 일이나, 구두끈을 매는 것처럼 일과 중 맨 먼저 하는 간단한 일과도 아주 흡사하다. 우리는 머지않은 장래에 죽어서 사라지겠지만 우리의 뇌는 태연자약하게 10억 분의 1초마다 그런 정보를 처리하는 것이다.

뇌의 무게는 대략 1.5킬로그램 정도에 불과하지만 컴퓨터 칩으로 가득 찬 수많은 대형 건물이 들어서 있는 도시 전체와 맞먹는 정보를 담고 있다. 뇌는 지금까지 우리 인류가 발견한 것 중에 가장 복잡하고도 놀라운 연구 대상일 것이다. 또한 인간의 정신이 어떻게 작용하는지 아직 모든 사실이 밝혀지지 않았기 때문에 뇌는 여전히 미개척 분야로 남아 있다.

뇌의 이런 물리적인 측면과 더불어 심리적이며 정신적인 의문을 불러일으키는 아주 복잡한 문제, 즉 우리 영혼의 존재 여부, 의식과 잠재의식, 프로이트의 이드id(자아의 밑바탕에 있는 본능적 충동을 가리킨다―옮긴이),

생명 유지·활동·사고를 각각 담당하는 뇌의 3중 구조, 우뇌와 좌뇌 등의 문제는 여전히 풀리지 않은 수수께끼로 남아 있다.

이제 가장 중요한 문제로 시선을 돌려 보자. 정말로 뇌 속에서는 무슨 일이 일어날까? 우리가 지금부터 논의하는 내용은 그동안 수억 명의 사람에게 효과가 있었고, 앞으로 독자 여러분에게도 효과가 있을 것이라고 나는 확신한다. 이 효과는 여러분이 원하는 삶 그 이상을 얻을 수 있도록 힘을 보태 줄 것이다.

우리는 사이버네틱스라는 새로운 기술을 통해 잠재의식이 단순한 정신이 아니라 그 정신에 의해 사용되고 인도되는 뇌와 신경 체계로 구성된, 자기 스스로를 통제하는 일종의 목표 지향적인 메커니즘이라는 확실한 증거를 확보했다. 즉, 인간이 서로 다른 두 개의 정신을 갖고 있는 것이 아니라 자동적이고 목표 지향적인 메커니즘을 작동시키는 하나의 정신(또는 의식)을 가지고 있다는 것이다. 자동적이며 목표 지향적인 이 기계는 기본 원리로만 따진다면 전자 자동제어 장치와 비슷한 방식으로 작동한다. 그러나 이 기계는 지금껏 인간이 상상한 그 어떤 컴퓨터나 유도 미사일과는 비교도 안 될 정도로 복잡하고 경이롭다.

오늘날 인터넷과 휴대폰, TV에 수백 개 채널을 송신하는 인공위성 등 온갖 전자 기기와 컴퓨터 기술은 그런 것들이 가능하다고 생각한 누군가의 머릿속에서 구체화된 뒤에 현실로 나타난 것이다. 그러나 우리는 이런 사실을 쉽게 잊곤 한다. 우리 인간에게는 사이버네틱스 시스템을 외적으로 실현하는 능력뿐 아니라 이 시스템을 내적으로 다루는 방법을 배울 능력도 있다.

우리 내부에 있는 이 창조적인 메커니즘은 인격을 갖추고 있지 않다. 그것은 성공과 행복, 불행과 실패 등 우리가 설정한 삶의 목표에 따라 자동적이고 비인격적으로 작동한다. 즉, 우리가 성공적인 목표를 설정하면

'성공 메커니즘'이 스스로 작동하고, 부정적인 목표를 설정하면 비인격적인 '실패 메커니즘'으로 작동한다.

뇌와 신경 체계는 우리가 의식적으로 생각하는 이미지, 우리의 일부가 된 무의식적인 이미지로 계속해서 생각을 이끈다. 알코올중독자나 마약 중독자들도 기업가, 정치가, 프로 운동선수, 임산부들과 똑같이 자신만의 목표가 있다. 그런 점을 염두에 둔다면 우리는 '겉으로 드러나지 않는 부분'을 인식할 수 있다. 우리가 바라는 것이 무의식적으로 추구하는 목표든, 의식적으로 선택하고 노력하는 목표든 관계없이 말이다.

자기 자신을 통제하는 다른 메커니즘처럼 이 역시 분명한 목표와 대상, 작동을 가능하게 하는 과제를 부여해야 한다. 우리의 목표는 각자의 창조적인 메커니즘이 스스로 상상력을 활용해 만들어 낸 정신적인 이미지를 향하도록 만드는 것이다. 가장 핵심이 되는 목표의 이미지는 바로 우리 스스로의 자아상이다. 자아상은 어떤 목표든 그 목표를 성취할 수 있는 한계를 규정한다. 다시 말해 '가능성의 영역'을 규정하는 것이다.

우리의 창조적인 메커니즘은 우리가 일상적으로 수집하는 생각, 믿음, 해석 같은 정보와 데이터를 사용한다. 우리는 미리 설정된 태도와 상황에 대한 해석을 통해 창조적 메커니즘을 작동시켜 문제를 설명하고 해석한다. 즉, 우리 자신이 덜 중요하고 열등한 존재이며 가치 없고 무능하다는 부정적 자아 이미지로부터 나온 정보와 데이터를 창조적인 메커니즘에 전달하면, 이 데이터는 다른 것과 마찬가지로 처리되고 실행에 옮겨져 객관적인 경험의 형태로 그 해답을 내놓는다. 누군가가 아주 어처구니없이 잘못된 행동을 하는 이유는 바로 우리 내부에 있는 이런 통제 메커니즘과 잘못된 의사소통을 하기 때문이다.

우리 내부의 통제 메커니즘은 가끔 아주 심각한 오해를 불러일으키기도 한다. 《미친 뇌가 나를 움직인다》라는 책에서 저자 데이비드 와이너와 길버트 헤프터 박사는 "심지어 우리 중에서 가장 유식한 사람도 내부에는 광기가 숨어 있으며, 우리가 싸워야만 하는 불합리성을 잠재적으로 내포하고 있다."고 말한다.

컴퓨터가 말을 듣지 않고 오작동을 일으킬 때 전문가들은 어깨를 으쓱하며 GIGO Garbage In, Garbage Out(컴퓨터 용어로 불완전한 프로그램을 입력하면 불완전한 답이 나올 수밖에 없다는 뜻—옮긴이)라는 컴퓨터 용어를 내뱉는다. 이와 마찬가지로 우리의 신경세포 채널이 종종 아무 쓸모도 없는 쓰레기 같은 정보를 보내고 어떤 지점에서 그것이 하나로 합쳐지는 경우, 그 결과 역시 아무 쓸모도 없는 행동으로 튀어나온다.

우리 내부의 창조적인 메커니즘은 현재의 문제를 해결하고 현 상황에 반응하기 위해서 저장된 정보나 기억을 이용한다. 때때로 이렇게 저장된 데이터는 그것의 진실성이나 유용성이 사라진 후에도 우리 머릿속에 오래도록 이용 가능한 상태로 남아 대기하게 된다. 다음은《미친 뇌가 나를 움직인다》에서 인용한 글이다.

"너는 아무짝에도 쓸모가 없으니 아무것도 될 수 없을 거야."
우리는 열 살 때쯤 학교에서 수학 퀴즈 시험에 낙제점을 받았을 때, 아버지로부터 이런 말을 들어 봤을 것이다. 이것은 우리의 이드, 즉 우리 내부의 잠재 기억이 되어 평생은 아니더라도 수년간 우리의 기억 속에 남아 있게 된다.

그런 기억이 아무런 의미 없이 지워지기보다 우리들의 마음속에 남는 이유는 잠재 기억, 달리 표현하면 자아 이미지에 각인되기 때문이다. 이것은 권위적인 존재, 강도, 반복이라는 세 가지 요인으로 조절할 수 있다.

예를 들면 우리가 어린아이로서 전지전능한 존재로 여기는 아버지에게 듣는 말은 조금 신뢰가 떨어지는 누군가가 들려주는 말보다 훨씬 무게감 있게 들린다. 가령 아버지가 다른 사람 앞에서 자신을 꾸짖는다면 이때 보고 듣고 경험하는 모든 것은 부담감으로 다가온다. 또 아버지와 같은 권위적인 인물로부터 반복해서 듣는 말은 더욱 중요하게 느껴진다. 일단 이런 프로그래밍이 이루어지면 자기 통제 메커니즘은 현재와 마찬가지로 작용하기 때문에 여전히 모든 행동을 통제할 수도 있다.

삶에서 보다 많은 것을 얻기를 바라는 우리 내부의 프로그램은 무엇보다도 창조적 메커니즘 또는 자동 유도 시스템으로부터 모든 것을 배우게 된다. 우리는 그 과정에서 실패 메커니즘보다는 성공 메커니즘으로 사용하는 방법을 배울 수 있다. 그리고 자신이 바라는 인격과 인생 경험을 프로그래밍하고 이를 또다시 프로그래밍해서 가공할 수 있다.

1960년대에 히피주의 과학자였던 티모시 리어리Timothy Leary 박사는 인공두뇌mechanical cybernetics와 이 책에서 언급하고 있는 인간 정신에 관한 연구 사이의 연관성을 밝히는 작업에 빠져 있었는데, 1992년 나와 직접 만난 자리에서 그는 이렇게 말했다.

"두뇌를 탐구하는 것은 유전적으로 반드시 필요한 일이다. 왜냐하면 뇌라는 존재의 특성 때문이다. 우리가 만일 뇌 속에 1,000억 개의 대형 고속 컴퓨터를 장착한다면 그 안으로 들어가서 컴퓨터를 작동시키는 방법을 배워야만 한다."

나는 우리가 시간과 에너지를 투자해서 뇌를 이해하는 데 필요한 공부를 하고, 자아 이미지의 힘을 포함해 우리가 지니고 있는 정신의 힘을 온전히 사용해야만 한다고 생각한다. 이와 관련해 리어리 박사는 다음과 같이 말했다.

"우리는 어떤 외부 메커니즘 또는 원거리 논리 모델이라는 관점에서 우리 내부의 모든 작용을 이해할 수 있다."

즉, 우리 내부의 이런 프로그램은 우리 자신의 정신을 더 잘 이해하기 위한 길이다. 그리고 이는 유도 미사일이나 컴퓨터 기술처럼 원거리 논리 모델에 바탕을 두고 있다.

이런 방법을 적절히 사용함으로써 우리는 적절하고 현실적인 자아 이미지를 개발할 수 있다. 또한 성공과 행복을 성취해 내는 창조적인 메커니즘을 잘 작동시키기 위해 생각하고 상상하며 기억하고 행동하는 새로운 습관을 배우고, 연습하고, 경험할 수 있다.

인간의 정신은 한없이 복잡한 창조물이라 신경과학자들이 제시하는 수많은 글을 읽은 후에도 자신의 정신을 적절하게 개선하지 못하지만, 이 책이 제시하는 자아계발 방법은 아주 간단한 과정이기 때문에 상대적으로 빠르게 원하는 결과를 얻을 수 있다.

기억하고, 걱정하고, 신발 끈을 묶을 수 있는 정도의 능력만 있다면 반드시 성공할 수 있다.

나중에 직접 살펴보겠지만 이 책은 상상력과 실행, '그렇게 행동하는' 것을 통해 새로운 자동적인 행동 패턴을 형성함으로써 창조적인 정신 이미지와 창조적인 경험을 만들어 내는 방법을 소개한다. 독자 여러분은 이런 방법에 대해 이미 여러 번 읽은 적이 있거나 들어 봤을 수도 있으며, 실망스러운 결과를 얻었을 수도 있다.

만일 그렇다고 하더라도 그 방법을 잘못 사용했거나 성공적으로 사용하지 못했다는 의미는 아니다. 아마도 스스로 자아 이미지와 갈등을 일으킬 때 그런 기법을 적용하려고 시도했다는 의미일 것이다. 그러나 일단 자아 이미지를 변경하고 관리하며 강화시키는 데 이 방법을 사용하면 긍정적인 결과를 얻을 수 있다.

나는 종종 환자들에게 이렇게 말하곤 한다.

"우리가 기억하고, 걱정하며, 신발 끈을 묶을 수 있는 정도의 능력만 있다면 아무런 문제없이 이 방법을 적용할 수 있습니다."

이제부터 해야 할 일은 아주 간단하지만 끊임없이 연습하고 경험해야만 하는 일이다. 어떤 경험이나 행동을 시각화하는 것(또는 창조적인 정신적 이미지화)은 과거의 장면을 회상하거나 장래를 걱정하는 것처럼 그다지 어려운 일은 아니다. 새로운 패턴을 행동으로 옮기는 것은 이전처럼 아무 생각이나 결정 없이 똑같이 신발 끈을 묶는 게 아니라 매일 아침 새로운 스타일로 신발 끈을 묶는 것과 같다. 다시 말하지만 이는 별로 어려운 일이 아니다.

'기억하고, 걱정하고, 신발 끈을 묶을 수 있는 정도의 능력만 있다면'이라는 대목은 사이코사이버네틱스로 원하는 결과를 성취하는 것이 얼마나 쉬운지를 드러내는 핵심이다. 다만 삶에서의 부정적인 성향을 바꾸는 데 필요한 건 아주 사소해 보이는 작은 성공들(신발 끈 묶는 법을 배우거나 자기 이름을 쓸 줄 알게 된 것)뿐이라는 사실을 믿을 수만 있으면 된다. 이 메커니즘이 실패가 아닌 성공을 향하도록 만들려면 스스로를 대견하게 생각했던 단 하나의 경험만 있으면 된다. 그런 작은 성취를 기억하고 활용하면 자아 이미지를 개선해 나갈 수 있다.

자아 이미지를 좋은 쪽으로 바꾸는 데 대단한 성공의 경험이 필요하지는 않다. 그저 신발 끈을 묶고 자기 이름을 생전 처음 썼던 순간처럼, 돌아보면서 "맞아, 내가 그걸 배웠을 때 기분이 참 좋았어. 처음 해냈을 때가 기억난다. 정말 기분이 끝내줬지."라고 말할 수 있는 경험만 있으면 된다. 현재 삶의 방향을 바꾸려면 얼마나 오래전의 일인지 관계없이 오로지 그런 한 가지 기억, 한 가지 긍정적인 경험만 있으면 된다.

이 책을 읽고 인생을 바꾼 사람들

다음은 이 책을 읽고 자신의 인생을 바꾼 사람들의 이야기다. 이들의 사례를 통해 많은 용기를 얻을 수 있을 것이다.

성공적인 비즈니스 리더의 비결, 자신감

맥도날드 형제의 작은 햄버거 가게를 바라보면서 놀라운 발명품을 상상해 냈던 밀크셰이크 기계 판매원 레이 크록을 기억하는가? 그는 이후 맥도날드 햄버거 가게가 곳곳에 생기면서 맥도날드의 아이디어와 제품, 판촉 방법을 그대로 베끼는 패스트푸드 레스토랑 체인점들의 동향에 대해 다음과 같이 말한 적이 있었다.

"우리는 그들이 베끼는 속도보다 더 빠르게 새로운 것을 만들어 낼 수 있습니다."

그는 많은 사람들이 불평하거나 불편해할 것을 알면서도 자신의 자아 이미지를 자신감이 넘치고, 주도권을 행사하며, 힘을 가지고 있는 것으로 묘사했다.

비전을 지닌 모든 비즈니스 리더들은 이와 같은 긍정적인 접근 방식을 지니고 있다. 나는 그들이 존경스럽다. 조 폴리시라는 뛰어난 비즈니스 리더에 대해 간략하게 이야기하도록 하겠다. 그는 카펫 청소 사업을 했는데, 정통적이지는 않지만 사업상 아주 효과적인 마케팅과 판촉 방법을 개발했다. 그리고 이를 다른 카펫 청소업자들에게 가르쳐서 회사의 발전을 위한 발판으로 이용했다.

폴리시의 회사는 미국 전역과 다른 나라에 4,000여 개가 넘는 회원사를 보유하고 있었다. 청소 서비스와 관련 제품의 매출을 모두 합하면 매년 8억 달러가 넘는 규모로 성장한 셈이다. 수백 개의 업체에 이르는 카펫 청소 사업 경영자들 역시 그의 '전화 코치 프로그램'에 속해 있다.

그는 대학 교육도 받지 못하고 마케팅 분야에 대해 공식적인 수업을 받은 적도 없지만 업계를 주도하는 인물이 되었다. 어려운 가정환경을 극복하고 성공한 그는 발행 부수가 가장 많은 산업 및 무역 관련 저널에서 '올해의 인물'로 선정되기도 했다. 그는 이 책을 닳아서 해질 때까지 읽고 자신의 회원들에게 추천했으며, 이 책의 편집자를 강사로 초청해 특별 세미나를 열기도 했다. 이유가 무엇일까? 그는 이렇게 말한다.

"최상의 제품, 가격, 포지셔닝이 결합된 이 세상의 모든 비즈니스와 마케팅 지식과 기술적 재능을 소유한 사람 또는 회사가 자신감이 부족하다면 그 가치는 실제보다 낮게 평가될 겁니다."

폴리시는 또한 이렇게 말한다.

"우리가 말하고자 하는 것은, 제품을 경쟁사보다 높은 가격에 판매하는 방법은 기업가의 자아 이미지와 많은 연관이 있다는 점입니다."

세일즈맨의 자아 이미지는 성공과 직결된다

사이코사이버네틱스 재단 이사회의 창립 멤버인 빌 브룩스는 미국 내에서 몇몇 대기업의 매출을 신장시키기 위해 복잡하고도 정교한 세일즈 훈련 시스템을 고안해 냈다. 그가 주장한 최고의 세일즈 시스템은 《먹고 사는 데 필요한 것보다 더 열심히 일하지 마라》You're Working Too Hard to Make a Living 등을 비롯해 몇몇 훌륭한 책의 주제가 되기도 했다.

브룩스는 개인적으로 세일즈맨으로서 성공했으며 수천 명의 사람들에게 큰 도움을 주었다. 비록 그가 방법론에 초점을 두기는 했지만 판매 증진을 위해 아무리 세련되고 완벽하게 고안된 시스템을 만들어 내더라도 자신의 자아 이미지와 갈등하고 싸우려고만 하는 세일즈맨에게는 아무 소용이 없다는 사실을 솔직히 인정했다.

지그 지글러는 미국에서 가장 유명한 동기 유발 강사이자 세일즈 강사다. 25만 부가 넘게 팔린 저서 《세일즈 클로징》에서 그는 이렇게 말하고 있다.

> 세일즈맨의 자아 이미지는 그의 성공 여부에 직접적인 영향을 미친다. … 자아 이미지가 확고한 세일즈맨은 자신이 고객에게 받는 대우와는 상관없이 한 가지 꿈을 안고 그것을 성취하기 위해 나아갈 수 있다. 이 세상에 그 누구도 우리의 허락 없이 열등감을 느끼도록 만드는 사람은 없다는 사실을 분명히 이해한다면, 우리는 엄청난 힘을 얻을 것이다.
>
> 일단 자아 이미지를 올바르게 만든다면 우리의 세일즈 세계와 개인적인 활동 영역은 엄청나게 넓어질 것이다. (이 책의 저자인) 몰츠 박사에 따르면 모든 심리적 치료의 목적은 자부심을 되찾는 것이다. 이를 다른 말로 하면 환자의 자아를 되찾는 것이다. … 우리의 자아 이미지는 너무나 중요하기 때문에 일단 훌륭한 자아를 발견하면 우리의 세일즈 경력 또한 크게 성취하고 훨씬 더 좋아지며 빨라지게 된다.

운동을 지배하는 정신의 힘

이 책의 주제는 오래전부터 운동선수들과 밀접한 관련을 맺고 있다. 1967년 여러 신문에 다음과 같은 기사가 실린 적이 있었다.

"(이 책의 원리를 적용한) 그린베이 패커스 팀이 큰일을 내고 있다!"

빈스 롬바르디 감독 시절의 패커스 팀 이야기다. 유명한 스타플레이어인 제리 크레이머, 바트 스타 등도 롬바르디 감독과 함께 이 책을 가지고 다니면서 스터디하곤 했다.

1968년 6월 〈뉴욕 타임스〉에 짐 보튼Jim Bouton은 이 책을 소개하면서 양키스의 위대한 야구 선수 미키 맨틀의 동정을 보도했다. 그가 이 책의 여백에 자신만의 메모를 가득 적으면서 책을 읽고 있다는 것이었다.

골프의 황제로 불리는 잭 니클라우스와 이제는 고인이 된 페인 스튜어트, 그 외 정상급 골프 선수들도 정신 훈련을 할 때 이 책에 얼마나 의존하는지 언급했다. 스튜어트는 1989년 PGA 챔피언십과 1991년 US 오픈에서 우승한 것을 회고하면서 《골프를 지배하는 정신》Mind over Golf이란 책의 서문에서 이렇게 말했다.

"이전의 낡은 마음가짐으로는 메이저 골프 대회에서 승리할 수 없었을 겁니다. 그러나 이 책으로 마음을 새롭게 가다듬은 후 비로소 경기에서 상위에 오를 수 있었습니다."

참고로, 《골프를 지배하는 정신》은 노스캐롤라이나 대학교의 교육심리학 교수이자 《골프 매거진》Golf Magazine에 글을 싣는 필자이며, 여러 골프 선수를 지도한 코치이기도 한 리처드 쿠프Richard Coop 박사가 쓴 책이다.

그 밖에도 로데오 경기 선수, 올림픽 참가 선수, 미식축구 선수, 수많은 코치들이 이 책의 자기계발 전략을 활용했다.

자아 이미지를 훈련에 활용하는 감독들

1997년 사이코사이버네틱스 재단은 노스텍사스 대학교 교무과 체육 담당 보좌관인 린다 타일러 롤린스로부터 편지 한 통을 받았다. 그녀는 자신이 수년간 이 책을 교재로 사용하고 있으며, 노스텍사스 대학이 장학생으로 선발된 운동선수를 대상으로 한 과정도 개설하고 있다고 썼다.

"학생들이 우리 학교에 다니면서 선수 활동을 하는 동안 접하는 이야기들은, 몰츠 박사가 이 학생들이 태어나기도 전인 먼 과거에 제시한 개념에 바탕을 둔 것들이죠."

또한 현재 프로 골프 선수들을 가르치고 있는 보스턴의 한 심리학자가 《골프 매거진》에 소개된 적이 있다. 글로리아 스피탈니 박사는 다음과 같이 말한다.

"내 계산에 따르면 일반적으로 골프 선수들은 경기 시간 중 86퍼센트를 자신의 생각이나 감정과 씨름하며 보낸다. 그들은 무엇이 일어날 것인가에 대해 이리저리 생각하고, 흥분이나 분노를 느끼면서 계속 집중하고자 노력하며, 앞으로 어떻게 될 것인가 걱정한다."

이 말은 골프 경기 중 86퍼센트의 시간이 신체적인 행동이 아니라 사고와 감정에 의해 소모된다면, 성공과 실패를 결정하는 요소의 86퍼센트는 스윙 기술이나 과감한 퍼팅이 아니라 사고와 감정을 관리하는 데 달려 있다는 사실을 알려 준다.

이는 다른 운동 분야에서도 동일하게 나타난다. 그래서 점점 더 많은 감독들이 정신 무장과 심리적 동기 유발 쪽에 시간과 에너지를 할애한다. 심지어 NBA의 팻 라일리나 필 잭슨 같은 몇몇 일류 농구 감독은 이런 주제에 대한 자신의 생각을 책으로 내기도 했다.

올랜도 매직과 디트로이트 피스톤스 구단의 척 데일리 감독 밑에서 수석 코치로 일했던 브랜든 서는 이 책의 열렬한 팬이었다. 그는 이 책을 비디오 교재로 만든 한 비디오 프로그램에 출연해서 경기의 다른 요소와 싸우는 선수들에게 새로운 정신적인 이미지를 사용하도록 제안하면서 그가 사용했던 원칙에 대해 설명하기도 했다.

성공은 결정되는 게 아니라 선택하는 것이다

유전적인 숙명에 대해서는 논의할 가치조차 없다. 한마디로 터무니없는 소리다. 지니 런드럼 Gene Lundrum 박사는 저서 《권력과 성공을 움켜쥔 사람들》Profile of Power and Success 에서 14명의 개성 넘치는 성공한 사람들에 대한 심도 깊은 분석과 심리적인 설명을 하면서, 그들의 성취는 천성이 아니라 후천적인 교육의 결실이었다는 결론을 내렸다.

"그들의 가족사를 살펴보면 유전은 그들의 성공과 거의 또는 전혀 연관이 없다."

대신 그는 어떤 특징을 발견했는데, 그에 따르면 그런 특징들은 프로그램화되고 성공한 이들은 자신을 프로그래밍한다. 유전적인 능력이 성공하는 데 있어 극복할 수 없는 장애가 되거나 성취 이면에 놓인 궁극적인 비밀이라면, 월트 디즈니는 독특한 창조력이나 기업가적인 성취 능력을 지닌 '혈통'을 타고났을 것이라고 봐야 한다. 하지만 디즈니의 아버지는 플로리다주에서 했던 모텔 사업을 포함해 다섯 번이나 사업에 실패한 인물이다. 건축의 거장인 프랭크 로이드 라이트의 아버지는 실업자나 마찬가지인 순회 목사였는데, 그 일에도 아주 서툴러서 1년 이상을 지속하지 못했다. 피카소의 아버지는 평범한 화가에 불과했다.

지금 여기서 혈통을 따지려는 게 아니다. 위의 사례들은 우리 인간이 통제하지 못하는 유전자가 아니라, 조건을 설정해 프로그램화된 상태에서 교육받고 지도받은 자아 이미지가 성공을 결정한다는 사실을 보여 준다. 우리는 부모를 선택할 수는 없지만 원하는 자아 이미지를 선택할 수는 있다.

어떤 이들은 마이클 조던이나 타이거 우즈를 두고 이런 사실을 설명하기도 한다. 그들이 다른 사람들보다 월등하게 뛰어난 신체적 능력을 보여주는 것은 사실이지만, 만일 그들에게 다양한 자극을 통해 만들어진 건전한 자아 이미지가 없었다면 탁월한 신체 능력은 아무짝에도 쓸모없었을 것이다. 우즈는 그의 아버지에게, 조던은 대학 농구 코치인 딘 스미스 같은 권위적인 인물에게 적지 않은 영향을 받았다.

자신의 분야에서 정상에 오르려는 운동선수들은 대부분 평균적인(보통 수준의) 신체 능력을 가지고 있을 것이다. 야구에서는 미국의 전설적인 야구 선수 타이 콥과 피트 로즈가 있다. 미식축구에서는 전문가들로부터 '너무 덩치가 작아서' 제대로 시합을 할 수 없다고 잘못 평가받은 프랜 타켄턴과 덕 플루티가 대표적인 예다.

단 1분이라도 자신이 타고난 재능이나 능력이 부족해서 목표를 성취하지 못했다는 생각은 하지 말아야 한다. 이것은 대단히 체계적인 거짓말이며 가장 슬픈 변명일 뿐이다.

성공 포인트

자아 이미지를 세우기 위한 성공 스크랩

과거 또는 현재 여러분이 동경하는 성격이나 성품, 인생의 업적을 성취한 사람들에 관한 스크랩북을 만들어라. 그리고 이들 각각에 해당하는 대표적인 인물을 선정하라. 그들의 전기나 자서전, 기사, 연설 그리고 이 책에서 소개하는 지니 런드럼 박사나 나폴레온 힐Napoleon Hill 처럼 그들에 대한 분석 자료를 수집하고 충분히 공부해서 다른 사람들의 인생에 영향을 주는 전문가가 되어라.

그들이 창조해 낸 인격과 삶의 업적이 거의 대부분 유전적 요인이거나 어린 시절 주위 환경과 교육에 힘입은 것이 아니라는 사실을 깨달아라. 실제로 그들의 현재 모습을 가능하게 한 힘, 생각, 영향력은 무엇인가? 인생의 목표를 이루기 위해 더욱 강하고 목표 지향적인 자아 이미지를 만들 수 있는, 가공되지 않은 싱싱한 재료를 찾아 상상력을 키워 보라.

《골프를 지배하는 정신》에서 쿠프 박사는 골프를 치는 사람들에게 이렇게 말한다.

PGA나 LPGA 투어 이벤트에 참가해 보면 자신의 스윙에 평소보다 리듬과 템포가 더 자연스럽게 흘러들어 있는 경우를 발견할 때가 있다. 하지만 그것은 우연이 아니다. 우리도 그들의 기술을 배워 경기에서 보여 줄 수 있다. 심지어는 가장 실력이 떨어지는 골프 선수도 마크 오메라나 진 리틀러, 낸시 로페즈 같은 최상급 선수들의 부드러운 스윙을 관찰한 뒤에는 리드미컬하게 스윙이 변한다. 문제는 정기적으로 프로 선수들을 관찰해서 이를 시각화하지 않으면 새로 습득한 스윙의 템포가 오래 지속되지 않는다는 사실이다.

내가 제안하고 싶은 것은 우리가 원하는 성격을 가장 잘 보여 주는 사람과 우리가 원하는 삶을 살고 있는 사람들을 찾아 이용 가능한 모든 미디어와 자료를 통해 그들을 연구하고 관찰하라는 것이다.

한 사람을 정해 철저하게 연구하라

한 사람을 정해 한 달간 철저히 연구하라. 그 사람이 생각하는 방법에 너무나 익숙해져서 마치 그 사람과 마주 앉아 대화를 나누고 솔직한 충고와 지도를 해달라고 요청할 수 있을 정도로 말이다.

제2장

이것이 진정한
자아 혁명이다

내 안에 있는 성공 메커니즘을 작동시키자

꿈을 향해 자신 있게 나아가면서
꿈대로 살기 위해 진지하게 노력하면 어느덧 성공이 눈앞에 와 있을 것이다.

_헨리 데이비드 소로 Henry David Thoreau

이상하게 들릴지 모르지만 사실이다. 불과 얼마 전까지도 과학자들은 인간의 뇌와 신경 체계가 어떻게 목적을 위해 작용하는지 감을 잡지 못했다. 장기간의 치밀한 관찰을 통해 어떤 일이 일어나는지 파악할 수는 있었지만 그런 모든 현상이 결부된 타당한 개념을 제시했던 근본적인 원칙은 단 한 가지도 없었다.

하지만 인간이 전자두뇌(컴퓨터)를 만들고 고유의 목표 추적 메커니즘goal-striving mechanism(목표 지향적 메커니즘)을 구축하기 시작하면서, 이제는 반드시 어떤 기본 원칙을 찾고 그것을 활용해야만 했다. 그리고 그것을 발견한 과학자들은 스스로 묻기 시작했다. 이것이 진정 우리의 두뇌가 작동하는 방식일까? 인간이 꿈꿔 왔던 전자두뇌나 유도 시스템과 동일한 방식으로 작동되긴 하지만 그보다 더 대단하고 놀라운 자기 통제 메커니즘servo-mechanism(기계적인 방식으로 메커니즘 내부에 입력된 값을 제어하는 시스템. 병기의 자동 비행이나 조준, 기계나 설비의 자동 제어 등에 쓰인다―옮긴이)이 있는 것은 아닐까?

이런 의문에 대해 노버트 위너 Norbert Wiener 박사나 존 폰 노이만 John von Neumann 박사 같은 유명한 과학자들은 무조건 '그렇다'고 대답한다.

성공 메커니즘은 누구에게나 있다

생명을 지닌 모든 존재는 신이 부여한 일종의 자동 유도 시스템 automatic guidance system 또는 목표 달성 장치를 가지고 있다. 따라서 모든 생물은 선천적으로 부여받은 이것들을 이용해 원하는 목적을 달성할 수 있다.

이를 좀 더 넓은 의미로 해석하면 목적은 '생존'을 의미한다. 단순한 구조를 지닌 하등 생명체에게 삶의 목적은 오로지 개체와 종을 보존하고 살아남는 것이다. 동물들은 적이나 위험물을 피하거나 물리치고, 종을 보존하기 위해 번식을 하며, 먹을 것과 은신처를 찾는 능력에 한정된 메커니즘을 가지고 있다.

인간은 이런 단순한 동물들의 생존 목표 그 이상을 추구한다. 동물들에게 '산다는 것'은 그저 필요한 육체적인 욕구를 충족한다는 의미다. 그러나 인간은 동물에게서는 발견할 수 없는 감정적이고 정신적인 욕구를 지니고 있다. 다시 말해 인간에게 '산다는 것'은 육체적인 생존과 종족 보존 이상의 의미가 있다. 물론 이는 감정적이고 정신적인 만족을 필요로 한다. 이른바 인간의 성공 메커니즘 Success Mechanism 은 동물보다 범위가 훨씬 더 넓다.

인간의 성공 메커니즘은 위험을 피하고 극복하는 능력이나 종족 보존을 위한 성적 본능 외에도 문제에 대한 해결책을 제시하고, 발명을 하고, 시를 쓰고, 사업체를 운영하고, 상품을 판매하고, 새로운 과학 분야를 개척하고, 마음의 평화를 얻거나 더 나은 인격을 계발하게 하고, 생존과 밀접하게 연관되어 있거나 보다 만족스러운 삶을 살기 위한 여타의 활동에서 성공할 수 있게 해준다.

따라서 우리 모두가 이런 성공 메커니즘을 가지고 있다는 사실을 받아들이는 자세가 필요하다.

상상력, 성공 메커니즘을 작동시키는 방아쇠

다람쥐는 나무 열매를 모아 저장해야 한다는 사실을 본능적으로 안다. 봄에 태어난 다람쥐는 겨울을 겪어 본 적이 없는데도 가을이 되면 먹을 것을 얻지 못할 겨울을 대비해서 부지런히 나무 열매를 저장한다.

새들 역시 마찬가지다. 새들은 둥지 만드는 방법을 배울 필요도 없고, 비행을 위한 코스를 배울 필요도 없다. 그런데도 새들은 수천 마일을 날며 때때로 바다를 횡단하기도 한다. 그들에게는 날씨를 알려 주는 신문이나 TV도 없고, 따뜻한 지역을 찾아야 할 때 길을 알려 주는 탐험가나 앞길을 개척한 사람들이 펴낸 책도 없다. 그럼에도 불구하고 새들은 추운 날씨가 찾아오는 시기가 언제인지 알고 있으며 따뜻한 곳이 어디인지 정확하게 알고 있다.

이는 동물에게 그들을 이끌어 주는 일종의 본능이 있기 때문에 가능하다. 이런 본능을 분석해 보면 동물들이 환경에 성공적으로 대응하기 위해 본능으로부터 도움을 받고 있다는 사실을 알 수 있다. 즉, 동물들은 '성공 본능'을 지니고 있는 것이다.

그런데 인간은 동물보다도 훨씬 더 훌륭하고 복잡한 성공 본능을 지니고 있다. 다만 우리가 그 사실을 간과하고 있을 뿐이다. 신은 인간을 대충 만들지 않았다. 우리는 특히 이런 점에서 은총을 받았다고 볼 수 있다. 동물들은 목표를 선택할 수 없다. 그들의 목표인 자기 보존과 번식은 이미 정해져 있는 것이다. 즉, 동물들의 성공 메커니즘은 우리가 '본능'이라고 부르는 목표 이미지로 제한되어 있다.

반면에 인간은 동물에게는 없는 것이 있다. 바로 창조적인 상상력이다. 인간은 모든 창조물 중에서도 가장 높은 지위를 차지한다. 또 인간은 창조자이기도 해서 상상력을 활용해 다양한 목표를 세울 수 있다. 오직 인간만이 상상력을 이용해서 성공 메커니즘을 완전히 지배할 수 있다.

동물들은 고정적인 방식으로 설계되어 있기 때문에 변화를 추구할 수 없지만 우리 인간은 소프트웨어를 운영해서 지속적으로 출력(결과)을 바꿀 수 있다. 이것을 공식화하면 다음과 같다.

〈삶에 대한 창조자로서의 자신의 경험〉

(1) 의식적인 결정 + (2) 상상력을 통한 목표 또는 대상과의 커뮤니케이션
⟶ (3) 자아 이미지의 극적인 변화
= (4) 자기 통제 메커니즘에 대한 새로운 지침

사람들은 흔히 창조적 메커니즘이 시인이나 발명가 또는 그와 비슷한 일을 하는 사람에게만 있는 것으로 생각한다. 그러나 상상력은 우리가 활동하는 모든 분야에서 창조적으로 작동한다. 비록 상상력이 언제 어떻게 창조적 메커니즘을 작동시키는지는 모른다고 할지라도, 우리 시대의 진지한 사상가들과 경험이 풍부한 사람들은 상상력의 잠재된 힘을 깨닫고 잘 활용했다.

나폴레옹은 다음과 같이 말했다.

"상상력이 세계를 지배한다."

《우주의 비밀을 연 사람》The Man Who Tapped the Secrets of the Universe 의 저자 글렌 클라크Glenn Clark 는 이렇게 말했다.

"모든 인간의 능력인 상상력은 신에 가장 가까운 능력이다."

또한 스코틀랜드의 유명한 철학자인 듀갈드 스튜어트 Dugald Stewart 는 이렇게 말했다.

"상상하는 능력은 모든 인간 행동의 위대한 원천이며 진보의 주요한 근원이다. … 이런 능력을 파괴한다면 인간의 처지는 짐승이 처한 상황과 마찬가지로 변화가 없을 것이다."

고집 센 기업가로 알려진 헨리 카이저 Henry J. Kaiser 는 이렇게 말했다.

"우리는 미래를 상상할 수 있다."

카이저는 자신이 비즈니스에서 성공한 이유가 창조적인 상상력을 건설적이고 긍정적으로 사용한 덕분이라고 말했다.

많은 비즈니스 리더들이 상상력의 가치와 중요성을 잘 인식하고 있다. 한 예로 스타벅스의 놀라운 성장에서 상상력이 차지한 비중을 생각해 보자.《스타벅스: 커피 한잔에 담긴 성공 신화》에서 하워드 슐츠는 이탈리아의 한 도시를 거니는 장면을 떠올리면서 온갖 상상력을 동원해 열정과 낭만적인 분위기, 행복한 사람들로 가득 찬 가로변의 작은 카페를 머릿속으로 그렸다. 그렇게 상상을 통해 일상적인 상품인 커피를 새롭게 재창조할 기회를 포착했던 그는 이렇게 말했다.

"우리가 상상력을 사로잡을 수 있다면 다른 사람도 사로잡을 수 있다."

오늘날 우리가 자주 찾는 스타벅스는 이탈리아의 낭만적이고 행복한 풍경과 도심 속 에스프레소 가게 그리고 쇼핑센터를 복제해 놓은 듯한 이미지다. 이는 슐츠가 상상하려고 노력했던 결과다.

"스타벅스는 고객이 직접 보고, 만지고, 느끼고, 냄새 맡고, 맛을 음미하는 모든 것에서 가치를 느낄 수 있도록 정성을 들여 디자인되었다. … 스타벅스에 들어온 고객이 가장 먼저 발견하는 것은 무엇인가? 아마도 대부분 커피 향일 것이다. 향내는 다른 어떤 감각기관보다도 훨씬 강하게 우리의 기억을 자극한다. 그것은 확실히 사람들을 가게로 끌어들이는 데 중요한 역할을 한다. 하지만 커피 향을 순수하게 유지하는 것은 그리 쉬운 일이 아니다."

그는 순수한 커피 향을 실내에서 음미할 수 있도록, 지금처럼 금연이 일반화되기 훨씬 전부터 매장 내 금연을 규칙으로 정했으며 다른 음식을 함께 팔지 않도록 했다. 또한 커피를 분쇄할 때 들리는 기계 소리와 신선한 원두커피 알을 담을 때 나는 금속 국자의 소리를 들을 수 있도록 세심하게 배경 음악을 선곡하는 방법도 고안했다. 이렇듯 순간순간 요구되는 세심한 긴장감은 고도의 상상력을 필요로 한다.

하워드 슐츠의 스타벅스 창조 신화는 놀라운 상상력으로 꿈과 현실을 넘나든 월트 디즈니의 리더십을 떠올리게 한다. 디즈니만이 가지고 있는 매력을 면밀하게 들여다보면 그의 타고난 상상력에 깃든 세심한 주의력을 발견할 수 있다.

한때는 월트 디즈니의 절친한 친구였으며 애플, GE 등에서 창조적인 사고력 컨설턴트로 일했던 마이크 밴스Mike Vance 는 저서 《틀을 깨고 생각하라》Think outside the Box 에서, 디즈니월드에 재현된 블루 바이유 레스토랑에 담긴 통찰력에 대해 언급했다.

우리가 뉴올리언스풍의 블루 바이유Blue Bayou(푸른 늪) 레스토랑을 디자인해야 한다면 마음속에 무엇을 떠올릴 것인가? 루이지애나의 외진 시골 마을? 그늘진 늪지대? 아니면 무엇인가? 이리저리 날아다니는 개똥벌레가 없다면 어떤 그늘이나 늪지대도 완벽하지 않을 것이다. … 오래된 뉴올리언스의 대기에 남아 있는 뚜렷한 향기는 과연 무엇일까? 불순물을 거르기 위해 치커리와 함께 볶은 커피는 프랑스풍 거리의 독특한 분위기를 잘 살려 준다. 그리고 신선한 커피의 치커리 향은 레스토랑의 환풍기를 통해 밖으로 전달된다. …
뒤에서 연주하고 있는 딕시랜드 밴드의 긴장감은 뚜렷하게 들리는
귀뚜라미의 울음소리나 외로운 밴조 소리와 어우러져 멀리서도 그
느릿한 멜로디를 식별할 수 있게 한다.

밴스는 이런 여러 요소가 하나로 혼합되어 우리를 전혀 다른 시간과 장
소로 데려다준다고 말한다. 실제로 디즈니랜드나 디즈니월드를 한번 방문
한 사람은 아이고 어른이고 할 것 없이 또 방문하게 된다. 그들이 기억하
는 행복했던 경험은 우연히 발생한 게 아니다. 기업의 이윤을 극대화하기
위해 가장 실용적으로 사용된 상상력의 힘이다.

그런데 많은 사람들이 이렇듯 뚜렷한 목적을 가지고 상상력을 사용하
면 어떤 일도 가능하다는 사실을 외면하고 백일몽이나 환상에 자신의 상
상력을 낭비한다. 분산되어 내리쬐는 태양 빛은 단지 따뜻한 온기지만,
돋보기를 이용해 빛을 한 방향으로 모으면 불이 붙는다.

물론 상상력은 어떤 목적 없이도 유쾌한 즐거움을 줄 수 있지만, 근본
적으로는 우리의 자아 이미지를 효과적으로 프로그램한다. 나아가 우리
가 선택하는 목표를 향해 성공 메커니즘이 제대로 작동하도록 한다.

저절로 성공으로 이끄는 메커니즘

사람은 기계가 아니다. 하지만 사이버네틱스의 발견을 통해 우리의 두뇌
와 신경 체계가 마치 스스로 목표물을 추적하는 어뢰나 미사일과 마찬가
지로 어떤 목표를 달성하기 위해 자동적으로 작동하는 목표 지향적인 메
커니즘을 구성한다는 것을 알게 되었다.

이런 자기 통제 메커니즘은 일정한 목표를 달성하거나 주어진 문제를

극복할 수 있도록 올바른 길로 방향을 잡아 주는 유도 시스템의 기능을 한다. 또한 자동으로 문제를 해결하고 필요한 해답을 주며, 새로운 아이디어나 영감을 제공하는 전자두뇌의 역할도 담당한다. 존 폰 노이만 박사는 저서 《컴퓨터와 뇌》The Computer and the Brain 에서 인간의 뇌에는 아날로그 컴퓨터와 디지털 컴퓨터의 특성이 모두 있다고 설명한다.

'사이버네틱스'cybernetics 란 말은 원래 '배의 키잡이'를 의미하는 그리스어에서 유래했다. 우리의 자기 통제 메커니즘도 자동적으로 어떤 목표나 대상 또는 해답을 추적하도록 만들어졌다. 1948년 미국의 수학자인 노버트 위너 박사는 동물, 인간, 기계의 제어와 의사소통에 관한 연구 분야를 가리키는 말로 사이버네틱스라는 단어를 처음 사용했다. 이 책에서 우리는 우리 내부에 있는 자기 통제 메커니즘을 보다 잘 다루기 위해 자아 이미지를 통해서 효율적으로 의사소통하는 방법을 배울 것이다.

자기 통제 메커니즘은 자동 성공 메커니즘이 될 수도, 자동 실패 메커니즘이 될 수도 있다. 이는 자기 통제 메커니즘이 우리 자신의 자아 이미지를 통과하면서 어떤 명령을 받아 어떻게 프로그래밍되느냐에 달려 있다. 인간의 두뇌와 신경 체계를 사이버네틱스의 원칙에 따라 움직이는 자기 통제 메커니즘이라고 생각한다면 우리는 인간의 행동이 어떤 이유로 어디에서 일어나는지에 대한 새로운 통찰력을 얻을 수 있을 것이다. 사이버네틱스의 이런 원리는 인간의 두뇌에도 마찬가지로 적용되므로, 이런 새로운 개념을 앞으로 '사이코사이버네틱스'라고 부르기로 하겠다.

다시 한번 강조하지만 사이코사이버네틱스는 인간을 컴퓨터라고 말하지 않는다. 오히려 인간이 사용 가능한 컴퓨터를 한 대 더 갖고 있다고 말한다. 이제 이 컴퓨터 같은 기계적인 자기 통제 메커니즘과 인간의 두뇌를 비교해 봄으로써 그 유사점에 대해 알아보자.

성공은 습관을 통해 형성된다

자기 통제 메커니즘은 보통 두 가지 유형으로 나뉜다. 첫째는 대상이나 목표 또는 해답을 알고 있을 때 그것에 도달하거나 성취하는 유형이며, 둘째는 대상이나 해답을 알지 못할 때 그것을 발견하거나 위치를 알아내는 유형이다. 인간의 두뇌와 신경 체계는 이 두 방법으로 움직인다.

첫 번째 유형의 예로 자체 유도 기능이 있는 어뢰나 요격 미사일을 들 수 있다. 이런 것들은 목표물, 즉 적함이나 적기에 도달하기만 하면 된다. 그러기 위해서는 목표물을 사전에 '알고 있어야'만 하며, 목표물이 있는 방향으로 나아갈 수 있는 추진 시스템이 있어야만 한다. 따라서 목표물에 대한 정보를 얻는 감각기관(레이더, 수중 음파 탐지기, 열 감지기 등)을 가지고 있다.

이런 감각기관은 기계가 올바른 길로 가고 있을 때(긍정적인 피드백)와 실수로 코스를 이탈했을 때(부정적인 피드백) 각각 필요한 정보를 전달한다. 이때 기계는 긍정적인 피드백에는 반응하거나 응답하지 않는다. 이미 올바른 것을 행하고 있으므로 계속 진행하면 되기 때문이다. 하지만 부정적인 피드백에는 반응하는 수정 장치가 있어야 한다.

예를 들어 부정적인 피드백이 노선에서 벗어나 너무 오른쪽으로 가고 있다고 알려 주면, 수정 장치는 자동으로 방향타를 조절해 기계가 왼쪽으로 움직이도록 한다. 만일 지나치게 수정을 해서 너무 왼쪽으로 가면 이것이 부정적인 피드백을 통해 알려져 수정 장치가 방향타를 조절하고 기계가 다시 오른쪽으로 움직이도록 한다. 다시 말해 앞으로 나아가다가 실수를 하면 이를 다시 수정하는 과정을 반복하면서 목표물을 추적한다. 그렇게 지그재그 형태를 그리며 목표로 향하는 길을 더듬어 나간다.

제2차 세계대전 당시 목표 추적 메커니즘 개발을 주도했던 노버트 위너 박사는 사람들이 의도적인 행동을 할 때, 심지어 탁자 위에 있는 연필을 집는 것처럼 간단한 상황에서도 인간의 신경 체계 안에서는 앞서 말한 것과 유사한 작용이 일어난다고 주장했다.

우리가 연필을 집는 행동을 할 수 있는 것은 의지나 의식적인 사고 때문이 아니라 자동 메커니즘 때문이다. 의식적인 사고는 목표를 선정하고 욕구를 불러일으켜 행동에 옮기도록 유도하며, 손이 자동으로 방향을 지속적으로 수정할 수 있도록 자동 메커니즘에 정보를 전달하는 역할을 한다.

위너 박사는 오직 해부학자만이 연필을 집는 데 필요한 근육의 이름을 알 수 있을 것이라고 말한다. 그리고 그 이름을 알고 있는 사람이라 하더라도 의식적으로 자신에게 "팔을 들어 올리려면 어깨 근육을 수축해야만 돼. 자, 팔을 들어 올리기 위해 삼두근도 수축해야지."라고 말하지는 않는다. 우리는 단지 손을 뻗어 연필을 집어 들기만 하면 된다. 개별 근육에게 의식적으로 명령을 내릴 필요도 없고, 얼마나 많은 수축이 필요한지 계산할 필요도 없다.

우리가 목표를 설정하고 이를 행동으로 옮길 때 자동 메커니즘이 그 일을 떠맡는다. 우리는 그전에도 연필을 집어 들거나 그와 비슷한 행동을 한 적이 있기 때문에 자동 메커니즘은 그 일을 하는 데 필요한 해답을 스스로 알고 있다. 이후 자동 메커니즘은 눈을 통해 뇌까지 전달되는 피드백 데이터를 사용하는데, 이때 눈은 "그 거리는 연필을 집을 수 없는 각도야."라고 말한다. 이런 피드백 데이터로 우리의 자동 메커니즘은 손이 연필에 닿을 때까지 계속 동작을 수정할 수 있다.

연필을 집어 드는 것은 아마 그다지 흥미로운 일은 아닐 것이다. 이는 단지 연필을 집어 들거나 다른 일상적인 일을 수행하는 과정일 뿐이기 때문이다. 하지만 훨씬 더 복잡하고 힘든 목표를 이루기 위해 우리는 동일한 과정을 반복할 수 있다. 여기서 흥미로운 사실은 우리가 그 과정을 '소유'하고 계속 사용한다는 점이다. 새로운 목표 성취 능력은 필요 없으며 부족하지도 않다.

이를 다른 말로 표현하면, 우리가 연필을 집어 들 능력만 있다면 수많은 청중 앞에서 자신감 넘치는 모습으로 설득력 있게 말할 수 있으며, 호소력 짙은 광고 문구를 쓸 수 있고, 사업을 시작할 수도 있으며, 골프를 치고 이름을 지을 수도 있다는 것이다. 즉, 우리는 이미 '과정'을 소유한 것이다.

이제 막 근육을 사용하는 법을 배운 아기는 딸랑이를 잡을 때 손을 이리저리 움직이며 동작을 수정한다. 아기에게는 머릿속에 저장된 정보가 전혀 없다. 따라서 아기들은 손을 앞뒤로 이리저리 흔들면서 목표물에 도달할 때까지 더듬어 나간다. 하지만 일단 그런 방법을 배우고 난 뒤에는 수정 자세도 점점 더 정교해지고 세밀해진다. 또 이제 막 운전을 배운 사람에게서도 이런 현상을 관찰할 수 있다. 그는 지나치게 자세를 많이 수정하기도 하고 앞뒤로 이리저리 왔다 갔다 하면서 운전을 배운다.

일단 올바르고 성공적인 반응이 일어나면 이는 미래에 다시 사용하기 위해 우리의 뇌리에 기억된다. 그다음에 이와 유사한 상황이 발생했을 때 우리의 자동 메커니즘은 성공적인 반응을 되풀이한다. 즉, 성공적으로 반응하는 방법을 터득한 것이다. 성공은 기억하고 실패는 잊어버리면서 우리는 습관처럼 성공적인 행동을 반복하게 된다.

이런 이유로, 어떤 분야에서 성공한 사람들은 그다지 힘들이지 않고 성공한 것처럼 보인다. 높은 실적을 거두는 세일즈맨은 기회를 놓치지 않고 고객의 반응과 관심에 즉각적으로 반응하며 순간적인 상황에 맞춰 적절하게 대화를 진행한다. 이런 반응은 습관이며, 어떤 의미에서는 본능적으로 내면화되었다는 것을 의미한다.

우리는 이미 잘할 수 있는 많은 것들을 통해 이 지점에 도달했다. 이런 사실은 우리가 그동안 해왔던 것처럼 또 다른 목표를 달성하기 위해서도 그렇게 할 수 있다는 것을 보여 준다.

컴퓨터보다 정교한 머릿속 메커니즘

이제 다시 과정에 대해 생각해 보자. 현재 방 안이 아주 어두워서 연필을 볼 수 없다고 가정하자. 테이블 위에는 다른 물건들과 함께 연필이 한 개 놓여 있다. 손은 본능적으로 지그재그로 동작(또는 탐색)을 하면서 연필을 발견하고 인식할 때까지 다른 것이 잡히면 그것을 버리고 또 다른 것을 앞뒤로 더듬기 시작한다. 이것이 자기 통제 메커니즘의 두 번째 유형이다. 순간적으로 잊어버린 이름을 회상하는 것은 또 다른 예다. 우리 두뇌 속의 스캐너는 올바른 이름이 떠오를 때까지 저장된 메모리를 찾아 돌아다닌다.

컴퓨터도 똑같은 방법으로 문제를 해결한다. 먼저 많은 데이터가 기계 속에 입력되어야만 한다. 저장되고 기록된 이런 데이터는 기계의 기억에 해당된다. 문제가 주어지면 기계는 그 상황과 동일하거나 검색 조건을 만족시키는 유일한 해답을 찾을 때까지 기억을 따라 검색을 시작한다. 문제와 해답은 함께 전체 상황이나 구조를 형성한다. 그리고 그런 상황이나 구조(문제)의 일부분이 주어지면 기계는 그 구조를 완성하기 위해 빠진 부분이나 그에 딱 맞는 조각을 찾아내는 것이다.

이것은 인터넷의 검색 엔진이나 컴퓨터 소프트웨어의 검색 기능과 유사하다. 컴퓨터에서 이런 기능을 갖춘 초기 버전은 상대적으로 느리고 서툴며 비효율적이었다. 오늘날에는 예전에 비해 엄청나게 빨라졌지만 우리 내부에 있는 검색 엔진과 비교해 보면 여전히 범위와 힘에 한계가 있다.

인간의 뇌에 관해 더 많이 알게 될수록, 특히 구조적인 측면에서 볼 때 자기 통제 메커니즘과 닮은 점을 더 많이 찾을 수 있다. 몬트리올 신경공학 연구소 소장인 와일더 펜필드 Wilder Penfield 박사는 미국국립과학아카데미 회의에서, 뇌에는 평생 경험하고 관찰하고 배운 모든 것을 충실히 기록해 두는 작은 부위가 존재한다고 발표했다.

펜필드 박사는 환자가 완전히 깨어 있는 상태에서 뇌수술을 하던 중에 그 환자의 대뇌피질에 있는 어떤 작은 부위를 수술 도구로 우연히 건드렸다. 그러자 환자는 그 즉시 까맣게 잊고 있던 어린 시절의 어떤 사건을 다시 체험했다. 후속 실험에서도 동일한 결과가 나타났다. 피질의 특정 부위를 건드리면 환자들은 과거의 경험을 단순히 기억한 것이 아니라 모든 광경, 소리, 감정을 아주 생생히 느끼면서 그때의 경험을 다시 체험했다. 마치 과거의 경험을 녹화해 두었다가 재생하는 것 같았다. 인간의 뇌처럼 작은 기관이 어떻게 그토록 방대한 정보를 저장할 수 있는지는 여전히 미스터리다.

영국 신경물리학자 그레이 월터 Grey Walter 는 인간의 뇌를 복제하려면 전자 세포가 최소한 100억 개는 필요할 것이라고 말했다. 이 세포들을 모아 놓으면 약 140제곱미터에 이르는 공간을 차지하고, 세포들을 연결하는 신경이 자리할 공간도 추가로 수백 제곱미터나 필요하다. 그리고 이런 체계를 구동하는 데 소모되는 전력은 10억 와트에 이른다.

우리는 날아오는 미사일의 교차 지점을 눈 깜짝할 순간에 계산해서 목표 지점으로 정확히 날아가는 요격 미사일의 위력에 놀라곤 한다. '사막의 폭풍' Desert Storm (걸프전 당시의 전투 작전명—옮긴이) 작전 기간 동안에 목격했던 스마트 폭탄은 이런 종류의 기술을 이용한 것이다. 오늘날의 기술은 제2차 세계대전 때의 잠수함 유도 어뢰보다 훨씬 뛰어나다. 그리고 이는 결국 레이건 대통령에 의해 현실화된 '스타워즈 미사일 방어 시스템'을 가능하게 만들었다.

야구 경기에서 중견수가 높이 뜬 공을 재빠르게 잡는 장면보다 더 멋진 광경을 목격한 적은 없을 것이다. 공이 어디에 떨어지고 교차 지점이 어디인지 계산하기 위해 중견수는 공의 속도와 하강 곡선, 방향, 바람, 초기 속도, 점진적인 속도의 감소율 등을 고려해야 한다. 또한 얼마나 빨리 달려야 하는지, 어느 방향으로 달려야 하는지 공이 떨어지기 전이나 공과 동시에 목표 지점에 도달하기 위해 결정해야 한다.

하지만 중견수는 자신의 행동에 대해 생각조차 하지 않는다. 그의 목표 추적 메커니즘은 눈과 귀를 통해 수집한 데이터로부터 그 거리를 계산한다. 두뇌 속의 컴퓨터는 이런 정보를 받아들이고 그것이 저장된 데이터, 즉 공을 잡았을 때의 성공과 실패에 대한 기억과 비교한다. 필요한 모든 계산은 순식간에 이루어지고, 두뇌는 다리에 명령을 내려 그가 달릴 수 있도록 한다.

위너 박사는 과학자들이 가까운 장래에 인간의 두뇌에 거의 필적할 만한 인공두뇌를 만들 수는 없을 것이라고 말했다.

"나는 기계에 대해 잘 알고 있는 사람들도 인간의 두뇌와 비교할 때 디지털 기계가 가지고 있는 특별한 장점과 단점에 대해 잘 알지 못한다고 생각한다. 인간의 두뇌에 있는 개폐 장치의 수는 지금까지 개발된 컴퓨터에 들어 있는 것보다 압도적으로 많지만, 그들은 가까운 미래에 그런 장치를 만들어 낼 수 있으리라고 생각조차 하지 못했다."

그러나 미래에 그런 능력을 지닌 컴퓨터가 혹시 만들어진다고 해도 그것을 작동시킬 프로그래머가 부족할 것이다. 컴퓨터는 스스로 문제를 낼 능력이 없다. 컴퓨터는 상상력이 없고 목표를 설정할 수도 없으며, 어떤 목표가 가치가 있는지 그렇지 않은지를 결정할 수도 없다. 게다가 컴퓨터는 감정이 없어 느낄 수도 없다. 오직 컴퓨터 운용자가 입력한 새로운 데이터에 대해서만 작동하며, 자체 감각기관과 이전에 저장된 정보로부터 얻은 피드백 데이터를 통해 실행된다.

아이디어의 무한한 근원, 뇌

지난 시대를 살았던 수많은 위대한 사상가들은 인류의 축적된 정보가 과거의 경험이나 학습된 개인적인 차원의 기억에 한정되어 있는 것은 아니라고 믿었다. 인간의 정신을 광대한 범우주적인 정신으로 가는 진입로에 비유했던 랄프 왈도 에머슨은 "이 세상 모든 사람에게는 공통적인 한 가지 정신이 있다."고 말했다.

발명왕 토머스 에디슨은 외부에서 아이디어를 얻는다고 믿었다. 한번은 누군가가 그의 아이디어에 대해 칭찬하자 그는 자신의 능력을 부인하면서 "아이디어는 곳곳에 있습니다."라고 말했다. 그러면서 만일 자신이 그것을 발견하지 못했다면 다른 누군가가 발견했을 것이라고 덧붙였다.

《대담하게 경기하라》Play big 의 저자 톰 핸슨Tom Hanson 은 박사학위 논문을 쓰면서 미국 메이저리그 명예의 전당에 이름을 올린 스탠 뮤지얼 선수를 인터뷰했다. 뮤지얼은 "집중을 하고 있으면 투수가 어떤 공을 던질지 어떤 존재가 제게 말해 주곤 했어요. 그리고 그것은 단 한 번도 저를 속인 적이 없습니다."라고 말했다. 핸슨 박사가 이런 능력은 초감각적 지각ESP 에 해당한다고 말하자, 뮤지얼은 ESP가 맞다고 즉시 동의했다.

듀크 대학교 부설 초심리학 연구소 소장을 역임했던 조지프 라인Joseph B. Rhine 박사는 사람들이 지식이나 사실, 학습, 경험으로부터 얻은 개인적인 기억이나 저장된 정보의 한계를 넘어 다른 아이디어에 접근할 수 있다는 것을 실험을 통해 입증했다. 텔레파시, 투시력, 예지력 등은 사실 끊임없는 과학적 실험을 통해서 그 기초가 다져진 것이다.

라인 박사는 인간에게 초감각적인 요소가 있다는 점에 주목하고 그런 현상을 '프시'Psi라고 이름 붙였는데, 이는 많은 과학자들의 검증을 거쳤고 이제는 더 이상 의심을 받지 않는다. 케임브리지 대학교 교수이자 《바르고 비뚤어진 생각》Straight and Crooked Thinking의 저자 로버트 사울레스Robert H. Thouless는 "이 현상의 진실성은 다른 과학 연구들만큼 명확히 증명된 것으로 받아들여져야 한다."라고 말하기도 했다.

라인 박사는 이렇게 설명한다. "우리는 감각 기능을 초월한 지식을 얻을 능력이 있다는 사실을 알게 됐다. 이런 초감각적 능력은 분명 객관적이면서도 상당히 주관적인 상태인 물질에 대한 지식 그리고 무엇보다도 정신에 대한 지식을 우리에게 제공한다."

우리는 문제 해결이나 아이디어 수집 임무를 자기 통제 메커니즘에 위임해 다른 일을 하는 동안이나 심지어 잠자는 동안에도 검색을 하도록 할 수 있다. 그리고 이런 과정을 통해 의식적인 생각이나 근심 걱정 따위로는 결코 알지 못했던 유용한 자료들을 얻을 수 있다.

이 책을 읽고 배운 바를 규칙적으로 실천한 사람이라면 이런 것들은 누구에게나 가능한 경험이며, 아마 큰 도움이 될 것이다. 이는 자기 통제 메커니즘이 우리의 의식보다 훨씬 광대한 정보 저장소에 접근할 수 있기 때문에 가능하다.

작곡가 슈베르트는 자신의 창작 과정은 '멜로디를 기억하는 것'으로 이루어진다고 친구에게 말했는데, 그 멜로디는 슈베르트 자신은 물론 다른 사람들이 한 번도 들어 본 적이 없는 것이었다. 창조적인 과정을 연구하는 심리학자뿐만 아니라 수많은 예술가들은 창조적인 영감, 갑작스러운 계시나 직관이 일반적인 인간의 기억력과 유사성이 있다는 사실에 깊은 인상을 받는다.

새로운 아이디어나 문제의 해답을 찾는 것은 사실 잊어버린 이름을 떠올리려고 애쓰는 것과 비슷하다. 우리는 그 이름이 자신의 머릿속에 있다는 것을 안다. 만일 그렇지 않다면 찾으려고 하지도 않을 것이다. 두뇌 속 스캐너는 자신이 찾으려는 이름이 '인식되거나 발견될 때까지' 저장된 기억을 탐색하고 다닌다.

해답은 늘 우리 안에 있다

새로운 아이디어나 문제에 대한 해답을 발견하려고 할 때마다 우리는 해답이 이미 어딘가에 존재한다는 사실을 가정하고 찾기 시작해야 한다. 위너 박사는 저서 《인간의 인간적 활용》에서 이렇게 말한다.

"과학자는 해답을 발견할 수 있다고 여기는 문제에 대해 연구하기 시작하면 태도가 변한다. 그는 해답으로 향하는 길의 절반은 와 있는 것이다."

우리 마음속에 목표나 성취해야 할 목적 또는 다소 모호하기는 하지만 찾아내야 할 해답을 염두에 두고 창조적인 일(세일즈, 비즈니스, 시 쓰기, 인간관계의 개선 또는 어떤 것이든 간에)을 시작한다면, 그것이 성취되는 시기를 정확히 알아차릴 수 있다. 만일 진정으로 사업할 의지를 갖고 있거나 강한 의욕을 가지고 문제를 다각도로 관찰하며 집중적으로 파고든다면, 창조적인 메커니즘이 작동하기 시작하고 두뇌 속 스캐너가 마음 어딘가에 저장된 정보를 검색하며 해답을 찾는다.

우리의 창조적인 메커니즘은 여기저기서 아이디어나 사실 혹은 이전의 경험을 끌어오고, 그것들과 관련 있는 내용을 의미 있는 전체로서 하나로 묶는다. 즉, 불완전한 상태가 채워지고, 방정식이 완성되며, 문제가 해결되는 것이다. 이런 해결 방법은 어떤 것을 생각하는 무심한 순간에 갑자기 떠오르거나 심지어는 잠자는 동안 꿈의 형태로 나타나기도 하는데, 이제까지 답을 찾아 헤매던 것이 직감적으로 이해되어 정답으로 인정받는다.

이런 과정에서 과연 우리의 창조적인 메커니즘은 광대한 우주적 정신에 저장된 정보를 이용할 수 있을까? 창조적인 이들이 경험한 놀라운 일들은 우리가 바로 그것을 이용한다는 것을 보여 준다. 그렇지 않다면 장루이 아가시Jean Louis Agassiz의 아내가 증언한, 아가시가 꾼 꿈에 대해서는 어떻게 설명할 수 있겠는가?

> 남편은 돌 속에 보존되어 있던 희미한 화석 물고기의 흔적을 판독하려고 노력했어요. 하지만 피곤하고 머리도 복잡해서 마침내 그 일을 제쳐 두고 모든 것을 잊기로 했습니다. 그런데 얼마 안 지난 어느 날 밤, 그는 깨어나서 나를 붙잡고 말하기 시작했어요. 그는 잠자는 동안에 이전에는 알 수 없었던 부분이 완전히 복원된 물고기를 봤다고 말했어요.
>
> 다음 날 아침 일찍 남편은 식물원에 있는 화석을 한 번 더 보면 꿈에서 본 그 형상을 뚜렷하게 기억할 수 있을 것이라 기대하며 식물원으로 갔습니다. 그러나 화석의 흐릿한 흔적에서는 아무것도 알아낼 수 없었어요. 그날 밤 남편은 또다시 그 물고기를 봤다고 했어요. 하지만 그다음 날 아침 잠에서 깨어났을 때, 그 형상은 이전처럼 기억에서 사라져 버렸습니다. 남편은 똑같은 경험이 반복되기를 기대하면서 세 번째 날 밤에는 연필과 종이를 침대 옆에 준비하고 잠자리에 들었습니다.
>
> 아침이 가까워 올 무렵 그 물고기가 꿈에 다시 나타났는데, 처음에

는 분명하지 않았지만 나중에는 동물적 특징을 뚜렷하게 보여 주는 형태로 보였다고 합니다. 남편은 아직 꿈에서 덜 깬 채 아주 깜깜한 어둠 속에서 침대 옆에 놓인 종이 위에다 물고기의 특징을 되살려 놓았습니다. 아침이 되어 간밤에 자신이 그린 스케치를 본 남편은 도저히 재현할 수 없을 것이라고 생각했던 그 화석 물고기임을 확인하고는 깜짝 놀랐어요.

남편은 서둘러 식물원으로 달려가 자신이 그린 그림을 바탕으로 바위 표면을 파내어 숨겨져 있던 물고기의 일부분을 확인했습니다. 이윽고 전체 윤곽이 완전히 드러났을 때 그 화석은 꿈속에 나타났던 그림과 일치했으며, 남편은 어렵지 않게 그것을 분류하는 데 성공했습니다.

수학을 잘 이해하지 못하는 아이를 보고 좌절감을 느낀 부모나 선생님은 종종 "이 아이는 아인슈타인이 아니잖아요." 같은 부정적인 말을 던진다. 하지만 아인슈타인도 결코 우리가 생각하는 것처럼 똑똑한 사람이 아니었다는 사실을 아는가?

연구가이자 작가인 로버트 루트번스타인과 미셸 루트번스타인이 쓴 《생각의 탄생》이란 책을 보면 아인슈타인의 동료들은 그가 상대적으로 수학에 약했으며, 자신의 생각을 전달하기 위해 필요한 세부적인 수학적 계산을 하는 데 동료 수학자들의 도움을 받았다는 사실을 잘 알고 있었다. 아인슈타인은 한 동료에게 보내는 편지에 이렇게 썼다.

"수학에 어려움을 겪고 있다고 해서 너무 걱정하지 마세요. 제 수학 실력은 당신보다 훨씬 못하니까요."

대중에게 널리 알려진 아인슈타인의 업적 대부분은 비과학적인 방법이라고 할 수 있는 상상력에 힘입은 바 크다. 아인슈타인은 자신을 빛과 같은 속도로 움직이는 광자_{photon} 라고 상상했던 머릿속 실험에 대해 언급한 적이 있었다. 이 실험에서 그는 스스로 광자가 되어 보고 느낀 것을 상상해 내고, 그 자신을 첫 번째 광자를 뒤쫓아 가는 두 번째 광자라고 상상하기도 했다.

이런 종류의 과학 실험은 무엇이라고 부를 수 있을까? 우리가 일반적으로 아인슈타인과 연결 지어 상상하는 대수代數와 공식이 가득 적힌 칠판은 대체 어디에 있는가?

아인슈타인에 관해 내가 읽은 모든 것을 분석한 결과, 그는 사이코사이버네틱스를 제대로 활용한 사람이었다. 그는 이론상의 추론을 마치 실제로 얻은 결과처럼 생각했으며 그 계산 수치를 자신의 자기 통제 메커니즘뿐만 아니라 다른 연구자에게도 넘겨주었다.

나는 아인슈타인이 상상력을 통해 자신이 가지고 있는 데이터를 자기 외부에 있는 광대한 지식과 연결했다고 확신한다. 그는 훌륭하게 목표를 설정하는 사람이었다. 그의 업적은 상상력을 통해 지식, 교육, 경험, 기술 등의 한계를 넘어선 훌륭한 사례일 것이다. 만일 우리도 원한다면, 분명 아인슈타인처럼 할 수 있다.

한계를 뛰어넘는 성공의 법칙, 사이코사이버네틱스

사이코사이버네틱스를 활용해 자신이 지닌 한계를 넘어 성공으로 나아가는 과정은 다음과 같다.

1. 정확한 목록을 작성한 후 자아 이미지를 분석한다.
2. 자아 이미지에 들어 있는 제한되고 잘못된 프로그램을 구별해서 이를 우리의 목적에 맞게 체계적으로 바꾼다.

3. 자아 이미지를 재프로그래밍하고 관리하는 데 상상력을 활용한다.

4. 자기 통제 메커니즘과 효과적으로 의사소통하기 위해 자아 이미지와 상상력을 함께 이용한다. 이는 자동 성공 메커니즘처럼 작동하면서 장애물을 만나는 경우 뒤로 물러서는 행동을 포함해 목표를 향해 꾸준히 나아가게 한다.

5. 비록 자신의 한계를 넘어서는 경우라 하더라도 특정한 목적을 달성하기 위해 필요한 아이디어나 정보 또는 해결책을 정확하게 제공하는 거대한 검색 엔진처럼 자기 통제 메커니즘을 활용한다.

사이코사이버네틱스는 우리가 새로운 자아 이미지를 그리고 자신과 성공적으로 의사소통하도록 해주는 매우 실용적인 시스템이다.

그러나 실패형 인격을 가진 불행한 사람은 단순하거나 제멋대로 결정을 내리는 경향이 있기 때문에 새로운 자아 이미지를 만들어 낼 수 없다. 이전에 생각했던 자신의 모습이 실수투성이이며, 따라서 새로운 모습이 필요하다고 판단하는 데는 반드시 어떤 근거나 정당성, 타당한 이유가 필요하다. 새로운 자아 이미지가 진실에 기반하고 있다는 사실을 깊이 느끼지 못한다면 새로운 자아 이미지란 상상조차 할 수 없다. 경험에 따르면 자아 이미지를 바꾸는 데 성공한 사람은 구체적인 이유는 사람마다 다를지 몰라도 모두들 자신에 관한 진실을 깨달았다는 기분을 느낀다.

세계적으로 널리 알려진 여성 운동가 글로리아 스타이넘 Gloria Steinem 은 《셀프 혁명》에서 빈민가인 뉴욕 할렘에 있는 학교 체스 클럽에 대해 소개한다. 이 체스 클럽은 학생 선수권 대회에 나가 우승한 경력이 있는데, 12명 정도의 스페인계 할렘 출신인 이른바 '불량 청소년'들로 구성되어 있었다. 이런 학생들은 길거리를 배회하며 경범죄나 폭력에 연루되어 있거나 마약을 한 경험도 있었을 것이다. 대부분의 사람들은 그들을 쓸모없고

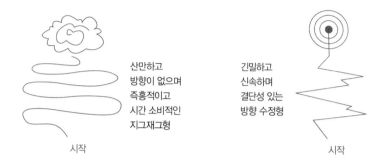

〈자동 성공 시스템은 어떻게 작동하는가?
자동 성공 메커니즘의 두 가지 유형〉

산만하고
방향이 없으며
즉흥적이고
시간 소비적인
지그재그형

긴밀하고
신속하며
결단성 있는
방향 수정형

시작

시작

우리의 자동 성공 메커니즘에 명확하고 자세하며 생생하고 완벽하게 의견이 일치하는 목표를 부여할 수만 있다면, 우리는 개인적인 발전과 설정한 목표를 동시에 이룰 수 있다. 목표가 분명할수록 우리의 자동 성공 메커니즘은 성공적으로 작동한다.

희망도 없으며 위험하다고 생각하기에 그들이 할 수 있는 일이라고는 법정에서 실형을 선고받거나 전혀 가치 없는 일뿐이라는 결론을 내린다. 그러나 평범한 학교 교사인 빌 홀은 이들에게서 아무도 발견하지 못한 가능성을 발견한다. 그리고 체스 클럽 활동을 통해서 학생들이 스스로를 발견하는 방법을 찾을 수 있도록 환경을 조성하고 다양한 경험을 하게끔 유도한다.

가끔씩 운 좋게도, 타인이나 스스로 판단하기에도 성공할 가능성이 없다고 생각되는 사람이 아무도 발견하지 못한 자신의 잠재적 가능성을 알아봐 주고 자신의 능력 이상의 것이 있다고 믿어 주는 누군가를 만나곤 한다. 그 누군가는 강력한 영향력을 발휘해서 그 사람의 자아 이미지를 변화시키도록 지도해 준다.

그러나 우리는 이런 일을 해줄 누군가를 기다릴 필요는 없다. 스스로 자신을 위해 그런 일을 할 수 있기 때문이다. 다른 수천 명의 사람이 이 책에서 발견한 것을 우리도 충분히 발견할 수 있다.

철학자, 신비주의자, 직관력 있는 여러 사람들이 오래전부터 공언해 왔던 것이 이제 과학적으로 증명되었다. 모든 인간은 말 그대로 '성공할 수 있도록' 설계됐다. 인간은 자신이 가진 힘보다 훨씬 더 위대한 힘을 발휘할 수 있으며, 이는 우리에게도 해당하는 말이다. 랄프 왈도 에머슨이 "크고 작은 것이 따로 있지 않다."고 말했듯이 말이다. 우리가 성공이나 행복을 소유할 수 있도록 설계되었다면, 예전의 행복을 무가치한 것으로 여겨 자신을 실패가 '예정된' 사람으로 결론 내리는 것은 분명 잘못된 판단이다.

성공 포인트

지금 나를 제한하는 생각은 무엇인가?

처음 21일 동안 일주일에 적어도 세 번은 이 장의 내용을 반복해서 읽어라. 내용을 학습하고 자신의 것으로 소화하라. 그리고 자기 자신이나 주변 사람들의 행동에서 창조적인 메커니즘을 보여 주는 사례를 찾아보라. 우리의 자아 이미지에 단단히 달라붙어 우리 자신을 제한해 왔던 생각이 무엇인지 곰곰이 파악해 보라. 그것은 아마 그동안 우리에게 일어났던 모든 (불행한) 일들의 원인이었을 것이다.

성공 메커니즘을 작동시키는 다섯 가지 기본 원칙

성공 메커니즘을 작동시키는 데 필요한 다섯 가지 기본 원칙을 기억하라. 하지만 자동차를 운전하기 위해 엔지니어가 되거나 방의 전등을 켜기 위해 전기 기술자가 될 필요가 없듯이, 자기 통제 메커니즘을 작동시키기 위해 컴퓨터 천재나 신경물리학자가 될 필요는 없다. 다만 다음과 같은 내용을 숙지할 필요가 있다. 그러면 아마 새로운 사실에 눈뜰수 있을 것이다.

1. 목표를 설정하라. 우리의 성공 메커니즘에는 목표나 대상이 필요하다. 목표나 대상은 실제로 혹은 잠재적으로 '이미 존재하는' 것으로 생각하라. 우리의 성공 메커니즘은 이미 존재하는 목표를 향해 작동하거나, 존재하기는 하지만 아직 발견되지 않은 그 무엇으로 목표를 인식하고 작동할 것이다.

2. 신뢰하라. 자동 메커니즘은 대단히 논리적이다. 그것은 최종 결과인 목표를 찾아가면서 작동한다. 비록 그 방법이 분명치 않아 보이더라도 낙심할 필요는 없다. 일단 목표가 주어지면 자동 메커니즘은 그 방법 또한 제공할 것이다. 최종 결과만을 염두에 두어라. 그러면 우리의 자동 메커니즘이 목표 달성을 도와줄 것이다.

   이 말은 일단 머릿속에 목표를 새겨 넣으면 아무 수고 없이도 성공 메커니즘이 저절로 작동한다는 뜻이다. 바라는 결과를 어떻게 성취할지 걱정하고, 스트레스 받고, 긴장하지 않아도 정확한 단계별 행동 계획이 저절로 드러날 것이다. 많은 사람들은 목표가 명확히 세워지지도 않았는데 방법부터 찾기 때문에 성공 메커니즘을 방해하는 실수를 범한다. 창조하고자 하는 목표의 이미지가 머릿속에 확실히 그려지면 그때 방법이 나타날 것이다(방법은 먼저가 아니라 나중이다). 편안하고 차분한 마음으로 있으면 답이 모습을 드러낸다. 어떻게든 아이디어를 떠올리려고 애쓰는 건 허사다. 동기부여 전문가 브라이언 트레이시 Brian Tracy 가 "모든 정신 작용 중에, 수고스런 노력은 스스로를 실패로 이끈다."라고 했듯이 말이다.

3. 긴장을 풀어라. 순간적인 실수나 실패에 연연하지 마라. 우리의 자기 통제 메커니즘

은 부정적인 피드백을 통해 앞으로 나아가고, 실수를 하면 즉시 진로를 수정해서 목표를 달성한다. 이런 자동적인 진로 수정은 사이코사이버네틱스의 수많은 장점 가운데 하나다.

4. 학습하라. 모든 기술의 습득은 성공적인 동작이나 움직임 또는 행동이 형성될 때까지 시행착오를 겪으면서 이루어진다. 초기 단계 이후의 심화 학습과 지속적인 성공은 과거의 실수를 잊고 성공적인 반응만을 기억하고 이를 모방하면서 성취된다.

5. 실천하라. 우리의 창조적인 메커니즘을 신뢰하는 방법부터 배워라. 그리고 성공 여부에 대해 지나치게 걱정하며 부담을 갖지 마라. 너무 심하게 억지로 시도하지도 마라. 우리의 창조적인 메커니즘이 의식의 밑바닥에서 작동하기 때문에 신뢰는 반드시 필요하다. 우리는 의식 밑바닥에서 과연 무슨 일이 일어나는지 알 수 없다. 우리의 창조적인 메커니즘은 현재의 필요에 따라 자연스럽게 움직인다. 따라서 우리는 그것의 움직임을 미리 예측할 수 없다. 그것은 우리가 행동하고 그런 행동에 의해 필요가 발생할 때 비로소 작동한다. 그러므로 성공을 확신할 때까지 행동을 미뤄서는 안 된다. 성공할 수 있는 것처럼 행동하면 반드시 목표는 이루어질 것이다. 랄프 왈도 에머슨은 다음과 같이 말했다. "일단 실천하라. 그러면 힘을 얻을 것이다."

성공 메커니즘의 다섯 가지 기본 원칙을 명심하고 일단 목표를 설정하라. 그 목표가 다이어트 또는 반대로 살찌는 것일 수도 있다. 자신감을 회복하거나 설득력을 기르는 것일 수도 있고, 끊임없는 근심에서 벗어나는 것일 수도 있다. 프로 세일즈맨이라면 꾸물대지 않고 그날 해야 할 목록을 점검하면서 하루를 시작해 목록에 적힌 것들을 완벽하게 끝마치는 생활일 수도 있다. 또한 골프 선수라면 완벽하게 드라이브 샷을 날리는 것일 수도 있다.

매일 10~15분 정도의 시간을 할애해서 아이디어를 구상하고 세부적인 스케치까지 해보라. 그리고 머릿속에 번득이는 것과 반복적으로 떠오르는 생생한 비전을 마음속으로 그리는 연습을 하라. 종이 위에 그리거나 잡지 등에서 관련된 그림을 모아 보는 것도 도움이 될 것이다. 매일 10~15분 정도 바깥 세계와 잠시 단절하고 눈을 감은 채 지속적으로 떠오르는 이미지에 마음의 문을 열어라. 21일 동안 이런 실험을 해보라. 그리고 자신에게 무슨 일이 일어나는지 확인하라.

제3장

상상력을
이용하라

성공의 본능을 일깨우는 원동력

비즈니스에서 성공하려면 상상력이 반드시 필요하다.
그러기 위해서는 자기 앞에 놓인 모든 사물을 비전으로 갖고 바라보는 동시에
그 모든 것을 하나의 꿈으로 생각해야 한다.

_찰스 슈왑 Charles M. Schwab

인생에서 상상력은 우리가 알고 있는 것보다 훨씬 더 중요한 역할을 한다. 나는 실제 경험을 통해 이런 사실을 여러 차례 확인했다. 그중에서 특히 기억에 남는 것은 가족의 손에 이끌려 나를 찾아온 어느 환자였다. 40대 초반의 미혼인 그는 정해진 일에만 전념했으며, 하루 일과가 끝나면 줄곧 방에만 틀어박혀 아무 곳에도 가지 않고 아무것도 하지 않으면서 지냈다. 그는 여러 직장을 전전했지만 그중 어느 한 군데서도 오랫동안 머문 적이 없었다.

간단히 말해서 그의 문제는 커다란 코와 일반 사람들보다 약간 큰 귀였다. 그는 자신이 못생기고 우스꽝스럽게 보이는 얼굴을 가졌다고 생각했다. 그는 낮에 만났던 사람들이 자신의 등 뒤에서 그가 이상하게 생겼다고 수군거리는 모습을 항상 상상했다. 이런 상상은 점점 강해져서, 나중에는 밖에서 일하거나 사람들과 어울리지 못할 지경에 이르렀다. 심지어 그는 자신의 집에서조차 편하게 지내지 못했다. 그 불행한 남자는 사람들과 다른 특이한 외모 때문에 가족들도 자신을 창피해할 것이라고 생각했다.

그런데 실제로 그의 코와 귀는 그렇게 심각한 정도는 아니었다. 그의 코는 전통적인 로마인 타입이었다. 그리고 귀는 조금 큰 편이기는 하지만 그와 비슷한 외모를 가진 수천 명의 귀에 비해 더 눈길을 끌 만한 정도는 아니었다. 다시 말해 그는 성형 수술을 할 정도는 아니었다. 그러나 그는 진실을 외면하고 자신의 자아 이미지를 무자비하게 짓밟아 버렸다. 실제로 그는 추한 얼굴이 아니었으며, 사람들도 그를 이상하다고 생각하거나 외모 때문에 비웃지도 않았다.

그의 상상력은 자동적으로 부정적인 실패 메커니즘을 자기 내부에 심었으며, 그는 그것을 전력을 다해 작동시킴으로써 극단적인 불행을 자초했다. 다행히 그는 몇 번의 상담과 가족들의 도움으로 자신의 상상 때문에 그런 불행이 초래되었다는 사실을 점차 인정하기 시작했다. 그리고 마침내 건전한 자아 이미지를 되찾고, 파괴적이기보다는 창조적인 상상력을 통해 자신감을 회복할 수 있었다. 말하자면 그는 신체적인 수술이 아니라 정신적인 치료가 필요했던 것이다.

우리는 코나 귀 또는 다른 신체적 특징에 대해 지나치게 부끄러워할 필요가 없으며 그로 인해 세상을 등진 은둔자가 되어서도 안 된다. 그런데 수많은 사람들이 자신을 비하한다. 누군가 자신을 등 뒤에서 조롱하고 거부한다고, 자신의 발전을 가로막는 실체가 있다고 믿는다.

내가 알고 있는 사람 중에 아주 영리하고 풍부한 아이디어로 광고계에서 성공한 친구가 있었다. 그는 항상 많은 돈을 벌겠다는 신조로 살았다. 그런데 어느 날 갑자기 '자신에 대한 모든 도움이 중단되면서' 평판과 재정에 큰 타격을 입은 뒤 다시 재기해야 하는 상황에 몰렸다. 그동안 그는 고급 맨션에서 살았지만 다음 달부터는 싸구려 모텔에서 지내야만 했다.

그는 자신이 평생 동안 '가난한 백인 혈통'에서 벗어나려고 무척이나 애썼으며, 영화 〈대부〉에 출연했던 알 파치노처럼 돈이 생기면 무조건 절약했다고 털어놓았다. 물론 그와 같은 상황은 실제로는 일어나지 않았다. 오직 자신의 자아 이미지 내부에서만 일어났을 뿐이었다. 마치 못생긴 코와 귀를 가진 환자의 경우처럼 상상력을 통해 이루어진 일이었다.

아이러니하게도, 그가 하는 광고 일은 상상력을 활용해야 하는 비즈니스다. 하지만 그는 아직까지도 자기 자신에게는 상상력을 활용할 방법을 찾지 못하고 있다. 그의 '커다란 코'와 같은 부정적 자아 이미지를 제거하려면 창조적인 상상력이 반드시 필요하다.

모든 사람에게는 목표가 있으며 의식을 하든 못 하든 각자 상상력을 사용하고 있다. 그런 상상력은 건설적으로 쓰일 수도 있고, 파괴적으로 쓰일 수도 있다. 그러므로 자신이 상상력을 어떤 방향으로 활용하고 있는지 인식하고, 날마다 조금씩 개선해 나가는 것이 중요하다.

창조적 상상력은 시인이나 철학자, 발명가에게만 존재하는 것이 아니다. 그것은 모든 사람의 행동에 적용된다. 상상력은 자동 메커니즘을 작동시키는 목표 이미지를 제공한다. 어떤 일을 하거나 하지 못하는 것은, 사람들이 일반적으로 믿고 있듯이 의지력이 부족하기 때문이 아니라 바로 상상력 때문이다.

이것이 가장 기초적이며 근본적인 마음의 법칙이다. 우리 인간은 그런 방식으로 생각하고 행동하도록 만들어졌다. 다음 문장은 아마 이 책에 나오는 말 중에서 가장 중요한 말일 것이다.

인간은 항상 자기 자신과 환경에 대해 스스로가 진실이라고 믿는 이미지에 따라 행동하고 느끼고 실천한다.

우리는 스스로가 진실이라고 믿는 이미지에서 벗어나거나 그것을 넘어설 수 없다. 하지만 세부적으로 찬찬히 분석할 수는 있다. 그리고 자신이 믿고 있는 것이 진실이 아니라는 사실을 밝혀내고, 바꿀 수도 있다. 굳이 고고학적으로 과거를 고찰하지 않고도 바꿀 수 있는 것이다.

우리는 자신이 만들어 낸 이미지에서 벗어날 수 없다. 사람들은 자기 자신과 주위 환경에 대해 스스로가 진실이라고 믿는 것에 따라 행동하고 실천하며, 그에 따른 적절한 결과를 경험한다. 이것이 정신의 기본적이고 근본적인 법칙이다. 또한 이는 우리가 만들어 놓은 행동 방침이다.

대표적인 예로 최면 상태에 들어간 사람을 통해 이런 정신의 법칙을 생생하게, 극적으로 목격할 수 있다. 흔히 사람들은 최면이 신비롭거나 불가사의한 것이라고 생각하거나, 단순히 각색된 환상이라고 불신하는 경향이 있다. 하지만 실제로 우리가 목격하는 것은 인간의 두뇌와 신경 체계가 움직이는 과정이다.

최면에 걸린 사람에게 현재 그가 북극에 있다고 말하면 그 사람은 춥다고 말할 뿐만 아니라 신체도 실제로 추운 것처럼 반응하면서 소름이 돋는다. 또한 최면 상태에 있지 않은 대학생들에게 한 손을 얼음물에 담그고 있다고 상상하라고 했을 때도 동일한 현상이 일어난다. 실제 체온을 재 본 결과, 실험에 참여한 사람들 손의 체온이 떨어진 사실을 확인할 수 있었다.

또 최면에 걸린 사람에게 어떤 사람의 손가락이 뜨거운 부지깽이라고 말하면, 그는 그 사람의 손가락이 닿는 것만으로도 고통스러워하며 얼굴을 찡그린다. 뿐만 아니라 심장 혈관이나 임파선 조직에도 마치 부지깽이에 덴 것처럼 염증이 생기고 피부에 물집이 잡히기도 한다.

한편 잔인하다기보다는 오히려 아이들이 일상적으로 하는 놀이 같은 것으로, 학교 또는 회사에서 하는 짓궂은 장난이 있다. 가령 어떤 사람이 자신도 모르는 사이에 집단의 목표물이 되어 여러 사람에게서 다음과 같은 질문들을 받는다.

"괜찮니?"

"얼굴이 창백해 보이는데?"

"정말 괜찮아?"

가엾은 이 사람은 곧바로 화장실에 가서 거울을 통해 자신의 얼굴을 살펴본다. 그리고 오래지 않아 불안감을 느끼고 기운도 쏙 빠진다. 그는 곧 몸이 안 좋아져서 자리에 눕든지, 아니면 집으로 돌아갈 것이다.

사실 우리의 신경 시스템은 상상된 경험과 실제 경험을 구별하지 못한다. 둘 중 어떤 쪽이든 전뇌前腦에서 받아 전달한 정보에 자동적으로 반응하는 것이다. 신경 시스템은 오직 진실이라고 생각하거나 상상하는 것에 대해 적절하게 반응할 뿐이다.

짓궂은 장난이나 무대에서의 구경거리로 최면술사가 연출하는 이런 현상은 우리 행동의 대부분을 지배하는 기본적인 프로세스와 동일한 것이며, 어떤 목적이나 이익을 위해 신중하게 활용된 사례다.

우리가 진실이라고 믿는 것들

1936년 나는 동료 의사들을 위해 《새 얼굴, 새 미래》라는 책을 썼는데, 성형 수술이 우리의 인격에 초래하는 영향에 관한 내용으로 세인트루이스 신문에 다음과 같은 헤드라인으로 소개되기도 했다. '긴 코에 대한 열등감 콤플렉스, 대학생을 자살로 내몰다!'

그 기사는 워싱턴 주립대학교에 다니는 24세의 호프만이라는 학생의 자살을 보도한 것이었다. 아이러니하게도 그는 학교에서 매우 인기 있는 학생이었다. 다음은 그의 유서 전문이다.

어렸을 때 아이들은 내가 약하고 못생겼다는 이유로 놀리고 학대했다. 나는 민감하고 부끄럼을 많이 타는 소년이었으며, 얼굴과 긴 코 때문에 괴롭힘을 당했다. 공격 횟수가 늘어날수록 그들은 점점 더 심하게 나를 괴롭혔다.

나는 마침내 사람이 두려워졌다. 대부분의 아이들이 내 마음대로 어떻게 할 수 없는 타고난 성품이나 외모 때문에 나를 싫어한다는 사실을 알았다. 나는 어느 누구와도 대화를 나눌 수가 없었다. 자신감도 사라졌다. 선생님은 내 이름에 F를 하나 더 붙여서 불렀는데, 나는 수줍음 때문에 선생님에게 이의를 제기하지도 못했으며 학교를 졸업할 때까지 두 개의 F를 이름에 달고 다녔다. 신이시여, 부디 이들을 용서하소서. 나는 이 세상이 두렵기만 합니다. 하지만 죽는 것이 겁나지는 않아요.

당시 어떤 대학의 교수는 이 사건을 가리켜 아주 심각한 열등감 콤플렉스의 사례라고 판정했다. 하지만 이것은 터무니없는 이야기다. 처음에는 자신의 자아 이미지를 죽이고, 그다음에는 결국 자신의 목숨까지 내버렸던 이 젊은이의 절망감은 수천 명이 겪고 있는 좌절감을 반영하는 사례다. 그 교수는 주변 사람에게서 받는 영향력의 중요성을 완전히 간과하거나 과소평가했다. 사실 요즘 10대들의 자살은 미디어에서는 거의 논의되지 않지만 유행 수준에까지 이르고 있다.

신경성 식욕 부진은 부정적인 상상이 얼마나 강한 최면의 힘을 발휘하는지 알게 해준다. 《미친 뇌가 나를 움직인다》에서 저자 데이비드 와이너와 길버트 헤프터는 1998년 CBS TV 프로그램 〈48시간〉48 Hours에 출연했던 15세 소녀 엘런과의 만남을 설명했다.

엘런은 겨우 체중이 38킬로그램으로 아프고 쇠약해 보이는 소녀였지만 자신이 뚱뚱하다고 믿고 있었다. 그 결과 그녀는 식사를 피하고, 먹는 것을 거절하거나 먹고 난 후에 토해 버리기 일쑤였다. 아동 병동에서 그녀와 인터뷰한 TV 리포터가 전신 거울 앞에 그녀를 세우고 얼마나 수척하고 약해 보이는지 아느냐고 물었다. 하지만 엘런은 끝까지 이렇게 주장했다.

"제 생각에는 뚱뚱해 보이는데요."

리포터는 진실을 알려 주고자 노력했다.

"하지만 너는 38킬로그램밖에 안 되잖아? 너는 그 정도가 뚱뚱한 사람이라고 생각하니?"

엘런은 단호하게 대답했다.

"아니요."

그러나 엘런은 자신이 뚱뚱하며 음식을 먹으면 더 살이 찔 것이라고 말했다. 그래서 음식을 먹지 않기로 결심했던 것이다. 만일 주의 깊게 그녀를 감시하지 않았다면 그녀는 영양 주사를 바로 뽑아 버렸을 것이다.

이 사례는 자아 이미지가 움츠러들어 신체적 자해를 행하는 젊은이들을 항상 지켜봐야 하는 부모나 교사, 카운슬러, 운동 감독들에게 다시 한 번 주의하라는 경고를 날린다. 또한 이 사례는 상상력의 엄청난 위력을 고스란히 보여 준다. 어떤 사소한 결점을 확대 해석하고, 그것에 대해 극단적으로 반응해서 자살에 이르는 부정적인 상상력을 발휘하는 사람도 있다. 하지만 그와 반대로 자신의 능력과 기회를 파악하고 긍정적인 상상력을 발휘해 놀라운 업적을 성취해 내는 사람도 있다.

최면의 비밀

시어도어 크세노폰 바버 Theodore Xenophon Barber 박사는 최면 현상에 대해 집중적으로 연구했다. 그는 워싱턴에 있는 아메리칸 대학교 심리학과, 하버드 대학교 부설 사회관계 연구소와 공동으로 연구를 시작했다. 그는 《사이언스 다이제스트》에서 이렇게 말했다.

> 최면에 참여하는 사람들이 최면술사의 말을 진실이라고 확신하면 놀라운 능력이 생겨난다. 이들은 최면술사의 말을 진실이라고 확신하기 전까지는 다르게 생각하고 다르게 믿기 때문에 다르게 행동한다.
>
> 어떻게 믿음만으로 초자연적인 행동을 할 수 있는지 이해하기 어렵다는 점 때문에 최면 현상은 언제나 신비롭게 보인다. 최면은 마치 그 이상의 뭔가가 있는 것처럼 깊이를 헤아릴 수 없는 거대한 힘처럼 보인다.
>
> 실제로 최면 참여자가 자신이 귀머거리라고 생각하면 마치 귀머거리인 것처럼 행동하듯이, 자신이 고통에 무감각하다고 생각하면 마취 없이도 수술을 받을 수 있다. 최면에서 신비한 힘이나 에너지는 존재하지 않는다.

바버 박사의 주장이 1958년에 제기되었다는 점에 주목하자. 오늘날 최면은 치료 요법으로 인정되어 널리 활용되고 있다. 많은 사람들이 최면을 통해 쉽게 체중을 줄일 수 있다. 또한 자가 최면은 지방 제거 수술을 필요 없게 해준다. 이런 사례들은 실제 수술과 상상 속에서 벌어지는 수술 상황이 얼마나 유사할 수 있는지를 알려 주는 좋은 예다.

이 경우 최면은 수술에 사용되는 메스와 같다. 치과에서 최면은 실제로 걱정으로 가득 차 어쩔 줄 몰라 하는 환자의 공포를 치료하는 데 유용하게 사용된다. 그리고 이 방법은 수많은 사례를 통해 논란이 많은 마취 요법에 대한 완벽한 대안으로 입증되었다.

어린 시절에 이루어진 프로그래밍이나 과거 경험과 동료 집단에 대한 프로그래밍 그리고 상상력과 자아 이미지, 자기 통제 메커니즘 사이의 연관성을 고려하면 우리가 어떤 자아 이미지를 가지고 있는가에 따라 최면 상태에 쉽게 빠지는지 여부가 결정된다.

사실 수많은 사람들이 일생 동안 자신도 알지 못하는 최면의 암시에 걸려 몽유병 상태에 빠지곤 한다. 쿠엔틴 레이놀드Quentin Raynold 가 쓴《직관의 비밀스러운 힘》Intuition: Your Secret Power 이란 책에서 한 최면술사는 다음과 같이 말한다.

"고객들은 제가 그들을 황홀경 상태에 이르게 하는 동시에 인생을 변화시킬 것이라는 기대를 갖고 저를 찾아옵니다. 그러나 그들은 이미 무아지경에 빠져 있으므로 오히려 현실이라는 처방이 필요한 상태입니다."

어렸을 때 어두컴컴한 엘리베이터에 두 시간 동안 갇힌 경험이 있다면 아마도 엘리베이터에 대한 안전 통계나 수천 번에 걸친 탑승에도 불구하고 40년이 지난 지금도 두려움 때문에 엘리베이터를 탈 수 없을 것이다. 그래서 좀 힘들더라도 수십 층의 계단을 걸어서 올라가는 방법을 택할 수도 있다. 아직도 40년 전의 그 최면 상태에 빠져 있는 것이다.

진실이라고 믿거나 상상하는 바에 따라 느끼고 행동하는 것이 왜 우리에게 도움이 되는지를 알기 위해서는 아직도 좀 더 생각해 봐야 할 것이 있다. 이 모든 것은 시스템 자체가 '나쁘다'고 말하는 게 아니라, 그 시스템을 어떻게 사용해야 하는지 알아야 한다는 사실을 가르쳐 준다.

우리가 상상하는 것은 진실이 된다

인간의 두뇌와 신경 체계는 자동적으로 주변 환경과 도전에 적절하게 반응하도록 만들어져 있다. 예를 들어 길을 가다가 회색 곰을 만났을 때 목숨을 부지하기 위해 굳이 뛸 필요가 없다고 생각하는 사람은 두려움을 느끼지도 않는다. 공포에 대한 반응은 자동적으로, 적절한 시기에 이루어진다.

먼저 그런 상황에서는 누구나 도망치기 마련이다. 두려움이 신체 메커니즘을 작동시키고 근육을 활성화해서 그 어느 때보다도 빨리 달릴 수 있게 된다. 심장은 강하게 고동치며, 강력한 근육 자극제인 아드레날린이 혈관 속을 빠르게 흘러 들어간다. 그리고 반대로 뛰어야 할 필요가 없는 모든 신체 기관은 정지한다. 위는 활동을 멈추고 사용 가능한 모든 혈액은 근육으로 몰린다. 호흡은 빨라지고 근육으로 가는 산소 공급량도 몇 배 증가한다.

물론 이 모든 내용은 새로운 사실이 아니며, 대부분 고등학교에서 이미 배운 것들이다. 하지만 자동적으로 환경에 반응하는 두뇌와 신경 체계가, 현재의 환경이 어떤 상태인지를 알려 주는 두뇌와 신경 체계와 동일하다는 사실을 우리는 알지 못한다.

그래서 사람들은 곰을 만났을 때 생각보다는 감정에 따라 반응한다고 흔히 말한다. 그러나 그것은 외부로부터 받아들인 일종의 '개념 정보'idea information 이며, '감정적 반응'emotional reactions 을 일으키는 우리의 정신에 의해 평가된다. 따라서 기본적으로 감정이라기보다는 그 같은 결과를 산출해 낸 개념이나 믿음일 뿐이다.

간단히 말해 인간은 자신이 생각하거나 믿거나 상상하는 환경을 좇아 반응한다. 환경으로부터 수집된 메시지들은 다양한 감각기관을 통해 들어오는 신경 자극으로 구성되어 있다. 이런 신경 자극은 우리의 뇌 속에서 해독되고 해석되며 평가되어 어떤 개념이나 정신적 이미지의 형태로 알려지는 것이다. 또한 최종적인 분석을 통해 우리가 반응하는 정신적 이미지로 인식된다.

그런데 여기서 '생각하거나 믿거나 상상하는'이라는 단어를 동의어로 사용했다는 사실에 주목하자. 우리의 전체 반응 시스템에 영향을 미치는 경우 이 단어들은 모두 똑같은 의미를 지닌다.

우리는 있는 그대로의 사물이 아니라 그 사물에 대해 마음속에 품고 있는 이미지에 따라 행동하고 느낀다. 우리는 자신이나 세계 그리고 주변 사람들에 대한 특정한 정신적 이미지를 갖고 있으며, 그런 이미지가 실제 모습보다 더 진실인 양 생각하고 행동한다.

예를 들어 누군가가 진짜 곰이 아니라 곰으로 분장한 영화배우를 길에서 만났다고 생각해 보자. 만일 그 사람이 영화배우를 진짜 곰이라고 생각했다면 그의 감정이나 신경 반응도 진짜 곰을 만났을 때와 정확하게 동일할 것이다. 또한 그가 털이 많은 커다란 개와 마주쳤을 때도 두려움에 사로잡힌 나머지 개를 곰으로 잘못 볼 것이다. 이 경우 그 사람은 자신이 처한 상황에 대해 진실이라고 믿는 바에 따라 자동적으로 반응한다. 이와 같은 이유로, 만일 우리 자신에 대한 생각과 정신적 이미지가 왜곡되어 있거나 비현실적인 경우라면 상황에 대처하는 반응 역시 부적절할 것이다.

그러면 우리가 이런 반응을 불러일으키는 요소들을 바꿀 수 있을까?

물론이다. 거리의 불량배에서 체스 챔피언으로 거듭난 경우나 범죄자에서 의사나 변호사, 사업가 등으로 변신해서 활동하는 사람의 경우처럼, 누구나 자아 이미지를 바꾸고 새로운 진실을 받아들이면 어떤 사람으로도 변화할 수 있다.

뚱뚱하고 기력이 없는 사람도 건강하고 강한 사람이 될 수 있다. 겁 많고 소심한 사람도 단호하고 자신감 있는 사람으로 변할 수 있다. 하는 일마다 서툴고 어색한 사람도 능력 있고 우아하게 바뀔 수 있다. 실제 경험에서 얻는 증거, 생생한 상상력, 권위 있고 영향력 있는 사람에게서 받는

지원 같은 새로운 자극은 자아 이미지를 바꾼다. 그것들은 우리의 자기 통제 메커니즘에 적절하고 새로운 명령을 교대로 보내서, 새로운 진실을 당면하고 완전히 새로운 존재로 탈바꿈하게 한다.

스스로 성공적인 사람이라고 상상하기

우리의 행동, 느낌, 태도가 스스로 만들어 낸 자아 이미지나 믿음의 결과라는 사실을 깨달을 때 우리는 비로소 심리학에서 인격을 변화시키는 데 꼭 필요한 요소라고 말하는 수단을 발견할 수 있다. 그리고 이를 통해 재능, 성공, 행복을 얻을 수 있는 지름길이기도 한 마음의 문을 활짝 열어 놓게 된다.

우리의 마음속에 있는 정신적 이미지mental pictures는 우리가 새롭게 만들어 낸 특성과 태도를 시험할 수 있는 기회를 제공한다. 이는 우리의 신경 시스템이 실제 경험과 우리가 생생하게 상상한 것의 차이점을 구분할 수 없기 때문에 가능하다. 따라서 지금 어떤 자세로 공연을 하고 있다고 상상하면 거의 실제로 공연을 하는 것 같은 체험을 할 수 있다. 이렇듯 정신적 이미지를 활용한 훈련은 원하는 바를 실현하는 데 도움이 된다.

내가 처음 이런 주장을 편 후 많은 사람들이 이를 성공적으로 입증해 냈지만, 당시에는 상상력만으로 무엇이든 훈련할 수 있고 실제로 행하는 것과 비슷한 결과를 얻는다는 주장은 혁신적인 생각이었다. 하지만 오늘날 이 생각은 광범위하게 받아들여지고 있으며 수많은 시도와 경험을 통해 사실로 입증되고 있다. 특히 운동선수들은 일상적으로 정신 훈련 또는 상상력 훈련을 한다. 골프 선수들에 대한 리처드 쿠프 박사의 다음과 같은 조언을 생각해 보자.

골프채로 공을 칠 때 공이 원하는 방향으로 어떻게 날아갈 것인지 정신적 이미지를 먼저 머릿속에 떠올려 보라. 그리고 그 샷이 어떤 모습으로 날아갈 것인지 명확하게 시각화해 보라. 이때 공이 착지할 위치까지의 탄도와 방향, 지점을 상상해야 한다. 또한 그 공이 착지했을 때 얼마나 멀리 굴러가야 하는지도 그려 봐야 한다. … 만일 그런 그림을 마음속에 그리는 것이 어렵다면 원하는 공의 방향을 설정해서 곡선 형태로 뻗은 고속도로라도 그려 보도록 하라. 이 모든 시각화 과정에서 우리가 할 수 있는 선택은 오직 우리의 '상상력'에 의해서만 제한된다. 우리에게 그린이란 공을 받을 준비가 되어 있는 핀 쿠션일 뿐이다. … 도움이 되는 시각적 이미지를 그려 보라. 이런 시각화 과정은 골프 심리학에서 추구하는 가장 기본적인 훈련에 속한다.

잭 니클라우스는 이렇게 말했다.

"나는 골프 시합을 할 때마다 항상 머릿속에 정확한 그림을 그린다. 그리고 공이 멈춰야 할 지점을 바라본 후 그곳으로 날아갈 공의 탄도와 착지점을 확인한다. 그런 다음에야 나는 내가 그린 이미지를 실제 상황으로 바꿔 줄 스윙을 할 수 있다."

잭 니클라우스와 쿠프 박사의 말 그리고 이 책이 제시하는 가르침 사이의 유사성을 생각해 보라. 하지만 이런 상상력 훈련이 단지 골프나 테니스 스윙에 국한되지 않는다는 사실을 이해하는 것이 무엇보다 중요하다. 이런 정신적인 훈련의 원칙은 실제로 자신감 넘치게 말하는 것, 비즈니스 미팅에서 소심하게 침묵을 지키기보다는 자신의 의견을 활발하게 주장하는 것, 무기력하고 모호하게 우물쭈물 세일즈 발표를 끝내기보다는(이런 경우 우리는 항상 나중에 후회하곤 한다) 잠재 고객 앞에서 직접 주문을 요청하는 행동 등 어디에나 적용할 수 있다.

앞으로 자세히 이야기하겠지만 나는 내가 '정신의 영화관'이라고 부르는 방법, 즉 정신과 상상력 훈련에 관한 아주 특별한 비법을 개발해 냈다. 쿠프 박사도 내 방법과 아주 유사한 '정신적 영화 기법'mental movies techniques 이라고 이름 붙인 방법을 고안해 낸 바 있다. 나는 이 방법을 1950년대 후반부터 실험하기 시작해서 이 책의 초판본에 소개했다.

한편 잭 니클라우스는 '장면'scene 이란 단어를 즐겨 사용한다. 그는 실제 경기에 앞서 정신의 영화관으로 들어가 성공적인 샷을 날리는 장면을 떠올리면서 시각적인 체험을 하곤 한다. 2000년 7월호《골프 매거진》기사에서 니클라우스는 다음과 같이 말했다.

"항상 먼저 정신의 영화관에 들어가야 한다는 원칙을 머릿속에 새긴다면 우리는 모두 원하는 샷을 날릴 수 있을 것이다."

또한 그는 4단계 과정으로 이루어지는 정신의 영화관을 활용하는 방법의 마지막 단계에 대해서도 언급했다.

"그 영화에서 우리에게 권하는 골프채를 선택하는 것이 가장 올바른 방법이다."

놀랍게도 잭 니클라우스는 내가 생각해 낸 것과 동일한 정신적 영화 기법의 활용법을 발견했다. 심지어 그는 올바른 골프채를 선택하는 것처럼 사소한 부분까지도 의식적인 선택보다는 자동 성공 메커니즘에 맡기고 있다. 여기서 내가 '놀랍다'고 표현한 이유는 그가 많은 골프 선수들과 이 책을 읽은 골프 코치들에게 영향을 미쳤지만, 내가 아는 한 그는 결코 내 책을 읽은 적이 없기 때문이다. 그러나 이것은 놀라운 일이 아니다. 거의 모든 정상급 선수들은 훈련을 통해 이런 기법에 이르는 길을 스스로 발견한다.

상상력 훈련을 다룬 최초의 실험들 중에 밴들R. A. Vandll 이라는 심리학자가 진행했던 실험에 관해 읽은 적이 있다. 그는 과녁에 다트를 던지는 데 상상력을 활용하는 정신적인 훈련 방법을 쓰면 효과가 있다는 사실을 맨 처음 발견해 냈다. 그에 따르면 매일같이 일정 기간 동안 과녁 앞에 앉아서 다트를 던지는 상상을 하는 사람은 실제로 연습한 것과 동일한 효과를 거둘 수 있다.

또 《계간 리서치》Research Quarterly에서는 농구의 자유투 기술을 향상시키는 데 정신적인 모의 훈련이 어떤 효과를 발휘하는지 연구한 실험을 소개했다. 첫 번째 학생 집단은 20일간 하루 20분씩 매일 연습을 하면서 첫째 날과 마지막 날에 그 점수를 기록했다. 두 번째 집단도 첫째 날과 마지막 날에 점수를 기록했지만, 같은 기간 동안 전혀 연습을 하지 않았다. 세 번째 집단은 첫째 날에 점수를 기록하고 머릿속으로만 하루 20분 동안 공을 골대에 넣는 훈련을 실시했다. 그리고 슛이 빗나가는 경우에는 다시 자유투를 하는 훈련을 실시했다.

실험 결과 첫 번째 집단의 득점은 24퍼센트 향상했다. 두 번째 집단은 아무 연습도 하지 않았기 때문에 변동이 없었다. 그리고 세 번째 집단은 상상 속의 훈련만 했음에도 점수가 23퍼센트 씩이나 올라갔다.

언젠가 나는 야구 교실에서 코치로 일하는 랜디 설리번에게 부탁을 받고 그곳의 고등학생과 대학생 야구 선수들을 대상으로 상상력 훈련을 진행한 적이 있다. 내게 훈련을 받은 학생들 대다수는 시속 144킬로미터의 속도로 공을 던졌다. 랜디는 "선수들이 목표하는 속도와 현재 실력 간의 격차가 크지 않을 때는 물리적인 연습보다 정신적인 연습이 더 효과적이다."라고 말했다.

카이 포터 Kay Porter 박사와 《최고의 운동선수가 되는 법》The Mental Athlete: Inner Training for Peak Performance in All Sports 이란 책을 쓴 주디 포스터 Judy Foster 는 고통을 덜어 주고 부상에서 빠르게 회복하는 데 탁월한 효과가

있는 구체적인 방법을 소개하기도 했다. 《월드 테니스 매거진》에 실린 한 기사에서 그들은 다음과 같이 주장했다.

"자가 치료법에서 가장 중요한 것은 긍정적인 미래를 창조하는 역할을 하는 정신 이미지다. 이런 시각화 과정은 정신적인 이미지를 통해 우리의 정신과 신체에 자극을 주고, 치유하고자 하는 의지를 샘솟게 한다. 또한 우리 신체의 생리적인 반응을 바꿀 수 있게 해준다. 상상력이나 정신적인 이미지를 활용하면 우리는 우리의 신체와 자유롭게 의사소통하고 반응을 이끌어 낼 수 있다."

오해가 없길 바란다. 이 모든 것은 의학적이고 과학적인 진실이며, 무의미한 종교 의식이 아니다. 만일 병원의 환자들과 신체 재활 과정을 밟고 있는 사람이 이 책을 읽는다면 상당히 긍정적인 결과를 얻을 수 있을 것이다. 주변에 사랑하는 사람이나 친구 중에 그런 상황에 처해 있는 사람이 있다면 이 책을 권해 보라.

이 기사는 자기계발 측면에서 아주 유용하기에 사이코사이버네틱스 재단의 웹사이트(www.psycho-cybernetics.com)에 올려 놓았다(이 사이트의 특집란에 다양한 기사와 함께 주디 포스터의 책에 대한 소개도 올려 놓았다).

《로터리 클럽》The Rotarian 에 실렸던 조지프 필립스Joseph Phillips 의 〈체스: 그들은 게임이라고 부른다〉Chess: They Call It a Game 라는 글이 《리더스 다이제스트》에 다시 소개됐던 적이 있다. 이 글에서 필립스는 최고의 체스 챔피언으로 꼽혔던 카파블랑카의 이야기를 소개한다. 당시 그의 실력이 워낙 뛰어나다 보니 전문가들은 아무도 그를 이길 수 없을 것이라고 믿었다. 그런데 그는 무명에 가까운 체스 선수였던 알레힌에게 챔피언 자리를 넘겨주고 말았다. 알레힌이 카파블랑카의 맞수가 될 수 있으리라고는 아무도 짐작하지 못했던 상황이었다.

체스계는 의외의 결과에 놀라움을 금치 못했다. 이 사건은 아마추어

골든 글러브스 결승전 출전 선수가 프로 복싱 헤비급 세계 챔피언을 꺾은 시합에 필적하는 놀라운 역사로 지금까지도 회자된다.

필립스는 알레힌이 시합에 앞서 훈련하는 복싱 선수와 아주 비슷하게 경기를 준비했다고 전했다. 그는 시골로 들어가서 담배와 술을 끊고 체력을 보강하는 체조를 했다. 3개월 동안 그는 오로지 머릿속으로만 체스를 두면서, 챔피언과 대적할 순간에 대비해 에너지를 축적했다고 한다.

이렇듯 상상력 훈련법은 아주 과학적인 방법이며, 기술을 향상시키거나 행동을 변화시키기 위해 우리 안에 내재된 진실을 바꾸는 검증된 수단이다.

상상을 현실로 만드는 머릿속 롤 플레이

《1년에 2만 5,000달러의 매출을 올리는 법》How to Make $25,000 a Year Selling 의 저자 찰스 로스Charles B. Roth 는 그의 다른 책에서 새로운 아이디어로 무장한 디트로이트의 세일즈맨 그룹이 어떻게 100퍼센트의 매출 신장을 이루었는지를 소개한다. 뉴욕에 있는 또 다른 회사는 150퍼센트의 매출 증가율을 기록했다. 이와 동일한 방법을 사용한 개인 세일즈맨들은 매출이 400퍼센트 증가하기도 했다. 그렇다면 이렇게 놀라운 매출 증가를 가능하게 한 마법 같은 원동력은 무엇일까?

롤 플레이란 무엇인가? 간단히 말해 다양한 판매 상황 속에서 자신이 취할 수 있는 행동을 미리 상상해 보는 것이다. 자신이 무슨 말을 해야 할지, 실제 상황에 맞닥뜨렸을 때 어떤 행동을 해야 할지 깨달을 때까지 마음속으로 반복해서 연습해 본다. 풋볼에서는 이를 가리켜 코치가 계획한 훈련 강습 시간인 '스컬 세션'skull session 이라고 부른다.

롤 플레이는 세일즈 활동이 단순히 상황과 관련된 문제이기 때문에 가능하다. 고객에게 말을 거는 순간마다 상황은 하나씩 창조된다. 상대방은 뭔가를 말하거나 질문을 하거나 이의를 제기한다. 이때 상대방의 말 또는 질문에 답하거나 이의를 처리하는 방법을 항상 알고 있다면 매출 목표를 달성할 수 있다.

밤에 혼자서 이 롤 플레이를 끊임없이 연습해 보라. 그리고 자신이 부딪칠 수 있는 다양한 상황을 상상해 보라. 이런 과정을 통해 가장 적절한 대답을 얻을 수 있다. 즉, 어떤 상황에 직면하더라도 상상을 통해 이의를 제기하고 문제를 일으키는 고객들을 적절하게 다루는 방법을 미리 준비할 수 있다.

로스의 책은 현재 절판되지 않았나 싶다. 이 책의 제목에서 언급되는 '2만 5,000달러'는 그 시대(1950년대)를 반영한다. 그러나 수많은 세일즈 관련서와 세일즈 훈련 프로그램, 전문 세일즈 트레이너들은 이 아이디어에 그들의 방법이나 조언을 추가해서 사람들에게 제시하고 있다.

사실 세일즈 분야에 종사하는 사람이라면 대부분 세미나 또는 세일즈 미팅 등에서 롤 플레이에 참여해 사람들과 함께 연습한 적이 있을 것이다. 하지만 이 롤 플레이를 세미나실에서 정신의 영화관으로 옮기는 일이 얼마나 성공적인 결과를 가져올 것인가에 대해서는 아직 깨닫지 못했을 수도 있다.

확실히 말하고 싶은 것은 이 방법을 통하면 어설프고 서툴며 불확실한 상태에서 완벽하고 성공적인 단계로 옮아 갈 수 있다는 것이다. 우리는 이 롤 플레이 과정을 통해 드라마의 주인공이 되어 그 드라마 속 상황이 제2의 천성이 될 때까지 반복적으로 연습해야 한다. 뿐만 아니라 실제 세일즈 경험을 우리의 상상 속에서 완벽하게 재현될 수 있도록 노력할 필요가 있다.

다음 이야기는 협상이 고차원의 세일즈임을 보여 주는 좋은 사례다. 어떤 공기업의 CEO로부터 아주 복잡하고 모험적인 수백만 달러짜리 협상을 진행해 달라는 요구를 받은 한 전문가가 내게 편지를 보내 왔다. 그 CEO는 업계에서 깐깐하기로 유명한 사람이었다. 여기서 그 전문가의 이름을 밝힐 수는 없지만, 아직도 나는 그 편지를 보관하고 있다. 여기에 그 내용의 일부를 소개한다.

문전 박대를 당할 수도 있는 그와의 첫 만남을 준비하기 위해 저는 몇 주 동안 많은 시간을 할애해서 그 사람에 대해 얻을 수 있는 모든 정보를 수집하면서 준비에 총력을 기울였습니다. 그가 쓴 책도 읽고 그에 관한 책이나 기사도 봤으며, TV 프로그램에 출연한 인터뷰를 시청하면서 그의 일대기를 분석했습니다. 그 후 저는 상상으로 만들어 낸 그의 복제 인물과 함께 산책을 하며 대화를 나누었습니다. 저는 정치가들이 토론을 준비할 때처럼 다른 누군가에게 실제 그의 역할을 대신하게 할 수 없었으므로 상상 속 복제 인물을 만들어 냈던 것입니다.

솔직히 말해 이상한 사람으로 보일까 봐 제가 정확하게 무엇을 하고 있었는지 동료들에게 알리고 싶지 않았습니다. 만일 제 고객이 이 사실을 알면 매일 몇 시간 동안 상상 속의 인물과 대화를 나누는 사람에게 이처럼 어려운 협상을 맡기는 것을 재고해 볼 수도 있었겠죠.

어쨌든 저는 모종의 영감을 얻기 위해 박사님의 책을 읽고 그 지침을 충실히 따랐습니다. 먼저 상상 속의 인물을 만들어 낸 뒤에 박사님이 말한 '정신의 영화관'에 들어가 실제로 그와 대화를 나누면서 시간을 보냈습니다. 말하자면 스스로 대본을 쓰고 감독, 주연, 관객의 역할까지 수행한 셈입니다.

처음에는 상당히 어려웠지만 그 상태가 계속되면서 점점 나아졌습니다. 시간이 흐르면서 상상 속의 그가 적극적으로 문제점, 의문점, 자신의 주장을 말하기 시작했습니다. 일단 저는 안락의자에 앉아 있는 제 모습을 상상하고는 눈을 감고 상상 속의 만남에 집중했습니다. 그리고 마음을 진정시키기 위해 의자의 팔걸이를 두드리곤 했습니다.

이 모든 과정이 정신의 영화관에서 성공적으로 진행되자 저는 그것을 다시 재생, 반복해서 그 영화 장면을 봤습니다. 심지어는 여러 차례 검토한 후에 마치 법원에서 속기사들이 증언 내용을 빠짐없이 기록하는 것처럼 한 마디, 한 마디 받아 적기도 했습니다.

참으로 놀라운 경험이었습니다. 실제로 그 고객과 만났을 때 저는 이미 준비한 대본을 순서까지 똑같이 따라 했으며, 정신의 영화관에서 상영되었던 영화 속 목소리까지 똑같이 흉내 냈습니다. 더욱 놀라운 사실은 그 고객 또한 제 대본에 나오는 그대로 행동했다는 것입니다.

그는 이 편지에서 내가 소개한 방법으로 아주 성공적인 결과를 얻었으며 돈도 많이 벌었다고 했다. 그런데 나는 이 편지를 이 책의 초판이 출간된 지 14년이 지난 1974년에 받았다. 그는 어떻게 그처럼 오래된 기법이 여전히 적절하고 쓸모가 있는 것인지 놀라워했다. 독자 여러분은 상당히 오랜 시간이 흐른 뒤에 이 책을 읽을지도 모른다. 심지어는 내가 이 세상에 존재하지 않을 때 읽을 수도 있다. 하지만 그것은 문제가 되지 않는다.

이 기법은 아주 큼직한 컴퓨터가 손목시계처럼 사람의 팔에 차고 다닐 수 있을 만큼 작아진 후에도 모든 분야에서 이용될 것이다.

머릿속 리허설로 자신감을 채워라

지금은 고인이 된 저명한 심리학자 윌리엄 몰턴 마스턴 William Moulton Marston 은 직업적인 성공 문제로 고민하다 그를 찾아온 사람들에게 '리허설 훈련법' rehearsal practice 을 권하곤 했다. 그의 방법은 입사 면접을 준비하는 사람들에게 특히 효과가 있다. 먼저 인터뷰에 대한 계획을 세워라. 또한 예상되는 모든 유형의 질문을 머릿속에서 검토하라. 그리고 예상 답변에 대해 생각하라.

그다음에는 마음속으로 인터뷰 광경을 떠올려 보라. 비록 예상한 질문이 하나도 나오지 않는다고 해도 이런 종류의 예행연습은 놀라운 효과가 있다. 즉, 자신감을 얻는 것이다. 비록 실제 인생에서는 무대 위의 연극처럼 예행연습을 할 수 없지만, 순간적인 반응은 충분히 연습했기 때문에 어떤 상황에서도 즉흥적이고 자연스럽게 대응할 수 있다.

마스턴 박사라면 아마 우리 모두가 인생에서 각자 나름의 역할을 연기하고 있다는 사실을 지적하면서 "연기가 어설픈 아마추어 배우가 되어서는 안 된다."라고 조언했을 것이다. 그렇다면 각자에게 적합한 역할, 즉 자신이 원하는 바를 이룬 사람의 역할을 맡아 리허설을 하는 것이 좋지 않겠는가?

《유어 라이프》Your Life 에 실린 글에서 마스턴 박사는 리허설 훈련이 중요한 이유에 대해 이렇게 설명했다.

"지금 맡겨진 일에서 경험을 우선 쌓지 않으면 직업적으로 한 단계 발전하기가 힘든 경우가 많습니다. 아는 것이 전혀 없으면서 거짓으로 그 분야에 능통한 척해서 일자리를 얻을 수도 있겠지만, 그럴 경우 열 중 아홉은 경험이 부족하다는 사실이 들통나서 결국 해고당하는 처지를 면하기 힘들 겁니다. 제가 아는 바로는 실질적인 지식을 현재 하고 있는 일 이상으로 높일 방법은 단 한 가지입니다. 바로 리허설 훈련입니다."

세계적으로 유명한 콘서트 피아니스트인 아서 슈나벨Arthur Schnabel 은 단지 7년 동안 피아노를 배웠을 뿐이다. 그는 연습을 싫어했으며 실제로 피아노 건반 앞에서 오랜 시간 동안 연습한 적이 없었다. 연습량에 대해 다른 피아니스트와 비교당하자 그는 이렇게 말했다.

"저는 머릿속으로 연습합니다."

네덜란드 출신의 피아노 교습 권위자인 코프C. G. Kop 는 피아니스트들에게 머릿속으로 연습하라고 조언한다. 그에 따르면 새로운 곡은 반드시 머릿속에서 작곡이 이루어지기 때문에 건반으로 연습하기 전에 머릿속에서 기억되고 연주되어야 한다는 것이다.

머릿속으로 연습하는 것은 실제로 현대 피아노 교본의 기초가 되었다. 작곡가이자 연주가이며 피아노 강사인 패티 칼슨은 〈밤새도록 피아노를 연습하는 법〉이라는 비디오를 통해 유명해졌는데, 그녀는 사람들에게 악보를 읽고 꼼꼼하게 연습하기보다는 그저 음악을 '느끼는 방법'을 익히라고 가르쳤다.

바이올린 명연주자 클레이턴은 은퇴해야겠다고 마음먹었다. 그가 이런 결론에 이른 건 손목 부상 때문이었다. 손목 때문에 연습하기가 예전보다 더 힘들어지면서 심적 부담이 커졌던 것이다. 연습을 못하는데 어떻게 좋은 연주를 해낼 수 있겠는가? 그와 면담하는 자리에서 나는 그에게 바이올린 없이 연습해 보라고 권했다. 그는 내 말을 따랐고, 그로부터 일주일 뒤 무대에서 생애 최고의 연주를 펼쳤다. 그는 자신의 연주에 크게 만족해서 은퇴할 결심을 철회하기에 이르렀다.

골프 챔피언의 비결, 이미지 훈련

《타임 매거진》은 벤 호건이라는 골퍼가 토너먼트 경기를 할 때마다 실제로 샷을 날리기 전 타구 하나하나에 대해 마음속으로 예행연습을 했다고 보도했다. 그는 상상력을 동원해 공이 날아갈 방향으로 완벽하게 샷을 날리면서 클럽 헤드가 공에 부딪치는 소리까지도 느끼려 했으며, 타구 후에는 완벽한 마무리 동작을 상상하곤 했다. 그런 후에야 그는 공에 다가가서 자신이 상상한 대로 샷을 날리기 위해 그가 이름 붙인 '근육 기억'에 따라 샷을 날렸던 것이다.

내가 이 책의 초판본을 쓰고 있을 당시 세계에서 가장 유명한 골프 강사는 아마 알렉스 모리슨Alex Morrison 이었을 것이다. 그는 안락의자에 앉아 자신이 이름 붙인 '모리슨의 일곱 가지 비결'을 머릿속으로 연습하는 이미지 훈련 시스템을 고안해 냈다. 모리슨에 따르면 골프 경기에서 정신적인 측면이 차지하는 비중은 90퍼센트, 신체적인 측면이 차지하는 비중은 8퍼센트 그리고 나머지 2퍼센트는 장비가 차지한다.

《연습 없이 골프를 즐기는 법》Better Golf Without Practice 이란 책에는 모리슨이 실제 연습도 하지 않고 루 리어란 사람이 90타를 넘어설 수 있도록 가르친 일화가 소개되어 있다. 모리슨은 자신이 먼저 올바른 스윙법을 시범을 보인 뒤 그의 비결에 대해 간략하게 설명한다. 그동안 리어는 거실의 안락의자에 앉아 긴장을 푼다. 리어는 골프장에서 한 번도 실전 교습을 받은 적이 없었지만 매일 5분씩 안락의자에 앉아서 모리슨의 비결에 따라 올바른 자세를 취하는 장면을 상상했다.

모리슨은 며칠 후 실제 연습은 한 번도 하지 않은 리어를 일반 포섬foursome(골프에서 네 명이 두 편으로 나누어 각각 공 한 개를 번갈아 가며 치는 경기—옮긴이)에 합류시켰다. 리어는 9홀 동안 36타로 이븐파를 기록해 사람들을 깜짝 놀라게 했다.

모리슨의 이미지 훈련 시스템의 핵심은 결국 다음과 같은 것이다.

"성공적으로 공을 치려면 올바른 정신적인 이미지를 분명하게 떠올릴 수 있어야 한다."

이런 방법으로 모리슨은 수많은 유명 인사들의 골프 타수를 10~12타씩 줄일 수 있었다.

유명한 프로 골프 선수인 조니 불라는 한 기사에서 골프에서 자세보다 더 중요한 것은 자신이 공을 보내고 싶은 방향과 그렇게 되도록 하는 방법을 분명하게 머릿속에 그려 보는 것이라고 했다.

그의 말에 따르면 대부분의 프로 선수들은 자세에 한두 가지 정도 심각한 결점을 가지고 있다. 하지만 최종 결과를 머릿속에 떠올리면서 원하는 방향을 보고 그 방향으로 공이 날아갈 것이라고 확신하면 우리의 잠재의식은 그 임무를 수행할 근육을 제대로 조정한다. 만일 그립이 잘못되어 있거나 최상의 보폭이 아니라면 잠재의식이 이를 바로잡기 위해 모든 주의를 기울여 근육을 움직인다는 것이다.

이런 사실은 다음과 같은 기술들을 숙달하는 데 필요한 결정적인 요소가 무엇인지를 보여 준다. 즉, 우리는 자신이 원하는 명확한 결과를 간단하고도 신속하게 우리의 자기 통제 메커니즘에 전달할 수 있고, 그 결과를 기계적으로 처리할 수 있는 어떤 효율적인 지점에 도달하기 위해 필요한 모든 것을 잘 알아야 한다.

골프는 다른 스포츠와 달리 자기 자신과의 경쟁이 중요한 요소이기 때문에 이런 기법을 실험할 수 있는 훌륭한 실험실이 될 수 있다.

모리슨이 오직 정신적인 훈련만으로 리어를 가르치기 수년 전에 이미

《테니스의 이너 게임》The Inner Game of Tennis 이란 책의 저자인 티머시 골웨이Timoty Gallwey가 테니스를 지도하면서 개발한 내부(심리) 게임 기술(일종의 이미지 훈련 기법)을 골프에 어느 수준까지 적용할 수 있는지 실험한 적이 있었다. 그는 아무런 기술적인 지도도 받지 않고 오로지 상상력을 통한 훈련과 일주일에 단 한 차례 실전 골프를 하면서 1년 안에 80타를 깨는 것을 목표로 삼았다. 당시 그는 1년에 몇 차례 골프를 하는 정도였으며, 성적은 95타에서 105타 사이를 오르내리는 수준이었다.

이 실험에 대한 그의 기록은 자신의 책에 소개되어 있다. 이 책은 골프에 관심이 없는 사람도 흥미를 느낄 만한 내용인데, 어떤 기교나 기술적인 정보에 대한 정신의 승리, 즉 사이코사이버네틱스의 승리에 관한 아주 자세한 사례를 담고 있다.

지난 수년간 나는 정상급 골프 선수와 골프 강사들과 함께 일하는 즐거움을 누리고 있다. 그중 몇몇은 내게 별다른 도움을 받지 않고 단지 이 책을 읽는 것만으로 실력이 향상되었다. 한 예로 1964년 데이브 스톡턴은 프로 골프 투어에 참가해 악전고투하는 중에 이렇게 말했다.

"대체로 경기 결과는 괜찮은 편인데, 그만 퍼팅에서 형편없는 결과가 나왔어요."

이렇게 말한 그는 〈로스앤젤레스 타임스〉 기자에게 다음과 같이 이야기했다.

"은퇴한 프로 선수 출신이었던 아버지는 저의 퍼팅 문제가 신체적인 것이 아니라 정신적인 면에 있다고 말했습니다. 그리고 몰츠 박사님이 쓴 책을 주며 읽어 보라고 했어요. 저는 PGA 투어에 참가하기 전 일주일 동안 그 책을 읽었습니다. 그리고 분명 제가 이길 수 있다는 느낌이 들기 시작했어요."

스톡턴은 그 시합에서 아놀드 파머를 이기고 챔피언에 올라 그 후에도 오랫동안 성공적인 골프 선수로 활동했다. 그는 퍼팅의 귀재가 되었으며 그 후 32년이 지난 1996년 US 시니어오픈에서 우승했다.

상상 속 훈련으로 성공을 끌어모아라

역사가 시작된 이래 성공한 사람들은 성공을 위해 이미지 훈련과 리허설 훈련법을 실천해 왔다. 예를 들어 나폴레옹은 수년간 전쟁터에 나가기 전에 상상 속에서 모의 훈련을 하곤 했다. 《자신의 삶을 최대한 이용하라》Making the Most of Your Life의 공저자인 웹 어윙T. Webb Ewing 과 존 모건John J. B. Morgan 은 다음과 같이 말했다.

"나폴레옹이 이 기간 동안 읽은 책에 표시한 주석을 인쇄해 보니 모두 400여 페이지에 달했다. 그는 자신을 장군으로 상상하고 수학적인 정확성을 바탕으로 코르시카섬의 지도를 그려 보곤 했다."

호텔왕 콘래드 힐튼은 호텔을 구입하기 훨씬 전부터 자신이 그것을 경영하고 있다고 상상해 보곤 했다. 즉, 구입할 부동산을 점찍은 다음 마음속으로 세부적인 부분까지 개조된 호텔의 모습을 상상해 보는 것이다. 이런 상상 훈련을 통해 초라한 호텔을 어떤 모습으로 바꿀 수 있을지 통찰력을 기름으로써 다른 사람에게는 보이지 않는 부분을 볼 수 있었고 빠른 성공을 거두었다. 기업가 헨리 카이저는 그가 이룩한 모든 사업적 성취는 결과가 실제로 나타나기 전에 머릿속으로 상상했던 일이었음을 깨달았다고 말했다.

과거에는 이런 '정신적 이미지화' 기술이 마법의 일종으로 여겨졌다. 그러나 새로운 사이버네틱스 기술은 정신적 이미지화가 그런 놀라운 결과를 이끌어 내는 이유를 제시하고, 이런 결과는 마법이 아니라 정신과 뇌의 자연스럽고 정상적인 기능이라는 사실을 보여 준다.

사이버네틱스는 인간의 뇌, 신경 체계, 근육 체계를 대단히 복잡한 자기 통제 메커니즘으로 본다. 자기 통제 메커니즘은 저장된 정보와 피드백 데이터를 활용해 목표를 향해 나아가고, 필요할 경우 자동으로 경로를 수정하는 자동화된 장치다. 이것은 앞에서도 언급했지만 우리 스스로를 일종의 장치로 보는 것이 아니라 우리의 몸과 머리가 우리의 의지로 작동시킬 수 있는 장치처럼 기능한다고 본다. 우리 내면에 있는 자동화된 창조 메커니즘은 한 방향으로만 작용한다. 다시 말해 추구할 목표가 반드시 있어야 한다. 알렉스 모리슨이 말했듯이, 할 수 있게 되기 전에 우선 마음속에서 그것을 명확히 볼 수 있어야 한다.

제인 사보이는 미국에서 가장 존경받는 승마 코치로, 2000년 시드니 올림픽에 참가한 미국 승마 대표팀을 우승으로 이끌었다. 그녀는 상상력을 통해 가능성이 현실로 바뀌는 순간을 경험했던 일에 대해 다음과 같이 이야기했다.

예를 들어 1989년 북미 챔피언십을 앞두고 내가 경험했던 일을 살펴보기로 하자. 당시 선발전에서 좋지 않은 결과를 얻을 수 있는 문제점들이 많이 있었다. 내게는 당대 최고의 말인 자파테로가 있었다. 하지만 나는 자파테로가 낯설었으며, 그와 돈독한 관계나 진정한 교감을 형성할 만한 충분한 시간을 갖지 못했다. 또 그 젊은 말은 내가 원하는 만큼 강하지도 못했다.

이런 이유들 때문에 선발전에서 우승하리라고 상상하는 것은 불가능했다. 그래서 나는 시상식을 머릿속에 떠올렸다. 여러 차례 그 광경을 반복해서 떠올리자 마음이 평화로워지는 나 자신을 발견할 수 있었다. 나는 눈을 감고 긴장을 푼 채 승리 후에 경기장을 한 바퀴 도는 장면까지도 상상했다. 그 과정에서 의심과 불안감이 엄습하면 즉시 상상을 중단했다. 그리고 선발전의 결과, 자파테로와 나는 승리를 자축하는 자리에 있었다.

이것은 믿을 수 없는 얘기처럼 들릴 수도 있다. 나는 철저한 준비와 그에 따르는 힘들고 어려운 노력의 필요성을 결코 과소평가하지 않는다. 그러나 원하는 결과가 이미 존재하는 것처럼 정신적으로 주의력을 집중했던 것이 성공의 중요한 요소였다. 나의 생생한 상상력을 실패한 모습이 아니라 긍정적인 결과에 집중하는 것이 중요했다. 그 결과 내 마음(자기 통제 메커니즘)은 내가 말을 성공적으로 잘 탈 수 있도록 도와줌으로써 목표를 달성하기 위한 수단을 제공했던 것이다.

물론 의심이 많은 사람들은 이런 경험을 우연이나 운으로 돌리려 할 것이다. 그러나 제인 사보이는 자신의 확신을 뒷받침할 많은 경험을 가진, 이 책의 내용을 훌륭하게 실천한 사람이다. 이후 그녀는 미국 올림픽 승마 대표팀의 지도자로서 이 책의 가르침을 활용했다.

성공의 순간을 하나의 뚜렷하고 단순하며 생생한 이미지로 떠올릴 수만 있다면 어떤 의심, 두려움, 불안감, 걱정 따위도 물리칠 수 있다. 동시에 우리의 자기 통제 메커니즘도 원하는 방향으로 끌고 갈 수 있다. 철저한 정신적 예행연습은 이를 더욱 강화한다.

프로 선수 또는 아마추어 운동선수, 프로 세일즈맨, 기업가, 기업의 임원, 학교 선생님, 의사 등 누구라도 상관없다. 매일매일 정신적인 훈련을 실천하는 것보다 더 나은 비법은 이 세상에 없다. 모든 증거에 따르면 우리는 이 방법을 규칙적으로 실천함으로써 생산적인 결과를 얻을 수 있다. 만일 이런 접근 방법을 무시한다면 지금까지 우리가 알고 있는 가장 기본적이고 보편적이며 의지할 만한 성공의 도구를 팽개치는 것이다. 마치 전기나 도구를 활용하지 않고 일하는 목수 같은 사람이 되는 것이다. 꼭 그래야 할 이유가 있을까?

사이버네틱스의 과학은 정신적 이미지를 활용하는 것이 왜 그처럼 놀라운 결과를 초래하는지에 대한 통찰을 제공한다. 나는 이제 많은 사람들이 이런 효과를 이해하기 시작했으며, 그들도 점점 이 과학을 활용하기 시작했다는 사실을 알게 되었다.

우리 내부의 자동 성공 메커니즘은 피드백 데이터나 저장된 정보를 사용해서 목표나 대상을 지향하는 자동적인 목표 추적 장치이며, 필요한 경우 그 진로를 수정하기도 하면서 오직 한 가지 방향으로만 움직인다. 따라서 그것은 겨냥할 목표가 필요하다. 유명한 골프 지도자 모리슨이 말한 것처럼 행동으로 옮기기 전에 먼저 마음속에서 그 사물, 즉 목표를 분명히 떠올려야만 한다(앞서 언급한 대로 이런 새로운 생각은 우리가 단순한 기계라는 의미가 아니라, 우리의 육체적인 머리와 몸이 우리를 작동시키는 기계로 기능한다는 것이다).

우리의 마음속에 사물을 분명하게 떠올릴 수만 있으면 우리 내부의 창조적인 성공 메커니즘은 그 일을 맡아서 어떤 의식적인 노력이나 의지로 행하는 것보다 훌륭하게 그 일을 해낸다.

우리는 잘못되어 보이는 모든 상황을 해결하기 위해 막무가내로 밀어붙이지 말아야 한다. 그것들에 대해 걱정하거나 머릿속에 이미지를 그려 보는 것은 상관없다. 다만 긴장을 풀고 잠시 멈춰 서서 우리가 진정으로 원하는 목표를 발견해 낸 뒤에 우리의 성공 메커니즘에 그 임무를 넘기도록 하라.

물론 그렇다고 해서 노력과 과업에서 모두 벗어날 수는 없다. 하지만 어떤 일을 하려고 할 때 쓸데없이 정신적 갈등을 일으키기보다는 머릿속에 이미지를 떠올린 후 목표를 향해 앞으로 나아가기 위해 그 노력을 사용할 수 있다.

최선의 자아를 상상하라

우리의 창조적인 메커니즘은 우리가 원하는 상상 속의 자아 이미지를 떠올려야 하거나 새롭게 어떤 역할을 수행해야 할 때 최선의 자아를 상정할 수 있도록 도와준다. 이것은 치료 방법과 관계없이 인격을 개조하기 위한 필수 조건이다. 우리 모두는 자신의 모습을 바꾸기 전에 새로운 역할을 맡을 바람직한 자신의 모습을 미리 확인해야만 한다.

1940년대에 뉴욕 알코올중독 치료협회를 창립한 에드워드 맥골드릭 Edward McGoldrick 은 알코올중독자들이 과거의 모습에서 벗어나 새로운 모습으로 거듭나도록 돕는 데 이 기술을 활용했다. 그는 수업을 듣는 사람들에게 매일 눈을 감고 몸의 긴장을 최대한 풀고, 자신이 바라는 스스로의 모습을 머릿속에 영상으로 그려 보게 했다. 이들은 영상 속에서 술에 취하지 않은 책임감 있는 사람들로 그려졌다. 술 없이도 즐겁게 사는 모습을 생생히 그린 것이다.

나 또한 사람들의 자아 이미지가 변화될 때 인격에도 기적 같은 일이 일어나는 경우를 여러 차례 목격했다. 그러나 오늘날 우리는 특히 우리 자신과 밀접하게 연결되어 있는, 인간의 상상력이 발휘할 수 있는 창조적 능력을 그다지 대수롭지 않게 여기는 것 같다. 그 사례로 1958년 AP통신에 소개된 다음과 같은 뉴스가 암시하는 바를 생각해 보자.

일부 정신병 환자들은 단지 자신이 정상이라고 상상하는 것만으로도 특별한 치료를 받지 않고 병원에서 바로 퇴원할 수 있을 것이라고, LA 재향군인회에서 일하는 두 명의 심리학자가 발표했다.

해리 그레이슨Harry M. Grayson 박사와 레너드 올링거Leonard B. Olinger 박사는 신경정신병으로 입원해 있는 45명의 환자를 대상으로 실험한 후 미국심리학협회에 이같이 보고했다.

환자들은 첫 번째 검사에서 일반적인 인성 검사를 받았다. 그리고 두 번째 검사에서는 일반인과 마찬가지로 '외부 사회에 잘 적응할 수 있는 일반인'의 심정으로 대답해 달라는 요구를 받았다. 그 결과 그들 중 4분의 3은 검사 결과가 나아진 것으로 나타났으며 그 중 몇몇은 아주 눈에 띄게 좋아졌다.

환자들이 외부 사회에 잘 적응하는 일반인처럼 대답하기 위해서는 어떻게 하면 그런 사람처럼 행동할 수 있는가를 마음속으로 상상해야만 했다. 환자들은 이를 통해 스스로 자신들이 잘 적응하는 사람처럼 행동하게 되었고, 또 그렇게 느낀 것이다.

나는 이 훌륭한 의사들과 혁신적인 실험의 최종 결말을 알지는 못한다. 하지만 오늘날 자아 이미지 심리학의 모든 측면, 일종의 조타수로서 자아 이미지가 갖는 뜻, 시각화와 관련된 여러 기법이 정신적인 질병이나 신체장애, 약물중독에 걸린 사람들을 비롯해 각종 시설에 수용된 환자들을 돕는 데 활용되고 있다.

물론 우리 대부분은 정신이 멀쩡하고 약물중독에도 빠지지 않았으며, 보다 나은 인생을 설계하거나 개선하기를 원하는 개인일 수도 있다. 하지만 우리가 직면하거나 상상하는 것보다 훨씬 더 심각한 감정상의 어려움을 겪는 사람들을 위한 치료나 처방으로 이런 기법들이 사용되고 있다는 사실은 명심할 필요가 있다. 또한 이런 사실은 보다 바람직한 출발점으로서 더욱 강력하고 신속한 행동을 통해 성공적으로 생활할 수 있도록 해 줄 것이다.

그러고 보면 《또렷한 마음의 흔적》Marks of a Clear Mind 을 비롯해 마음에 관한 여러 책을 집필한 앨버트 에드워드 위검 Albert Edward Wiggam 박사가 스스로에 관한 정신적인 이미지를 '당신 내면의 가장 강력한 힘'이라고 표현한 이유가 무엇인지 이제는 조금씩 이해가 될 것이다.

진정한 자신의 모습을 발견하라

자아 이미지 심리학의 목표는 전지전능하고 오만하며 이기적이고 자신이 가장 중요한 사람이라고 생각하는 허구적인 자아를 창조하려는 것이 아니다. 그런 자아 이미지는 열등한 자아 이미지만큼이나 부적절하고 비현실적이다. 우리의 목적은 진정한 자아를 발견하는 것이다.

그런데 대부분의 사람들은 자신을 과소평가하거나 업신여기고 있다는 것이 심리학자들의 공통된 의견이다. 실제로 우월감 콤플렉스 같은 것은 없다. 우월감을 지니고 있는 것처럼 보이는 사람들도 실제로는 열등감 때문에 괴로워한다. 그들의 우월감은 자신이 가지고 있는 열등감이나 불안한 감정을 감추기 위한 허구적 은폐물인 경우가 많다.

그러면 진정한 자신의 모습을 발견하려면 어떻게 해야 하는가? 어떻게 해야 진실한 평가를 내릴 수 있는가? 나는 이 부분에서는 심리학이 종교에 의지해야 한다고 본다. 성서에 따르면 신은 '천사보다 약간 낮은 단계'로 인간을 창조했으며 세상 만물을 다스릴 권한을 주었다고 한다. 결국 신은 자신의 모습대로 인간을 창조했다.

우리가 진정으로 지혜롭고 전능하며 사랑이 넘치는 신의 존재를 믿는다면 그가 창조해 낸 인간에 대해서도 논리적인 결론을 내릴 수 있을 것이다. 우선 신은 위대한 화가가 형편없는 그림을 그리지 않듯이 열등한 피조물을 만들지 않았을 것이다. 자동차 생산자가 일부러 자동차에 결함을 만들지 않듯이 신도 자신의 피조물이 실패하도록 고의적으로 유도하지는 않을 것이다.

기독교의 근본주의적 종파들은 인간의 주된 목적과 이유가 '신을 찬양하는 것'이라고 했고, 인문주의자들은 인간의 일차적인 목적이 '자신을 완벽하게 표현하는 것'이라고 주장해 왔다.

그러나 신이 애정 어린 창조자이며 아버지가 자식에게 하듯 피조물인 인간에게 동일한 관심을 갖고 있다고 전제한다면, 결국 기독교의 근본주의자와 인문주의자들은 똑같은 말을 하는 것이다. 자식이 잘되어 성공을 거두고 능력과 재능을 최대한으로 발휘하는 모습을 보는 것보다 더 자랑스러우며 만족스러운 일이 아버지에게 또 있을까? 미식축구 스타의 아버지 옆에 앉아서 경기를 본 적이 있는가? 예수가 "자기의 재능을 감추지 말고 그 재능을 갈고닦아 아버지께 영광을 돌리라."고 말한 것은 이와 동일한 생각을 표현한 것이다. 나는 신의 자식들이 입에 담을 수 없는 말을 해대거나 초라한 몰골이 되어 사람들 앞에서 얼굴을 들고 다니지 못하면서 신을 찬양할 수 있다고는 생각하지 못하겠다.

기독교 신학자이자 《하나님의 뜻》의 저자인 레슬리 웨더헤드_{Leslie D. Weatherhead} 박사는 《불안 처방》_{Prescription for Anxiety}에서 이렇게 설명했다.

> 만일 우리가 스스로의 이미지를 겁에 질리고 패배한 보잘것없는 존재로 그린다면 그런 이미지를 즉시 없애고 당당한 자세를 가져야 한다. 그런 이미지는 잘못된 것이므로 사라져야 마땅하다. 신은 인간을 그 안에서, 그를 통해 위대한 일을 할 수 있는 존재로 본다. 신은 우리를 평화롭고, 자신감 있고, 활기 찬 존재로 본다. 신은 우

리를 삶의 애처로운 희생자들이 아니라 삶의 기술에 능한 대가들로 본다. 그리고 동정을 원하지 않고 남들을 돕는 데 기여하는 존재들로 본다. 즉, 우리를 보잘것없이 보는 것이 아니라 완전한 존재로 본다. 우리는 이기적으로 자신만 살피는 것이 아니라 사랑과 웃음, 남에게 도움이 되려는 마음을 가진 존재다. 그런 모습의 존재를 믿는 순간에 만들어지는 진정한 자신을 바라보자. 우리는 변화의 가능성을 인식하고, 변해가는 스스로를 신뢰해야 한다. 하찮음과 실패라는 낡은 인식은 버려야 한다. 그것은 잘못된 사실이며 우리는 잘못된 사실은 믿지 않는다.

나는 이 책을 처음 출판한 후 수년간 복음주의 기독교에서 침례교, 감독파 기독교, '신사상'New Thought(19세기에 일어난 일종의 종교 철학적 사상으로 인간이 신의 모습을 닮았다고 주장하는 교파—옮긴이), '정신의 과학'Science of Mind(미국의 어니스트 홈스Ernest Holmes가 주창한 새로운 종교 운동—옮긴이)에 이르기까지 수많은 교파의 교회에 초대되어 강연을 했다. 또한 나는 이 책의 내용을 놓고 목사, 신부, 선불교 승려, 불가지론자, 심지어는 무신론자와도 깊이 있는 토론을 벌였다.

이렇게 다양한 사람들을 만나면서 그들이 기본적으로 내적, 정신적 또는 무의식적인 자기 방어로부터 개인을 해방시켜야 한다는 전제를 공통으로 가지고 있다는 사실을 알게 되었다. 그리고 당연한 결론이겠지만 실패보다 성공을 지향하려는 의지를 가지고 있음도 알았다.

노먼 빈센트 필Norman Vincent Peale 박사도 이 책을 호의적으로 언급한 적이 있다. 단순히 긍정적인 사고만을 강조하면 대부분의 사람들이 결과적으로 실망하기 쉬우며, 문제의 핵심에서 벗어나 주변만 맴도는 결과가 될 수도 있다고 종종 말했음에도 불구하고 필 박사와 나는 여러 차례 좋은 의견을 나눈 적이 있었다.

나는 어느 누구도 이 책의 내용이 합리적인 종교의 교리나 영적 가르침과 어긋난다고 주장할 수 없다고 확신한다. 다시 한번 강조하지만 이 책은 우리가 가지고 있는 종교적·영적·철학적 배경이나 관점과는 별로 관련이 없다. 또 우리가 이 책을 읽으며 이미지 훈련, 시각화, 정신적 이미지화, (내가 쓰는 용어인) 정신의 영화관 중에서 어떤 것을 선호하는가도 그리 중요한 문제가 아니다. 중요한 사실은 우리가 실천한다는 것이다. 목표를 정해 3주간 착실하게 실천한다면 이 책을 접한 수많은 운동선수, 연예인, 의사, 변호사, 비즈니스 리더들처럼 앞으로 남은 인생 동안 얻게 될 결과에 만족할 것이다.

성공을 현실화하는 상상력 훈련

"마음의 눈으로 스스로에 대한 이미지를 꾸준히 그리면 그것에 이끌리게 된다."
저명한 진보주의 목사 해리 에머슨 포스딕 Harry Emerson Fosdick 박사가 한 말이다. 그는 이렇게 덧붙였다. "자신을 실패한 사람으로 생생히 그리면 그 상상 자체가 승리할 수 없게 만든다. 스스로가 승리하는 모습을 생생하게 그리면 그것 자체가 성공에 엄청나게 기여한다. 위대한 인생은 자신이 되고 싶고, 하고 싶은 것을 그리는 상상 속 이미지에서 시작한다."

현재 우리가 가지고 있는 자아 이미지는 이전의 경험을 바탕으로 해석하고 평가한 자아 이미지를 바탕으로 하고 있다. 이제 과거의 부적절한 이미지를 버리고 적절한 자아 이미지를 형성하기 위해 다음과 같은 방법을 사용해 보자.

먼저, 혼자 있거나 방해받지 않는 시간을 매일 30분 정도 정한다. 이 시간에는 가능한

한 긴장을 풀고 편안한 마음을 갖는다. 그런 다음 눈을 감고 상상력 훈련을 한다.

많은 사람들이 대형 영화 스크린 앞에 앉아 있는 자신을 떠올리면서 자신이 영화를 보고 있다고 상상할 때 더 나은 결과를 얻을 수 있었다고 한다. 여기서 중요한 점은 되도록 생생하고 자세하게 이런 장면을 떠올려 보는 것이다. 즉, 우리의 정신적 이미지를 가능한 한 실제 경험에 근접시켜야 한다. 그러기 위해서는 세부적인 사항, 시각, 소리, 물체 등에 주의를 기울여야 한다. 세부적인 묘사는 이런 훈련에서 가장 중요한 요소다. 왜냐하면 우리 모두는 실질적인 목적을 위해 실제 경험을 만들어 내야 하기 때문이다. 그리고 그 상상이 생생하고 상세하다면 상상력 훈련은 우리의 신경 시스템에 실제 경험과 동일한 영향을 미칠 것이다.

다음으로 기억해 두어야 할 중요한 점은 이 30분 동안에 적절하고 성공적이며 이상적으로 행동하고 반응하는 자신을 상상하도록 노력해야 한다는 것이다. 어제 어떻게 행동했는지는 중요하지 않다. 그리고 내일은 더 나은 방법으로 행동해야겠다는 다짐을 할 필요도 없다. 훈련을 지속함에 따라 우리의 신경 시스템은 자연스럽게 그것에 주의를 기울일 것이다.

단지 자신이 원하는 대로 행동하고 느끼고 존재하는 자신의 모습을 상상해 보라. 하지만 자신에게 이런 식으로는 말하지 마라.

'나는 내일 이런 식으로 행동할 거야.'

대신 이렇게 이야기하라.

'나는 지금 이런 방식으로 하루에 30분씩 행동하는 나를 상상하고 있는 거야.'

이미 자신이 원하는 유형의 사람이 되었다고 생각한 후 그런 자신이 어떻게 느끼고 있는지 상상해 보라. 만일 수줍음이 많고 소심한 성격의 사람이라면 사람들 사이에서 편안하고 침착하게 행동하는 모습을 상상하라. 만일 특별히 어떤 상황에서 두려움을 느끼거나 걱정을 느낀다면 자신감과 용기를 가지고 행동하면서 차분하고 신중하게 행동하는 모습을 상상하라. 그리고 그런 행동 때문에 개방적이고 자신감 넘치는 모습으로 변한 자신의 모습을 즐겨라.

이런 훈련은 우리의 중뇌와 중추신경계에 새로운 기억 또는 저장된 데이터를 심어 준다. 또한 새로운 자아의 이미지를 구축할 수 있게 도와준다. 한동안 이 같은 훈련을 한 뒤에는 의식적으로 노력하지 않더라도 자동적이고 자발적으로 이전과 다르게 행동하는 자신의 모습을 발견하고 놀랄 것이다. 이것은 지극히 자연스러운 일이다. 이제 우리는 비효율적이고 부적절하게 느끼는 모든 습관에서 벗어났기 때문이다.

모든 부적절한 감정과 행동은 우리의 자동 메커니즘이 만들어 놓은 실제적이고 이미지화된 기억 때문에 자동적이고 자발적인 성격으로 변하면서 자연스럽게 사라진다. 또한 이런 훈련이 부정적인 것은 물론이고 긍정적인 사고방식과 경험에도 자동적으로 작용한다는 사실을 깨닫게 될 것이다.

1. 종이와 펜을 준비해서 우리가 만들고 실험해 가며 발전시키려는 정신적 영화에 대해 간략하게 윤곽을 잡고 묘사해 보라. 그리고 난 후 정신의 영화관에 들어가 영화를 관람하라.
2. 조용하고 개인적인 장소를 찾아낸 다음 긴장을 풀고 눈을 감은 후 정신의 영화관으로 들어가 영화를 보면서 편집하거나 반복해서 관람하라. 가능하다면 매일 같은 시간에 하루 30분씩 반복해서 보도록 하라.
3. 점차적으로 영화를 수정하라. 영화에 등장하는 '주인공', 즉 자신이 의도하는 대로 실천하면서 원하는 경험과 결과를 얻어 내도록 하라. 처음 10일 안에 3단계에 도달하도록 노력하라.
4. 남은 11일 동안에는 그 영화를 수정하지 말고 반복해서 시청하라.

사이코사이버네틱스를 공부하고 실천하는 사람들 중에는 되고자 하는 자신의 모습을 매일 30분씩 상상한다는 것이 과연 가능한 일인지 의문을 갖기도 한다. 또 목표를 명확히 시각화하는 데 어려움을 겪기도 한다. 그리고 정신적인 이미지를 그리는 데 성공했더라도 금세 마음이 이리저리 방황하는 자신을 보며 자책한다.

모든 일이 그렇듯, 자신이 바라는 모습을 머릿속으로 그리는 일도 기본적으로 연습이 필요하다. 올림픽 복싱 챔피언이자 코치인 댄 게이블은

"맨 꼭대기에서 시작하면 구멍을 파는 것 외에는 갈 곳이 없다."라고 말했다. 맨 처음 이 훈련을 시작할 때는 머릿속에 그린 이미지가 명확하지 않더라도 갈수록 더 명확하고, 생생하고, 구체적이며, 강렬한 이미지를 그릴 것이다.

이미지를 그리는 훈련을 시작할 때는 우선 긴장한 곳은 없는지 몸을 찬찬히 살피면 좋다. 의식을 맨 처음에 머리에 두고 긴장을 풀고 상체, 허리, 다리 순으로 훑어 내려간다. 그리고 이상하게 들릴지 모르지만 머리와 몸을 향해 미소를 지으면 몸과 마음을 이완하는 데 크게 도움이 된다. 몸과 마음이 편하게 가라앉으면 심호흡에 집중하라. 들이쉬는 숨과 내쉬는 숨에 의식을 둔다. 긍정적인 에너지가 몸 안으로 들어오고 부정적인 에너지는 밖으로 나간다고 생각하라.

이 과정을 마쳤으면 과거로 돌아가서 뭔가를 잘 해냈던 성공의 기억을 찾는다. 전에 이야기했지만 이런 기억은 신발 끈을 처음으로 묶거나 자기 이름 쓰는 법을 학교에서 처음 배웠을 때처럼 사소한 경험이면 족하다. 그 일이 언제 일어났는지는 중요하지 않다. 그 성공의 경험이 얼마나 대단한 것이었는지도 아무 상관이 없다. 중요한 것은 그 기억이 지금 이 순간에 긍정적이고, 행복하고, 기분 좋은 경험을 촉발시킨다는 점이다.

긍정적인 기억을 재생하고 다시 생생하게 경험했다면 이번에는 미래로 가서 과거에 느꼈던 것과 똑같은 느낌을 어떤 식으로 느끼고 싶은지 그려 본다. 마음의 눈에 보이는 것에 감정을 더한다. 다른 생각이 자꾸 떠오르더라도 속상해하거나 자책하지 않는다. 마음을 가라앉히고 다시 머릿속으로 그려 본다. 집중을 못 하고 마음이 방황하더라도 염려할 필요 없다. 그저 다시 제자리로 돌아오면 된다.

30분이라는 시간이 부담스럽다면 처음에는 하루에 5~10분 정도부터 시작해도 된다. 그 정도만으로도 긍정적인 결과를 체험할 수 있다. 10~

15분 시각화 연습을 하는 것만으로도 엄청난 변화를 경험할 것이다. 가장 중요한 핵심은 매일 연습하는 것이다. 일단 이 연습을 습관화해서 그 결과를 보고 느끼게 되면 연습 시간을 어렵지 않게 늘릴 수 있다.

제4장

잘못된 믿음을
버려라

실패와 능력 부족이라는 최면에서 깨어나기

확신은 거짓말보다
더 위험한 진실의 적이다.

_프리드리히 빌헬름 니체 Friedlich Wilhelm Nietzsche

이 책을 쓰고 나서 자주 받았던 질문은, 상상력 훈련이 혹시 성공할 때까지 자신을 속이는 행동이나 순수한 환상 같은 게 아닌가 하는 것이었다. 하지만 진실보다 강한 것은 없다. 성공할 때까지 자신을 속이는 행동은 외향적이고 피상적이며 비현실적일 뿐이다. 그래서 이런 행동은 경제적, 감정적 손실을 초래한다고 세일즈맨을 비롯해 상상력 훈련을 하는 사람들에게 교육하고 있다.

이미지 훈련이란 사기가 아니라 숨겨진 진실 탐구를 목적으로 한다. 반드시 타당해야 할 필요는 없지만 일종의 사실로 받아들인 우리의 자아 이미지를 새롭게 창조함으로써 진실한 자아를 발견해 내고자 하는 것이다. 이 책의 초판본에도 소개되었던 다음 이야기는 이런 사실을 잘 보여준다.

심리학자이자 개인심리학 창시자인 알프레드 아들러 Alfred Adler 박사는 어린 시절의 강력한 믿음이 행동이나 능력에 얼마나 큰 영향을 미치는지 잘 보여 주는 경험을 한 적이 있다. 어린 시절 아들러는 수학 성적이 나빴는데, 선생님은 그가 수학에 전혀 소질이 없다고 확신했다. 선생님은 이런 사실을 아들러의 부모에게 알리고 그에게 너무 많은 기대를 하지 말라고 이야기했다. 아들러의 부모도 그 사실을 받아들였다. 아들러 역시 자신에게 내려진 평가와 판단을 수동적으로 받아들였다.

그러던 어느 날, 선생님이 칠판에 적은 아주 어려운 문제를 풀 수 있는 방법이 갑자기 아들러의 머릿속에 떠올랐다. 그는 즉시 이 사실을 말했지만 선생님과 친구들은 비웃기만 했다. 이에 분개한 아들러는 칠판 앞으로 걸어 나가서 그 문제를 풀어 사람들을 깜짝 놀라게 했다. 이 일로 인해 그는 자신이 수학을 어느 정도 이해할 수 있다는 사실을 깨달았다. 그 후부터는 자신의 능력에 자신감을 갖고 계속 노력해서 수학을 잘할 수 있게 되었다.

아들러 박사의 어린 시절 경험은 몇 년 전 내가 만난 환자의 경우와 거의 흡사하다. 사업가인 그는 어려운 분야에서 크게 성공한 자신의 경험담을 소개하는 강연을 하게 되었다. 그는 훌륭한 목소리와 좋은 이야깃거리를 갖고 있었지만 다른 사람 앞에서 자신의 생각을 제대로 전달할 수가 없었다. 그는 자신이 말을 잘 못하고 인상적인 외모도 아닌 데다가 '성공한 기업가'처럼 보이지 않아서 청중들에게 깊은 인상을 주지 못한다고 생각했다.

이런 믿음은 그의 마음속에 깊이 각인되어 사람들 앞에 서서 말을 할 때마다 그 생각이 항상 방해물이 되었다. 마침내 그는 성형 수술을 통해 외모를 바꾸면 자신감을 얻을 수 있을 것이라는 잘못된 결론을 내렸다. 성형 수술은 그런 착각을 해결해 줄 수도 있지만 그렇지 않을 수도 있다. 나는 신체적인 변화가 반드시 개인의 성격을 변화시키지는 않는다는 것을 많은 환자들을 겪으면서 잘 알고 있었다.

이 환자는 자신에 대한 부정적인 믿음이 자신이 전하고자 하는 중요한 메시지를 전달하지 못하게 방해한다는 사실을 스스로 확신함으로써 문제를 해결할 수 있었다. 그는 자신의 부정적인 믿음을 긍정적인 것으로 대체함으로써 외모와 상관없이 자신이 아주 중요한 메시지를 청중들에게 전달할 능력이 있다는 믿음을 갖게 되었다. 그는 얼마 지나지 않아 비즈니스 업계에서 가장 인기 있는 강사가 되었다. 그에게 일어난 유일한 변화는 믿음과 자아 이미지였다.

내가 말하려고 하는 요점은 다음과 같다. 아들러 박사는 잘못된 믿음을 가지고 비유적인 의미에서가 아니라 글자 그대로, 자신에게 최면을 걸었던 것이다. 제3장에서 말했듯이 최면이 가져다주는 효과는 바로 믿음이라는 사실을 기억하라.

여기서 다시 한번 최면의 힘에 대한 바버 박사의 설명을 상기해 보자.

"최면에 참여하는 사람들이 최면술사의 말을 진실이라고 확신하면 놀라운 능력이 생겨난다. 이들은 최면술사의 말을 진실이라고 확신하기 전까지는 다르게 생각하고 다르게 믿기 때문에 다르게 행동한다."

여기서 기억해야 할 중요한 점은 어떻게 그런 생각, 즉 믿음이 생겼으며 어디서 비롯되었는지는 그다지 중요하지 않다는 것이다. 어쩌면 최면에 빠지지 못하는 사람이 있을 수도 있다. 하지만 그런 생각을 자기 자신이나 선생님, 부모, 친구, 광고 또는 다른 정보원을 통해 받아들인 후 그것을 진실이라고 확신하면 마치 최면술사가 최면을 거는 것처럼 스스로에 대해서도 동일한 힘을 발휘한다.

한 연구 조사에 따르면 아들러 박사가 어린 시절에 겪었던 경험은 보기 드문 현상이 아니라 낮은 학점을 받는 모든 학생에게 나타나는 현상이라고 한다. 제1장에서 프레스콧 레키 박사가 학생들에게 자아 이미지를 변화시키는 방법을 가르쳐 줌으로써 성적이 놀라울 정도로 향상된 사례를 소개한 바 있다. 레키 박사는 수천 번의 실험과 수년간의 연구 끝에 성적이 나쁜 대부분의 학생의 경우 자아 개념과 자기 정의가 나쁜 성적의 원인이라는 결론을 내렸다. 이런 학생들은 다음과 같은 생각을 하면서 자기 최면에 빠진다.

"나는 멍청이인가 봐."

"나는 수학을 못해."

"나는 원래부터 철자에 약했어."

이런 자기 정의 때문에 그들은 자신의 말과 행동을 일치시키기 위해서라도 나쁜 성적을 얻을 수밖에 없다. 그들은 무의식적으로 나쁜 성적을 얻는 것을 도덕적이라고 생각하게 된다. 그들의 관점에서 볼 때 좋은 성적을 거두는 것은 마치 스스로 정직하다고 생각하는 사람이 도둑질을 하는 것과 다름없는 나쁜 행동이다.

이런 자기 최면 프로그램은 어떤 권위 있는 근거나 반복적인 훈련 혹은 강력한 집중 등을 통해 영속적인 힘을 갖게 된다는 것을 기억하라. 이 자기 최면 프로그램을 해체하거나 다시 프로그래밍하려면 똑같은 힘이 필요하다. 아들러 박사의 어린 시절 경험과 같은 것은 선생님이나 부모 등 주변의 권위 있는 사람들을 통해 형성되었는데, 그것을 반복해서 들음으로써 강력한 굴욕감을 느끼고 강화되었던 것이다. 그가 이런 억압들로부터 벗어날 수 있었던 것은 또 다른 강력한 성공 경험과 이에 감정적으로 반응함으로써 가능했다.

5,000달러밖에 못 버는 최면에 걸린 세일즈맨

《성공적인 판매의 비밀》The Secrets of Successful Selling 에서 존 머피John D. Murphy 는 유명한 세일즈 전문가인 엘머 휠러Elmer Wheeler 가 한 세일즈맨의 실

적을 증대시키기 위해 레키 박사의 이론을 어떻게 사용했는지 설명하고 있다.

휠러는 어떤 회사의 세일즈 컨설턴트로 일한 적이 있었다. 그 회사의 세일즈 매니저가 자신의 부서에서 근무하는 매우 특이한 한 직원에 대해 이야기해 주었다. 그는 자신에게 할당된 지역이나 받을 수 있는 수당에 상관없이 항상 1년에 5,000달러만을 벌었다.

그는 규모가 작은 지역에서도 비교적 실적이 좋았기 때문에 더 큰 규모에 더 좋은 여건의 지역이 주어졌다. 하지만 그다음 해에 그가 받은 수당은 작은 지역에서 받은 것과 동일한 5,000달러에 불과했다. 그다음 해에 회사는 전 사원에게 주는 수당을 늘렸지만 그는 여전히 5,000달러를 벌었다. 다시 그다음 해에 회사는 그에게 가장 취약한 판매 지역을 맡겼다. 그는 역시 그곳에서도 5,000달러를 벌었다.

휠러는 이 세일즈맨과 이야기를 나눈 후 그의 문제는 할당된 지역이 아니라 자신에 대해 스스로 내린 평가 때문이라는 결론을 내렸다. 그는 자신을 1년에 5,000달러밖에 벌 수 없는 사람으로 생각했던 것이다. 자신에 대해 그런 생각을 갖고 있는 한 그가 처한 외부 상황은 문제가 되지 않았다.

그는 열악한 조건을 지닌 지역을 배정받았을 때는 목표를 달성하기 위해 아주 열심히 일했다. 반면에 여건이 좋은 지역에서는 5,000달러라는 목표를 쉽게 달성할 수 있었으므로 일단 목표를 이루고 나면 병이 나서 더 이상 일을 할 수 없었다. 의사는 그에게 아무런 이상이 없다고 했지만 그는 다음 해 첫날이 되어서야 비로소 기적같이 회복되곤 했다.

1년에 5,000달러의 실적을 낸다는 걸 보면 분명 오래전의 이야기다. 이 책의 초판본에 이런 사례가 소개되었을 때 나는 여러 세일즈 매니저로부터 비슷한 사례들에 관한 편지를 받았다. 그들은 한결같이 자신의 회사에도 그런 사람이 있으며 그에게 아주 실망했다고 했다. 한 세일즈 매니저는 편지에 이렇게 썼다.

"하워드란 직원에게는 미리 정한 매출 이상을 달성할 기회나 상황이 주어져도 아무런 의미가 없습니다."

맞는 말이다. 왜냐하면 그 직원의 자아 이미지에는 이미 어떤 것이 깊숙이 각인되어 있기 때문이다. 그것을 바꾸기 전까지 그는 어떤 시도도 하지 않을 것이다.

어떤 사람이 부정적인 최면에 걸리는가

다른 사람의 의견을 비판 없이 받아들이거나 스스로 진실이라고 믿거나 확신을 가지면, 우리 모두는 어느 정도까지 최면과 유사한 상태에 빠질 수 있다. 이런 부정적인 생각들은 전문 최면술사가 마음속에 주입한 부정적인 생각과 마찬가지로 행동에 동일한 영향을 미친다. 혹시 진짜로 최면 상태에 빠진 사람을 본 적이 있는가? 만일 없다면 최면술사가 최면을 걸었을 때 어떤 현상이 일어나는지 간단히 살펴보도록 하자.

최면술사가 한 축구 선수에게 그의 손이 탁자에 들러붙어 손을 들어 올리지 못할 거라고 말한다. 그것은 축구 선수가 '하지 않는' 문제가 아니다. 단지 할 수 없을 뿐이다. 그는 자신의 팔과 어깨 근육을 움직이기 위해 긴장하고 노력한다. 그러나 그의 손은 탁자에 아직도 붙어 있다. 최면술사가 이번에는 역도 챔피언에게 그가 책상에 놓인 연필 한 자루를 들어 올릴 수 없을 것이라고 말한다. 그 역도 선수는 180킬로그램이나 되는 역기를 들어 올릴 수 있지만, 지금은 아무리 노력해도 연필 한 자루를 들어 올리지 못한다.

그런데 이상하게도 이런 순간 최면이 운동선수들의 체력을 약하게 만들지는 않는다. 그들은 잠재적으로 볼 때 아주 강한 체력을 지니고 있다. 그러나 그것을 의식적으로 자각하지 않는다면 그들의 의지와 반대로 움직이는 것이다. 그들은 자발적으로 손이나 연필을 들어 올리려고 노력하고, 실제로 적절한 근육을 수축한다. 반면에 '나는 그것을 할 수 없어'와 같은 생각이 마음속에 자리 잡으면, 그들의 의지와는 달리 반대쪽 근육을 수축하게 만든다. 이렇듯 부정적인 생각은 사람들을 좌절하게 해서 발휘할 수 있는 힘을 실제로 발휘할 수 없게 하거나 조금도 움직일 수 없도록 만든다.

또 다른 운동선수의 사례를 살펴보자. 한 운동선수의 힘을 악력기로 측정하자 약 45킬로그램 정도가 나왔다. 그가 아무리 노력해도 45킬로그램이라고 표시된 눈금을 넘기지 못한다. 이제 그는 최면 상태에 들어가 자신에게 다음과 같이 말한다.

"너는 아주 강해. 이제껏 살아온 어느 순간보다도 강해. 훨씬 더 강하다고. 네가 얼마나 강한지 알면 너는 깜짝 놀랄 거야."

이렇게 자신에게 암시를 걸고 난 후 다시 측정한 결과, 그는 56킬로그램을 거뜬하게 넘길 수 있었다. 하지만 최면은 이번에도 그의 실제적인 힘에는 아무런 영향을 주지 않았다. 최면 상태에서 그에게 암시된 내용은 이전에 자신의 힘을 다 발휘하지 못하게 했던 부정적인 생각을 극복하는 역할을 했던 것뿐이다. 그는 평소 자신이 45킬로그램 정도밖에 들지 못한다는 부정적인 생각을 가지고 자신의 힘을 제한했다. 최면술사들은 단순히 이런 정신적인 장벽을 제거해 주었을 뿐이며, 그에게 잠재된 힘을 발휘하게 해주었다. 즉, 최면은 글자 그대로 자신에 대한 제한된 믿음으로부터 일시적으로 그를 해방시킨 것이다.

　바버 박사가 지적했듯이 최면에 걸린 이들에게 놀라운 일이 일어나면 사람들은 최면술사가 마법을 부렸다고 생각한다. 최면에 걸리면 말더듬이가 유창하게 말하고, 소심하고 수줍음이 많은 사람이 외향적이고 침착한 태도로 선동적인 연설을 하며, 유난히 숫자 계산에 약한 사람이 세 자릿수 곱셈을 한다. 이 모든 것은 최면술사가 그들에게 그런 행동을 할 수 있으므로 그것을 하라고 말했기 때문에 가능한 것이다.

　구경꾼들에게 최면술사의 말은 마법의 힘을 발휘하는 것처럼 보인다. 하지만 이런 일을 할 수 있는 힘은 최면술사를 만나기 전부터 그 사람이 이미 가지고 있었다. 그들은 그런 힘이 자기 내부에 있었는지 몰랐기 때문에 사용할 수 없었던 것이다. 자신의 부정적인 선입견 때문에 그것을 억누르고 포기했다. 즉, 그들은 그런 힘을 깨닫지 못하고 그 일을 할 수 없다는 잘못된 믿음 아래 스스로에게 최면을 걸었다. 따라서 최면술사가 그들을 최면에 걸리게 했다기보다는 잘못된 최면에서 벗어나도록 도와주었다는 편이 더 사실에 가까울 것이다.

　우리 모두는 행복하고 성공적인 삶을 누리는 데 필요한 능력과 힘을 가지고 있다. 누구에게나 전에는 결코 꿈꿔 보지 못했던 일들을 할 수 있는 힘이 있다. 이런 힘은 자신의 믿음을 스스로 변화시킬 때 사용할 수 있다. 다시 말해 '나는 할 수 없어', '나는 훌륭하지 못해', '나는 그만한 자격이 없어' 같은 부정적인 자기 최면에서 얼마나 빨리 벗어나느냐에 달려 있는 것이다.

열등하다는 것은 애초에 존재하지 않는다

최소한 전 세계 95퍼센트에 이르는 사람들이 열등감으로 고통받고 있다고 할 수 있다. 그들에게 열등감은 성공과 행복한 삶을 가로막는 심각한 장애다.

사람들은 누구나 다른 사람과 자신을 비교하며 열등감을 느낀다. 나역시 마찬가지다. 골프를 치러 필드에 서면 잭 니클라우스를 이길 수 없으며, NFL National Football League(북아메리카 프로미식축구 리그—옮긴이)의 프로쿼터백처럼 공을 멀리 던질 수 없다는 사실을 잘 알고 있다. 심지어는 수많은 청중 앞에 연사로 나설 때도 나보다 훨씬 세련되고 멋있으며 카리스마 넘치는 사람들을 많이 발견한다.

나는 이런 사실들을 잘 알고 있지만 나와 그들을 비교하지 않기 때문에 열등감이나 고통을 전혀 느끼지 않으며, 맡은 일을 그들만큼 솜씨 좋게 해내지 못하는 내가 부족하다고 느끼지도 않는다. 다른 분야에서 내가 만나는 사람들, 예를 들면 길거리 한쪽 구석에서 신문을 파는 아이부터 은행 지점장에 이르기까지 이들은 어떤 면에서는 나보다 뛰어난 사람들이다. 그러나 이들 중 어느 누구도 나처럼 얼굴에 있는 흉터를 없애는 등의 성형과 관련된 일들을 나보다 잘한다고 할 수는 없다. 그들 역시 이런 점 때문에 열등감을 느끼지는 않을 것이다.

열등감이란 사실이나 경험에 근거하는 것이 아니라 사실이나 경험에 대한 자신의 평가에 근거한다. 예를 들면 나는 골프에서 잭 니클라우스나 아놀드 파머보다 뛰어나지 않다. 그러나 이것이 나를 열등한 사람으로 만들지는 않는다. 아놀드 파머 역시 성형 수술을 할 수 없다고 해서 열등한 사람이 되는 것은 아니기 때문이다.

열등감은 자신을 판단하는 규범이 어떤 것이고 누가 어떤 능력을 가졌느냐에 따라 달라진다. 특정 기술이나 지식 면에서 다른 사람보다 열등하다고 해서 모두가 열등감을 느끼고 그로 인해 자신의 삶을 방해받는 것은 아니다.

열등감은 한 가지 이유에서 나온다. 사람들은 보통 자신의 규범이나 기준으로 자신을 판단하거나 평가하는 것이 아니라 다른 사람들을 기준으로 자신을 판단한다. 이런 판단을 내릴 때면 예외 없이 자신이 그들보다 못하다고 생각한다. 그리고 다른 사람들의 기준에 들어맞아야 한다고 생각하고 믿기 때문에 스스로 비참함과 열등감을 느끼면서 자신에게 잘못된 점이 있다는 결론을 내린다.

이렇게 잘못된 판단을 근거로 내리는 결론은 자신에게 그만한 능력이 없으며, 따라서 성공이나 행복을 누릴 만한 자격이 없다는 것이기 쉽다. 그래서 자신의 능력이나 재능이 어떤 종류든 상관없이 그것을 표현하는 것에 대해 괜한 핑계를 대거나 죄책감을 느낀다.

이 모든 것은 우리가 '나는 아무개처럼 되어야 해' 또는 '나는 그 밖의 다른 사람처럼 되어야 해'와 같이 완전히 잘못된 생각을 근거로 스스로에게 최면을 걸기 때문에 일어난다. 이런 오류는 모든 사람에게 공통으로 적용되는 고정된 기준이 존재하지 않는다는 사실 때문에 일어나는 것이다. 모든 사람은 각 개인들로 구성되며, 이 세상에 똑같은 사람은 단 한 사람도 없다.

마이클 조던이 등장하는 광고 슬로건 '나도 조던처럼 되고 싶다'에 대해 생각해 보자. 비록 많은 사람들이 조던의 훌륭한 원칙이나 헌신성, 직업윤리, 경쟁심을 따라 행동하려고 노력해도 오직 소수의 젊은이들만이 그의 능력을 따라잡을 만한 신체적 조건을 갖고 있다는 게 현실이다.

이런 광고가 아무런 해악을 끼치지 않고 신발과 옷만을 판매한다면 어떤 문제도 일어나지 않는다. 심지어 어떤 사람들에게는 건설적인 목표를 성취하기 위해 노력해야 할 긍정적인 자극제와 동기가 될 것이다. 그러나 불행히도 이 광고는 마이클 조던과 자신을 비교하게 만들어 불가능한 이상을 설정하게 하고, 나아가 젊은이들을 자기 인생의 주인공이 아닌 조연으로 내몰기도 한다. 또한 새로운 신발이 성형 수술로 얻은 새로운 코만큼 마법적인 힘을 발휘하지 못한다는 사실을 깨닫고 실망하기도 한다.

하지만 보다 성숙하고 지적인 입장에서 마이클 조던과 광고를 관찰한 사람이라면 최면에 걸리지 않고 새로운 동기를 부여받을 수 있으며 대수롭지 않게 생각할 수도 있다. 또한 (타고난 천부적인 신체적 재능 외에도) 조던의 성공에 가장 큰 공헌을 했던 그의 성격과 행동에 대해 더 깊이 생각한 후, 자기 내부에 잠재된 그런 요소를 찾아내 그것을 더 강화하거나 모방하겠다고 생각할 수도 있다. 사실 조던보다 선천적으로 신체적 재능이 뒤떨어지는 농구 선수들도 스포츠 부문에서 그가 이룬 성공을 모방하거나 심지어 능가할 수도 있다. 어떤 경우에도 부분적으로는 조던을 영감의 원천으로 생각하는 것이다.

열등감을 가진 사람은 대부분 우수함을 추구함으로써 실책을 만회하려 한다. 그런 감정은 자신이 열등하다는 잘못된 전제에서 나온 것이다. 즉, 잘못된 전제에서 논리적 사고와 감정이 출발한 것이다. 만일 자신이 열등하다는 사실이 기분이 나쁘다면 그 해결책은 다른 사람들처럼 자신을 우월하게 만드는 것이고, 정말로 기분 좋게 느끼려면 남보다 더욱 우월해지는 수밖에 없다. 하지만 우월감을 느끼기 위해 노력하는 과정에서 문제가 발생하고, 이를 통해 더 좌절하게 되며, 때로는 전에 없던 노이로제까지 겪기도 한다. 결과적으로 그 사람은 더 많이 노력할수록 점점 더 비참해진다.

열등감과 우월감은 동전의 양면과도 같다. 해결책은 동전 자체가 가짜라는 사실을 깨닫는 것이다. 진실은 이것이다. 우리는 열등하지 않다. 우리는 우월하지도 않다. 우리는 그저 '자기 자신'일 뿐이다.

한 개인으로서의 '나'는 이 세상에서나 내가 속한 계층 안에서 나와 같은 사람을 발견할 수 없으므로 다른 개인과 경쟁 관계에 있는 것이 아니다. 나는 단 하나뿐인 개인이며 독특한 존재다. 나는 나 외의 다른 사람이 아니며, 다른 사람처럼 될 수도 없다. 다른 사람 또한 나처럼 될 수 없다.

신은 표준적인 인간을 창조하지 않았다. 신은 어떤 면에서는 "이만하면 됐어."라고 말했을 수도 있다. 신은 모든 눈송이를 저마다 독특하게 만든 것처럼 모든 인간을 개인적으로 독특하게 만들었다. 신은 키 작은 사람, 키 큰 사람, 체구가 큰 사람, 체구가 작은 사람, 아주 마른 사람, 뚱뚱한 사람, 흑인종, 황인종, 백인종 등을 창조했다. 하지만 크기나 형태, 색깔에 편애를 두지 않았다. 에이브러햄 링컨은 다음과 같이 말했다.

"신은 평범한 수많은 사람들을 만들었기 때문에 그들을 사랑했다."

하지만 나는 그의 생각이 틀렸다고 본다. 이 세상에 '평범한 사람'은 없으며, 어떤 기준도 없고 일정한 형태도 없다. 링컨이 이와 같이 말했다면 보다 진실에 가까웠을 것이다.

"신은 결코 평범하지 않은 수많은 사람들을 만들었기 때문에 그들을 사랑했다."

열등감 콤플렉스와 그에 따르는 행동의 퇴보는 심리학 실험실에서 임의로 만들어 낼 수 있는 것들이다. 그것은 단지 규범이나 평균을 설정하고 실험 대상자가 그 기준에 들어맞지 않음을 확인하는 것일 뿐이다.

이 책의 초판본에서 나는 열등감이 우리의 문제 해결 능력에 얼마나 영향을 미치는지를 알고 싶어 했던 한 심리학자를 소개한 적이 있다. 그는 학생들을 대상으로 간단한 실험을 했다.

학생들에게 수업 시간에 과제를 내주면서, 평균적인 사람이라면 실제 실험 시간의 5분의 1이면 끝마칠 수 있을 만큼 쉬운 내용이라고 말했다. 테스트가 진행되고 제한 시간이 다 되었다는 벨이 울리자, 머리 좋은 학생 중 몇몇은 신경과민 증상을 보이면서 자신을 저능아로 생각하게 되었고, 결국 무기력해졌다.

만일 처음 골프를 시작하려고 하는데, 골프 선수가 되려면 80타를 쳐야 한다는 것 외에는 아무것도 알지 못한다고 상상해 보자. 이것이 사실이라고 확신했다면 첫 라운드를 돌고 나서 어떤 결론을 내리겠는가? 또 평균적인 보험설계사는 한 달에 2만 달러 정도의 매출을 올려야 한다는 확신을 갖고 보험 업계에 뛰어들었는데, 첫 달이 지난 후 자신이 거둔 결과에 대해 어떻게 느끼겠는가? 그리고 그다음 달은?

이번에는 불공정한 기준으로 자신을 평가하는 위험에 대해 살펴보자. 예를 들어 미국의 유명한 소설가 톰 클랜시나 스티븐 킹의 소설 판매 부수와 자신의 책 판매 부수를 비교하면서 작가로서의 가치를 측정한다면, 오렌지를 사과에 비유하는 꼴이 될 것이다.

'그들'의 기준에 '나'를 비교하려고 들지 마라. 나는 그들이 아니며 결코 비교할 수 없다. 그들은 나를 평가할 수 없으며 결코 그래서도 안 된다. 이런 단순하고 자명한 사실을 보고 받아들이고 믿으면, 열등감은 사라질 것이다.

정신과 의사인 노턴 윌리엄스Norton L. Williams 박사는 학회 발표에서 현대인의 불안과 걱정은 자아실현의 부족에서 비롯되며 내면의 안정은 "신의 형상으로 창조되었다는 생각과 가까운 개성, 고유성, 특수성을 각자의 내면에서 발견함으로써" 찾을 수 있다고 말했다. 또 자아실현은 "인간으로서의 고유성에 대한 순수한 믿음, 모든 사람과 모든 것에 대한 폭넓은 인식, 자신의 인격으로 다른 사람들에게 건설적인 영향을 끼치는 느낌"을 통해 이룰 수 있다고 덧붙였다.

자신의 자아 이미지와 소통하기 위해 이 책을 활용하고자 한다면, 절대로 다른 사람에 대해 우월감을 느끼지 말아야 하며 스스로에게 열등감을 허용해서도 안 된다. 우리의 목표는 자신만의 독특한 성격과 업적을 개발하는 것이다.

긴장을 풀면 최면도 풀린다

신체적인 긴장 완화는 최면에서 벗어나는 과정에서 중요한 역할을 한다. 우리가 현재 받아들이는 믿음은 그것이 좋고 나쁘고, 옳고 그른가를 불문하고 노력이나 긴장감, 의지력 훈련 없이 형성된 것이다. 그리고 우리의 습관 역시 그것이 좋든 나쁘든 동일한 과정을 밟으면서 형성된 것이다. 다시 말해 새로운 믿음이나 습관을 형성하려면 이처럼 긴장이 완화된 상태에서 동일한 과정을 밟아야 한다.

믿음을 바꾸거나 나쁜 습관을 고치기 위해 노력이나 의지를 이용하려는 시도는 도움이 되기보다는 도리어 역효과만 난다는 것은 충분히 증명됐다. 자그마한 체구의 프랑스 약사 에밀 쿠에Émile Coué는 1920년경에 '암시의 힘'에 관해 발견한 사실을 소개하면서, 사람들 대부분이 내면의 힘을 이용하지 못하는 가장 큰 이유는 수고스럽게 노력하기 때문이라고 주장했다. 그는 "자기암시(바라는 목표)가 효력을 발휘하려면 조금이라도 노력이 들어가서는 안 된다."고 말했다. 쿠에가 했던 다른 유명한 말 중에는 '노력 역전의 법칙'에 관한 것도 있다. "의지와 상상이 충돌하면 예외 없이 상상이 항상 승리한다."

심리학자이자 미국심리학협회 대표를 지낸 나이트 던랩Knight Dunlap 박사는 습관과 학습 과정에 관한 연구에 평생 몰두했기 때문에 아마 그 어떤 심리학자들보다도 이에 관한 실험을 많이 진행했을 것이다. 그가 고안한 방법은 손톱 물어뜯기, 손가락 빨기, 안면근 경련, 그 밖에 다른 방법들이 전혀 통하지 않았던 많은 심각한 습관들을 고치는 데 매우 효과가 있었다.

던랩이 개발한 체계의 핵심은 습관을 없애거나 새로운 습관을 만들 때의 가장 큰 방해 요인이 노력이라는 것이다. 그는 습관으로 굳은 행동을 하지 않으려고 노력하는 것이 오히려 그 습관을 강화한다는 사실을 알게 됐다. 그는 여러 실험을 통해 습관을 없애는 최선의 방법은 원하는 결과를 머릿속으로 명확히 그리고, 그 목표를 달성하기 위해 힘든 노력을 하지 않고 연습하는 것임을 증명했다. 만일 바라는 최종 결과를 꾸준히 마음속에 담고 있기만 하면 '긍정적인 연습'(습관된 행동을 삼가는 것)이나 '부정적인 연습'(습관을 의식적으로, 임의적으로 행하는 것)이 이로운 효과를 발휘한다는 사실을 발견했다.

던랩 박사는 저서 《개인적인 적응》Personal Adjustment 에서 "반응하는 습관을 익히거나 반응 유형을 습관으로 만들려면, 학습자가 성취해야 할 반응이 어떤 것인지 알고 있거나 이 반응으로 어떤 환경의 변화가 생길지 알고 있어야 한다. 간단히 말해 학습에서 중요한 요소는 그것이 특정한 행동 양식이든 행동의 결과든 관계없이 달성해야 할 목표가 어떤 것인지에 관한 생각과, 목표를 달성하려는 의지가 학습자에게 있어야 한다."고 말했다.

대부분의 경우에는 수고스럽게 노력하거나 의식적으로 애쓰는 일을 그만두는 것만으로도 부정적인 행동 양식을 근절하기에 충분하다. 뉴욕시에 있는 언어치료국립병원 설립자인 제임스 그린James S. Greene 박사에게는 이런 좌우명이 있었다. "긴장을 풀 수 있으면, 말할 수 있다."

심리학자 매튜 셔펠Matthew N. Chappell 박사는 저서 《걱정을 다스리는 법》How to Control Worry 에서 "걱정에 저항하거나 맞서 싸우려는 노력이나 의지력이야말로 걱정을 계속해서 붙잡아 두는 요인이다."라고 지적했다.

신체적인 긴장을 매일 반복적으로 풀어 주면 정신적인 긴장도 풀어지고 보다 의식적으로 자동 메커니즘을 통제할 수 있다. 또한 신체적인 긴장 완화는 부정적인 태도나 반응 같은 최면 상태에서 벗어나는 데도 큰 영향을 미친다.

긴장을 푸는 이미지 훈련법

편한 의자에 앉거나 등을 대고 눕는다. 가능하면 별다른 노력을 하지 않고 의식적으로 모든 근육을 편안히 쉬게 놓아 둔다. 몸의 모든 부위에 의식을 집중하면서 긴장을 푼다. 그렇게 하면 어느 정도는 긴장이 풀리는 것을 느낄 수 있다. 찡그리는 것을 멈추고 이마와 턱도 어느 정도 긴장을 풀어 준다. 손과 팔, 어깨, 다리도 약간 느슨하게 풀어 준다. 5분간 이런 연습을 한 뒤 어떤 근육에도 주의를 집중하지 마라. 여기까지가 의식적인 통제에 의해 실행할 수 있는 부분이다. 이제부터는 창조적 메커니즘이 저절로 이완된 상황을 만들어 나가므로 더욱더 긴장에서 벗어날 수 있다. 간단히 말해서 우리의 상상력 속에 있는 '목표 이미지'를 이용해 자동 메커니즘이 목표에 도달할 수 있도록 내버려 두는 것이다.

1. 마음의 눈을 통해 침대에 두 다리를 쭉 펴고 누워 있는 자신을 상상해 보라. 다리가 마치 콘크리트처럼 딱딱하게 굳어 있는 것처럼 보이는 이미지를 만들어라. 이제 무거운 콘크리트 다리를 하고 누워 있는 자신의 모습을 바라보라. 무거운 콘크리트 다리는 그 엄청난 무게에 짓눌려 침대 아래로 가라앉는다. 이제 팔과 손을 콘크리트로 만들어라. 이것 또한 무거워서 아래로 가라앉으며 침대에 엄청난 압력을 가한다. 그때 친구가 방에 들어와서 우리의 무거운 다리를 들어 올리려고 한다. 그는 발을 붙잡고 다리를 들어 올리려 한다. 그러나 너무 무거워서 역부족이다. 그는 들어 올리지 못한다. 이런 과정을 팔과 목에도 반복하라.

2. 우리의 몸은 커다란 꼭두각시 인형이다. 손목이 끈으로 느슨하게 묶여 있으며, 팔뚝이 팔 위쪽과 끈으로 느슨하게 연결되어 있다. 팔 위쪽은 어깨와 끈으로 아주 느슨하게 연결되어 있다. 발과 종아리, 허벅지도 서로 끈으로 연결되어 있다. 목은 아주 부드러운 끈으로 묶여 있다. 턱을 조종하고 입술을 연결하는 끈도 느슨하게 늘어져 있다. 턱은 축 늘어져 턱 끝이 가슴까지 닿는다. 이처럼 각 신체 부위를 연결하는 모든 끈은 느슨하고 부드러우며, 몸은 침대에 편안하게 쭉 펼쳐져 있다.

3. 우리 몸은 여러 개의 고무풍선으로 되어 있다. 두 발에 달린 풍선 주입구가 풀리면서 부풀어 있던 양다리에서 바람이 빠지기 시작한다. 다리가 서서히 쪼그라들어서 완전히 바람이 빠진 고무풍선이 됐으며, 우리는 그 상태로 침대에 딱 붙어 누워 있다. 다음에는 가슴에 달린 풍선 주입구가 풀리고, 가슴에 있는 바람이 빠지면서 몸통이 침대 위에서 흐느적거리며 쪼그라든다. 이어서 양팔, 머리, 목을 그와 같은 방법으로 진행한다.

4. 아마도 사람들은 이 방법이 긴장을 풀어 주는 가장 좋은 방법이라고 여길 것이다. 과거에 편안하고 기분 좋았던 장면을 떠올려보자. 우리 모두는 누구나 느긋하고 편안하며 평화로웠던 추억이 있다. 과거의 편안한 장면을 머릿속에 떠올리고 세부적인 기억을 더듬어 보라. 어쩌면 산속 호숫가에서 낚시를 하고 있는 평화로운 모습일 수도 있다. 만일 그렇다면 그때 있었던 사소한 일들을 집중해서 되새겨 보자. 잔잔히 이는 물결도 기억해 보자. 무슨 소리가 나는가? 나뭇잎이 살랑거리며 스치는 소리를 들었는가? 우리는 아주 편안한 상태로 앉아 있을 수도 있으며, 모닥불 앞에서 졸고 있을 수도 있다. 나무토막이 갈라지고 불꽃이 일어나는가? 아니면 다른 장면과 소리가 떠오르는가? 해변에서 태양이 내리쬐는 모습이 떠오를 수도 있다. 모래는 어떻게 느껴지는가? 태양이 따뜻하고 편안하게 느껴지는가? 산들바람이 불어오는가? 바닷가에 갈매기는 없는가? 이렇게 세세한 장면들을 더 많이 기억할수록 긴장은 더욱 잘 풀어질 것이다.

이런 과정을 매일 연습하면 정신적 이미지와 기억들이 더욱더 명료해지고 학습 효과 또한 누적될 것이다. 이런 훈련은 정신적 이미지와 신체 감각 간의 결합을 강화한다. 우리는 이완 상태에 점점 더 익숙해지고, 이것은 앞으로 훈련 과정을 통해 더욱 잘 기억될 것이다.

종종 누워서 연습을 하다가 잠이 드는 경우가 있다. 잠이 들면 제대로 훈련을 했을 때만큼의 효과를 얻을 수 없다. 몸의 긴장을 풀고 상상력을 동원하면 선 자세나 앉은 자세로도 팔다리와 온몸이 무거워지는 기분을 느낄 수 있다. 그리고 풍선 주입구를 풀어 바람을 빼거나, 몸의 여러 부위를 풍선처럼 부풀릴 수 있다.

그렇게 연습하다 보면 누워서는 연습하기가 힘들어질까? 절대 그렇지 않다. 일단 이런 연습 기법에 익숙해지면 사실상 어떤 자세에서든 연습이 가능하다. 하지만 피곤하거나 몸 상태가 안 좋을 때는 누워서 하는 연습이 아마도 가장 적합할 것이다.

연습을 시작하면 긍정적인 효과를 금세 경험하게 된다. 몸과 마음을 내려놓고 완전히 긴장을 풀면 짧게는 10분만 지나도 효과가 느껴진다. 하겠다는 의욕만 있으면 이 연습을 매일 30분씩 하는 것은 그리 어려운 일이 아니다.

많은 사람들이 이 연습으로 아침을 연다. 한 달 정도가 지나면 하루에 두 번씩 하고 싶은 마음이 저절로 생기기도 한다. 그리고 뇌와 신경 체계가 새로운 암시에 가장 열려 있는 시기인 이른 아침과 밤에 잠자리에 들기 전이 가장 적합한 시간이라고 생각하는 사람들이 많다. 그렇지만 점심시간이나 하루 중에 틈나는 시간 외에는 시간을 내기 힘들다면 아무 때라도 가능한 시간에 연습하라. 아침에 너무 피곤하고 밤에 너무 지쳐서 아예 안 하는 것보다 훨씬 낫다.

효과를 보려면 반드시 매일 연습해야 한다. 연습 과정에서 잘 안 되더라도 스스로를 나무라지 않도록 한다. 시작하는 시점이 어디든, 연습을 하면서 점점 나아지기 마련이니 말이다.

제5장

합리적으로
사고하라

자기 한계를 뛰어넘는 구체적 기술

나는 사실을 받아들이고, 참을성 있게 연구하며,
상상력을 동원해 되새김질한다.

_버나드 바루크 Bernard Baruch

나를 찾아온 수많은 환자들이 자신의 부정적인 믿음과 행동을 변화시키는 방법에 대해 물으면, 나는 신이 우리에게 준 선물인 이성의 힘을 활용하라는 간단한 처방을 제시하곤 한다. 그러면 환자들은 실망하는 눈빛을 감추지 못한다. 심지어 어떤 환자는 나의 처방이 너무 단순하고 비과학적이라고 말한다. 하지만 이 처방은 한 가지 확실한 장점이 있다. 문제 해결에 효과가 있다는 것이다. 또한 이 처방은 과학적인 근거도 갖고 있다.

일반적으로 사람들은 합리적이고 논리적이며 의식적인 사고가 무의식 과정이나 메커니즘에 아무런 힘을 발휘하지 못한다는 잘못된 생각을 가지고 있다. 그리고 부정적인 믿음과 감정 또는 행동을 변화시키려면 오히려 무의식으로부터 그런 요소들을 파내거나 길어 내야 한다고 생각한다.

우리의 자동 메커니즘은 전혀 인격을 가지고 있지 않다. 그것은 일종의 기계처럼 작동하며, 그 자체에는 아무런 의지가 없다. 자동 메커니즘은 주위 환경에 대한 자신의 현재 믿음과 해석에 적절하게 반응한다. 그것은 항상 우리에게 적절한 느낌을 제공하며, 우리가 의식적으로 설정한 목표를 성취하려고 노력한다. 그리고 개념, 믿음, 해석, 의견의 형태로 받아들이는 데이터를 가공한다.

우리의 이런 무의식적 기계를 조종하는 장치가 바로 우리의 의식적인 사고다. 비합리적이고 비현실적으로 들리겠지만, 우리의 무의식적 기계가 의식적인 사고에 의해 부정적이고 부적절한 반응 패턴을 만들어 냈다면 의식적이고 합리적인 사고에 의해 자동 반응 패턴을 변경할 수도 있다.

《1년에 365일을 사는 법》How to Live 365 Days a Year 의 저자이자 '정서적으로 유발된 질병'이라는 개념을 도입한 존 쉰들러 John A. Schindler 박사는 신경증이 있고 늘 기분이 안 좋은 상태인 사람들이 삶의 기쁨을 되찾고 행복하고 결실 있는 삶을 사는 데 크게 기여하여 명성을 얻었다. 그가 환자를 치료한 비율은 정신 분석을 통한 치료율을 훨씬 앞섰다. 그가 활용한 치료법의 핵심은 '의식적인 생각 통제'라고 불리는 과정으로, 그는 이렇게 설명한다.

"과거에 어떤 부족함이 있거나 과실을 범했는지에 관계없이, 과거보다 나은 미래에 이를 수 있는 성숙함을 갖춰야 한다. 현재와 미래는 과거의 문제를 바라보는 새로운 방식과 새로운 습관에 달려 있다. 계속해서 과거만 파고들면 미래가 존재할 수 없다. 모든 환자들의 근본적인 감정적 문제에는 공통분모가 있다. 바로 환자들이 즐거움을 만들기 위해 현재의 생각을 통제하는 방법을 잊어버렸거나 아예 배운 적이 없다는 점이다."

합리적 사고가 중요한 이유

영화나 TV에 등장하는 정신과 치료는 대개 환자를 먼 어린 시절 기억의 고고학적 동굴로 인도하는 모습으로 묘사된다. 그 결과 일단 치료를 받으면 항상 완치 상태에 이른다는 것이 일반적인 통념이다.

한 회사 임원이 내게 다음과 같이 말한 적이 있다. 감추고 싶은 수많은 문제와 바꾸고 싶은 행동이 있었지만, 차마 정신과 의사를 찾아가지 못한 채 어린 시절의 기억을 떠올리고 끝없이 그 문제에 대해 생각만 했다는 것이다. 그러나 정신과 의사들만이 건전한 자아 이미지 형성에 도움을 줄 수 있는 유일한 통로는 아니다. 즉, 정신의학이 모든 의사의 치료법을 대표하는 것은 아니라는 말이다.

그때 나는 그 임원에게 정말로 자신의 행동을 바꾸고 싶은지, 자신의 어린 시절로 돌아가지 않고도 그럴 용의가 있는지 물었다. 그가 그렇다고 대답했기에 나는 자아 이미지를 바꿀 때 상상력과 함께 합리적인 사고를 이용하는 다음과 같은 방법을 소개했다.

제2장에서 소개한 공식을 기억하는가? 그 공식에 전제가 되는 내용, 즉 합리적인 사고를 추가하면 된다.

〈삶에 대한 창조자로서의 경험〉

(1) 합리적인 사고 ⟶
(2) 의식적인 결정 + 상상력을 통한 목표 또는 대상과의 커뮤니케이션
⟶ (3) 자아 이미지의 극적인 변화
= (4) 자기 통제 메커니즘에 대한 새로운 지침

이 책의 핵심 내용인 유도 미사일의 비유를 다시 한번 떠올려 보자. 간단히 말해 우리는 '목표'를 선택하기 위해 신중하고 합리적이며 의식적인 사고를 이용할 수 있다. 또한 자아 이미지의 극적인 변화를 유도하기 위해 상상력을 통한 목표 또는 대상과의 커뮤니케이션을 시도할 수 있다.

실수를 피하려면 먼저 잊어야 한다

우리의 무의식 속에는 불쾌하고 고통스러운 경험과 함께 과거의 실패에 대한 아픈 기억이 잠재되어 있다. 하지만 우리의 인격을 변화시키기 위해 반드시 그것을 찾아내고 파헤쳐서 조사할 필요는 없다. 앞서 지적한 대로 모든 기술은 시행착오를 거쳐서 습득된다. 목표를 달성하지 못한 경우에는 의식적으로 잘못된 부분을 기억해서 성공할 때까지 계속 수정 과정을 반복한다. 이런 성공적인 반응 패턴은 다음번 시도 때 기억되거나 되살려져서 그 상황을 모방하게 된다.

이것은 다트 던지기, 노래하기, 운전이나 골프 등을 배우거나 다른 사람들과 사회적으로 인간관계를 맺을 때, 다른 기술을 습득할 때도 마찬가지다. 우리의 자기 통제 메커니즘은 과거의 잘못에 대한 기억과 실패, 고통스럽고 부정적인 경험 등을 포함하고 있다. 이런 부정적인 경험은 부정적인 피드백처럼 적절하게 사용된다. 또한 자신이 원하는 긍정적인 목표에서 벗어난 것으로 여겨져 우리에게 방해가 되는 것이 아니라 우리의 모든 학습 과정에 기여한다.

하지만 실수가 잘못으로 인식되어 진로 수정이 이루어지면, 그런 실수는 의식적으로 잊혀야만 하며 성공적인 시도만이 기억되고 남아 있어야 할 것이다. 이 같은 실패의 기억은 우리의 의식적 사고와 주의력이 앞으로 성취할 긍정적인 목표에 초점이 맞춰져 있는 한 아무런 해가 되지 않는다. 따라서 긁어 부스럼을 만들지 않는 것이 현명한 방법이다.

잘못이나 실수, 실패 그리고 때때로 느끼는 모욕감은 학습 과정에서 반드시 필요한 요소다. 그러나 이는 목적을 위한 수단일 뿐 목적 그 자체는 될 수 없다. 따라서 목적이 달성되면 그런 느낌은 모두 마음속에서 잊혀야만 한다. 우리가 의식적으로 실수를 떠올리거나 그 실수에 대해 죄의식을 느끼고 자신을 다그친다면, 자기도 모르게 실수나 실패 자체를 상상이나 기억 속에서 의식적으로 목표로 설정하게 된다.

이 세상에서 가장 불행한 사람은 과거에 집착하고, 그것으로부터 해방되기 위해 상상 속에서 반복해서 생각하며, 과거의 실수를 가지고 계속 자신을 비난하는 사람이다.

나는 근원적인 원인을 분석하기 위해 지나간 과거를 일일이 조사하지 않고도 감정과 자아 이미지를 통제하는 것을 '해결 지향적 요법'이라고 부른다. 이 주제에 관심 있는 사람들은 빌 오핸런 Bill O'Hanlon 이 쓴《한 가지 일이라도 잘하라》Do One Thing Different 를 읽어 보라.

내 환자 중에 불행한 과거를 빌미로 스스로를 괴롭히던 환자가 있었다. 그녀의 상태는 상당히 심각해서, 현재에 행복을 느낄 기회는 모조리 없애 버렸다. 오랜 세월을 비통과 울분 속에 살아오면서 위축되고 괴팍한 성격이 되어 세상에 완전히 등을 돌리고, 자기처럼 고약해 보이는 사람에게는 아무도 친절하게 대해 주지 않을 것이라고 상상했기 때문에 친구가 없었다. 그녀는 의도적으로 사람들을 피했고, 나아가 심술궂고 방어적인 태도로 계속해서 사람들을 멀리했다.

그러던 중에 신체적인 문제가 수술로 치유되었다. 그녀는 조금씩 다른 이들과 다정하게, 조화롭게 살아 보려고 노력했지만 과거의 경험이 계속해서 그녀의 앞을 막아섰다. 그녀는 수술 받기 전 자신의 모습을 아무도 용납해 주지 않기 때문에 외모가 새롭게 변했다고 해도 친구를 만들거나 행복해질 수 없다고 느꼈다. 그러면서 예전과 같은 실수를 범하고 전과 다름없이 불행한 마음을 안고 살았다.

그녀는 수술을 받으러 나를 찾아오게 되었던 그 불행한 사건을 자꾸 다시 떠올렸고, 결국 자신의 과거를 스스로 비난하는 것을 그만두지 못하면서 제대로 된 삶을 살 수 없었다.

과거의 실수나 잘못에 대해 계속해서 스스로를 비판하는 것은 도움이 되기보다는 바꾸고 싶은 행동을 고착화한다. 과거의 실패에 대한 기억은 역으로 현재의 능력에 영향을 미친다. 그 기억을 쉴 새 없이 곱씹으며 어리석게도 '어제 형편없었으니 오늘도 마찬가지로 형편없는 하루를 보낼 거야'라고 생각한다.

그렇다고 무의식적인 반응 패턴이 스스로 반복되고 영원히 계속되는 힘이 있다는 것도, 행동이 바뀌기 전에 실패에 대한 잠재된 기억을 모두 뿌리 뽑아야 하는 것도 아니다. 이런 피해를 입는 이유는 무의식이 아니라 의식적인, 우리 자신의 생각에 따른 결과다. 왜냐하면 이 결과는 우리가 추단하는 '생각하는 부분'과 집중할 '목표 이미지'를 선택하는 것과 연결되어 있기 때문이다. 마음을 고쳐먹고 과거에 힘을 실어 주는 행동을 그만두는 순간, 과거와 과거의 실수는 우리에게 영향을 끼칠 힘을 잃는다.

클리블랜드 브라운스의 유명한 쿼터백인 오토 그레이엄에게 미식축구에서 위대한 패스 리시버가 되기 위한 가장 중요한 자질이 무엇이냐고 물었을 때, 그는 '아주 짧은 기억력'이라고 대답했다. 내가 만난 미식축구 선수와 코치들도 같은 말을 했으며 언론과의 인터뷰에서 그들은 해마다 똑같은 사실을 지적한다. 패스 리시버에게 가장 중요한 기술은 다음번에 자신에게 날아오는 공을 잡기 위해 방금 받지 못한 패스는 순간적으로 잊을 수 있는 능력이다.

나는 미식축구 경기에서 20야드나 30야드 정도의 짧은 거리에 있는 필드 골을 놓친 선수가 잠시 후에는 훨씬 더 어려운 먼 거리에 있는 필드 골을 성공시키는 장면을 TV에서 여러 차례 본 적이 있다. 이처럼 자신의 실수를 잊어버리고 다시 집중할 수 있는 능력은 그의 신체 조건이나 공을 차는 기술만큼이나 중요하다.

수년 또는 바로 몇 분 전에 저지른 실수와 잘못 때문에 자신을 계속 비난하는 것은 문제를 해결하는 데 도움이 되기는커녕, 자신이 바꾸고자 하는 그 행동을 계속하게 할 뿐이다. 과거에 실수하고 실패한 기억들을 끊임없이 되씹으면서 바보처럼 '어제 실패했으니까 내일도 반드시 실패할 거야'라고 결론을 내린다면 현재의 행동에도 나쁜 영향을 미칠 수밖에 없다.

수줍고 소심해 무도회에서 상대를 찾지 못하는 사람이라 할지라도 일종의 최면 상태에 빠져 자신이 용감하고 자신만만한 웅변가라고 믿거나 생각하면 그의 반응 패턴은 순식간에 변한다. 즉, 현재 자신이 믿고 있는 대로 행동하게 된다. 자신이 원하는 목표에 온통 신경을 집중하고 과거의 실패에 대해서는 전혀 개의치 않는다.

《깨어나 네 삶을 펼쳐라》라는 매력적인 책에서 도러시아 브랜디는 자신이 어떻게 성공적인 작가가 되었는지, 이전에 알지 못했던 자신의 재능이나 능력을 어떻게 발휘하게 되었는지 설명하고 있다. 어느 날 그녀는 최면술 시연을 보고 호기심과 놀라움에 빠졌다. 그 후 심리학자 마이어스F. M. H. Myers가 쓴 글을 읽게 되었는데, 이것이 그녀의 인생을 바꿔 놓았다. 마이어스는 최면 대상자들이 발휘하는 재능이나 능력은 최면 상태에 있는 동안 과거에 실패한 기억을 '망각'하기 때문이라고 설명했다.

브랜디는 사람들이 재능이나 능력, 힘을 지니고 있으면서도 단지 과거의 아픈 기억 때문에 그것을 억누르고 사용하지 못한다면, 왜 정상적인 상태에서도 과거의 실패를 잊고 반드시 성공한다는 믿음 아래 능력과 힘을 십분 활용할 수 없는지 의문을 품었다. 그녀는 그것을 알아보기로 결정했다. 자신이 힘과 능력을 갖고 있으며 이를 활용할 수 있다는 가정 아래, 그녀는 주저하거나 망설이지 않고 일을 추진하고 마치 실제로 그녀에게 재능과 능력이 있는 것처럼 행동했다. 그리고 1년 후 그녀는 작가로서 많은 글을 쓸 수 있었고 물론 책의 판매에서도 좋은 결과를 얻었다.

한 가지 놀라운 사실은 그녀 자신이 대중 앞에서 연설하는 재능이 있음을 발견한 것이다. 이전에 그녀는 강연에 소질이 없는 듯 보였고 아주 싫어하기도 했지만, 이제는 곳곳에서 그녀의 강연을 원하며 그녀 또한 이런 생활을 즐기고 있다.

이 책이 제안하는 '성공 트레이닝' 코스도 이런 원리를 바탕으로 하고 있다. 상상력을 동원해서 '마치 그런 것처럼' 행동하는 방법 그리고 그런 행동을 반복적이고 창조적으로 응용해 나가는 방법을 제공한다.

비합리적인 생각의 지배를 떨쳐 내라

철학자 버트런드 러셀Bertrand Russell 은《행복의 정복》에서 다음과 같이 말했다.

> 나는 행복하게 태어나지 않았다. 어릴 적 내가 즐겨 부르던 노래는 '세상에 지쳐 죄 짐을 지고…'로 시작하는 찬송가였다. 청소년기에는 사는 것이 싫어져서 끊임없이 자살 충동에 빠지기도 했다. 그러나 수학을 좀 더 잘하고 싶은 욕망으로 나쁜 생각을 간신히 자제했다. 하지만 이제는 반대로 삶을 즐기는 편이다. 심지어는 세월이 가면 갈수록 사는 게 더욱 즐거워질 것이라고 말할 수도 있게 되었다. 이런 생각은 나 자신에 대한 집착을 줄였기 때문에 가능해진 것이다. 청교도 교육을 받은 다른 사람들처럼 나도 자신의 원죄와 어리석음, 단점에 대해 늘 생각하는 습관이 있었다. 나 자신이 확실히 비참한 존재라고 결론을 내렸다. 하지만 점차 나 자신과 부족함에 대해 무관심해지는 방법을 배웠다. 이제는 세상 돌아가는 상황이나 다양한 지식 분야, 내가 애정을 느끼는 사람 등 외부적인 대상에 주의를 집중한다.

또한 러셀은 잘못된 믿음에 근거한 자동 반응 패턴을 변화시키는 방법에 대해서도 설명했다.

> 올바른 방법을 따른다면 무의식의 유아기적 암시를 극복하고 그 무의식의 내용을 변화시키는 일은 얼마든지 가능하다. 양심의 가책을 느끼는 행동을 하고 난 후 우리의 이성이 그것을 사악하지 않다고 말하는 경우에는 가책의 원인을 자세히 조사하고, 그런 생각이 터무니없는 일이라는 점을 확신하도록 하라. 그리고 우리의 의식적인 믿음을 생생하고 분명하게 무의식 속에 각인시켜, 어린 시절 유모나 어머니에게서 받은 영향력으로부터 벗어날 수 있을 정도가 되도록 하라. 합리적인 순간과 비합리적인 순간 사이를 번갈아 오가며 만족해서는 안 된다. 비합리적인 것에 대해 검토할 때는 그 내용을 존중하거나 그 내용에 지배되지 않는다는 마음가짐으로 임해야 한다.
>
> 어리석은 생각이나 감정이 일어나더라도 그것을 철저히 따져 본 다음에 거부하도록 하라. 결단성 없는 사람처럼 절반은 이성의 힘으로, 절반은 유치하고 어리석은 행동에 휩쓸려서도 안 된다.
>
> 이런 시도가 상이한 두 기준 사이에서 망설이지 않고 하나의 기준에 따른 행복한 생활을 할 수 있도록 하려면, 자신의 이성이 말하는 바를 깊이 생각하고 느껴야만 한다. 대부분의 사람들은 어린 시절에 믿었던 잘못된 사고방식을 피상적으로 떨쳐 냈을 때 이제 더는 할 일이 없다고 여긴다. 그리고 이전의 사고방식이 여전히 마음속 어딘가에 잠복해 있다는 사실을 깨닫지 못한다. 합리적인 확신에 다다랐을 때는 그것을 곰곰이 생각하고 결과를 따라야 하며, 설령 새로운 확신과 일치하지 않는 믿음이 생겨난다고 하더라도 다

시 세밀하게 조사할 필요가 있다.

내가 여기서 제안하고 싶은 것은 자신이 합리적이라고 믿는 것에 대해 단호해야 한다는 것이다. 그리고 비합리적인 생각이 아무런 이의 없이 통과되거나 우리를 지배하게 해서도 안 된다. 이것은 유아기로 돌아가고 싶은 순간에 자신을 이성적으로 다시 한번 돌아보게 하는 방법이다. 우리의 이성이 아주 확고하다면 그 기간은 매우 단축될 수도 있다.

자신의 확신과 모순되는 생각을 발견해 내고자 했던 버트런드 러셀의 방법은 본질적으로 프레스콧 레키 박사가 임상 실험을 해서 성공한 방법과 동일하다고 볼 수 있다. 레키 박사의 관심사는 실험 대상자가 갖고 있는 부정적인 생각이 이제껏 깊이 간직해 온 믿음과 일치하는지 확인하는 것이었다. 레키 박사는 우리의 인격을 구성하는 모든 생각과 개념을 다른 것과 일치시키고자 하는 것은 우리의 타고난 본성이라고 믿었다. 만일 개념의 불일치가 의식적으로 확인되면, 그것은 단호히 거부된다.

이 책의 초판본에서 소개한 한 세일즈맨에게 내가 사용했던 기법은 비생산적인 측면을 없애기 위해 대립하는 두 믿음을 비교해 보는 것이었다. 그는 중요한 고객을 대할 때마다 엄청난 두려움을 느꼈다. 하지만 그의 두려움과 신경과민은 단 한 번의 상담으로 극복될 수 있었다. 그때 나는 이렇게 물었다.

"자신보다 대단하다고 생각하는 사람을 만날 때는 네 발로 기어서 그의 사무실로 들어갑니까?"

"아니요. 절대 그러지 않습니다!"

그는 격분하며 말했다.

"그렇다면 왜 당신은 정신적으로 다른 사람에게 위축되는 겁니까?"

나는 계속해서 질문했다.

"그럼 그 사람 사무실에 거지처럼 손을 내밀면서 커피 한 잔 값을 구걸하려고 들어갈 수 있습니까?"

"아니요."

"상대방이 당신의 제안을 받아들일지 말지에 대해 지나치게 걱정하면서 들어갈 때, 당신은 본질적으로 이와 비슷한 행동을 한다고 생각하지 않습니까? 혹시 그에게 손을 내밀어 그의 동의를 구걸하고 인간적으로 인정받기 위함은 아닙니까?"

심리적 장애물을 넘어서기 위한 질문들

프레스콧 레키 박사는 우리의 믿음과 개념 시스템을 변화시킬 수 있는 두 가지 강력한 수단을 발견했다. 대부분의 사람들은 자신만의 표준적인 확신을 갖고 있다. 그중 하나는 계획에 따라 어느 정도 독립성을 유지하면서 자신이 맡은 임무를 수행하고자 하는 감정이나 믿음이다. 또 다른 하나는 결코 경멸감으로 고통받을 수 없다는 우리 내부에 있는 믿음이다.

흥미롭게도, 존 그린더 John Grinder 박사와 리처드 밴들러 Richard Bandler 박사의 방대한 연구 결과와 토니 로빈스 Tony Robbins 에 의해 대중화된 NLP Neuro-Linguistic Programming(신경언어 프로그래밍) 이론을 통해 고통과 성취감에 대한 이해의 틀을 얻을 수 있다. 고통에 대한 두려움과 심한 경멸감, 고통을 받을 수 없다는 우리 내부에 깊이 뿌리박힌 믿음은 가장 빠르고 쉽고 분명하게 사람들을 행동하도록 자극하는 방아쇠라는 사실이 나는 우연이라고 보지 않는다. 이런 사실을 잘 이해하면 건전한 행동을 하도록 자신을 일깨우는 데 큰 도움을 얻을 수 있다.

그런 방법으로 동기를 부여받은 한 가지 사례를 소개하겠다. 사이코사이버네틱스 재단 이사회의 임원 중 한 사람이자 《저항 없는 판매》Zero Resistance Selling의 공동 저자 제프 폴Jeff Paul은 한때 상당히 성공한 국제공인 재무설계사였다. 하지만 그는 자신이 하고 있는 일에서 전혀 행복을 느끼지 못했다. 그는 정장 차림으로 회사에 출근해서 전화를 걸거나 사람을 만나 영업 활동을 하는 반복적인 생활을 싫어했다. 어느 날 그는 자신이 싫어하는 일을 하면서 생계를 유지할 필요가 없다는 합리적인 결론에 이르렀다. 그리고 자신의 경제적 목표를 충족시키는 다른 길이 반드시 있을 것이라고 확신했다.

많은 사람들은 이렇게 단순한 깨달음에 대해 진지하게 생각하지 않는다. 폴은 이른바 '후퇴하는 목표 설정'을 시작했다. 그는 마음속으로 자신이 하고 싶지 않은 일을 목록으로 정리했다. 그중에는 양복 입고 넥타이 매기, 팀원 관리하기 등 10여 가지의 일이 포함되었다. 그리고 다시는 하고 싶지 않은 일의 목록에서 제외된 것들 가운데 호감이 가는 직업이나 사업을 찾기 위해 그의 상상력을 동원했다.

한참 동안 고민한 끝에 그는 통신판매 사업을 하기로 결정했다. 그는 많은 뛰어난 재무설계사들이 고객을 성공적으로 끌어들여 고수익을 올리고 있다는 것을 잘 알고 있었다. 그래서 책이나 매뉴얼, 테이프 등의 형태로 정보를 제공하는 사업을 머릿속으로 구상하고는 광고와 DM을 이용해 회원들에게 제품을 판매했다. 그는 자신의 집에 사무실을 마련하고, 외부 업자들을 통해 수주, 인쇄, 배달 등의 업무를 처리했다.

폴은 자신이 지니고 있는 역량을 십분 발휘한다면 이런 일들을 충분히 해낼 수 있다고 확신했다. 동료들의 성공과 좌절 사례를 꼼꼼히 분석한 후 제품을 판매하는 데 필요한 지식을 습득했으며, 통신판매에 대해서도 많은 관심을 기울이며 학습했다. 그리고 다양한 방법으로 진로를 수정하면서 결국에는 엄청난 성공을 거두었다.

먼저 그는 재무설계사와 보험설계사를 대상으로 자신의 집에서 통신판매 사업을 시작해 한 달에 10만 달러 이상을 벌었다. 또한 가정 학습 과정과 세미나 그리고 자신의 통신판매 사업을 다른 사람에게 가르치는 데 필요한 교재들을 개발했으며, 많은 사람들을 이런 사업에 참여시켰다. 이런 과정을 홍보하기 위해 자신의 경험을 소개한 《속옷을 입고 부엌 식탁에 앉아 하루에 4,000달러 버는 방법》How You Can Make $4,000.00 a Day Sitting at Your Kitchen Table, in Your Underwear 이라는 책을 출판해 10만 부나 팔았다. 폴은 여기서 한 걸음 더 나아가 고급 과정의 마케팅 및 세일즈 편지 쓰는 기술을 개발해 인기 있는 고수익 컨설턴트가 되었다.

이 사례에서 가장 중요한 점은 자신이 작성한 목록과 별다른 마찰 없이 사업에 성공해서 엄청난 부를 얻었다는 사실일 것이다. 폴은 자신의 성공을 이 책에 돌리면서, 성공을 위한 가장 중요한 출발점으로 내가 '합리적인 사고'라고 이름 붙인 '정확한 사고'를 강조한다.

사람들이 합리적인 사고의 힘을 인식하지 못하는 이유 중 하나는 그것을 별로 사용하지 않기 때문이다. 자신의 부정적인 행동 이면에 놓인 자기 자신, 세상 그리고 다른 사람들에 대한 믿음을 추적해 보라. 성공이 바로 눈앞에 있는 것처럼 보였으나 놓치고 말았다면 그런 결과를 초래한 원인은 무엇인가? 아마도 은연중에 자신에게는 성공이 어울리지 않는다고 느끼거나, 자신은 성공할 자격이 없다고 생각하기 때문일 수도 있다.

다른 사람 옆에 서면 안절부절못하는가? 만일 그렇다면 자신이 그들보다 열등하다고 믿고 있거나, 다른 사람이 자신에게 적대적이고 친근하지 않다고 생각하기 때문이다. 아무 이유도 없이 어느 정도 안정된 상황인데도 불안하거나 두려운 느낌이 드는가? 어쩌면 현재 살고 있는 이 세상이 자신에게 적대적이고 친근하지 않으며 위험한 곳이라고 믿거나, 아니면 자신은 벌을 받아야 한다고 믿고 있기 때문인지도 모른다.

얼마나 많은 사람들이 제프 폴의 경우처럼 완벽하게 비즈니스를 수행할 수 있을까? 이 문제에 대해 사람들에게 질문한다면 왜 그가 했던 대로 행동할 수 없는지에 대한 이유 목록을 신속하게 작성할 수 있을 것이다. 이 목록에 있는 이유들은 합리적인 사고에 기초한 것이 아니라 바꿔어야 할 단순한 고정관념일 뿐이다.

우리의 행동과 느낌은 언제나 믿음에 바탕을 두고 있다는 사실을 명심하자. 우리의 행동과 느낌에 근거가 되는 믿음이 무엇인지를 알고 싶다면 스스로에게 물어보라. 하고 싶은 일이 있는가? 자신을 표현하고 싶은 분야가 있는가? 혹시 '나는 할 수 없어'라고 스스로에게 말하며 주춤거리지는 않는가? 스스로에게 왜냐고 물어보라.

'왜 나는 할 수 없다고 생각하지?'

'이런 믿음이 사실이나 가정 또는 잘못된 결론에 근거하고 있는 것은 아닐까?'

그다음에는 아래의 질문을 자신에게 던져 보자.

1. 이런 믿음에 대한 합리적인 이유가 있는가?
2. 이런 믿음이 혹시 잘못된 것은 아닐까?
3. 같은 상황에 처한 다른 사람에 대해서도 동일한 결론을 내리겠는가?
4. 믿을 만한 타당한 근거가 없는데도 왜 그것이 사실인 것처럼 행동하고 느껴야만 하는가?

이 질문들을 무심코 지나쳐서는 안 된다. 그것들과 씨름하면서 냉정하게 생각하라. 사실이 아닌 비합리적이고 잘못된 믿음으로 스스로를 속이고 과소평가하는 자신이 보이는가? 만일 그렇다면 분개하고 화를 내라. 분개와 화는 잘못된 생각으로부터 자신을 해방시킨다. 알프레드 아들러는 자신과 선생님에게 '화'를 냈기 때문에 자신에 대한 부정적인 생각을 떨쳐 버릴 수 있었다. 이런 경험은 아주 흔한 일이다.

한 늙은 농부는 어떤 사건을 계기로 영원히 담배를 끊었다고 말했다. 그는 어느 날 집에 담배를 두고 온 사실을 알고는 다시 가져오기 위해 2마일이나 되는 길을 걸어서 집으로 돌아왔다. 그런데 순간 어리석게도 자신이 습관에 지배당하고 있다는 사실을 알아차렸다. 그는 화가 치밀어 올랐고, 생각을 바꿔 들판으로 돌아간 뒤 다시는 담배를 입에 대지 않았다.

유명한 변호사인 클래런스 대로Clarence Darrow는 자신이 성공한 계기에 대해 이야기해 주었다. 어느 날 그는 집을 사기 위해 2,000달러의 저당을 설정하려던 참이었다. 그런데 거래가 막 끝났을 때 대금업자의 부인이 자신에 대해 이렇게 말하는 소리를 들었다.

"여보, 바보 같은 행동 하지 마세요. 저 사람은 그 돈을 갚을 정도로 돈을 벌지 못할 거예요."

그때까지 대로는 그녀의 말처럼 자신이 과연 돈을 갚을 수 있을지 의문을 품고 있었다. 그러나 그 말을 듣자 가슴속에서 무엇인가 울컥 하고 올라오는 것을 느꼈다. 그는 자신과 그녀에게 분개했고, 반드시 성공할 것이라고 결심했다.

사업을 하는 내 친구 한 명도 이와 비슷한 경험을 한 적이 있다. 그는 나이 40에 사업에 실패해 미래에 대한 불안과 자신의 무능함 그리고 재기 여부에 대해 계속 걱정만 했다. 그는 걱정과 두려움 속에서 외상으로 기계를 구입하려고 했지만 아내가 반대했다. 그녀는 남편이 기계 값을 갚을 수 없을 거라고 판단했던 것이다.

처음에 그의 희망은 산산이 부서지는 것 같았다. 그러나 다음 순간, 그는 분개하기 시작했다. 누가 그를 이렇게 내몰았는가? 누가 그를 사회에서 도망쳐 실패의 두려움에 빠지도록 만들었는가? 그런 경험은 그 안에 있던 '어떤 것', 즉 새로운 자아를 일깨웠으며 곧바로 자신의 생각뿐만 아니라 아내의 말이 이런 '어떤 것'에 대한 모욕이라고 생각하게 되었다.

그는 돈도 없고 신용도 없어 자신이 원하던 바를 성취할 방법이 없었다. 그러나 마침내 방법을 찾아냈고, 3년 안에 자신이 꿈꾸던 것보다 훨씬 더 성공해서 세 개의 기업체를 거느리게 되었다.

나이트 던랩 박사는 이렇게 말한다. "좋은 감정적 습관을 들이고 나쁜 습관을 없애려면 주로 생각과 생각 습관을 다루어야 한다. '대저 그 마음의 생각이 어떠하면 그 위인도 그러하다'는 잠언 23장 7절의 말씀처럼 말이다."

긍정적 자기암시가 부르는 성공의 감정

합리적인 사고가 우리의 믿음과 행동을 변화시키는 데 효과를 발휘하려면 절실함과 욕망이 필요하다.

자신이 되고 싶은 것과 갖고 싶은 것을 그려 보라. 그리고 그것이 가능한 순간을 상정하라. 그것들에 대한 절실한 욕망을 불러일으키고 열광하라. 또한 그것을 곰곰이 생각하고 마음속에 계속 떠올려라. 현재 우리의 부정적인 믿음은 사고에 감정이 보태짐으로써 형성된 것이다. 충분한 감정과 깊은 느낌을 불러일으켜라. 그러면 새로운 사고나 생각들이 부정적인 믿음을 몰아낼 것이다.

이상의 충고를 잘 분석해 보면 전에도 이런 프로세스를 종종 이용했음을 기억할 수 있을 것이다. 여기서 프로세스란 걱정을 말한다. 지금과의 유일한 차이는 목표를 부정적인 것에서 긍정적으로 바꾼 것이다. 걱정에 사로잡히지 말고, 먼저 바람직하지 않은 미래의 결과나 목표를 상상 속에서 아주 생생하게 그려 보도록 하라. 이때 우리의 노력이나 의지는 전혀 필요치 않다. 그저 최종적인 결과에 대해 계속 생각하고 곰곰이 느끼면서 그것을 자신의 모습이라고 생각하라. 앞으로 일어날 수도 있다는 생각을 갖고 즐기도록 하라.

이와 같은 가능성을 낙관하는 사고의 지속적인 반복은 최종적인 결과를 좀 더 실감나게 만들어 준다. 두려움이나 걱정, 낙담 같은 감정이 처음에는 자동적으로 생산된다. 이제 목표 이미지를 변경하라. 그러면 쉽게 좋은 감정을 만들어 낼 수 있다. 지속적으로 이미지를 떠올리고 바람직한 최종 결과를 곰곰이 생각하면 할수록 그 가능성을 좀 더 실제적으로 보이게 할 수 있으며 적절한 열정과 명랑함, 자극, 행복 등을 자동적으로 만들어 낼 수 있다.

우리의 자동 메커니즘은 제공되는 데이터나 설정하는 목표에 따라 성공 메커니즘뿐만 아니라 실패 메커니즘으로도 작용할 수 있다는 점을 기억하라. 그것은 기본적으로 목표 지향적 메커니즘이다. 그것이 지향하는 목표는 우리에게 달려 있다. 무의식적으로나 부지불식간에 부정적인 태도를 유지하거나 습관적으로 실패를 떠올림으로써 실패라는 목표가 설정되는 것이다. 또한 우리의 자동 메커니즘은 우리가 제공하는 데이터에 대해 따지거나 의문을 제기하지 않는다. 그것은 단순히 정보를 처리하고, 적합하게 반응할 뿐이다.

대중 앞에서 연설하는 사람들이 경험하는 무대공포증 또한 흥미로운 주제다. 수많은 연구 자료에 따르면 무대공포증은 모든 성인이 공감하는 두려움 중 상위 3, 4위를 차지한다. 이 두려움은 때로 사람을 무기력하게 만들기도 한다. 그러나 어느 누구도 장시간 동안 계속 어설픈 연설을 하지는 않는다. 약간 신경질적인 행동을 하거나 논점을 잊어버리고 아무런 반응이 없는 썰렁한 농담을 하는 정도에 그칠 뿐 심각한 사태가 벌어지는 것은 아니다. 연설하면서 느끼는 두려움은 실수를 저지르는 일반적인 상황에 대해 지나치게 반응하게 할 뿐이다.

우리의 자동 메커니즘이 주어진 환경에 따라 참된 결과만을 만들어 낸다는 점은 매우 중요하다. 우리의 자동 메커니즘은 진실을 알아내고 올바른 평가와 측정, 의견을 형성하기 위해 의식적이고 합리적인 사고가 만들어 내는 작업일 뿐이다. 따라서 우리 대부분은 자신을 과소평가하고 자기가 극복해야 할 어려움을 과대평가하는 경향이 있다는 사실을 분명히 인식해야 한다.

긍정적인 자기암시에 기초한 정신 치료와 자기 수양법을 도입한 약사이자 심리학자인 에밀 쿠에는 "해야 하는 일을 항상 쉽다고 생각하고, 그렇게 될 것이라고 믿어라."고 조언한다. 그와 비슷한 맥락에서 심리학자인 대니얼 조셀린Daniel W. Josselyn은 저서 《우리는 왜 피곤한가?》Why Be Tired?에서 다음과 같이 말한다.

"나는 사고하는 작용을 멈추게 하는 의식적인 노력의 공통적인 원인을 발견하기 위해 보다 광범위한 실험을 했다. 실제로 그것은 우리가 정신적으로 느끼는 수고의 어려움과 중요성을 과장하는 경향 때문에 일어나는 것처럼 보인다. 달리 말하면 그것들을 너무나 진지하고 두렵게 생각해서 우리를 무능한 것처럼 보이도록 만든다."

대중 앞에서 연설하는 것을 두려워하는 사람은 신뢰하는 친구들 앞에서 편하게 이야기를 나눌 때는 두려움을 느끼지 않는다. 친구들 앞에서 편히 이야기 나눌 수 있다는 건 대중들 앞에서 이야기할 능력이 있다는 뜻이다. 그럴 때 필요한 것은 다수의 대중을 편한 친구라고 생각하고, 친구들과 스스럼없이 이야기 나누는 자신의 면모를 그대로 적용하는 것이다. 친구들과 편히 이야기 나누는 모습을 그려 보라. 그러고 나서 같은 이미지를 마음속에서 더 많은 수의 친구들에게 에워싸인 것으로 확대한다. 그렇게 하면 대중 연설도 쉬운 일이 된다.

골프와 인생은 게임에 불과하다

앨런 샤피로Alan Shapiro 박사는 《골프의 정신적인 장애물》Golf's Mental Hazards 이라는 책에서 골프의 여섯 가지 정신적인 장애물을 열거했다. 그중 네 가지는 이 책의 논의와 직접적으로 관련이 있으며, 골프 이외의 경기에도 응용할 수 있다. 여기서는 축약해서 간단히 설명하겠다.

1. 두려움에 대한 두려움: 라운드 전에 늘 걱정에 빠지는 골프 선수들 은 첫 번째 티샷에 임할 때 초조해하며 중요한 순간에 이르면 거의 숨이 막힐 지경이 된다.
2. 침착함의 상실: 골프채를 바닥에 내던지거나 물웅덩이에 빠뜨리거나 숲속에 던져 버리는 골프 선수들의 경우에 해당된다.
3. 감정적으로 너무 들뜨거나 가라앉는다: 이런 골프 선수들은 자신에 게 쉽게 반감을 품는다. 그들은 어려운 파를 처리한 후에 느끼는 성 취감에 도취되어 티샷을 치고 아웃 오브 바운드로 다음번 홀로 그 공이 날아가 버리면 극심한 절망에 빠지곤 한다. 이런 선수들은 그 날 운에 따라서 라운드가 끝날 때쯤이면 기분이 아주 고양되어 있거 나 풀이 죽어 버린다.
4. 다른 사람의 생각에 연연하는 골퍼: 골프 코스에서 당황하는 골퍼 들은 열등감을 느끼고 다른 사람의 조롱에 민감하며, 누군가가 항 상 자신을 지켜보고 판단한다고 생각한다.

이런 장애물들은 분명 우리의 자기 통제 메커니즘에 문제를 일으키기 에 충분하다. 이 장애물들을 분석해 보면 물론 비합리적이다. 세 번째 장 애물에 해당하는 사람은 인생에서 일어나는 개인적인 사건에 대해서도 전형적으로 과민 반응을 보인다. 그런 개인적인 사건 중 대부분은 그 순간에만 중요할 뿐 이후에는 그다지 중요하지 않을 뿐인데도 말이다. 과민 반응하는 습관이 몸에 밴 사람들은 조울증 증세를 보이고, 자기 생애를 아주 비참하게 살아가며, 점차적으로 자신의 자아 이미지를 스스로 제어할 능력이 없다는 확신을 심어 버린다. 다른 사람들과의 관계도 피하면서 결국 다른 사람까지도 망쳐 버리고 만다.

주말마다 골프 게임에 지고 풀이 죽어 집으로 돌아와서는 얼굴을 찌푸리고 뿌루퉁한 채 앉아 있었던 바보 같은 사내에 관한 고전적인 이야기가 있다. 하루는 그의 아내가 참다못해서 말했다.

"여보, 그건 단지 게임일 뿐이에요."

그는 화가 나서 뒤로 물러서며 말했다.

"당신은 골프의 '골' 자도 모르잖아!"

그렇다. 골프는 단지 게임에 불과하다. 그리고 오늘은 단지 오늘일 뿐이다. 실수는 실수일 뿐이다. 자신을 마비시키는 정신적 장애물을 극복하려면 비전을 가지고 합리적인 사고를 해야 한다. 그러나 '침착함을 잃지 말자, 과민 반응을 하지 말자' 등 의지를 담아 표현하는 합리적인 사고는 우리가 논의하는 주제에 어긋나는 것이다.

합리적인 사고는 자아 이미지에 역동적인 새로운 증거를 제공하고 자기 통제 메커니즘에 새로운 목표를 전달한다. 이것은 우리의 상상 속에서 완전히 새로운 정신적인 이미지를 창조적으로 개발하기 위해 사용되며, 승리로 향하는 과정이다.

합리적 사고는 진실만을 인정한다

우리의 합리적이고 의식적인 사고는 입력되는 모든 메시지들을 조사하고 분석한 후 진실은 받아들이고 거짓은 받아들이지 않는다. 많은 사람들이 친구가 "오늘 아침은 별로 좋아 보이지 않는데."라고 아무 생각 없이 내뱉은 말에 깜짝 놀라곤 한다. 누군가로부터 거절당하거나 냉대를 받으면 사람들은 자신이 열등하다고 생각하기 쉽다. 대부분의 사람들은 매일매일 부정적인 암시를 듣는다. 하지만 우리의 의식이 작용하는 한 그것을 맹목적으로 받아들일 필요는 없다. 그런 의미에서 "반드시 그렇게 되지만은 않는다."라는 말은 훌륭한 금언이다.

《미친 뇌가 나를 움직인다》에서는 이것을 합리적인 사고와 자동 성공 메커니즘의 통제에서 벗어나기를 기다리며 항상 주변에서 배회하는 자동 실패 메커니즘의 갑작스러운 반란과 연관 지어 설명한다. 결국 자동 성공 메커니즘과 자동 실패 메커니즘은 동전의 양면과 같으며, 표면적으로만 분리된다는 것이다. 저자는 다음과 같이 말한다.

"내 테니스 파트너 중 한 명은 이렇게 말한 적이 있었다. '이봐, 자네 살찐 것 같은데?' 그 당시 나는 뚱뚱해 보일지도 모른다는 근거 없는 두려움에 사로잡혀 속성 다이어트에 몰두했다. 체중계 눈금은 겨우 3파운드 늘어났을 뿐이었다. 그 두려움을 만들어 낸 실체는 몸무게가 아니라 뚱뚱해 보인다는 나의 인식 때문이었다. 지금은 누군가가 내게 그처럼 말하면 화장실로 들어가서 문을 닫아걸고 나의 내부에 있는 멍청이에게 소리를 지른다. '저런 무감각한 말에 신경 쓰지 마. 화내지도 마. 내 말 들리니? 그렇다면 좋아. 으깬 감자와 고깃국은 포기하자. 그거면 돼!'"

과민 반응을 사라지게 하려면 자기 자신에게 '합리적인 사고를 위한 특별 기간'을 정하는 것은 효과적이지 않다. 즉시 반응할 수 있는 합리적인 사고를 훈련시킬 정신적 이미지를 심는 것이 필요하다.

합리적인 정신은 논리적이고 정확한 결론을 내린다. '나는 과거에 실패한 적이 있어. 그래서 아마 다음에도 실패할 거야.'와 같은 말은 논리적이

지도 않고 합리적이지도 않다. 아무 시도도 하지 않고 아떤 근거도 없이 미리 '나는 할 수 없어.'라고 말하는 것은 비합리적이다. 어떤 사람에게 피아노를 칠 수 있냐고 물었더니 그는 "모르겠다."고 대답했다. 그래서 모른다는 말이 대체 무슨 뜻이냐고 묻자, 그는 한 번도 시도해 본 적이 없다고 대답했다. 우리는 바로 이런 자세를 견지해야 한다.

전 디즈니 대학교의 학장이자 창조적 사고에 관한 권위자인 마이크 밴스는 한 회사의 임원에게 그 회사가 겪고 있는 가장 큰 문제점에 대해 의문을 품고 있다고 말했다. 임원으로부터 그 문제의 중요성과 심각함에 대한 모든 설명을 들은 뒤 밴스는 물었다.

"누가 그것을 해결하고 있나요?"

"아무도 없습니다."

"이유가 뭐죠?"

"왜냐하면 그것은 해결될 수 없으니까요."

그 임원이 너무도 당연하다는 듯 대답했다.

너무나 많은 사람들이 그 임원처럼 살고 있다. 자신이 처한 환경이 개선될 수 없다고 믿고 있으며, 심지어는 다른 사람들이 성취하는 직업상의 성공, 부, 행복 등을 얻지 못하면서 살아간다. 그 결과 혈우병 환자가 칼을 종이로 싸는 위험천만한 행동을 하는 것처럼 자신은 불가능하고 실패할 수밖에 없다고 생각하는 정신적 장애물에 스스로를 노출한다.

나는 무엇을 원하고, 무엇에 집중하는가?

합리적인 사고는 자신이 원하는 바가 무엇인지 깨닫게 하고 성취하기를 바라는 목표를 선택하며 그것에 집중하도록 한다. 일단 자신이 원하는 것이 무엇인지 분명히 깨달으면 원하지 않는 것에 시간과 노력을 집중하는 것은 더 이상 합리적이지 않다.

제2차 세계대전 당시 아이젠하워 대통령은 '유럽 침공 부대를 지휘하는 장군으로서 이탈리아 해안에서 반격을 받아 다시 바다로 퇴각해야 한다면 이는 연합군에게 어떤 영향을 미칠 것인가' 하는 질문을 받았다. 그는 다음과 같이 대답했다.

"아주 나쁜 상황에 빠지겠죠. 하지만 저는 결코 그런 식으로 생각하지 않을 겁니다."

대부분의 사람들은 자신의 머릿속에 어떤 내용이 들어가든지 이를 통제하지 않고 일상적인 삶을 산다. TV, 라디오, 신문, 일상적인 대화, 엿들은 대화, 비판적인 언급, 심지어는 광고판 등에서 계속 떠들어 대는데도 말이다. 귀찮겠지만 수첩이나 노트를 가지고 다니면서 떠오르는 생각을 기록하는 것이 효과적이다. 그리고 하루를 마감할 때 이것을 살펴보면 자신이 생각하는 것 중에서 아주 작은 부분만을 선택했다는 사실을 깨달을 것이다. 우리는 TV 리모컨의 건전지가 모두 소모될 정도로 TV에 매달리며, 그것도 모자라 수명이 다된 건전지 갈아 끼우기를 귀찮아하면서도 저녁 내내 TV 앞에 앉아서 어떤 프로그램이 나오든 거기에 빠져 산다. 이보다 더 나아질 수는 없는가?

우리의 의식은 현재 맡은 임무와 하고 있는 일 그리고 주위에서 일어나는 일에 주의를 기울인다. 이렇게 들어오는 감각적인 메시지는 주변 환경에 관한 정보를 우리의 자동 메커니즘에게 계속 전달하며, 동시에 반응할 수 있도록 도와준다. 야구에는 '공에서 눈을 떼지 말라'는 말이 있다.

아무리 창조적인 일도 의식적이고 합리적인 정신으로만 하지 않는다. 의식적인 사고가 반드시 필요한 곳에 사용되지 않거나 필요 없는 곳에 사용되면 우리는 곤란에 빠진다. 의식적으로 노력한다고 해서 창조적인 메커니즘으로부터 창조적인 사고를 쥐어짜 낼 수는 없다. 아무리 노력해도 되지 않기 때문에 점점 더 걱정이 많아지고 불안하고 좌절하게 된다.

우리의 자동 메커니즘은 무의식적이다. 의식의 내부에 있는 우리는 바퀴가 도는 것을 볼 수 없다. 또한 표면 아래서 일어나는 일도 알지 못한다. 자동 메커니즘은 현재의 필요에 대한 반응으로 작동하기 때문에 해답이 나오기 전에 어떤 암시나 보장을 알아낼 수는 없다. 따라서 우리는 어쩔 수 없이 믿을 수밖에 없다. 오직 믿고 행동함으로써 그 징조와 기적을 받아들이는 것이다. 간단히 말해 의식적이고 합리적인 사고는 목표를 선택하고 정보를 수집하며 결론을 내리고 평가하는 바퀴를 돌리는 것이다. 그러나 그 결과에 대한 책임은 없다. 우리는 자신이 일을 하는 방법을 배워야 하며, 이용 가능한 최선의 가정에 따라 행동해야 한다. 그리고 자신을 돌볼 수 있도록 결과를 남겨 두어야 한다.

성공 포인트

합리적인 사고를 위한 체크리스트

- 입력되는 메시지를 조사하고 분석해서 진실한 것은 받아들이고 허구는 거부하는 것은 우리의 합리적이고 의식적인 사고가 맡은 일이다.
- 논리적이고 정확한 결론을 내리는 것은 의식적이고 합리적인 정신이 하는 일이다.
- 우리가 원하는 바를 결정하고 성취하기를 바라는 목표를 선택하며, 원하지 않는 것보다는 원하는 것들에 집중하는 것은 의식적이고 합리적인 사고가 하는 일이다.
- 현재 맡은 임무와 하고 있는 일 그리고 주위에서 일어나는 일에 주의를 기울이는 것은 우리의 의식이 하는 일이다. 이렇게 들어오는 감각적인 메시지는 주변 환경에 관한 정보를 우리의 자동 메커니즘에게 계속 전달하며, 동시에 반응할 수 있도록 도와준다.

'나는 할 수 없다'는 생각 때려 부수기

자신과 마음을 터놓고 대화를 나누어라. 그리고 문제를 해결할 수 없다는 생각을 받아들였기 때문에 해결할 수 없는 문제가 있는 것은 아닌지 정직하게 평가해 보라. 또 자신의 삶을 변화시킬 수 없다는 생각을 받아들였기 때문에 실현되지 않거나 품위를 손상시키는 삶을 살아가고 있지는 않은지 냉정히 평가해 보라. 다시 한번 생각해 보자. 이런 믿음에 맞서기 위해 합리적인 생각을 해보라. 그리고 새롭고 색다른 가능성을 찾아다니고 시도하기 위해 자신의 상상력을 사용하라. 내가 이 장에서 이야기한 각각의 사실과 관련지어 제안했던 문제들을 생각해 보라.

왜 나는 할 수 없다고 생각하는가? 그러고 나서 자신에게 물어보라.

'이런 믿음은 사실에 근거한 것인가, 아니면 잘못된 가정이나 결론에 근거한 것인가?'

'그런 믿음에 대한 합리적인 이유가 있는가?'

'이런 믿음을 따름으로써 혹시 실수하고 있는 것은 아닌가?'

'비슷한 상황에 처한 다른 사람에게도 동일한 결론을 내릴 수 있는가?'

'믿을 만한 타당한 근거가 없는데도 왜 그것이 마치 사실인 것처럼 계속 행동하고 느껴야 하는가?'

이런 합리적인 생각을 통해 우리는 자동 성공 메커니즘에 제공할 새로운 목표를 발견할 수 있다.

제6장

마음의 족쇄, 몸의 수갑을 모두 벗어던져라

스트레스 없는 성공을 위한 심신 테크닉

어떤 일이든 할 수 있고, 이루어진다고 마음먹어라.
그리고 그 방법을 찾아라.

_에이브러햄 링컨

"이제 스트레스라는 용어는 어디서든 들을 수 있는 흔한 말이 되어 버렸다. 우리는 현대 사회를 '스트레스의 시대'라고 부른다. 걱정, 불안, 불면증, 위궤양 등의 스트레스 증상은 오늘날을 이해하기 위한 필수 코드가 되어 버렸다."

내가 이 말을 한 때는 1960년대였다. 당시 사람들은 스트레스가 무엇인지 잘 알지 못했다. 휴대전화, 호출기 등 각종 통신 기기에 지속적으로 접속하고 통신하면서 즉각적으로 반응해야 하는 끊임없는 긴장에 시달려 본 적이 없었다. 그리고 중간 관리 체계가 붕괴되어 한 사람에게 세 사람의 몫을 하도록 강요하는 오늘날의 기업 현실도 예측할 수 없었다. 또한 일생에 직업을 두 번 이상 바꾸는 경우는 상상하지도 못했다.

오늘날 대부분의 사람들은 여가를 즐기거나 원기를 회복할 만한 시간적 여유가 없다. 게다가 매일 혼잡한 출퇴근 전쟁을 겪어야 하고, 훨씬 빠르고 방대해진 정보의 흐름과 더욱 복잡해진 환경에 적응해야만 한다. 이제는 내가 이 책의 초판본을 썼을 때보다도 훨씬 더 많은 스트레스와 불안감에 시달리며 살아야 하는 시대가 되었고, 이를 적절하게 조절하는 일이 훨씬 더 중요한 일로 부각되고 있다.

하지만 나는 우리가 살아가면서 끊임없는 압박감과 스트레스에 시달릴 필요는 없다고 확신한다. 우리에게 창조적 메커니즘이 있다는 간단한 진실을 깨달을 수만 있다면 걱정과 불안, 근심으로부터 벗어날 수 있다. 우리는 무한한 잠재력을 지닌 자기 통제 메커니즘을 통해 사회와 기술의 변화에 손쉽게 대처할 수 있다.

문제는 이런 자동 창조 메커니즘을 무시하고 모든 것을 처리하려고 하거나, 의식적인 사고나 전뇌의 사고로 모든 문제를 해결하려고 하는 데 있다. 문제를 제시하고 검증하는 일은 의식이 맡은 일이다. 하지만 우리의 의식이 원래 문제 자체를 해결하도록 설계된 것은 아니다. 그런데 의식만으로 이 모든 것을 다 처리하려고 노력하기 때문에 스트레스가 쌓이는 것이다. 이런 문제를 자동 성공 메커니즘에 넘겨주는 방법을 터득하면 스트레스를 줄일 수 있다.

또한 전뇌는 컴퓨터나 모든 자기 통제 메커니즘의 '조작자'_{operator} 라 할 수 있다. 우리가 자신을 '나'라고 인식하고 정체성을 느끼는 것은 모두 전뇌의 작용이다. 우리는 전뇌를 활용해서 정보를 수집하고, 관찰하고, 입력된 감각 데이터를 평가하고, 판단한다. 하지만 전뇌에는 창조 능력이 없다. 컴퓨터 조작자가 직접 일하는 것이 아니듯 전뇌도 일을 직접 수행할 수는 없다.

전뇌의 역할은 문제를 제기하고 확인하는 것이다. 그리고 바로 그런 특성 때문에 전뇌는 문제를 해결하고 처리하는 쪽으로는 전혀 발달이 안 되어 있다.

내려놓을 때 비로소 목표가 보인다

제2장에서 살펴봤듯이 노버트 위너 박사는 우리의 의식적인 사고나 의지로는 탁자 위에 있는 연필을 집는 것과 같은 간단한 동작도 수행할 수 없다는 사실을 보여 주었다. 우리가 의식적인 사고와 의지에 전적으로 의존하면 너무 조심스러워 온갖 걱정이 생기며 결과에 막연한 두려움을 느끼게 된다. 그런데도 현대인들은 모든 문제를 그런 방식(의식적인 사고를 통해 해결하는 방식)으로 처리하려고 애쓴다.

미국 심리학계의 원로인 윌리엄 제임스William James 는 오래전에 사람들의 이런 문제를 인식하고 조언했다. 그는 1899년에 발표한 〈긴장 완화의 진실〉The Gospel of Relaxation 이라는 짧은 글에서 현대의 인간은 너무 긴장하고 있고, 결과에 대해 지나치게 걱정하며, 염려에 사로잡혀 있다고 지적했다. 그리고 이 세상에는 보다 쉽고 나은 방법이 있다고 말했다.

> 머릿속의 상상과 자유의지가 방대하고, 다채롭고, 효과적이기를 바란다면 그것들을 억제하는 영향력에서 벗어나는 습관을 들여야 한다. 그런 습관은 다른 습관들과 마찬가지로 얼마든지 만들 수 있다. 신중함, 의무, 자존감, 야망의 감정, 불안의 감정들도 물론 우리 삶에 필요한 부분이다. 하지만 그런 감정들은 일반적인 해결책을 내리거나 일의 계획을 세울 때로 한정하고, 구체적인 실천 단계에서는 멀리하라. 일단 결정이 내려지고 실행할 일만 남았을 때는 결과에 대한 모든 책임과 염려를 떨쳐라. 요컨대 지적이고 현실적인 시스템에서 벗어나 상상과 의지가 자유로이 떠다니게 하라. 그 성과는 두 배로 값질 것이다.

덧붙여 말하자면 이는 단순한 직관과는 다른 것이다. 나는 수많은 사람들이 직관만큼이나 미묘한 어떤 것에 중요한 결정과 책임을 위임하려는 생각에 대해 반감을 가지고 있다는 사실을 잘 알고 있다.

다시 한번 제2장의 내용을 상기하면서 내가 말하고자 하는 바는 의식적이고 합리적인 사고를 이용해서 실천할 수 있는 방법이다. 즉, 자아 이미지를 형성하는 우리의 상상력을 통해 아주 강력한 검색 엔진인 자기 통제 메커니즘에 권한을 위임하면 어떤 문제도 해결할 수 있으며 스트레스에서 완전히 벗어날 수 있다.

윌리엄 제임스는 저 유명한 기포드 강연 Gifford Lectures 에서 의식적인 노력으로 불안, 걱정, 열등감, 죄책감 같은 감정을 없애려고 수년간 갖은 노력을 했지만 전혀 나아지지 않았던 사람들의 사례를 들었다(강연의 내용은 《종교적 경험의 다양성》에 정리되어 있다). 그런 사람들은 발버둥치는 행위를 의식적으로 내려놓고, 의식적인 사고로 문제를 해결하려고 애쓰는 것을 그만두고 나서야 마침내 바라던 목표를 이룰 수 있었다. 이에 대해 제임스는 다음과 같이 설명했다.

"수없이 많은 사람들의 생생한 증언을 통해 확인할 수 있듯이 그런 상황에서 성공에 이르는 길은 바로 '내려놓기'다. 이제는 적극성이 아니라 수동성이, 열성이 아니라 휴식이 중심이 되어야 한다. 책임감을 내려놓고, 꽉 움켜쥐었던 것을 내려놓고, 운명의 보살핌은 하늘에 맡겨 둔 채 어떻게 될지에 신경 쓰지 말고 무심한 태도를 가져라. 발작적으로 반응하던 습관을 멈추고 자기 내면의 더 크고 위대한 모습을 찾는 것이다. 애써 노력하기를 그만두면 그 결과 서서히 혹은 갑작스럽게, 대단하게 혹은 소소하게 낙관적 태도와 기대하는 마음이 나타난다. 이런 회생 현상은 확실한 인간의 본성이다."

창조적 사고와 행동의 비밀

지금까지 이야기한 내용이 진실이라는 것은 작가나 발명가, 그 외 창조적 활동에 종사하는 사람들의 경험에서도 확인할 수 있다. 그들은 창조적인 아이디어가 의식적인 사고에 의해 생겨나는 것이 아니라, 우리 의식이 당면한 문제를 일단 접어 두고 다른 것에 몰두할 때 자동적이고 자발적으로 생겨난다고 여긴다.

그러나 창조적인 아이디어는 문제에 대한 예비적이고 의식적인 사고 없이 아무렇게나 생겨나지는 않는다. 지금까지의 모든 증거로 볼 때 영감이나 직감을 얻으려면 먼저 특정한 문제를 해결하거나 해답을 구하는 데 몰두해야 한다. 즉, 그 문제를 의식적으로 생각하고 관심 주제에 대해 사용 가능한 모든 정보를 모은 다음, 발생할 수 있는 모든 행동 과정을 고려해야 한다. 그리고 무엇보다도 문제를 해결해야겠다는 강렬한 욕망이 있어야 한다.

이렇게 문제를 정의하고 상상 속에서 바라는 최종 결과를 확인하며 모든 정보와 관련 사실을 확보한 다음에는 생각을 멈춘다. 이후에 기울이는 추가적인 노력이나 초조함, 걱정 따위는 문제를 해결하는 데 별로 도움이 되지 않고 방해만 될 뿐이다.

나폴레온 힐은 베스트셀러 《놓치고 싶지 않은 나의 꿈 나의 인생》Think and Grow Rich에서 출판사 측으로부터 24시간 안에 적절한 제목을 만들어 내라고 강요받았던 자신의 경험을 소개하고 있다. 힐은 책 제목에 대한 부담 때문에 원고를 출판사에 넘긴 후 몇 달 동안 사람들의 눈을 피해 다녔다. 마감 시간이 다가오자 편집자는 24시간 내로 좋은 제목을 알려 주지 않으면 자신이 가장 좋다고 생각한 '큰돈을 벌려면 국수를 이용하라'Use the Noodle to Get the Boodle 는 제목으로 책이 인쇄될 것이라고 말했다.

힐은 엉뚱하게 과장되고 선정적인 책 제목에 항의하면서 그런 제목은 책을 망칠 것이라고 말했지만 편집자는 다음과 같이 대답할 뿐이었다.

"24시간 이내입니다!"

이것이 스트레스다. 힐은 제목을 지으려고 노력했지만 몇 달 동안 아무 성과도 얻지 못했다. 그는 포기하고 모든 문제를 자신의 잠재의식에 맡기기로 결심했다. 그러다 낮잠에서 깨어나 제목을 생각해 냈다. 제목을 좀 더 자세히 살펴보면 그의 자동 성공 메커니즘이 한 일이란 결국 잘못된 제목을 다시 쓰는 작업이었다는 사실을 쉽게 알 수 있다. '국수' Noodle 는 '생각하라' Think 로, '큰돈' Boodle 이 '부자' Rich 로 바뀐 것이다.

대부분의 작가들이 이런 경험을 해봤을 것이다. 어떤 사람들은 일부러 해야 할 일에서 벗어나 낮잠을 즐기거나 보트에 앉아 낚싯대를 드리우면서 자기도 모르게 책이나 강연 내용 등을 구상하기도 한다.

유명한 스위스 과학자인 헨리 페르 Henri Fehr 는 그동안 생각해 낸 모든 좋은 아이디어는 문제에 매달려 있지 않았던 순간에 떠올랐다고 말했다. 그리고 다른 사람들이 발견한 아이디어 대부분도 작업장이나 연구실에서 멀리 떨어져 있을 때 발견된 것이라고 했다.

토머스 에디슨도 잘 해결되지 않는 문제가 있을 때 자리에 누워 잠깐씩 낮잠을 잤다는 사실은 이미 널리 알려져 있다. 찰스 다윈은 《종의 기원》을 집필하면서 몇 달 동안 기를 쓰고 생각하고 노력을 해도 도통 떠오르지 않던 아이디어가 일순간 직관적으로 떠올랐다고 진술했다.

"해결책이 떠올랐던 기쁨의 순간 내가 마차를 타고 도로의 어느 지점을 지나고 있었는지 생생히 기억한다."

미국 NBC 방송의 사장이었던 레녹스 라일리 로어는 비즈니스 아이디어들이 어떻게 떠올랐는지에 대해 다음과 같이 설명한다.

"나는 어떤 일을 할 때 긴장하지 않고 정신을 민첩하게 유지하면 아이디어가 바로 떠오른다. 예를 들면 면도하기, 운전하기, 톱질하기, 낚시하기, 사냥하기 등이 그런 경우에 해당된다. 친구와 서로 격려하는 대화를 나눌 때도 포함된다. 하지만 가장 좋은 아이디어는 일반적으로 내 일과 관련 없는 분야에서 얻는 정보에서 떠오른다."

GE 연구소장이었던 촌시 슈츠Chauncey G. Suits는 연구소 실험실에서 이루어지는 대부분의 발견은 집중적인 사고와 사실 수집 과정이 막 지나가고 긴장이 풀린 동안에 예감처럼 떠오른다고 말했다. 의식적인 사고를 통해 해답을 찾으려고 노력하는 동안 받았던 스트레스가 사라지고, 우리의 자기 통제 메커니즘이 자동 성공 메커니즘으로 작동하기 위해 자유로워지는 순간에 비로소 아이디어가 모습을 드러낸다는 것이다.

버트런드 러셀은 저서 《행복의 정복》에서 다음과 같이 말했다.

약간 어려운 주제에 대해 써야 할 때 가장 좋은 방법은 몇 시간 또는 며칠 동안 최대한 집중력을 동원해서 그것에 대해 생각하는 것이다. 그리고 마지막에 가서는 자신에게 단호하게 명령을 내려야 한다. 그러면 그다음 과정은 나의 마음속에서 은밀하게 처리된다. 몇 달 후 다시 그 주제에 대해 의식적으로 돌이켜 생각해 보면 모든 일이 처리되었다는 사실을 발견할 수 있다. 이런 기법을 발견하기 전에는 아무런 진척 없이 걱정만 하며 시간을 보낼 수밖에 없었다. 그렇다고 걱정한 것만큼 뚜렷한 해결책이 나온 것도 아니며, 오히려 시간만 허비해 버리는 경우가 많았다. 하지만 이제는 걱정하는 대신 다른 일을 해결하는 데 그 시간들을 사용할 수 있다.

작가들에게 도움이 된다면 다른 사람에게도 도움이 될 것이다. 창조의 위임, 즉 문제 해결(사실 이 두 가지는 하나다)을 자기 통제 메커니즘에 맡기는 해결법은 일반적으로 널리 통용되는 방법이다.

창조적인 업적을 남긴 사람들 중에는 샤워를 할 때, 해변에서 산책을 할 때처럼 물에 몸을 담그거나 물 주위에 있을 때 엄청난 아이디어가 떠올랐다고 진술하는 경우가 많다. 어쩌면 물의 흐름이 아이디어가 흘러들도록 작용하는 것인지도 모른다.

창조적인 영감을 불러일으키는 그 밖의 활동으로 '잠'을 꼽을 수 있다. 해결책을 찾아야 하는 문제가 있거나 어떤 프로젝트를 훨씬 수월하게 완수하고 싶다면 잠자리에 들기 전 '유용한 정보를 받아들일 수 있도록 마음을 열어 두고 잠에서 깬 뒤에 그 정보를 기억하겠다'는 자기암시를 미리 해둔다. 잠에서 깨면서 곧바로 아이디어를 적을 수 있도록 머리맡에 노트와 펜을 놓아두면 좋다. 이 방법을 실제로 해보면 깨어 있는 동안에 떠오르는 생각보다 훨씬 대단한 아이디어가 꿈속에서 떠오른다는 것을 바로 확인할 수 있다.

누구나 창조적인 사람이 될 수 있다

사람들이 흔히 저지르는 실수는 이런 무의식적인 대뇌 작용이 작가나 예술가, 발명가 같은 창조적인 이들에게만 한정되어 있다고 상정하는 것이다. 하지만 주부, 학교 선생님, 학생, 세일즈 전문가, 기업가 등 어떤 일을 하든지 실상은 창조적인 일을 한다고 할 수 있다. 우리는 모두 동일한 성공 메커니즘을 가지고 있다. 성공 메커니즘은 글을 쓰거나 제품을 발명하는 것과 마찬가지로 개인적인 문제를 해결하거나 사업을 운영하거나 제품을 판매하는 데도 똑같이 작동한다.

버트런드 러셀은 자신의 글에서 소개한 방법을 일상적인 개인 문제를 해결하는 데 사용해 보라고 독자들에게 권했다. 듀크 대학교의 조지프 라인 박사는 흔히 '천재성'이라고 부르는 것은 하나의 과정이며, 인간의 정신이 어떤 문제를 해결하기 위해 작동하는 자연스러운 방법이라고 생각한다. 그런데 사람들은 책을 쓰거나 그림을 그리는 데만 천재성이라는 용어를 사용한다.

사실 누구나 어느 정도의 천재성은 지니고 있다. 그리고 대부분의 경우 천재성은 명확히 인식되고 온갖 속박에서 해방되어 잠재된 힘을 온전히 발휘할 날을 기다리고 있다. 지금 당장 천재가 된다고 하더라도 천재성이 곧바로 우리 자아 이미지의 일부분이 될 수는 없다. 하지만 천재성의 본질과 그것이 어떻게 작동하는지를 폭넓게 이해한다면 곧 그렇게 되리라고 나는 생각한다.

우리의 성공 메커니즘은 창조적인 아이디어뿐만 아니라 창조적인 행동에도 동일한 방식으로 작용한다. 운동을 하거나 피아노를 연주하거나 대화를 나누거나 제품을 판매하는 데 필요한 기술은 각각의 행동에 어떤 특별한 노력을 기울이거나 의식적인 사고를 할 필요가 없다. 단지 긴장을 풀고 일이 진행되는 대로 내버려 두면 된다.

창조적인 행동은 자의식적이고 학습된 것이 아니라 자발적이고 자연스럽게 이루어진다. 세상에서 가장 뛰어난 솜씨를 지닌 피아니스트라 할지라도 연주하는 동안 어떤 건반을 두드려야 하는지를 의식적으로 생각하고 노력해야 한다면 머리가 복잡해져서 간단한 곡도 연주할 수 없을 것이다. 피아니스트는 피아노를 익히는 동안 이런 문제를 이미 깨달았으므로 자신의 행동이 자동으로 습관이 될 때까지 연습한다. 의식적인 노력을 멈추고 성공 메커니즘의 일부로서 무의식적인 습관 메커니즘에 피아노 연주를 맡기는 지점까지 도달하면, 비로소 훌륭한 연주자가 될 수 있다.

이제 다음과 같은 학습의 4단계에 대해 살펴보기로 하자.

1. 무의식적인 무능력

2. 의식적인 무능력

3. 의식적인 능력

4. 무의식적인 능력

학습의 첫 번째 단계인 '무의식적인 무능력' 단계에서는 자신이 모르고 있다는 사실도 인식하지 못한다. 하지만 학습의 두 번째 단계로 이동하면서 어려운 사항이 무엇인지 힘들게 알게 된다. 또한 학습의 세 번째 단계에서는 일을 수행할 수는 있지만 여전히 의식적인 사고나 의지에 의존한 채 일을 어려운 방법으로 풀어 간다. 학습의 네 번째 단계로 올라가면 지금까지 어려웠던 부분이 자동적으로 해결된다.

이것은 우리의 학습 경험을 아주 정확하게 묘사한다. 마치 어린아이가 신발 끈을 묶거나 성인이 컴퓨터를 작동시키는 것처럼 쉬운 일일 수도 있다. 앞서 소개한 '정신의 영화관' 기법을 사용하는 데 있어 매우 중요한 점은 이 학습의 4단계 사다리를 얼마나 빨리 올라갈 수 있는지, 그 과정에서 발생하는 스트레스를 외과적으로 얼마나 많이 제거할 수 있는지라고 할 수 있다.

의식적인 노력은 우리의 자동적인 창조 메커니즘을 억누르거나 멈출수도 있다. 사회생활에서 지나치게 자의적인 태도를 보이거나 서투른 사람들은 일을 잘 해낼 수 있을지 너무 의식적으로 염려하고 걱정하기 때문에 그러기가 더욱 쉽다. 즉, 말하는 것에 두려움을 느끼거나 일이 잘못될까 봐 지나치게 두려워한다.

이런 사람들은 자신의 행동 하나하나에도 지나치게 주의를 기울인다. 그리고 심각하게 생각한 후에 행동하고 다음에 벌어질 결과를 미리 예상하면서 이야기한다. 이들을 가리켜 흔히 '억압되어 있다'고 말한다. 그러나

보다 정확하게 말하면 억압된 것이 아니라 스스로 자신의 창조 메커니즘을 억압했다고 말해야 할 것 같다. 만일 이들이 의식적인 노력을 멈추고 걱정을 떨쳐 버리면서 자기 행동의 결과를 미리 염려하지 않는다면 창조적이고 자연스럽게 자신의 참모습을 발견할 것이다.

스포츠에는 다음과 같은 말이 있다.

"지지 않기 위해 경기를 하면 이길 수 없다."

이 말은 살면서 부딪치는 모든 상황에 똑같이 적용될 수 있다. 지지 않으려고 경기를 하면 스트레스를 받게 되고, 그것이 점차 늘어나면서 실수할 가능성이 더 커진다.

목표를 세울 때는 대부분의 시간을 '여행 모드'로 보내야 한다. 대부분의 시간을 목적지에 이르는 데 필요한 과정과 행동에 초점을 맞춰야 한다는 뜻이다.

가령 에베레스트 산 등반을 목표로 할 때 오로지 산 정상에 오르는 순간만 생각한다면 현재의 성공 메커니즘을 억누르게 된다. 여행을 할 때는 여정의 각 단계에 신경을 써야 한다. 대부분의 시간에는 순간의 여정에 집중하고, 최종 목표에 대해 생각하는 것은 가끔씩(하루에 한두 번씩 머릿속에 시각화하는 훈련을 할 때)으로 제한한다. 시각화 훈련이 끝나면 그 뒤로는 다시 여행 모드로 돌아가고 최종 목표는 무의식이나 성공 메커니즘에 맡겨 둔다. 그러면 힘들게 노력하지 않고도 목표에 도달할 수 있도록 성공 메커니즘이 이끌어 줄 것이다.

경제적인 형편이 나아지기를 소망하는 사람도 그런 조언에 주의를 기울여야 한다. 현재 상태와 원하는 목표에 끊임없이 집착하면 목표를 이룰 가능성이 그만큼 줄어든다. 목표를 설정하고 나면 과정에 몰두하라. 만일 어떤 과정을 통해야 할지 아직 모르는 상태라면 성공 메커니즘에 맡겨 두고 적절한 방법이 떠오를 수 있도록 열린 마음으로 기다려야 한다. 그 방법은 어떻게든 해보려고 애쓰거나 신경이 날카로워져 있을 때가 아니라 안정되고 편안한 마음으로 있을 때 떠오를 것이다.

창조성을 발휘하는 다섯 가지 방법

1. 걱정은 돈을 걸기 전에 하라

나는 카지노 룰렛 게임 실력이 형편없었던 어떤 기업 경영자 덕분에 이런 아이디어를 떠올릴 수 있었다. 그는 '걱정은 룰렛 휠이 돌아가기 시작한 뒤가 아니라 돈을 걸기 전에 해야 한다'는 조언으로 걱정을 극복했을 뿐 아니라 더 창조적이면서도 성공적으로 일할 수 있었다.

나는 그에게 어떤 일을 계획하고 결정하는 데 불안감이 미치는 영향에 대해 언급하면서, 앞서 소개한 윌리엄 제임스 박사의 조언을 우연히 전하게 됐다.

"일단 결정이 내려지면 순서에 따라 하나씩 일을 진행하면 됩니다. 모든 책임감을 떨쳐 버리고 결과에만 주의를 기울이십시오. 한마디로, 모든 지적이고 실제적인 행동 습관의 족쇄를 풀고 자유롭게 움직이도록 놓아두세요."

몇 주 후, 그는 내 사무실에 갑작스레 들이닥쳐서는 이렇게 말했다.

"라스베이거스에 있을 때 별안간 윌리엄 제임스 박사 생각이 떠올랐어요. 그래서 그 사람 말대로 해봤더니 효과가 있었어요."

"무슨 생각이 떠올랐고, 어떤 효과를 봤다는 겁니까?"

내 질문에 그는 다음과 같이 대답했다.

윌리엄 제임스 박사의 조언이 떠올랐습니다. 처음 그 말을 들었을 때는 별 느낌이 없었어요. 그런데 룰렛 경기를 하는 동안 그 말이

다시 떠올랐죠. 저는 돈을 건 후에 그다지 걱정하지 않는 듯한 표정을 한 사람들을 살펴보았습니다. 겉보기에 그들은 승산에 별 관심이 없어 보였습니다. 그러나 회전판이 돌아가자 그들은 긴장해서 몸을 움츠렸고 자신이 건 숫자가 나올지 걱정하기 시작했어요. 참으로 어리석은 사람들이란 생각이 들더군요. 원래 승산이 있는지 걱정하거나 따져 보려면 결정을 내리기 전에 해야 하니까요.

잘 생각해 보면 자신이 어떤 결정을 내려야 하는지 알 수 있습니다. 예를 들면 가장 승산이 있을 것 같은 쪽에 걸거나, 아니면 절대 위험을 감수하지 않겠다고 결정할 수도 있습니다. 하지만 일단 베팅이 이루어지고 경기가 시작되면 긴장을 풀고 즐기는 편이 더 낫죠. 한번 내린 결정에 대해 다시 생각하는 것은 전혀 도움이 되지 않고 힘만 낭비하는 꼴이니까요.

저는 사업과 개인적인 생활에서도 이런 방식으로 행동하는 자신을 발견할 수 있었습니다. 가끔 저는 일에 대한 적절한 준비 없이, 또 거기에 따르는 위험이나 최선의 대안을 고려하지 않은 채 어떤 결정을 내리거나 일에 착수하곤 했습니다. 그런데 그 일이 일단 제 손에서 떠나면 일이 잘 되어 가는지, 제가 올바르게 행동했는지 끊임없이 걱정했습니다. 하지만 이제부터는 결정을 내리기 전에 필요한 모든 걱정과 생각을 하고, 일단 결정한 후 룰렛의 회전판을 돌아 나오는 결과에 대해서는 걱정과 책임감을 모두 떨쳐 버리기로 마음먹었습니다. 그것은 효과가 있었습니다. 그 뒤부터 저는 기분도 좋아지고 잠도 잘 잘 수 있었어요. 일도 열심히 할 수 있었을 뿐만 아니라 사업도 점점 더 순탄해졌습니다.

또 이 원칙이 온갖 일상사에도 적용된다는 사실을 깨달았습니다. 예를 들면 저는 치과에 간다든가 불쾌한 일에 대해서는 늘 안절부절못했습니다. 그래서 제 자신에게 이렇게 말했어요.

'이건 어리석은 짓이야. 치과에 가려고 결심하기 전부터 그와 관련해서 일어날 불쾌한 일을 이미 알고 있었잖아. 만일 그것 때문에 지나치게 걱정되거나 걱정할 가치가 없다고 생각되면 치과에 안 가면 그만이야. 하지만 치과에 가는 일이 그다지 불쾌한 일이 아니라면, 결정을 내린 다음에는 그것에 대해 잊어야 해. 말하자면 회전판이 돌기 전에 이런 것들을 미리 생각해야 한다는 거지.'

저는 임원 회의에서 연설을 해야 할 때마다 전날 밤 걱정을 많이 하는 편이었습니다. 그래서 자신에게 이렇게 말했습니다.

'임원 회의에 참석할 수도 있고 하지 않을 수도 있어. 만일 연설을 하기로 결정했다면 하지 않고 싶다고 생각하거나 정신적으로 그런 생각에서 벗어나려고 노력할 필요가 없는 것 아닌가.'

이미 하기로 결정된 일에서 도망치거나 벗어나려고 정신적으로 노력하기 때문에 엄청난 신경과민과 걱정이 생긴다는 사실을 알게 되었습니다. 만일 그것으로부터 도망치지 않고 직접 부딪치기로 결정했다면 그렇게 끊임없이 탈출을 고려하거나 희망할 필요가 없다는 사실도요. 저는 원래 사교 모임을 싫어하는 성격이지만 아내를 기쁘게 해주기 위해서나 사업상 종종 사교 모임에 참석하곤 합니다. 어쩔 수 없이 참석하기는 했지만 마음속으로는 그런 모임을 싫어하기 때문에 그곳에 머무는 동안 줄곧 심술 난 표정으로 아무 말 없이 있다가 집으로 돌아오곤 했죠. 그러나 만일 어쩔 수 없이 아내와 함께 가기로 결정했다면 정신적으로도 그래야만 하니까 이와 반대되는 모든 생각을 잊어버리기로 마음먹었습니다. 지난밤에는 제가 늘 멍청한 사교 클럽이라고 부르는 모임에 참석했는데, 어느덧 제가 그 모임을 즐기고 있는 모습에 스스로도 놀랐습니다.

이 책의 초판본을 출간한 후 비즈니스 리더들과 나누었던 수많은 대화는 대체로 이런 이야기에 초점이 맞춰져 있었다. 한번은 메트로폴리탄 생명보험이라는 대기업 세미나에 초청받은 적이 있었다. 쉬는 시간에 임원한 명이 내게 다가오더니, 어떤 결정을 내린 뒤 지나치게 걱정하는 어떤 사람에 대해 이야기하면서 이런 인상적인 말을 했다.

"사실 이 세상에는 본래부터 옳은 결정과 잘못된 결정이 있습니다. 하지만 우리는 결정을 내리고, 그것을 옳은 결정으로 만듭니다. 그것이 바로 리더십의 전부 아닐까요?"

세계에서 가장 큰 광고회사인 맥켄 에릭슨의 회장인 니나 디세사도 다음과 같이 말했다.

"잘못된 결정은 언제든지 수정할 수 있습니다. 그러나 아무것도 하지 않는다면 지나간 시간은 다시 돌아오지 않습니다."

성공 포인트

결심과 동시에 실천하는 습관을 들여라

아무리 사소한 문제라도 과단성과 단호함을 갖고 처리하도록 노력해야 한다. 자신이 확고한 결정을 내리는 사람이라는 자아 이미지를 형성하려면 스스로에게 분명한 증거가 필요하기 때문이다. 그런 다음 그것과 관련된 모든 걱정을 잊어버려라. 친구와 식당에 가서 메뉴 고르는 일로 고민에 빠지거나, 심지어 주문한 후에 마음을 바꾸는 사람이 되어서는 안 된다. 음식을 고른 후에는 메뉴판을 덮어라. 쇼핑을 할 때도 물건을 집어 들었으면 구입하라.

자물쇠 상자 기법

사업상 중요한 결정을 내리거나, 골프채 또는 황갈색 스포츠 상의에 어울리는 타이를 고르는 것 같은 개인적인 일을 결정한 후에는 곧바로 도움이 될 만한 유용한 정신적 이미지나 정신적 영화를 만들어 보라.

이와는 좀 다른 맥락이지만, 2000년 미국 대통령 선거에서 민주당의 앨 고어 후보는 '자물쇠 상자' lock box 라는 말을 자주 사용해 인기를 끈 적이 있었다. 이 말은 TV 코미디 프로그램에서 나온 것으로 사람들 사이에서 꽤나 유행했다.

'자물쇠 상자'란 말은 지금부터 소개하고자 하는 내용을 시각화한 좋은 사례라고 할 수 있다. 일단 어떤 결정을 내리면 관련된 모든 정보와 관심사를 수집하고 장단점을 엄밀히 조사해서 저장 창고에 보관할 커다란 파일 속에 정리한다. 그것들을 커다란 상자 안에 넣거나 컨테이너 안에 넣은 뒤에 잠근다. 그러고 나서 종이 한 장에 결정한 내용을 기록하고 봉인한 다음, 오늘 날짜와 시간을 적고 '완료'라고 적는다. 그 종이를 넣은 봉투를 '완료' 파일 캐비닛에 넣고 잠근다. 마지막으로 만족할 만한 육체노동을 마친 뒤에 손을 털고 일어나 저장 창고에 불을 끄고 마치 배가 어둠 속에서 환한 곳으로 항해하듯 어두운 방에서 걸어 나온다. 몇 초 동안 이 영화를 감상한 후에 스틸 사진이나 슬라이드로 잘라서 빠른 속도로 다시 본다.

2. '지금 이 순간에' 반응하는 습관을 들여라

목표에 대해 의식적으로 생각하고 일이 진척되는 상황을 평가하면서 계획을 세울 필요가 있다. 그러나 그런 생각은 적절한 목표를 위해 정해진 시간과 공간에서만 해야 한다. 나머지 시간에는 오직 현재의 순간에만 집중하면서 '내일을 위해 어떤 걱정도 하지 않는' 습관을 의식적으로 길러야 한다. 우리의 창조 메커니즘은 내일은 작동하지도 않고 반응하지도 않는다. 심지어는 단 1분 후에도 마찬가지다. 오직 지금 이 순간에만 작동한다. 다시 말하지만 내일을 위해 계획을 세워라. 그러나 내일 또는 지나간 과거를 위해 인생을 소비하지는 마라.

창조적인 삶이란 환경에 자연스럽게 응답하고 반응하는 것이다. 우리의 창조 메커니즘은 현재 환경에 모든 주의를 집중하면서 현재 무슨 일이 일어나는가에 대한 정보를 제공할 때만 적절하고 성공적으로 작동할 수 있다. 미래에 원하는 것을 계획하고 그것을 준비하라. 그러나 내일 일에, 심지어는 5분 후에 일어날 일에 어떻게 반응할지에 대해서는 걱정하지 마라. 우리의 창조 메커니즘은 앞으로 발생할 수 있는 것이 아니라 현재 발생하는 것에 대해서만 성공적으로 반응한다.

언젠가 나는 어느 대기업 회장과 아주 비싼 레스토랑에서 식사를 한 적이 있다. 그는 아주 빠르게 식사를 끝냈는데, 그의 접시에는 여전히 음식이 잔뜩 남아 있었다. 이유를 묻자 그는 이렇게 대답했다.

"저는 음식의 맛을 음미하지 않아요. 더 중요한 다른 일을 생각하기에도 바쁘거든요."

차라리 그는 알약 하나를 먹고 영양을 공급받는 편이 나을 수 있다. 나도 언젠가 그렇게 될지도 모른다. 그러나 그의 태도에는 두 가지 문제점이 있다. 첫째, 그는 와인을 마신다든가 고기의 맛을 조금씩 음미하면서 음식의 맛을 감상하고, 함께 먹는 사람과 토마토가 얼마나 신선한지에 대해 대화를 나누는 식사의 즐거움을 거부하고 있다. 어떻게 보면 그는 삶의 감각적인 즐거움을 놓치고 있다고 볼 수도 있다. 둘째, 그의 행동은 뛰어난 집중력과 경영자다운 원칙, 기업가적인 열정이나 시간의 효율적인 사용 습관을 잘 보여 준다기보다는 자신의 일과 위치에 대한 자만심을 드러낸다.

우리의 삶에서 안도나 휴식 없이 항상 최고의 속도로만 움직인다면 최선을 다할 수 없다. 어떤 순간에는 오직 한 가지 일 또는 한 사람에게만 완전히 집중해야 한다. 물론 자신이 매우 바쁘다는 사실로 다른 것들을 덮을 수 있을지는 모르겠지만, 그것만으로 자신의 지혜나 능력을 최대한 발휘할 수는 없을 것이다. 다음 날 아침 나는 주식중개인에게 전화를 걸어 어제 만났던 사람의 회사 주식을 팔아 달라고 말했다.

인생을 만끽할 만큼 충분하게 자신의 정신적 삶의 속도를 늦추는 법을 배운다면, 우리는 훨씬 더 즐거운 생활을 할 수 있으며 자신만의 고유한 능력을 잘 발휘할 수 있다.

**성공
트레이닝**

관찰력과 추진력 연습

레스토랑이나 상점 같은 장소를 떠난 뒤 잠시 멈춰 서서, 그곳에 머물렀던 장면을 회상하며 어느 정도 자세하고 정확하게 묘사할 수 있는지 확인해 보라. 우리의 관찰력을 예리하게 다듬기 위해 몸에 익을 때까지 삶의 속도를 늦추고, 어디에 가든 그곳에 좀 더 머물도록 하라.

《셜록 홈스》 시리즈를 읽어 봤다면 홈스가 아주 사소한 사항까지도 회상해 내고 분석하는 탁월한 관찰력을 지니고 있음을 발견할 것이다. 저자인 아서 코넌 도일은 홈스의 친구 왓슨의 입을 통해 이렇게 말한다.

"자네의 관찰 능력과 특별한 추리력은 아무래도 체계적인 연습에서 나온 것 같아."

도일은 에든버러 대학교 병리학과 교수를 모델로 홈스라는 인물을 만들어 냈는데, 그 교수는 특이한 관찰력으로 유명했다. 그는 어떤 장면이나 경험, 사람들에 대한 세부적인 사실을 포착하기 위해 정신을 훈련하는 데 많은 노력을 기울였다.

'꽉 찬 하루'를 산다는 것

《삶의 한 가지 방식》A Way of Life 의 저자 윌리엄 오슬러William Osler 박사는 자신이 행복하고 성공한 삶을 살 수 있었던 비결은 단 한 가지, 단순한 습관 때문이었으며 그 습관은 다른 모든 습관들처럼 만들 수 있다고 말했다. 그는 학생들에게 '꽉 찬 하루'를 살아가라고 조언했다. 24시간을 기준으로 앞이나 뒤를 돌아보지 않고, 오로지 오늘을 최선을 다해 사는 것이다. 오늘을 잘 살면 더 나은 내일을 만들기 위해 자신의 모든 능력을 발휘하는 셈이 된다.

윌리엄 제임스는 이와 똑같은 철학이 종교적으로나 심리학적으로 걱정을 치유하는 매우 중요한 원칙으로 쓰였다면서 다음과 같이 말했다.

"제노바의 가타리나 성녀는 '매 순간 자신의 눈앞에 있는 사물만 인식했다'고 전해진다. 신앙이 깊은 그녀의 영혼에게는 현재 맞이하는 그 순간이 가장 성스러운 순간이었다. 그리고 그녀는 현재가 그 순간과 그에 관련된 것들로 규정되고, 순간의 임무가 완수되면 임무는 마치 존재하지 않았던 것처럼 종적을 감추며, 그 뒤를 잇는 순간과 임무에 자리를 내준다고 받아들였다."

알코올중독 치료 모임에서 주고받는 다음과 같은 표현에도 그런 원칙이 적용된다.

"술을 영원히 마시지 않으려고 애쓰지 말고 그저 '오늘은 마시지 않겠다'라고만 말하라."

멈추고, 살피고, 귀 기울여 들어라

현재의 환경을 보다 의식적으로 지각할 수 있도록 훈련하라. 지금 이 순간 자신을 둘러싼 환경에서 미처 의식하지 못한 광경, 소리, 냄새는 없는가?

의식적으로 보고 듣는 연습을 하라. 각각의 사물이 주는 느낌에 더 깊은 주의를 기울여라. 걸음을 걸으면서 발바닥이 닿는 보도를 제대로 느껴 본 지 얼마나 되었는가? 원주민들과 초기 개척자들은 생존을 위해서 눈에 보이는 모든 광경, 소리, 느낌에 예리하게 주의를 기울여야 했다. 현대인들에게도 그런 주의가 필요하지만 그 이유는 원주민들과는 다르다. 생존을 위협하는 육체적인 위험 때문이 아니라 창의적, 자발적으로 환경에 적절히 대응하며 살아가지 못하고 생각이 혼란스러워지면서 생기는 신경증의 위험 때문이다.

그 순간에 일어나는 일을 잘 인식하고, 오로지 그 순간에 일어나는 일에만 반응하려고 노력하는 자세에는 신경과민을 해소하는 엄청나게 놀라운 효력이 있다. 만일 다음에 신경이 날카로워지면서 예민하고 초조한 기분이 들면 하던 일을 즉시 멈추고 마음속으로 이렇게 질문해 보자. '내가 지금, 여기서 어떤 것들에 대응해야 하는가? 내가 지금 여기서 관심을 쏟아야 할 일이 뭐가 있을까?' 신경과민의 대부분은 지금 여기서 할 수 없는 뭔가를 자기도 모르게 해보려고 애를 쓰면서 발생한다. 그러면 아무리 애를 쓰더라도 지금은 일어나지 않을 행동으로 관심의 초점이 이동한다.

창조적인 메커니즘의 역할은 현재의 환경(지금 여기)에 적절히 반응하는 것임을 늘 명심하라. 시시각각 생각을 멈추고 이 사실을 떠올려야만 과거의 환경이나 상황에 자동으로 반응하는 것을 피할 수 있다. 사람들은 흔히 현재가 아니라 지금과 비슷한 과거의 상황이나 사건에 반응한다. 다시 말해 현실이 아니라 허구에 반응하는 것이다. 이를 완전히 인식하고 자신이 지금 무엇을 하고 있는가를 깨달으면 놀라울 정도로 빠른 치유 효과를 기대할 수 있다.

과거를 현재로 소환하지 마라

업무 관련 미팅이나 무대, 그 외 격식 있는 모임에 참석하면 잔뜩 긴장하고 불안해하는 사람이 있었다. 그 상황들 모두가 '사람들이 많이 모인 자리'라는 공통점이 있었다. 그는 자기도 모르게 사람들이 많이 모인 자리가 중요한 요인이었던 과거 상황에 반응하고 있었던 것이다.

사실 그는 초등학교 때 실수로 바지에 오줌을 싼 적이 있었다. 당시 교사가 그를 불러내 반 아이들이 다 보는 앞에서 모욕을 주는 바람에 그는 큰 모멸과 수치감을 느꼈다. 그 후로 사람들이 많이 모인 상황은 하나의 요인으로 작용해서 마치 과거의 상황이 재현된 듯 반응했던 것이다.

그는 자신은 열 살짜리 학생으로, 사람들이 모인 장소는 초등학교 교실로, 모임을 이끄는 사람들은 과거 악독했던 교사로 여기고 지금껏 반응해 왔다는 사실을 제대로 볼 수 있게 되었다. 그러자 그가 겪었던 불안 증세가 모두 사라졌다.

그 외에도 새로 만나는 모든 남자들을 과거에 사귀었던 남자 친구처럼 생각하고 반응하는 여성, 만나는 모든 상사를 과거에 경험했던 상사처럼 여기는 사람들의 사례도 주위에서 흔히 찾아볼 수 있다.

3. 한 번에 한 가지 일만 하라

한꺼번에 여러 일을 하려는 우리의 어리석은 습관은 신경과민, 조급증, 불안 등과 마찬가지로 혼란을 일으키는 또 다른 원인이다. 어떤 학생은 공부를 하면서 TV를 시청하는 습관이 있고, 어떤 사업가는 이메일을 읽으며 오늘 또는 이번 주에 해야 할 일들을 생각한다. 무의식적으로 한 번에 그 모든 것들을 성취하려는 것이다.

습관은 평소 거의 인식되지 않기 때문에 특히 조심해야 한다. 사람들은 눈앞에 놓인 엄청난 업무량을 떠올리면서 안절부절못하고 걱정한다.

하지만 안절부절못하는 느낌은 꼭 업무 때문이라기보다는 우리의 정신적인 태도 때문에 생긴다고 볼 수 있다. 말하자면 '나는 당장 이것을 할 수 있어야만 해'라는 생각에 사로잡혀 있는 것이다. 불가능한 것을 위해 노력하기 때문에 신경질적인 반응을 보이고, 어쩔 수 없이 공허감과 좌절을 겪는 것이다.

우리는 한 번에 한 가지 일만 할 수 있다. 간단하고 분명한 이 진실을 완전히 확신하고 깨닫는다면 이제 막 하려는 일을 멈추고 지금 하는 한 가지 일에만 우리의 모든 의식과 능력을 집중할 수 있다. 이런 태도로 일할 때 긴장을 풀 수 있고, 조급함이나 걱정으로부터 자유로워지며, 최상의 상태에서 생각하고 집중할 수 있다.

TV 미식축구 중계에서 패스를 받은 선수가 공을 떨어뜨리는 장면을 본 적이 있는가? 해설자는 "저런! 공을 잡기도 전에 달리려고 했군요."라고 말하거나 "발소리를 들었어야 했어요."라고 말했을 것이다. 그 선수는 공을 안전하게 받는 데 주의를 집중하지 못하고 공을 잡기 전에 몸부터 움직여 앞으로 나아가려고 했거나 다른 선수들이 자신에게 몰려드는 상황을 걱정한 것이다.

최근 비즈니스에서는 '멀티태스킹'multitasking 이라는 말이 등장했다. 많은 사람들이 대부분 멀티태스킹을 원하지만 사실 이는 공허한 개념일 뿐이다. 우리와 경쟁하는 사람이나 집단 또는 리더들을 잘 관찰해 보라. 탁월한 능력을 지닌 사람들은 멀티태스킹보다는 집중을 더 선호한다. 운전하거나 혼잡한 거리를 걸어가면서 휴대폰으로 고객과 이야기를 나누는 사람 중에 뛰어난 세일즈맨을 찾아보기는 힘들 것이다.

뛰어난 세일즈맨은 고객과 이야기를 나누는 데만 전력을 다한다. 기업의 평범한 임원들은 다른 사람과 만나는 중이나 중요한 정보를 검토할 때 자신에게 걸려 오는 전화나 인터폰 또는 예약 없는 방문을 허용한다. 하지만 성공한 임원은 그런 혼란을 인정하지 않는다.

모래시계의 교훈

제임스 고든 길키 James Gordon Gilkey 박사는 1944년 '마음의 평정을 얻으려면'Gaining Emotional Poise 이라는 제목으로 강연을 했는데, 그 내용이 《리더스 다이제스트》에 소개되면서 하룻밤 사이에 유명해졌다. 그는 수년간의 상담 경험을 통해 신경쇠약과 걱정, 그 외 개인적인 문제의 주요 원인이 수많은 일을 반드시 처리해야 한다고 여기는 나쁜 정신적 습관에서 비롯된다는 사실을 발견했다.

길키 박사는 책상 위에 놓인 모래시계를 보면서 이런 생각에 대한 영감을 얻었다고 한다. 모래시계에서 한 번에 오직 한 알의 모래가 구멍을 통과하듯이 사람도 한 번에 한 가지 일밖에 할 수 없다. 문제를 일으키는 원인은 일 자체에 있는 것이 아니라 그 일에 대해 생각하는 자신의 태도에 있다는 것이다.

길키 박사에 따르면 대부분의 사람들은 사명감, 의무, 책임감 등으로 무장한 후 자신에 대한 잘못된 정신적 이미지를 만들어 내기 때문에 늘 조급하고 괴롭힘을 당한다. 해야 할 일, 풀어야 할 문제, 견뎌 내야 할 긴장 등 우리는 순간마다 수십 가지에 이르는 부담을 안고 살고 있다. 아무리 바쁘고 주위로부터 시달린다고 해도 이런 정신적 이미지는 잘못된 것이라고 길키 박사는 말한다. 심지어는 가장 바쁜 날 가장 혼잡한 순간이 한꺼번에 찾아오더라도, 수많은 문제나 일 또는 긴장이 한꺼번에 몰려들더라도 그것들은 한 줄로 서서 하나씩 다가온다. 길키 박사는 진실한 정신적 이미지를 얻고 싶으면 하나씩 떨어지는 수많은 모래알을 담고 있는 모래시계를 머릿속에 떠올려 보라고 제안한다. 잘못된 정신적 이미지가 불안을 일으키듯이 올바른 정신적 이미지는 감정상의 균형을 되찾아 준다.

다음 내용은 길키 박사의 모래시계와 유사한, 내가 개발한 정신적 치료법으로서 환자들에게 매우 효과가 있었다.

우리의 성공 메커니즘은 직장 생활을 하고, 과업을 수행하며, 문제를 해결하는 데 도움이 된다. 과학자가 인공두뇌에 풀어야 할 문젯거리를 제공하는 것처럼 우리도 우리의 성공 메커니즘에 처리해야 할 일이나 문제를 제공한다. 이때 성공 메커니즘은 한 번에 한 가지 일만 처리할 수 있다. 서로 다른 세 문제가 뒤섞여 동시에 입력되면 인공두뇌가 올바른 대답을 내놓을 수 없는 것처럼 성공 메커니즘도 마찬가지다. 압박감을 떨쳐 버려라. 그리고 한 번에 한 가지 이상 처리하려고 애쓰지 마라.

목표를 여러 가지 잡는 것은 괜찮다. 하지만 한 번에 한 가지 목표에만 집중하는 것이 한꺼번에 여러 목표에 집중하려고 애쓸 때보다 훨씬 많은 성과를 낼 것이다. 욕구의 불씨가 한 가지 목표에 집중된 상태로 시작하면, 억지로 힘을 들이지 않아도 자연스럽게 불꽃이 훨훨 퍼져 나간다.

**성공
포인트**

한 번에 한 가지씩만 처리하라

모래시계를 구입해서 일하는 장소에 놓아두어라. 그러면 자주 볼 수 있을 것이다. 그리고 그 시계 위나 바로 옆에 '한 번에 한 알씩'이라고 쓴 작은 스티커를 붙여 놓아라.

---

4. 하룻밤 자고 나서 다시 생각하라

만일 오늘 하루 종일 뚜렷한 진척도 없이 어떤 문제와 마냥 씨름만 하고 있다면, 마음속에서 그것을 떨쳐 내고 '하룻밤 자고 나서 다시 생각하기로' 하고 결정을 유보하라. 우리의 창조 메커니즘은 깨어 있는 '나'로부터 방해를 받지 않을 때 최고의 힘을 발휘한다. 만일 잠자리에 들기 전에 창조 메커니즘을 움직이기 시작했다면, 잠자는 동안 우리의 창조 메커니즘은 의식적인 간섭에서 벗어나 독립적으로 활동할 수 있는 기회를 얻는다.

구두장이와 요정에 관한 동화를 기억하는가? 구두장이는 자신이 잠자리에 들기 전에 가죽을 모양대로 잘라 놓으면, 자는 동안에 요정들이 나타나서 구두를 만들어 놓는다는 사실을 알고 있었다.

수많은 인물들이 이와 비슷한 방법을 사용했다. 에디슨의 부인은 남편이 다음 날 성취했으면 하고 바라는 것들을 매일 밤 잠자리에 들기 전에 머릿속에서 다시 한번 검토했다고 회고했다. 에디슨의 유명한 '깜박 잠'은 단순히 피곤을 풀어 주는 것 이상이었다. 조지프 로스먼은 《발명의 심리학》Psychology of Invention 에서 다음과 같이 말했다. "에디슨은 어떤 문제 때문에 난처함을 겪을 때, 멘로파크에 있는 실험실에 큰 대자로 누워 비몽사몽간에 문제를 풀 수 있는 아이디어를 얻곤 했다."

월터 스콧 경은 구체적인 아이디어가 떠오르지 않아서 애를 먹을 때마다 "걱정 마. 내일 아침 7시까지는 생각이 날 거야."라고 혼잣말을 했다고 한다. 또 객관적 심리학의 아버지로 불리는 러시아의 신경병리학자 블라디미르 베흐테레프는 "저녁에 어떤 주제에 대해 공상에 잠겼다가 잠들면 다음 날 아침 손에 펜을 들었을 때 글이 저절로 쏟아져 나오는 것을 여러 차례 경험했다. 내가 한 일이라고는 그저 나중에 문장을 다듬는 것이 전부였다."라고 말했다.

소설가 J. B. 프리스틀리는 세부 내용까지 모두 완성된 에세이 《버크셔의 야수》,《이상한 여행 용품점》,《꿈》에 관한 꿈을 꾸었다. 캔터베리 대주교 프레드릭 템플은 "모든 결정적인 생각은 보이지 않는 곳에서 나온다. 그 과정에서는 거의 알아채지 못하지만 분명히 그 상당 부분은 잠을 자는 중에 떠오른다."라고 말했다.

헨리 워드 비처 목사는 18개월 동안 하루도 빠지지 않고 매일 설교를 한 적이 있었다. 당시 그가 사용한 방법은 무엇이었을까? 그는 수많은 아이디어를 구체화한 후 매일 잠자리에 들기 전 하나를 골라 집중적으로 생각했다. 그러면 그것이 다음 날 아침 설교하기에 적합한 내용으로 변했다.

아우구스트 케쿨레가 잠자는 중에 벤젠 분자 구조의 비밀을 발견한 것이나, 로버트 루이스 스티븐슨에게 요정 '브라우니'가 잠을 자는 동안 소설 줄거리 아이디어를 주었던 일화는 이미 널리 알려져 있다. 그런데 많은 경영자들이 그와 동일한 기술을 사용한다는 사실은 별로 잘 알려져 있지 않다. 예를 들면 1930년대에 10달러짜리 지폐 한 장으로 사업을 시작해서 수백만 달러 규모의 과일 통신판매 사업체를 일군 헨리 콥스는 침대옆에 노트를 준비해 두었다가 잠에서 깬 직후 떠오르는 아이디어를 적었다고 한다.

헝가리 출신인 빅 포커는 돈도 없고 영어도 할 줄 모르는 상태로 미국에 도착했다. 그는 용접공으로 취직해 야간 학교에서 영어를 배우며 돈을 모았다. 안타깝게도 모은 돈은 대공황 시기에 모두 날렸지만 이에 굴하지 않고 1932년 스틸 페브리케이터라고 이름 붙인 작은 용접 공장을 차려 수백만 달러를 벌어들이는 회사로 키워 냈다. 그는 이렇게 말한다.

"저는 잠이 중요하다는 사실을 알게 됐습니다. 때로는 꿈에서 그동안 골치를 앓았던 문제를 해결할 아이디어를 얻고 기뻐서 잠에서 깹니다. 새벽 2시에 잠에서 깨서, 꿈에서 본 아이디어가 효과가 있는지 확인하려고 곧바로 작업장으로 뛰어갔던 적이 여러 번 있었죠."

5. 일하는 동안에는 긴장을 풀어라

제4장에서 휴식을 취하며 신체적, 정신적으로 긴장을 완화시키는 방법에 대해 배웠다. 매일 이 훈련을 지속하면 점점 더 숙달될 것이다. 또한 편안한 감정과 태도를 훈련하고 이런 기분 좋은 느낌을 정신적으로 기억하는 습관을 기른다면 일상적인 활동을 하는 동안에도 긴장이 완화된 감정과 행동을 유지할 수 있다. 하루 중 가끔씩 몇 분간은 잠시 일을 멈추고 편안한 느낌을 세세히 기억하는 훈련을 하라.

우리의 팔, 다리, 등, 목, 얼굴이 어떻게 느끼는지에 대해서도 기억하라. 가끔씩 침대에 눕거나 긴장을 풀고 안락의자에 편안하게 앉아서 마음속으로 그림을 그려 보면 편안한 느낌을 떠올리는 데 도움이 될 것이다. 마음속으로 '나는 점점 더 긴장이 풀린다'라고 여러 번 반복해서 생각하는 것도 도움이 된다.

이것을 하루에 몇 차례씩 반드시 연습하라. 그리고 그 느낌을 기억하라. 피로가 가시고 상황에 보다 잘 대처하는 자신을 발견하고 놀랄 것이다. 긴장을 풀고 이런 상태를 유지하다 보면 창조적 메커니즘의 효율적인 작동을 방해하는 지나친 걱정, 긴장, 불안감 등이 사라진다. 시간이 지남에 따라 이처럼 편안한 마음가짐은 어느덧 습관이 되어 의식적으로 연습할 필요가 없어진다.

스트레스 없이도 성공하는 법

스트레스 없는 성공이란 마치 먹을 건 다 먹으면서 체중을 줄이려는 것과 똑같은 어리석은 생각이다. 하지만 '노력이 없으면 얻는 것도 없다'는 격언은 어떤 면에서 보면 그보다 더 어리석은 말이라고 할 수 있다.

우리 중 누구도 인생에서 어떤 성취감이나 만족감을 얻기 위해 거대한 돌덩이를 가파른 산비탈 위로 끌고 올라가는 것 같은 일을 일부러 하지는 않는다. 이런 행동이 진실되다거나 도덕적으로 옳다고 믿는 것은 아주 제한적인 믿음일 뿐, 우리 모두를 비참하게 만드는 견해이기도 하다.

이 책에서 나는 '창조적 메커니즘', '자동 성공 메커니즘', '자기 통제 메커니즘' 등의 용어를 섞어서 사용했다. 여기서 잠시 이 용어들에 대해 명확하게 설명하고자 한다. 이런 메커니즘은 이마에 주름살을 늘리는 의식적 사고나 염려, 추측, 강한 의지력보다 우리가 해결하려는 일들을 수월하게 처리하는 기능이 있다. 그리고 우리에게 전혀 스트레스를 주지 않는다. 따라서 우리는 이런 시스템을 통제하고 신뢰하는 방법을 배워야 하며, 시스템에 모든 것을 위임한 뒤에는 내버려 두어야 한다.

조지 패튼 George S. Patton 장군은 다음과 같이 말했다.

"사람들에게 일하는 방법을 알려 주지 말라. 그들에게 무엇을 해야 하는지를 말하라. 그러면 그들은 창의력을 발휘해 우리 모두를 깜짝 놀라게 할 것이다."

이와 동일한 리더십의 원칙이 창조적 메커니즘과의 관계에도 적용된다. 무엇을 할 것인가를 말하고, 우리의 창조적 메커니즘이 독창력을 발휘하게 하라. 이를 미시적 경영과 거시적 경영이라는 두 가지 경영 스타일의 관점에서 생각해 보자. 미시적 관점을 가진 경영자들은 마음대로 부릴 수 있는 사람을 선호한다. 그들은 사무실 비품을 구입하는 것 같은 하찮은 업무에서도 세부적인 사항을 하나하나 점검하며, 그 임무를 맡을 사람에 대해 꼼꼼히 확인하지 않고는 함부로 권한을 위임하지 않는다.

하지만 중요한 업적을 성취하는 경영자들은 신체적으로나 정신적으로, 또 감정적으로 스트레스를 받거나 자신을 낮추는 일 없이도 위임하는 방법을 알고 있다. 업무를 위임한 다음에는 자신의 의도와 목표를 정확하게 표현하려고 노력한다. 그리고 자신의 비전이나 목표를 실천할 수 있는 동료에게 의지한다. 미시적 경영자는 때때로 회사의 성장과 번영을 방해하기도 하지만, 거시적 경영자들은 그 반대다.

이와 마찬가지로 우리의 자기 통제 메커니즘도 미시적 경영이 이뤄지지 않도록 조심해야 한다. 세세한 일에 그렇게 안달복달할 필요는 없다. 이는 오히려 역효과를 초래하기도 한다. 우리는 설정한 목표와 정확하게 의사소통할 수 있어야 한다. 그런 의사소통은 우리의 자기 통제 메커니즘이 자동 성공 메커니즘이 되느냐 자동 실패 메커니즘이 되느냐를 결정한다. 따라서 정확한 의사소통은 반드시 필요하다. 우리가 자동 성공 메커니즘과 자동 실패 메커니즘을 오락가락할 필요는 전혀 없다.

내 아내인 앤은 수요일마다 청소하는 사람이 오기 전에 집을 깨끗이 정리하는 이상한 습관을 가지고 있었다. 아내는 다른 많은 여성들도 이 같은 습관을 가지고 있다고 말했다. 내가 이상하다고 하는 이유는 우리 집에 그런 사람이 또 있기 때문이다. 나는 뉴욕 맨해튼의 번잡한 거리를 차로 달리는 동안 운전을 운전기사에게 맡기고 싶지 않았다. 그래서 내가 운전하는 동안 우리 집 운전기사를 뒷자리에 앉아 있도록 했다.

왜 우리는 집을 깨끗이 치운 다음에 방금 치운 것을 정리하기 위해 사람을 고용하는가? 내가 말하고자 하는 바는 이것이다. 꼭 해야 할 일을 하기 위해 우리의 자기 통제 메커니즘을 '고용'하지 마라. 우리의 자기 통제 메커니즘이 자유롭게 작동할 수 있도록 내버려 두어라.

제7장

성공과 행복은
정신적 습관의 결과다

믿을 수 없을 만큼 놀라운 결과를 낳는 심리 습관

우리 대부분은 마치 이 세상에 속하지 않는 사람처럼
조용하고 임시적으로 이 세상을 살아간다.

_닥터로 E. L. Doctorow

인생의 목표가 무엇이냐는 질문을 받으면 사람들은 흔히 '행복해지는 것'이라고 대답한다. 하지만 그런 답변은 인생의 목표에 대해 진지하게 생각해 보지 않은 것에 대한 변명이다. 대부분의 사람들은 분명하고 측정 가능한 것보다는 모호하고 불명확한 것을 선택함으로써 문제를 회피한다. 그러나 행복이 그처럼 모호하고 불명확하지만은 않다. 행복에 접근하는 실제적인 방법은 분명 있다.

이 장에서는 행복을 철학적 관점이 아닌 의학적 관점에서 살펴볼 것이다. 의사이자 저술가인 존 쉰들러 박사는 행복을 "우리가 꽤 오랜 시간 동안 유쾌하게 느끼는 정신적 상태"라고 정의한다. 나는 의학적, 윤리적 관점에서 쉰들러 박사의 표현보다 더 명쾌한 정의는 앞으로도 없을 것이라고 생각한다.

행복은 훌륭한 치료약이다

행복은 인간의 마음과 신체에 들어 있는 천성이다. 우리는 행복하다고 느낄 때 더 깊이 생각하고 행동하며 건강해진다. 심지어 우리의 감각기관도 행복하다고 느낄 때 더욱 활발하게 움직인다.

러시아의 심리학자 케크체예프K. Kekcheyev 는 사람이 즐거운 생각을 하는 경우와 불쾌한 생각을 하는 경우 각각에 보이는 반응에 대해 실험했다. 실험에 따르면 우리는 즐거운 생각을 하는 경우에 더 잘 볼 수 있고 맛도 잘 느끼며, 냄새도 잘 맡을 수 있고 촉각 또한 예민해져 미세한 차이를 보다 섬세하게 감지할 수 있다.

윌리엄 베이츠William Bates 박사는 즐거운 생각을 하거나 즐거운 장면을 떠올릴 때 우리의 시력이 곧바로 향상된다는 사실을 밝혀냈다. 또한 심신의학에서는 우리가 행복할 때 위, 간, 심장 등 내장 기관의 기능이 활발해진다는 사실을 증명하기도 했다.

정신 상태를 개선하는 것과 질병 치료의 직접적인 연관성을 인정하지 않는 전통주의자들은 《새터데이 이브닝 포스트》Saturday Evening Post 의 발행인 노먼 커즌스와의 논쟁을 계기로 동요하기 시작했다. 그는 '세 명의 어릿광대와 수다쟁이 키튼'Three Stooges and Buster Keaton 이라는 유머 비디오를 활용한 유머 치료법으로 자신의 병실에서 암과 투쟁했다. 커즌스의 훌륭하고 교훈적인 경험들은 《웃음의 치유력》이라는 그의 책에 자세하게 소개되어 있다.

또한 버니 시걸Bernie Siegel 박사는 행복 치료법 분야에서 탁월한 업적을 쌓았는데, 기회가 있다면 그의 책이나 강연을 보기 바란다.

하버드 대학교의 심리학자들은 행복과 범죄성의 상관관계를 연구해서 '행복한 사람들은 절대 악랄해지지 않는다'는 독일 속담이 과학적인 사실이라고 결론지었다. 이들은 범죄자들 대다수가 불행한 가정 출신이며 불행한 인간관계의 역사가 있다는 점을 발견했다. 예일 대학교에서 10년 동안 진행한 좌절에 관한 연구에서는 사람들이 악덕과 적의라고 부르는 성품 상당 부분이 불행 때문에 생기는 것임이 밝혀졌다.

쉰들러 박사는 우리의 불행이 모든 심신의학적 질병의 유일한 원인이며, 행복이 유일한 치료약이라고 말한다. 사실 영어에서 '질병'disease 이라는 단어는 '행복하지 않은 상태'dis-ease 를 의미하기도 한다. 최근의 한 연구에서는 '상황을 밝은 쪽으로 바라보는' 낙천적이고 쾌활한 회사원들이 비관적인 회사원들보다 더 크게 출세한다는 사실을 밝혔다.

행복에 관한 사람들의 일반적인 생각은 앞뒤가 바뀌어 있는 듯하다. 우리는 보통 이렇게 말한다. "착하게 행동하면 행복해질 것이다." "성공하고 건강하게 살 수 있다면 행복해질 것이다." "남들에게 다정하고 친절하게 대하면 행복해질 것이다." 하지만 그보다는 이렇게 말하는 편이 더 진실에 가깝다. "행복하게 살아라. 그러면 착해지고, 더 성공하고, 더 건강하고, 남들을 더 너그럽게 바라보고 따뜻하게 대할 것이다."

행복은 얻는 게 아니라 추구하는 것

행복은 노력해서 얻어지는 것이 아니다. 혈액 순환이 잘 되고 안 되는 문제가 도덕적인 문제가 아닌 것처럼, 행복도 도덕적인 문제는 아니다. 하지만 행복과 도덕 모두 우리의 건강과 안녕에는 반드시 필요한 것들이다. 행복은 우리가 꽤 오랜 시간 동안 유쾌하게 느끼는 정신의 상태다. 만일 우리 중 누군가가 자신이 즐거운 생각을 할 '가치'가 있을 때까지 기다린다면, 자신의 '무가치성'에 대한 걱정 때문에 늘 즐겁지 않은 상태로 괴로워할 것이다.

스피노자는 다음과 같이 말했다.

"행복은 도덕의 보상이 아니라 도덕 그 자체다. 우리는 욕망을 억누르기 때문에 행복하고 기뻐하는 것이 아니라, 그 반대로 기쁨에 차 있기 때문에 욕망을 억제할 수 있는 것이다."

진지한 사람은 행복을 추구하는 것이 이기적이거나 잘못되었다고 느끼기 때문에 거부하는 경향이 있다. 물론 우리는 이기심을 버림으로써 자기반성, 실수, 죄책감, 골치 아픈 문제, 자신이 선하다는 자부심에서 벗어날 수 있다. 뿐만 아니라 자신을 창조적으로 표현하고 다른 사람에게 도움을 줄 수도 있다. 사람들이 가장 행복하다고 느끼는 순간은 자신이 필요한 사람이고 다른 사람이 행복하도록 도와주는 데 중요한 역할을 하며, 그럴 만한 능력이 있다고 생각할 때다.

그러나 행복을 도덕적인 문제와 결부시켜 비이기적인 행동에 대한 보상으로 주어진다고 생각한다면 그런 행복을 원하는 것에 대해 죄책감을 느끼기 쉽다. 행복은 어떤 대가나 상이 아니라 우리의 존재와 행동에 자연스럽게 따르는 것으로, 비이기적이며 이타적인 행동을 통해 얻을 수 있다. 만일 행복을 비이기적인 행동에 대한 보상으로 주어지는 것이라고만 생각하면 스스로를 더 억제하고 불쌍하게 여길수록 더 행복해진다는 이상한 논리가 성립된다. 그리고 그런 전제 때문에 결국 행복해지는 방법은 불행해지는 것이라는 터무니없는 결론에 이르게 된다. 그와 관련된 윤리적인 이슈가 있다면 불행보다는 행복의 측면과 관련이 있다. 윌리엄 제임스는 이렇게 말했다.

"불행한 태도는 괴로울 뿐 아니라 초라하고 추하다. 해로운 영향이 초래될 수 있음에도 전혀 개의치 않고 비통해하고, 훌쩍거리고, 부루퉁해하는 것은 참으로 수치스럽고 부끄러운 모습이다. 이런 태도는 남들에게 더 큰 해를 끼치고 어려움에서 벗어나는 방법으로서도 별로 도움이 안 된다.

오히려 발생된 문제를 고착화하고 폐해를 가중시킬 뿐이다."

"가난한 사람을 도울 수 있는 최선의 방법은 그들같이 되지 않는 것이다."라는 말이 있다. 물론 이것이 최선의 방법이라고 장담하기는 어렵다. 그래도 어느 한쪽이 지나치게 풍부한 것보다는 균형을 유지하는 편이 낫다고 생각하는가? 성공을 자제하고 생활수준을 낮춘다고 해서 그것이 가난한 사람에게 얼마나 도움이 되겠는가. 마찬가지로 자신이 불행한 사람처럼 된다고 해서 그들에게 도움이 되는 것은 아니다.

한 여성이 내게 이런 말을 한 적이 있다.

"제 동료들은 일할 때 아주 불행하고 좌절감에 빠져 있는 것처럼 보입니다. 그곳에 앉아서 저 혼자 즐기며 일을 계속하자니 기분이 그다지 좋지 않더군요. 그래서 저는 그들이 화나거나 기분이 더 나빠지지 않도록 될 수 있으면 즐겁게 일하는 모습을 보여 주지 않으려고 애씁니다."

행복을 보상과 균형이라는 측면에서 바라보면 안 된다. 이 여성은 행복해짐으로써 동료들의 행복을 빼앗아 혼자만 즐기지는 않았다. 그러나 자신의 행복을 의식적으로 억누르고 자제함으로써 그 행복이 흘러넘쳐 자연스럽게 주변으로 퍼져 나갈 기회조차 막아 버렸다. 행복은 고립된 섬에 갇힌 세 명의 난파자에게 마지막으로 남은 사탕 같은 것이 아니며, 밀폐된 감옥에 갇혀 있는 죄수에게 마지막으로 남은 한 시간 분량의 산소도 아니다.

영혼을 자유롭게 하는 행복 습관

철학자 블레즈 파스칼 Blaise Pascal 은 이렇게 말했다.

"우리는 살고 있는 것이 아니라 살기를 희망하고 있는 것이다. 항상 행복하기를 기대하지만 그렇게 되지 않는 것은 어쩔 수 없는 일이다."

내 환자들의 경우 그들이 불행하다고 느끼는 공통적인 원인 하나는 지나치게 계획적으로 살려고 하기 때문이다. 그들은 현재를 살면서 삶을 즐기지 않고, 다가올 미래에 일어날 일이나 사건만을 줄곧 기다린다. 그들은 결혼을 하거나, 더 좋은 직업을 구하거나, 집을 장만하거나, 아이들을 대학에 보내거나, 자신의 임무를 완성하고 어떤 승리감을 만끽할 때 행복해질 것이라고 생각한다. 하지만 결국 그들에게 남는 건 실망뿐이다.

행복은 정신적 습관이며 태도이기 때문에 바로 지금 배우거나 연습하지 않으면 경험할 수 없다. 또 행복은 어떤 외적인 문제를 해결함으로써 부수적으로 얻을 수도 없다. 한 문제를 해결하면 또 다른 문제가 생기기 마련이다. 인생은 문제의 연속이다. 만일 행복해지고 싶다면 반드시 행복해져야 한다. 그것뿐이다. 자꾸 따진다고 행복해지는 게 아니다.

8세기에 이베리아를 다스렸던 칼리프 압둘 라흐만 I세는 이런 말을 한 적이 있다.

"지금까지 50년 이상을 국민들에게 사랑받고, 적들에게 위협적인 존재가 되고, 지지자들에게 존경받으면서 승리와 평화 속에서 다스렸다. 부와 영예, 권력과 기쁨이 내 부름을 기다리고 있었으며 특별히 신의 가호를 구하지 않아도 은총을 받았다. 이런 상황에서 내가 정말로 행복했다고 느꼈던 날이 얼마나 되는지 곰곰이 세어 봤더니 고작 14일에 불과했다."

에이브러햄 링컨은 이렇게 말했다.

"대부분의 사람들은 마음먹기에 따라 행복할 수 있다."

또한 심리학자인 매튜 셔펠 박사는 다음과 같이 말했다.

"행복은 순전히 내적인 태도이며, 환경과는 상관없이 개인의 행동으로 만들어지는 개념, 생각 그리고 태도에 의해 형성된다."

성인聖人을 제외하고는 그 누구도 항상 100퍼센트 행복할 수는 없다. 그리고 버나드 쇼가 빈정거린 것처럼 우리가 항상 행복하다면 아마 비참해졌을지도 모를 일이다. 그러나 마음먹기에 따라 간단하게 결단을 내림으로써 우리를 불행하게 만드는 일상생활의 수많은 사건과 주변 상황에서 벗어나 행복하고 즐거운 생각을 하면서 지낼 수 있다. 사람들은 대부분 습관적으로 나타나는 사소한 시기심이나 욕구불만 때문에 까다롭게 굴거나 자신의 불만족, 분노, 성급함을 드러낸다.

우리는 지금까지 그런 식으로 반응해 왔기 때문에 습관처럼 익숙해진 것이다. 이렇게 습관적으로 드러내는 불쾌한 반응의 대부분은 우리의 자존심에 상처를 입힌다고 보는 사람 사이에서 일어나는 사건 때문에 형성된 것이다. 예를 들면 운전사들이 불필요한 경적을 울린다든가, 이야기 중에 마구잡이로 끼어들지만 남이 하는 말은 전혀 귀담아듣지 않는다든가, 누군가가 기대에 미치지 못하고 속을 썩인다든가 하는 경우가 여기에 해당한다.

심지어는 주변에서 일어나는 사소한 일들도 우리의 자존심을 모욕하는 것으로 해석된다. 예를 들면 타려고 하는 버스가 늦게 오거나, 골프 약속을 잡아 놓으면 영락없이 비가 내리거나, 비행기를 타려고 공항에 갈 때면 교통이 마비되어 꼼짝 못 하는 경우 등이다. 이때 우리는 노여움과 분개심, 자기 연민, 불행 등의 감정을 느낀다. 이런 불행의 주요 원인은 비인격적인 요소를 인격적인 것으로 생각하기 때문이다.

이런 습관을 바꾸는 가장 좋은 방법은 불행을 몰고 다니는 무기인 우리의 자존심을 역이용하는 것이다. 나는 이에 대해 환자들에게 다음과 같이 설명한다.

"TV 쇼에서 사회자가 방청객들을 솜씨 있게 다루는 모습을 본 적이 있나요? 사회자가 '박수'라는 신호를 보내면 방청객들은 모두 박수를 치고, '웃음'이라는 신호를 보내면 모두 웃죠. 그들은 마치 노예라도 된 것처럼 복종하고 순한 양같이 들은 대로 행동합니다. 당신도 지금 똑같이 행동하고 있습니다. 당신은 외적인 사건이나 타인에게 자신이 어떻게 느끼고 반응할지를 내맡기고 있는 셈입니다. 당신은 말 잘 듣는 노예처럼 행동하고, 상황이 '화를 내라', '흥분하라', '자, 이제 불행해질 시간이다'라고 신호를 보내면 그에 맞춰 반응하고 있습니다."

행복 습관을 익히면 노예가 아니라 인생의 주인이 될 수 있다. 소설가 로버트 루이스 스티븐슨은 이렇게 말했다.

"행복 습관은 외적인 조건의 지배로부터 자유로워지거나 거의 대부분 자유로워지게 한다."

스스로 불행을 부추기지 마라

아무리 비극적인 상황이나 불리한 환경에 몰려 있더라도 조금 더 행복한 상태를 유지할 수는 있다. 완전히 행복하지는 않더라도 자기 연민이나 분노, 적대감을 현재 처한 불행에 스스로 보태지 않는다면 충분히 가능한 일이다.

알코올 의존증 환자를 남편으로 둔 한 여인이 내게 물었다.

"어떻게 하면 행복해질 수 있죠?"

나는 이렇게 대답했다.

"저도 잘 모르겠어요. 하지만 당신이 처한 불행에 분노와 자기 연민을 추가하지 않는다면 더 행복해질 수 있습니다."

한 사업가는 이렇게 물었다.

"제가 어떻게 하면 행복해질 수 있을까요? 주식으로 얼마 전에 20만 달러를 잃었습니다. 결국 저는 파산했고, 명예를 잃었습니다."

나는 이렇게 대답했다.

"당신의 생각을 그런 사실에 추가하지 않는다면 보다 행복해질 수 있었습니다. 20만 달러를 잃었다는 사실만 받아들이세요. 당신이 파산해서 명예를 잃었다는 건 당신 생각입니다."

그런 다음 나는 그리스의 철학자 에픽테투스의 다음과 같은 말을 기억하라고 했다.

"인간은 일어난 사건에 의해서가 아니라 그 사건에 대한 자신의 생각 때문에 고통을 느낀다."

어릴 적 내가 의사가 되고 싶다고 말했을 때, 사람들은 우리 집에 돈이 없기 때문에 불가능하다고 했다. 어머니가 돈이 없는 것은 사실이었다. 그러나 내가 의사가 될 수 없다는 것은 하나의 의견에 불과했다. 그 후 나는 독일에서 대학원 과정을 다닐 수 없을 것이라는 말과, 젊은 성형외과 의사가 뉴욕에서 개업하기는 힘들 것이라는 말을 들었다.

하지만 나는 그 모든 것을 해냈다. 당시 나는 '불가능하다'는 말이 단지 사람들의 의견일 뿐 사실은 아니라고 마음속으로 되뇌곤 했다. 나는 목표를 이루기 위해 나 자신을 관리했다. 그랬기에 의학 서적을 사기 위해 코트를 전당포에 맡기고 해부용 시체를 구입하기 위해 점심을 거르면서도 행복할 수 있었다.

또한 나는 한 아름다운 여성과 사랑에 빠진 적이 있었다. 하지만 그녀는 다른 사람과 결혼했다. 그것은 하나의 사실이었고 당연히 큰 충격이었다. 하지만 그것 때문에 살 가치가 없다고 생각하는 것은 단지 의견에 불과하다고 계속해서 되뇌었다. 결국 나는 실연을 극복했다. 뿐만 아니라 나중에는 그 일이 내게 일어났던 일 중에서 가장 다행스런 일이었다는 사실이 드러났다.

이 책의 초판본을 탈고한 바로 그해, 나는 인터뷰와 강연에 참석한 청중들로부터 이 책이 어떤 한 가지 개념이나 의견, 성공적인 삶과 그렇지 못한 삶의 대결 구도에서 성공하느냐 실패하느냐를 결정짓는 요소에 대해 요약한 것 아니냐는 질문을 받았다. 처음 이런 질문을 받았을 때는 개인적으로 잠시 생각해 보고 약간 불쾌감을 느꼈다. 아니, 저들이 어떻게 나의 작품을 이렇듯 간단히 요약하고 평범하게 생각할 수 있단 말인가? 물론 그들이 내 작품이나 나를 무시한 것이 아니라 복잡한 내용을 쉽게 이해하려는 그들의 마음을 내가 잘못 해석한 것이라는 점은 알고 있었다. 다행스럽게도 내가 강연한 내용과 합리적인 사고를 통해 나 자신의 자아 이미지가 바늘로 찔리는 듯한 고통은 피할 수 있었다.

이 책이 던지고자 하는 본질적인 메시지는 정확하고 침착하며, 궁극적으로 허구나 개인적인 의견으로부터 사실을 분리해 내고, 과장된 장애물로부터 실제 상황을 떼어 냄으로써 자신이나 다른 사람의 의견이 아닌 오직 진실에 근거해서 우리의 행동이나 반응을 이끌어 내야 한다는 것이다.

목표가 있다면 불행은 존재하지 않는다

앞서 지적했지만 우리 인간은 목표 지향적인 존재이기 때문에 긍정적인 목표를 향해 나아가면서 만족할 만한 지점에 이르렀을 때 본연의 모습으로 돌아가 정상적인 기능을 수행한다. 행복은 정상적이고 자연스럽게 기능할 때 느끼는 증상이다. 또한 우리는 목표를 향해 나아갈 때 자신이 처한 상황과 관계없이 행복을 느낄 수 있다.

내가 만난 한 젊은 사업가는 20만 달러를 날린 뒤로 자신을 아주 불행한 사람으로 생각했다. 그와는 대조적으로 토머스 에디슨은 화재로 수백만 달러어치의 실험실을 잃었을 때 "이제 무엇을 할 건가요?"라는 누군가의 질문에 이렇게 대답했다.

"내일 아침에 다시 건물을 지어야죠."

이처럼 에디슨은 적극적인 태도를 보였으며 불행 앞에서도 여전히 의욕적이고 목표 지향적인 자세를 유지했다. 이 때문에 그는 모든 것을 잃고도 전혀 불행하지 않았다.

심리학자 해리 홀링워스 Harry L. Hollingworth 는 행복을 느끼려면 문제가 있어야 하며, 곤경에 처했을 때 이를 해결하려는 자세로 맞이하는 정신적인 태도가 필요하다고 말했다. 그런가 하면 윌리엄 제임스는《종교적 경험의 다양성》에서 이렇게 말했다.

우리가 '악'이라고 부르는 것 대다수는 인간이 그 현상을 받아들이는 방식에 기인한다. 고통을 겪는 사람이 두려움에서 용감히 맞서는 쪽으로 바뀌면 악이 선으로 바뀌는 경우가 아주 많다. 어떻게든 피해 보겠다고 헛된 시도를 하다가도 생각을 바꿔서 기분 좋게 감내하기로 결심하면 고통이 사라지고 즐거움이 찾아온다.

처음에는 평화를 위협하는 것처럼 보여서 피하려고 했던 것들 대다수는 단순히 명예가 걸린 문제들이다. 그런 것들의 악함을 인정하지 않고 악의 힘을 경멸하고 악의 존재를 무시하면서 다른 쪽으로 주의를 돌리면, 관련 사실들이 그대로 존재하더라도 어쨌든 우리가 보는 측면에서는 악한 특성이 더 이상 존재하지 않는다. 사실에 대한 우리의 생각이 악과 선을 만들기 때문에 스스로의 생각을 어떻게 다스리느냐가 가장 중요한 문제다.

내 인생에서 가장 행복했던 시절은 의대를 다니면서 그날 벌어 그날 먹고살려고 노력하던 시기였다. 참 배고픈 시절이었다. 감기를 비롯해 갖가지 질병에 시달렸고 하루 최소 12시간은 일했다. 어디서 돈이 생겨 집세를 지불했는지 모르겠다. 하지만 내게는 목표가 있었고 그 목표에 도달하기 위한 열정과 끈기가 있었다.

나는 이 모든 일을 앞서 언급했던 그 젊은 사업가와 연결 지어 생각해 봤다. 그리고 그가 진짜로 불행한 원인은 20만 달러를 날려 버린 것이 아니라 바로 목표를 잃어버렸기 때문이라는 결론에 이르렀다. 그는 의욕적인 태도를 버리고 수동적으로 상황에 임했던 것이다.

"처음에 박사님이 저의 불행은 돈을 잃었기 때문에 생긴 것이 아니라고 말했을 때는 정말 미칠 것만 같았어요. 그러나 지금은 그렇게 말해 주셔서 아주 감사하게 생각하고 있습니다."

그는 자신이 처한 불행에 대한 탄식을 멈추고 이를 직시한 다음 새로운 목표를 세워 일을 시작했고, 5년도 안 되어 전보다 훨씬 더 많은 돈을 벌었을 뿐만 아니라 처음으로 자신이 즐거워하는 사업을 할 수 있었다.

성공 포인트

위험과 문제에 정면으로 맞서라

자신이 처한 위험과 문제에 적극적으로 반응하고 긍정적으로 대처하는 습관을 들여라. 어떤 일이 일어나는지와 상관없이 항상 목표 지향적인 자세를 갖도록 한다. 매일 대면하는 일상적인 상황과 상상 속에서 일어나는 상황 모두에서 긍정적이고 적극적인 태도를 취하라. 문제를 해결하거나 목표를 이루기 위해 긍정적이고 지적인 행동을 하는 자신의 모습을 상상한다. 두려운 상황에서도 도망치거나 회피하지 않고 공격적이고 지적으로 행동하고 분투하며 반응하는 자신을 확인하라.

영국의 소설가 에드워드 불워 리턴 Edward Bulwer-Lytton 은 이렇게 말했다. "대부분의 사람들은 상상에서든 현실에서든, 익숙한 위험에 처했을 때만 용감하다."

제 발로 걸어오는 성공과 행복은 없다

냉정을 잃지 않고 꾸준히 연습하면 대부분의 시간을 행복이나 기쁨에 대해 생각하면서 지내는 습관을 만들 수 있다. 내가 이 사실을 환자들에게 말했을 때, 그들 대부분은 어이없다는 표정은 아니어도 믿을 수 없다는 태도를 보였다. 그러나 누구나 경험을 통해 이런 습관을 기를 수 있을 뿐만 아니라 이것이 행복을 얻을 수 있는 유일한 방법이다.

행복은 우연히 얻어지는 것이 아니다. 행복은 실천하겠다는 의지와 결단에 달려 있다. 만일 행복이 갑자기 찾아오기만을 기다리거나 다른 사람이 가져다주는 것쯤으로 생각한다면, 우리는 아주 오랫동안 행복을 기다려야만 할 것이다. 자신의 생각을 결정하는 것은 바로 자기 자신이다. 우리가 즐거운 생각을 할 수 있는 상황이 될 때까지 기다린다면 아마도 평생 동안 기다려야 할 것이다.

선과 악은 섞여서 매일매일 우리에게 다가온다. 어떤 특정한 날이나 상황도 100퍼센트 좋은 것은 아니다. 이 세상과 개인의 인생을 구성하는 요소나 사실은 언제나 우리의 선택에 따라 비관적이고 심술적인 견해 또는 낙관적이고 행복한 견해를 모두 정당화할 수 있다. 이는 주로 선택과 주의력 그리고 결단의 문제다. 지적인 측면에서 볼 때 정직하거나 그렇지 못한 문제가 아니다. 선은 악만큼 실제적인 존재다. 그것은 단지 일차적인 주의를 기울이기 위해 선택하는 것이 무엇이며 마음속에 품고 있는 생각이 무엇인가에 따라 결정되는 문제다.

의도적으로 기분 좋은 생각을 하는 것은 임시방편이 아니라 아주 효과적인 방법이다. 유명 투수였던 칼 어스킨은 공이 나빠서가 아니라 생각을 잘못해서 상대 팀에 진루를 더 많이 허용했다고 말한 적이 있다. 목사인 노먼 빈센트 필의 책 《믿음이 그들을 챔피언으로 만들었다》Faith Made Them

Champions에 어스킨이 했던 말이 인용되어 있다.

"부담감을 이겨 내는 데 감독님의 말보다 더 도움이 됐던 설교 말씀이 있었습니다. 다람쥐가 밤을 저장해 두듯이 우리도 위기에 직면했을 때 힘과 동기가 되어 줄 행복과 승리의 기억을 비축해 두어야 한다는 내용이었죠. 어릴 때 저는 마을 주변을 흐르는 작은 시냇물에서 낚시를 했어요. 훤칠한 나무들이 에워싼 넓고 푸른 목장 한가운데에 있는 그곳은 제 기억에 생생히 남아 있습니다. 경기를 하고 있을 때는 물론이고 그 밖의 모든 순간에도 긴장감이 몰려들 때마다 저는 그 장면을 떠올려요. 그러면 꽉 묶여 있던 매듭이 풀리고 마음이 편안해집니다."

프로 권투 선수 진 터니는 잭 뎀프시와의 첫 경기에서 엉뚱한 생각을 떠올리는 바람에 대결에서 거의 패할 뻔했던 경험을 이야기한 적이 있다. 그는 어느 날 밤 이런 악몽을 꾸었다.

제가 큰 부상을 입고 피를 흘리며 속수무책이 된 채로 캔버스 바닥에 드러누워 카운트아웃 당하는 꿈이었죠. 몸이 덜덜 떨리더라고요. 그 꿈에서는 제 모든 것과 다름없는 챔피언 결정전에서 이미 패하고 말았어요.

대체 어쩌다가 그런 끔찍한 꿈을 꾼 걸까요? 실은 원인이 뭔지 짐작이 갔어요. 줄곧 시합에 대해 안 좋은 쪽으로만 생각했거든요. 그동안 신문을 계속 읽었는데 모두 제가 질 것으로 분석하는 기사들뿐이었어요. 신문을 읽으면서 자신과의 싸움에서 졌던 거죠.

이 상황을 해결할 방법들 중 적어도 한 가지는 분명했어요. 신문을 읽지 않는 거였죠. 뎀프시라는 위협적인 존재를 더 이상 생각하지 말아야 했어요. 그런 파괴적인 생각들이 들어오지 않도록 마음의 문을 걸어 잠그고 생각을 다른 데로 돌려야 했어요.

2000년에 개봉된 데이비드 마메트의 매혹적인 영화 〈미스터 헐리웃〉 State and Main 에서는 행복한 전망을 지닌 한 여성이 중소 도시의 삶을 잘 모르는 대도시 출신 작가와 대화를 나누는 장면이 있다.

"자신을 즐겁게 만들 수 있습니까?"

작가가 묻자 그녀는 조심스럽게 대답한다.

"당신이 즐겁게 해주면 그럴 거예요. 만일 누군가가 당신을 위해 그렇게 해준다면 그것이 위안이 되겠죠."

마찬가지로 우리도 자신의 생각, 심지어는 자아 이미지까지도 선택할 수 있기 때문에 스스로 행복을 만들 수 있다. 그리고 우리를 위해 그렇게 해줄 사람에게 의존하기보다는 우리가 행복을 찾아 나서야 한다.

성공은 마음먹기에 달려 있다

뉴잉글랜드를 여행하다가 자동차 사고를 당한 세일즈맨이 있었다. 그 지역의 의사는 그를 정성껏 치료했으며 심하게 다친 코를 서둘러 응급조치했다. 하지만 붕대를 풀자 그의 코는 아주 뒤틀린 모습으로 바뀌어 있었다. 코의 윗부분은 혹처럼 튀어 올랐고 중간은 약간 주저앉은 상태였다. 치료를 끝내고 다시 일을 시작했을 때 그는 고객들이 자신의 얼굴을 뚫어지게 쳐다본다는 사실을 의식하고는 당황했다. 고객들은 그와 만나자마자 그를 피하거나 도망가려는 것처럼 보였다. 결국 그의 판매 실적은 급격하게 줄어들기 시작했다.

그로부터 몇 달 후 그는 코 성형 수술을 받았다. 성공적으로 수술을 마친 후 자존심을 다시 회복했고 판매 실적도 올랐다. 하지만 이런 사례는 그다지 놀라운 일이 아니다. 그의 코는 부정적인 상상 속에서 과장된 것이 아니라 실제로 문제가 있었다. 그는 자신에 대한 다른 사람들의 반응을 정확하게 평가했으며, 그에 따라 성형 수술을 받기로 결정했던 것이다.

그러나 그와 비슷한 이유로 고통받는 수백 명의 사람들은 타인의 반응 때문이 아니라 순전히 자신의 부정적인 상상 때문에 괴로워한다. 그중 한 세일즈맨의 경우는 문제의 원인이 외부에 있는 것이 아니라 내부에 있었다. 코 수술을 상담하려고 나를 찾아왔을 때 그는 이미 회사를 그만두기로 결심한 상태였다. 그의 코는 정상보다 약간 컸지만 그의 주장대로 거부감을 주는 정도는 아니었다. 하지만 그는 고객들이 자신의 코를 보고 몰래 비웃거나 거부감을 느낀다고 생각했다. 그가 커다란 코를 가지고 있는 것은 사실이었다. 고객 세 명은 그가 무례하고 공격적이라고 불평하는 전화를 하기도 했다. 2주 동안 영업 실적을 한 건도 올리지 못해서 상사가 그에게 근신 처분을 내린 것도 사실이었다.

나는 그에게 코가 아니라 사고방식을 고치는 것이 좋겠다고 말했다. 내가 내린 처방은 30일 동안 모든 부정적인 생각을 뿌리 뽑고, 현재 상황에서 모든 부정적이고 불편한 사실을 완벽히 무시하고, 관심의 초점을 의도적으로 즐거운 생각에 두는 것이었다. 그렇게 30일을 보내자 그는 기분이 한결 좋아졌을 뿐 아니라 기존 고객과 잠재 고객들이 그를 대하는 태도도 한결 우호적으로 바뀌었다. 그 결과 영업 실적이 지속적으로 향상됐으며, 상사가 회의에서 그를 공개적으로 칭찬하기에 이르렀다. 결국 그는 코 수술을 뒤로 미루기로 결심했다.

동기부여 강사인 리 밀티어Lee Milteer는 《성공은 마음먹기에 달려 있다》Success Is an Inside Job라는 책에서 흥미로운 기법을 소개하고 있다.

자신의 행동이나 업무 수행 능력이 기대에 미치지 못할 때 부정적인 독백이나 읊어 대며 자신을 나무랄 필요는 없다. … 우리는 인생의 새로운 가치를 창조해 내지 못하고 더 이상 지속되기를 원치 않는 우리의 자아 이미지를 다른 것으로 대체해야만 한다. 예를 들어 우리는 그동안 "나는 언제나 늦어."라는 말을 얼마나 자주 입에 올렸는가? 이제 자신이 항상 늦는다고 프로그래밍하는 것이 무슨 의미가 있는지 생각해 보라. 원치 않는 습관을 기르지 말고 앞으로는 자신에게 이렇게 말하라.

'그만둬. 그것은 내 방식이 아니야. 다음번에는 반드시…'

그리고 새로운 프로그램을 마음에 새기기 위해 자신에게 다음과 같이 말하라.

'늦는 것은 더 이상 내 방식이 아니야. 나는 언제나 10분 일찍 일어나 정각에 도착하잖아!'

밀티어는 이것이 결코 즉흥적인 결정이 아니라는 점을 강조한다. 앞서 내가 세일즈맨을 설득한 것처럼 우리는 자신에게 도움이 되지 않는 사고 유형을 중단시키기 위해 주변에서 반복적으로 일어나거나 더 이상 원치 않는 습관적이고 비생산적인 행동의 실체를 파악할 필요가 있다. 특히 반복해서 일어나는 이런 프로그래밍을 중단한다면 우리의 자동 실패 메커니즘도 문제점만을 들춰내는 나쁜 습관을 버릴 것이다. 그리고 우리의 자아 이미지는 자신감을 얻어 다음과 같은 말을 떠올릴 것이다.

"만일 리 밀티어가 하려는 말이 매 순간 우리에게 '그만둬'라고 소리치는 것뿐이라면 더 이상 들을 필요가 없어. 차라리 그 시간에 다른 일을 하는 편이 낫지."

우리는 누구나 암암리에 자신의 자아 이미지와 쉴 새 없이 대화를 나눈다. 우리가 그동안 해왔던 생각을 중단하고 자신에게 긍정적인 확신을 반복해서 심어 준다면 우리는 자아 이미지를 다시 프로그래밍할 수 있는 힘 있는 근원을 확보한 셈이다(명심하라. 힘 있는 근원의 확보, 반복, 집중력이

이 프로그래밍에서 중요한 요소다). 궁극적으로 행복이 사고의 습관을 모아 놓은 것이라면 그런 습관을 변경하는 것도 아주 유용한 일이다.

부정적 믿음을 뿌리 뽑는 방법

액션 영화배우인 이소룡은 평소에 부정적인 사고를 없애는 훈련을 했다. 그는 자신의 모습을 시각화 과정을 통해 얻은 다음 종이 위에 그리고, 그 것을 구겨서 불에 태워 재로 날려 버리곤 했다. 영화배우이자 사업가이 며 이소룡과 절친한 친구였던 척 노리스Chuck Norris 는 이소룡의 이런 훈련 법을 한층 더 심화시켰는데, 《우리 안에 있는 비밀스런 힘》The Secret Power Within: Zen Solutions to Real Problems 에서 그는 다음과 같이 말한다.

"나는 내가 가진 모든 부정적인 생각을 종이에 적어 불살라 버린다. 종 이가 재가 되었을 때 그런 생각도 내 머릿속에서 사라진다."

나는 리 밀티어나 척 노리스가 비현실적이고 유치하며 어리석다고 생각 하지 않는다. 그들은 뛰어난 실용주의자들이며, 의도적으로 자신의 생각 을 통제할 수 있는 실천 가능하면서도 간단한 방법을 발견했다.

우리는 별 도움도 되지 않고 그저 익숙해져서 편안하게만 느껴지는 회 의주의와 냉소주의, 낡은 습관과 믿음을 끊어 버려야 한다. 대니얼 디포 의 소설 《로빈슨 크루소》에서 주인공 크루소는 배가 난파당해 무인도에 표류하자 해변 근처에 은신처를 만들었다. 그러나 섬 전체를 탐험하고 난 뒤에 자리를 잘못 잡았다는 사실을 깨닫는다. 반대편이 먹을 것도 풍부하 고 은신처를 만들기도 쉬운 지역이었던 것이다. 그러나 그런데도 그는 여 전히 거처를 바꾸려고 하지 않았다.

'움직이기를 꺼리는 마음'이 우리의 자아 이미지나 자기 통제 메커니즘 을 옭아매도록 내버려 두어서는 안 된다. 우리의 합리적인 사고가 무엇인가 잘못되고 있다고 말할 때는 다른 것을 시도하기 위해서라도 앞으로 나아가야 한다. 유명한 격언들에 따르면 '광기'란 다른 결과를 기대하면서도 계속 같은 일을 반복하려는 의지라고 한다. 우리는 마음으로나 행동으로 한곳에 깊이 뿌리를 내리고 있기 때문에 햇빛 쪽으로 나아갈 수 없는 나무와는 다르다. 크루소처럼 자신이 살던 곳을 떠나지 않으려고 할 수도 있지만, 떠나는 것이 전혀 불가능한 일은 아니다.

행복 이론을 실험한 과학자

엘우드 우스터 Elwood Worcester 박사는 저서 《신체, 마음 그리고 정신》Body, Mind and Spirit 에서 세계적으로 유명한 과학자의 증언을 소개한다.

> 50세가 될 때까지 나는 불행하고 쓸모없는 사람이었다. 나 자신의 이름을 알릴 수 있는 책도 출간되지 않았으며 … 하루하루 우울함과 패배감에 젖어 살았다. 아마 가장 고통스러운 증상은 일주일에 두 차례 정도 나타나는 원인 모를 두통이었을 것이다. 두통이 닥치면 나는 아무것도 할 수 없었다.
>
> 나는 당시 유행하던 신사상 New Thought 문학을 접하고 있었으며, 바람직하고 유용한 것에만 주의를 기울이고 나머지는 무시하라는 윌리엄 제임스의 주장에 관심을 기울이기도 했다. 그중에서 내 마음속에 남아 있던 말은 다음과 같은 것이다.
>
> "우리는 자신의 불행한 인생관을 던져 버릴 수도 있다. 행복한 삶을 살 수 있다면 그런 인생관이 대체 무슨 의미가 있을까?"
>
> 나는 이 말이 좀 의아했지만, 내 영혼이 병들고 점점 악화되어 더 이상 삶을 지속할 수 없음을 깨닫고 실험해 보기로 결심했다. 나는

이 방법의 가치를 입증하기에 충분한 시간인 한 달 동안 의식적으로 노력해 보기로 했다. 말하자면 이 기간 동안 내 생각을 어느 정도 제약하기로 작정했던 것이다.

과거에 대해 생각할 때는 오직 행복하고 즐거웠던 사건, 해맑았던 어린 시절, 선생님으로부터 받았던 영감, 생활 속에서 천천히 다가온 내 삶의 계시 등만을 생각하기로 마음먹었다. 현재에 대해 생각할 때는 일부러 바람직한 요소, 내 가정, 일을 할 수 있도록 내게 허락된 소중한 기회에 대해서만 주의를 기울였으며, 이런 기회를 최대한 활용하고 사소한 사실 등은 무시하기로 결심했다. 미래에 대해 생각할 때는 내가 이해하는 한도 안에서 가치 있고 실현 가능한 야심을 꿈꿔 보기로 결심했다.

겉보기에는 우스꽝스러울 수도 있지만 이 계획에 결함이 있었다면 목표를 너무 낮게 잡았고 그 밖의 사항을 충분히 포함시키지 않았다는 것이다.

일주일 후 그의 두통은 멈췄다. 그는 전보다 훨씬 더 행복해졌고 모든 것이 좋아졌다.

사고방식의 전환에 따른 생활 외적인 변화는 내적인 것보다도 훨씬 더 놀라웠다. 하지만 모든 외적인 변화는 내부에서 비롯되는 법이다. 내가 깊이 존경했던 유명한 인물이 갑자기 편지를 보내 내게 조수가 되어 달라고 부탁했다. 그 후 내 책은 모두 출판되었으며, 앞으로 쓸 모든 책을 출판해 주겠다는 재단도 나타났다. 나와 함께 일한 사람들은 많은 도움을 주었고 아주 협조적이었다. 이 모든 것은 변화된 내 성격 때문에 가능했다. 이전에 그들은 나를 참아내지 못했다. … 이 모든 변화를 돌이켜 볼 때 이전 삶의 행로에서 당혹스럽고 힘들었던 모든 것이 지금은 모두 나를 위해 존재하는 것처럼 느껴졌다.

우스터 박사의 책은 오래전에 절판된 것으로 알고 있다. 이 과학자의 이야기는 심각하게 회의적이었음에도 불구하고 실험을 통해 자신을 해방시켰다는 점에서 아직도 중요한 가치를 지닌다.

나는 환자들에게 내 책에서 소개하는 처방을 몇 차례 설명한 뒤 30일 동안 심리적인 실험을 병행하자고 권했다. 그 실험 후에도 여전히 성형 수술을 원한다면 그렇게 해주겠다고 약속했다. 그러면 환자들은 대개 자신이 원하는 것을 얻기 위해, 아니면 나를 만족시키려고 마지못해 하거나 회의적인 태도로 내 말을 따랐다. 그리고 30일이 지나면 그들의 상상 속에서 확대된 신체적인 기형은 눈에 띌 정도로 없어지거나 교정되었다.

비록 회의적인 입장으로 시작했지만 그들은 우스터 박사나 코 성형 수술을 미룬 세일즈맨처럼 자기 자신과 자신의 생각을 다시 한번 돌이켜 보며 제대로 파악할 수 있었다. 30일 후 그들은 더 이상 수술을 원하지 않았다.

스미스소니언협회Smithsonian Institution(영국의 화학자이자 광물학자인 제임스 스미스슨이 기부한 유산을 기금으로 과학 지식의 보급 및 향상을 위해 1846년 미국 워싱턴에 설립한 학술기관. 산하에 많은 박물관, 미술관, 연구소, 출판국 등을 거느리고 있다―옮긴이)의 엘머 게이츠Elmer Gates 교수는 미국에서 성공한 발명가로 꼽히며 주변에서도 인정받는 천재였다. 그는 매일 즐거운 생각과 추억을 회상하는 훈련을 했다. 그는 이 훈련이 자신에게 도움이 된다고 믿었다.

"누구든지 변화하고자 한다면 먼저 자비심과 유용함 같은 좋은 감정을 불러일으킨 다음 매일 아침 아령을 들고 운동하는 것처럼 규칙적으로 훈련에 임해야만 한다. 그리고 점차 이런 심리적인 체조에 열중하는 시간을 늘려야 한다. 그러면 한 달이 지난 후 자신의 변화된 모습을 보고 놀랄 것이다. 그 변화는 자신의 행동과 생각에서 분명하게 드러나며 이전의 자아보다 엄청나게 발전한 모습일 것이다."

여기서 게이츠 교수가 '심리적인 체조'라고 말한 것은 일종의 정신 훈련 연습으로 이 책의 초판본과 개정판 그리고 나의 다른 책과 내가 고안한 12주 가정 학습 코스에서 '성공 트레이닝'이란 이름으로 소개한 기법과 동일한 의미로 사용되었다. 근육 훈련을 하듯 자아 이미지를 훈련한다는 비유가 아주 정확하지는 않다고 해도, 정신의 영화관에서 긍정적인 영화를 만들고 상영하는 훈련과 긴장 완화 훈련을 매일 규칙적으로 하면 자아 이미지를 강화시킬 수 있다. 궁극적으로는 상황에 대한 자동 반응을 이끌어 낼 수 있다.

신체적인 훈련은 30분 단위로 일주일에 최소 세 번 하는 것이 좋다고 한다. 마찬가지로 최소한의 시간을 정신적 체조에 할애하도록 하자. 그러면 인생이 확 달라질 것이다.

게이츠 교수가 실천한 '즐거운 생각과 추억 회상법'은 사이코사이버네틱스의 아주 중요한 측면이기도 하다. 좋았던 기억이나 최고의 순간을 떠올리지 못하면 모든 좋은 것의 원천에서 단절된다. 그러나 최고의 순간을 느끼고 기억하는 순간, 스위치가 바로 켜지면서 그런 기억과 다시 연결되고 더할 나위 없는 행복을 내면적으로나 실제 삶에서 경험하기 시작한다. 이는 우리의 생각만이 아니라 느낌도 긍정적으로 바뀌어, 과거에 부정적으로 느껴졌던 조건들 대부분이 이제는 즐겁고, 조화롭고, 활기차게 느껴질 것이다.

행복한 습관을 몸에 익히는 방법

자아 이미지와 습관은 본질적으로 동일한 사물의 양면과 같다. 하나가 바뀌면 다른 하나도 자동적으로 바뀐다. '습관'habit 이라는 단어는 원래 의복이나 옷감을 의미했다. 사실 우리는 아직도 '승마복'riding habit 이나 '복장'habillement 같은 단어를 사용한다. 이를 통해 우리는 습관의 숨겨진 뜻을 알 수 있다.

습관은 우리의 인격이 입고 있는 의복과 같다. 그것은 생각지도 않은 일이나 우연이 낳은 결과가 아니다. 자신에게 딱 들어맞기 때문에 입고 있는 것이다. 또한 그것은 우리의 자아 이미지나 성격 유형과도 일치한다. 우리가 의식적으로나 고의적으로 새롭고 더 나은 습관을 개발하면 우리의 자아 이미지는 낡은 습관을 벗어던지고 새로운 유형으로 갈아입는다.

환자에게 습관적인 행동 유형을 변화시키거나 새로운 행동 유형이 자동으로 몸에 익을 때까지 훈련하라고 말하면 두려워하는 모습을 보인다. 그 이유는 '중독'과 '습관'을 혼동하기 때문이다.

중독은 뭔가를 하지 않고는 견딜 수 없는 감정이며, 심각한 금단 증상을 동반한다. 중독에 대한 치료는 이 책의 범위를 벗어난다. 그러나 습관은 우리의 생각이나 마음의 결정 없이 자동적으로 행동하도록 길들여진 단순한 반응이자 응답이다. 습관은 자기 통제 메커니즘에 의해 형성된다. 우리의 모든 행동과 느낌, 반응의 95퍼센트는 습관적인 것이다. 피아니스트는 어떤 건반을 두드릴지 결정하지 않는다. 댄서는 다음에 어떤 발을 움직일지 결정하지 않는다. 반응은 자동적인 것이며, 생각의 지배를 받는 것이 아니다.

마찬가지로 우리의 태도와 감정, 믿음도 습관적인 경향이 있다. 우리는 어린 시절에 어떤 태도와 느낌과 사고가 어떤 상황에 적절했다는 사실을 배웠다. 그리고 지금도 그때와 똑같은 상황이라고 판단되면 언제든지 동일한 방법으로 생각하고 느끼며 행동한다. 배우자나 동업자와의 논쟁은 거의 습관적이다. 서로 상대방에 대해 동일하게 말하고, 똑같은 상황에서 동일한 행동을 하며, 동일한 자극에 같은 방법으로 반응한다.

여기서 우리는 단지 '의식적인' 결정을 내리도록 노력하고 새로운 반응이나 행동을 훈련하면서, 중독과는 달리 이런 습관들이 수정 또는 변경되거나 뒤바뀔 수 있다는 점을 이해해야 한다. 피아니스트는 자신이 원한다면 어떤 건반을 두드릴지 의식적으로 결정할 수 있다. 댄서도 새로운 스텝을 배우는 것을 의식적으로 결정할 수 있다. 그렇다고 거기에 고통이 따르지는 않는다. 다만 새로운 행동 유형을 완전히 익힐 때까지 끊임없는 주의와 훈련이 필요하다.

성공 트레이닝

부정적인 습관을 긍정적인 습관으로 바꾸는 법

누구나 습관적으로 오른쪽 또는 왼쪽 신발을 먼저 신는다. 그리고 신발 끈을 왼쪽에서 오른쪽으로 묶거나 그 반대로 묶는다. 이제는 의식적으로 이후 30일 동안 평소와는 다른 쪽 신발을 먼저 신고 다른 방식으로 신발 끈을 묶으면서 새로운 습관을 몸에 익혀 보자. 매일 아침 새로운 방식으로 신발을 신고 끈을 묶는 것이 몸에 익었다면, 이런 간단한 행동이 매일매일의 사고와 행동, 느낌을 표현하는 습관을 바꾸는 신호라고 여기자. 그리고 신발 끈을 묶을 때 자신에게 이렇게 말하라.

"나는 새롭고 더 나은 방법으로 하루를 시작하고 있다."

그리고 의식적으로 하루 동안 다음의 예시들을 실천하기로 결심하자.

1. 가능한 한 명랑하게 지낸다.

2. 다른 사람에게 좀 더 친절하게 행동한다.

3. 다른 사람의 실패, 결점, 실수에 대해 좀 더 너그러울 수 있도록 참을성을 기른다.

4. 가능한 한 성공할 것처럼 행동한다. 나는 이미 내가 원하는 타입의 사람이 되었으며, 새로운 타입의 사람처럼 행동하고 있다고 생각한다.

5. 어떤 사실에 비관적이거나 부정적인 내 의견을 덧입히지 않는다.

6. 하루에 최소한 세 번씩은 웃는 훈련을 한다.

7. 무슨 일이 일어나든지 가능한 한 조용하고 지적으로 반응한다.

8. 아무것도 바꿀 수 없는 비관적이고 부정적인 현실에 대해서는 완전히 무시하고 차단한다.

이런 사항들이 단순하게 보일 수도 있다. 그러나 이렇게 행동하고 느끼고 생각하는 습관은 우리의 자아 이미지를 건강하게 유지하는 데 많은 도움이 되고 긍정적인 영향을 미친다. 30일 동안 이것을 실천에 옮기도록 하라. 그리고 그동안에 걱정, 죄의식, 적대감이 줄어들었는지, 자신감이 커졌는지 확인하라.

Psycho
Cybernetics

제8장

당신은 성공할 운명을 타고났다

성공한 사람들이 공통적으로 가진 불변의 법칙

오늘 우리는 우리의 생각에 이끌려 이곳까지 왔지만,
내일 우리는 우리의 생각이 이끌어 가는 곳에 서 있는 자신을 발견할 것이다.

_제임스 앨런 James Allen

우리는 성공할 운명을 타고났다. 의사가 증상을 보고 병을 진단하듯이 우리는 성공과 실패를 진단할 수 있다. 왜냐하면 성공과 실패는 그저 단순히 발견되거나 우연히 마주치는 것이 아니기 때문이다. 우리는 우리의 인격과 성격에 성공의 씨를 뿌린다.

나는 적절하고 성공적인 성격을 갖추는 데 도움이 되는 가장 효과적인 방법을 발견했다. 먼저 성공하는 성격이란 어떤 것인지 그 이미지를 그려보는 것이다. 우리 안에 있는 창조적인 유도 메커니즘은 일종의 목표 추적 메커니즘이며, 이를 잘 사용하려면 무엇보다도 분명한 목표와 대상을 설정해야 한다는 사실을 기억하라. 많은 사람들이 더 나은 성격을 갖기를 원하지만 그러기 위해 어떤 방향으로 나아가야 하는지, 성공하는 성격이 무엇인지 분명하게 알지 못한다. 훌륭한 성격이란 주변 환경과 현실에 효과적이고 적절하게 대처할 수 있는 능력으로, 중요한 목표를 이루고 그에 따른 성취감을 느끼게 해준다.

나는 혼란에 빠져 불행하게 살던 사람들이 어떤 목표를 설정하고 나아갈 때 완전히 다른 사람으로 변한다는 사실을 종종 발견했다. 40대 초반의 한 광고회사 임원은 높은 직위에 오른 뒤에도 왠지 모를 불안에 휩싸여 만족을 느끼지 못하고 나를 찾아왔다.

"저는 승진하기 위해 노력했고 늘 승진을 꿈꿔 왔습니다. 승진은 항상 제가 원했던 거였어요. 저는 그 일을 해낼 수 있다는 사실을 알고 있었습니다. 하지만 어떤 이유에선지 자신감이 흔들렸습니다. 어느 날 갑자기 꿈에서 깨어난 것처럼 어리둥절해서 스스로에게 물었습니다. '어떻게 나 같은 사람에게 이런 일을 맡겼지?'"

그는 외모에 지나치게 민감했기에 자신의 '빈약한 턱'이 불안감을 느끼는 원인일지도 모른다고 생각했다.

"아무래도 저는 한 회사의 중역처럼 보이지가 않아요."

그는 성형 수술로 자신의 문제를 해결할 수 있을 것이라고 느꼈다.

한 여성은 자신을 미치게 만드는 아이들과 너무나 짜증 나는 남편 때문에 별다른 이유 없이 적어도 일주일에 한 번씩은 남편을 향해 소리를 지른다고 했다.

"제 문제가 대체 뭘까요? 우리 아이들은 자랑스러울 정도로 착하고, 남편도 아주 멋진 사람인데 말예요. 저는 소리를 지르고 나면 부끄러워서 얼굴을 못 들 지경이랍니다."

그녀는 성형 수술을 받고 나면 자신감을 되찾고 가족들에게 인정받을 수 있을 것이라고 생각했다.

이런 사람들의 문제점은 외모가 아니라 바로 자아 이미지에 있다. 그들은 자신에게 새로운 역할이 주어졌지만 그 역할에 걸맞은 생활을 하려면 어떻게 해야 하는지 제대로 알지 못했다. 다시 말해 그들은 자신의 역할에 맞는 자아 이미지를 개발하지 못했다.

성공을 구성하는 일곱 가지 성격

이 장에서 나는 병원에 찾아오는 환자들에게 내리는 것과 똑같은 처방을 내려 보도록 하겠다. '성공하는 성격'의 개념을 기억하기 쉽게 설명하자면, 성공이란 글자를 살펴보면 된다. 성공하는 성격은 다음과 같이 구성된다.

SUCCESS

Sense of direction	방향감각
Understanding	이해
Courage	용기
Charity*	관용
Esteem	존중
Self-confidence	자신감
Self-acceptance	자기긍정

* 몰츠 박사는 저서 《저항 없는 삶》Zero Resistance Living 에서 성공하는 성격의 두 번째 C에 해당하는 '관용'의 영어 단어를 'Compassion'에서 'Charity'로 바꿨다.

방향감각

앞서 예로 든 광고회사의 임원은 수년 동안 현재 위치를 포함해 자신이 원하는 개인적인 목표에 의해 동기를 부여받아 왔다는 사실을 깨닫고는 마음을 다잡고 짧은 기간에 자신감을 회복할 수 있었다.

원래 그는 자신이 중요하게 여겨 온 목표 때문에 지금까지 발전할 수 있었다. 그런데 승진을 하자 자신이 원하는 것보다는 다른 사람의 기대나 목표, 기준에 맞춰 생활했다. 과거에 그는 자신이 올라갈 정상을 바라보며 용기 있고 대담하게 산에 오르는 사람 같았지만 정상에 오른 뒤 아래를 내려다보고는 두려워하기 시작했다. 목표를 이루기 위해 공격적으로 달려들기보다는 자신의 위치를 지키려는 사람으로 변했다.

이제 그는 새롭게 목표를 설정했다. '이 일에서 내가 원하는 것은 무엇인가? 내가 이루고자 하는 것은 무엇인가? 내가 가려는 곳은 어디인가?'라는 관점에서 생각하기 시작하면서 다시 스스로를 통제할 수 있게 되었다.

나는 그에게 이렇게 말했다. "사람에게는 자전거와 구조적으로 비슷한 측면이 있습니다. 자전거는 어딘가를 향해서 나아갈 때만 넘어지지 않고 평형을 유지할 수 있죠. 당신은 아주 좋은 자전거를 가지고 있습니다. 다만 지금 당신이 겪는 문제는 자전거를 멈춘 상태에서 균형을 잡으려고 해서 생기는 겁니다. 그러니 자꾸 휘청거리는 것도 당연한 일이죠."

인간은 목표를 추구하도록 만들어졌다. 그것이 타고난 인간 본연의 모습이다. 흥미 있고 의미 있는 개인적인 목표가 없으면 제자리를 맴도는 듯하고, 공허해지고, 삶의 목적과 목표가 없는 기분이 든다. 인간은 환경을 이겨 내고, 문제를 해결하고, 목표를 성취하는 쪽으로 이끌린다. 그래서 극복할 장애물이나 성취할 목표가 없으면 삶에서 진정한 만족이나 행복을 찾을 수 없다. 그러고 보면 삶의 가치가 없다고 말하는 사람들은 실제로는 '개인적으로 가치 있는 목표가 없다'고 이야기하는 셈이다.

나는 책을 쓰면서 '목표'라는 용어 대신 비슷한 뜻을 가진 두 가지 다른 단어를 사용했다. 사람에 따라서는 목표보다 그 단어들이 더 유익할 수도 있을 것이다. 목표라는 단어에 부정적인 기분이나 긴장감을 느끼기는 사람들도 있기 때문이다. 그럴 경우 '프로젝트'나 '이상'이라는 단어를 사용하면 어떻게 달성해야 하는지를 더 잘 받아들이기도 한다. 한 예로 성공한 작가이자 마케팅의 대가인 밥 블라이 Bob Bly 는 평생 목표를 세워 본 적이 없다고 주장했지만, 그의 책상 위에는 늘 어떤 프로젝트가 진행 중이었다. 그는 달성하고자 노력 중인 어떤 일이 항상 있었던 것이다.

목표하고, 기대하고, 희망하라

이 책의 초반부에서 우리의 상상력을 작동시키는 방법과, 새롭고 명확하게 정의된 목표
에 따라 우리의 자동 성공 메커니즘을 가동하는 방법을 소개한 바 있다. 먼저 자신이 추
구할 목표를 설정하고 더 나은 프로젝트에 뛰어들어라. 자신이 처한 현재 상황에서 무엇
을 원하는지 결정하라. 하고 싶은 일이나 원하는 대상에 대해 항상 생각하라. 과거가 아
니라 앞으로 일어날 일을 기대하라. 과거보다는 미래에 대한 희망을 가져라.

미래에 대한 희망은 우리를 젊게 만든다. 더 이상 목표를 추구하지도 않고 미래에 대한
기대도 없다면 신체 또한 제대로 움직이지 않는다. 퇴직 후 얼마 안 되어 사람들이 죽는
이유도 바로 이 때문이다. 지향하는 목표가 없고 기대하는 바도 없다면 진정으로 살아
있다고 볼 수 없다. 그리고 개인적인 목표만이 아니라 다른 사람을 위한 목표도 하나쯤
은 세워 보자. 주위 사람들에게 도움이 되는 일에도 관심을 기울여야 한다. 하지만 이것
은 의무감보다는 마음에서 우러나와야 한다.

이해

이해는 의사소통이 얼마나 잘 되느냐에 달려 있다. 사실 의사소통은
유도장치나 컴퓨터에서도 매우 중요한 부분이다. 만일 정보에 문제가 있
거나 내용을 잘못 이해할 경우 우리는 상황에 적절히 반응할 수 없다. 많
은 의사들은 '혼란'이 신경쇠약의 근본적인 요인이라고 말한다. 문제에 효
과적으로 대처하기 위해서는 먼저 문제를 둘러싼 상황을 정확히 이해해
야만 한다. 인간관계에서 사람들이 저지르는 대부분의 실수와 실패는 오
해 때문에 생긴다.

사람들은 누구나 어떤 상황에 처했을 때 다른 사람들이 자신과 똑같

이 반응하고 응답하며 같은 방법으로 결론 내리기를 기대한다. 그러나 앞 장에서도 언급했듯이 사람들은 모두 같은 대상에 반응하는 것이 아니라 자신의 정신 이미지에 반응한다. 어떤 상황에 대해 사람들의 반응이나 태도가 서로 다른 것은, 대부분 그 상황을 서로 다르게 이해하고 해석한 탓이지 상대방에게 고통을 주려 하거나 고집 또는 악의에서 나온 것은 아니다. 사람들은 상황에 적합한 것이나 적합하게 보이는 것에 저마다 적절하게 반응할 뿐이다.

타인을 신뢰한다는 것은 상대편이 실수를 하더라도 고집을 부리거나 악의적으로 행동하기보다는 인간관계를 더욱 원활히 하면서 상대편의 입장을 잘 이해할 수 있다는 말이다. 그러면 자기 자신에게 다음과 같이 물어보자.

'이것은 그에게 과연 어떻게 보일까?'

'그녀는 이런 상황을 어떻게 해석할까?'

'그것에 대해 그는 어떻게 느낄까?'

왜 상대방이 자신의 방식대로 행동할 수밖에 없었는지 이해하도록 노력하자.

사실 vs. 의견

많은 경우 사람들은 어떤 사실에 대해 자신의 의견을 덧붙이고 잘못된 결론을 내릴 때 혼란에 빠진다.

- 사실: 남편은 손가락 마디를 꺾으며 소리를 낸다.
- 의견: 아내는 '자신의 신경을 건드리기 위해 남편이 일부러 그렇게 행동한다'고 결론을 내린다.
- 사실: 남편은 식사 후 자신의 이를 훑는 버릇이 있다.

- 의견: 아내는 '남편이 나를 조금이라도 배려한다면 자신의 버릇을 고칠 거야'라고 결론을 내린다.
- 사실: 길을 걸어가는데 두 친구가 속삭이고 있다. 그들은 갑자기 말을 멈추더니 당황해서 나를 쳐다봤다.
- 의견: 그들은 나에 대해 험담을 하고 있었음에 틀림없다.

늘 짜증 나게 만드는 남편의 버릇이 아내의 화를 돋우려고 일부러 하는 행동이 아니라는 사실을 이해하고, 자신이 마치 큰 모욕이라도 당한 듯 반응하는 것을 중단하라. 순간적으로 판단하거나 결론을 내리기 전에 잠시 멈춰 서서 자신이 처한 상황을 분석해 본다면 적절하고 생산적인 반응이 무엇인지 깨달을 것이다.

우리는 실수로 만들어진 존재가 아니다

우리는 종종 두려움과 걱정 또는 욕망 때문에 우리의 감각 데이터를 왜곡한다. 그러나 우리가 마주한 현실을 성공적으로 헤치고 나아가려면 진실을 직시하려는 의지가 절대적으로 필요하다. 그리고 현실이 무엇인지 정확히 이해할 때 적절하게 반응할 수 있다. 그것이 좋든 나쁘든, 먼저 진실을 파악하고 받아들여야 한다.

버트런드 러셀은 히틀러가 제2차 세계대전에서 패한 이유는 당시 전황을 정확히 알지 못했기 때문이라고 말한 적이 있다. 히틀러에게 나쁜 소식을 전하는 자는 처벌받았기 때문에 아무도 그에게 진실을 말해 주는 사람이 없었다. 당연히 히틀러는 진실을 알지 못했고, 그 결과 적절하게 행동하지 못했다.

많은 사람들이 동일한 실수를 범한다. 우리는 보통 자신의 오류, 실수, 단점 등을 인정하려 들지 않으며 자신이 잘못되고 있다는 사실도 인정하지 않는다. 또한 상황이 자신이 원하는 방향과 다르게 흘러간다는 점도 인정하지 않는다. 결국은 자기 자신을 기만하는 셈이다. 이로 말미암아 진실을 보지 못하고 적절하게 행동할 수도 없다.

자신에 대해 고통스러운 사실을 매일 인정하는 것은 훌륭한 훈련이 된다고 누군가는 말하기도 했다. 성공하는 사람은 다른 사람을 속이고 기만하지 않을 뿐만 아니라 자신에게도 정직해지는 법을 알고 있다. '성실'이라는 말은 자신에 대한 정확한 이해와 정직을 바탕으로 성립한다. 따라서 자신을 합리화하거나 합리적인 거짓말로 자신을 속인다면 성실한 사람이 될 수 없다.

'우리 모두는 실수로 만들어진 존재가 아니다'라는 사실을 받아들이면 자신에게 성실하게 행동할 수 있다. 잘못된 백스윙이나 짜증 나는 슬라이스 때문에 골프 경기에서 망신을 당했다고 생각하거나 자신을 서툴고 어리석으며 실패한 사람이라고 생각해서는 안 된다. 그것은 단지 수정할 수 있는 기술적이고 정신적인 실수일 뿐이다.

한 CEO가 언젠가 내게 이렇게 말한 적이 있다.

"정말 주도면밀하고 탁월한 몇 차례의 결정 덕분에 저는 어느 정도 유명해졌습니다. 그러나 형편없는 결정도 수없이 내렸죠. 저는 최선의 결정 또는 최악의 결정을 내립니다. 저는 당연히 실수를 저지를 수 있지만 현재는 성공한 능력 있는 경영자입니다. 그것이 전부죠."

우리가 실수로 만들어진 존재가 아니라는 사실을 온전히 받아들인다면 비로소 자신의 실수를 너그럽게 인정하고 그것으로부터 교훈을 얻을 수 있으며, 곤경에서 빠져나올 수 있다.

실수를 인정하되 곧 잊어라

좋은 소식이든 나쁜 소식이든 자기 자신, 자신이 처한 문제, 다른 사람, 주변 상황에 관한 진실한 정보를 찾고 발견해 내라. 그리고 '누가, 무엇이 옳은지는 중요한 문제가 아니다'라는 모토를 마음속 깊이 새겨라. 우리의 자동 유도 시스템은 부정적인 피드백 데이터를 통해 코스를 수정한다. 이 시스템은 실수를 수정하기 위해 부정적인 피드백을 받아들이고 코스를 정상으로 유도한다. 우리도 이처럼 행동해야 한다. 실수와 잘못을 받아들이지만 그에 대해 괴로워할 필요는 없다. 다만 그 실수와 잘못을 수정하고 앞으로 나아가라. 다른 사람을 대할 때도 자신의 관점은 물론 상대방의 관점에서도 상황을 파악하도록 하라.

용기

목표를 설정하고 상황을 잘 이해하는 것만으로는 충분하지 않다. 행동으로 옮길 용기도 필요하다. 오직 행동에 의해서만 우리의 목표, 욕망 그리고 믿음은 현실로 바뀔 수 있다.

해군 제독 윌리엄 홀시 William Halsey 는 다음과 같이 말했다.

"나는 '적함과 대치 상태에 있을 때 아주 큰 실수를 하는 선장은 없다'라는 넬슨 제독의 말을 좌우명으로 삼고 있다. 또 '최선의 방어는 강력한 공격이다'라는 말은 보편적인 군사 원칙이다. 그러나 이 말은 전쟁에만 국한되지 않고 훨씬 더 광범위하게 적용된다. 만일 우리가 개인적이거나 국가적인 문제와 전투 전략의 문제 등에서 움츠리지 않고 직접 맞서 대처한다면 문제는 훨씬 줄어든다. 엉겅퀴를 어설프게 만지면 엉겅퀴 가시가 손가락을 찌르지만, 대담하게 움켜쥐면 가시들이 바스러진다."

신념이란 '증거가 있음에도 불구하고 뭔가를 믿지 않는 것'이라고 누군가가 말한 적이 있다. 이와 비슷하게 용기란 '결과에 개의치 않고 뭔가를 하는 것'이라고 표현할 수 있다.

어떻게 하면 좀 더 용기 있게 살아갈 수 있을까? 만일 자신의 자아 이미지를 강화하고 자신이 실수로 만들어진 존재가 아니라는 사실을 깊이 이해한다면, 설령 실수를 하더라도 다른 사람이 어떻게 생각하든지 걱정하지 않고 용기를 발휘할 수 있을 것이다.

직장에서 어떻게 하면 자신의 생각을 강력하게 펼칠 수 있을까? 세일즈 프레젠테이션이 끝난 뒤 어떻게 하면 고객에게 명확하고 단호하게 주문을 요청할 수 있을까? 춤을 잘 못 춘다고 오래전부터 생각해 온 사람이 어떻게 하면 자신 있게 무대에 설 수 있을까? 어떻게 하면 '나이 든 사람은 새로운 기술을 익히기 어렵다'는 통념을 극복하고 늦은 나이에 새 직장을 얻거나 사업을 시작할 수 있을까? 어떻게 하면 지독한 불운을 훌훌 털고 재기할 수 있을까?

이런 질문들은 용기 있는 삶을 살기 위한 출발점이다. 이런 질문에 답하기 위해서는 주위의 압력을 물리치고 굳건히 자신을 지탱할 수 있는 방탄조끼 같은 자아 이미지가 필요하다.

삶은 지그재그로 나아간다

이 세상의 어떤 일도 전적으로 확실한 것은 없다. 결과적으로 성공한 사람과 실패한 사람의 차이는 능력이나 생각의 차이가 아니라 예상되는 위험을 헤아려 보고 모험을 하기로 결심한 뒤에 행동으로 옮기는 용기의 차이이다.

사람들은 종종 용기를 전쟁터나 배가 난파되는 것과 같은 위기 상황에서 발휘되는 영웅적인 행동으로 생각한다. 그러나 삶에서 원하는 결과를 이루려면 일상의 삶에도 용기가 필요하다. 어떤 문제에 부딪쳤을 때 아무런 행동도 하지 못하고 가만히 있어야 한다면 곤경이나 함정에 빠진 느낌이 들 것이다. 그리고 신체에도 갖가지 병이 생길 수 있다. 나는 그런 사람들에게 이렇게 말한다.

> 상황을 철저히 연구하고 우리가 할 수 있는 다양한 행동과 그에 따르는 결과를 상상 속에서 다시 검토해야 합니다. 그리고 가장 바람직한 길을 선택해서 행동으로 옮기세요. 행동하기 전에 분명한 확신이 설 때까지 기다리면 아무것도 할 수 없습니다. 우리는 언제라도 잘못된 행동을 할 수 있으며, 어떤 결정도 항상 올바르다고 말할 수는 없습니다. 그렇다고 이런 사실이 목표를 향해 나아가는 데 방해가 되어서는 안 됩니다. 일상생활에서 저지르는 실수나 실패와 모욕을 감수하는 용기가 필요합니다. 잘못된 방향일지라도 앞으로 나아가는 게 '그 자리에 그대로' 있는 것보다 훨씬 낫습니다. 일단 앞으로 나아가면 원하는 대로 코스를 수정할 수 있습니다. 멈춰 서서 가만히 있으면 자동 유도 시스템도 우리가 원하는 방향으로 안내할 수 없습니다.

크라이슬러의 CEO였던 리 아이어코카는 자신을 보좌할 인물을 찾을 때 결단력을 가장 중요하게 여긴다고 말했다. 1991년 걸프전 당시 다국적군 사령관이었던 노먼 슈워츠코프 장군도 리더십에서 필요한 것은 결단력이라고 했다. 대부분의 리더들은 성공은 완벽한 선택을 하기 위해 시간을 끌거나 망설이는 것이 아닌, 결단력과 적절한 방향 설정에서 나온다고 말한다.

A에서 B로, 생각에서 결과에 이르기까지 직선 코스를 밟으며 이루어지는 성공은 그다지 많지 않다. 대부분의 성공은 지그재그로 된 코스를 밟으며 이루어진다.

신념과 용기는 인간의 본능이다

도박을 하고 싶은 욕구나 충동이 인간의 본성처럼 느껴지는 이유를 궁금하게 생각해 본 적은 없는가? 나는 이런 보편적인 충동은 본능이며 올바르게 사용할 경우 각자의 창조적인 잠재력을 실현할 수 있다고 본다. 신념을 품고 용기 있게 행동하면(지금 이 책에서 설명하는 것처럼), 신에게 받은 창조적인 재능을 바탕으로 모험을 시도하고 위험 부담이 따르는 일을 시작할 수 있다.

창조적으로 살고 용기 있게 행동하기를 거부하는 사람들은 이런 본능이 제대로 실현되지 못해서 도박에 이끌리고 결국 도박 중독자가 되는 듯하다. 자기 자신이 걸린 모험에 나서지 않으면 다른 것에 모험을 걸게 되며, 용기 있게 행동하지 않는 사람은 술을 통해 용기의 결핍을 해소하는 쪽으로 이끌린다. 다시 말해 신념과 용기는 인간의 본능이며, 우리는 어떤 식으로든(좋은 쪽으로든 안 좋은 쪽으로든) 그런 본능을 표현하게 되어 있다.

한 가지 사실만 더 이야기하자. 사소한 일도 용기를 가지고 과감하게 행동하는 훈련을 꾸준히 하라는 것이다. 아주 심각한 위기를 멋지게 극복하거나 대단한 영웅이 될 때까지 기다리지 마라. 일상생활에서도 용기는 필요하다. 작은 일에서부터 용기를 발휘하는 연습을 꾸준히 함으로써 더 중요한 문제가 생겼을 때 용기 있게 행동할 수 있는 힘과 재능을 개발하라.

자기 안의 무한한 자원을 마음껏 활용하라

원하는 것을 얻으려면 과감하게 실수를 저지르거나 약간의 수고도 감수해야 한다. 하지만 자신을 과소평가하지는 마라. 미 육군 신경정신의학 상담부 부장이었던 체임버스R.E. Chambers 장군은 이렇게 말했다.

"대부분의 사람들은 자신이 실제로 얼마나 용감한지 알지 못한다. 사실 남자든 여자든 잠재적인 능력을 지닌 수많은 사람들이 자기 회의에 빠져 살고 있다. 만일 그들이 이런 사실을 잘 안다면 큰 위기 상황에서도 놀라운 능력을 발휘할 것이다."

우리에게는 마음껏 이용할 수 있는 충분한 자원이 있다. 그러나 행동하기 전에는 그 사실을 깨닫지 못한다. 마음껏 자신을 활용할 수 있도록 기회를 주자.

관용

나는 한동안 '어떻게 자존심을 지키며 살 것인가'라는 주제로 강연을 한 적이 있었다. 예의와 존경심이 사라져 가던 1950년대 후반과 1960년대는 스트레스가 점점 가중되는 오늘날의 혼란스러운 분위기와 비교하면 아무것도 아니지만, 지금의 상황을 어느 정도 예상하게 해준 시기였다.

오늘날 사람들은 일상생활 속에서 자존심에 상처를 입고 산다. 회사는 사람을 마치 컴퓨터 속의 숫자를 다루듯이 취급한다. 사람들은 모든 일에 너무 서두르고 무례하며 자신의 일에서 행복을 느끼지 못하고 이를 다른 사람에게 분풀이하듯 뒤집어씌운다. 게다가 종종 전화 통화도 제대로 하지 못할 정도로 바쁘게 산다. 한마디로 삶의 속도가 빨라지면서 상대에 대한 배려가 사라져 버린 것이다.

이런 현상들을 바라보면서 나는 내가 가지고 있던 믿음이 더욱 확고해졌다. 앞에서도 언급했지만 '자아 이미지'와 '타인에 대한 존중'이라는 두 거울 속에 살고 있는 개인들에 의해 세계는 조금씩 나아지거나 나빠진다. 그중 성공하는 성격의 소유자는 다른 사람에게 관심을 갖고 그들을 배려한다. 그리고 다른 사람의 문제와 요구를 존중한다. 또한 인간의 존엄성을 존중하며, 다른 사람을 하찮게 여기지 않고 하나의 인격체로 대한다. 그들은 모든 사람을 신의 자식으로 여기고, 존엄과 존중을 받을 만한 독특한 개개인이라는 사실을 받아들인다.

자기 자신에 대한 감정과 타인에 대한 감정을 일치시키려는 경향은 심리학적으로도 입증된 사실이다. 다른 사람의 삶에 관용을 베풀 때는 자기 자신에 대해서도 틀림없이 관용을 베푼다. 다른 사람을 하찮게 여기는 사람은 자기 자신도 그다지 존중하지 않는다. 이 같은 잘못된 의식을 극복하려면 다른 사람의 실수를 임의로 판단하거나 비난하고 미워하기를 중단해야 한다. 다른 사람이 가치 있다고 느끼기 시작할 때 비로소 훌륭하고 적절한 자아 이미지를 개발할 수 있다.

다른 사람에게 관용을 베푸는 행동이 성공하는 사람이 지닌 중요한 덕목 중의 하나라는 사실을 보여 주는 또 다른 근거는, 그런 성격을 지닌 사람은 다른 사람을 있는 그대로의 모습으로 대한다는 것이다. 인간은 소중한 존재다. 인간을 동물이나 기계 또는 개인적인 목적을 위해 사용하는 물건처럼 대해서는 안 된다. 히틀러는 결국 이 사실을 깨달았을 것이다. 가정, 사업, 개인적인 인간관계에서 강압과 폭력을 휘두르는 사람이 있다면 그들 역시 나중에는 그 사실을 깨달을 것이다.

관용은 존경심을 갖고 다른 사람을 대하는 행동이다. 따라서 당장 생긴다거나 개인적으로 주고받을 수 있는 것이 아니다. 그것은 거래라기보다는 자아 이미지를 강화하는 수단이나 사회에 대한 기여라고 봐야 한다.

관용을 베푸는 세 가지 원칙

관용을 베풀면서 살 수 있는 방법에는 세 가지가 있다.

1. 다른 사람의 참모습을 깨달음으로써 그들을 진정으로 존중하는 방법을 발견하기 위해 노력하는 것이다. 그들은 모두 신의 자식이며, 개개인마다 독특한 성격을 갖춘 창조적인 존재다.

2. 다른 사람의 감정, 시각, 욕망, 욕구가 무엇인지 헤아려 본다. 다른 사람이 원하는 것이 무엇인지, 그들이 어떤 상황에서 어떤 느낌을 받는지 생각하라. 내 친구는 아내가 "나 사랑해요?"라고 물을 때마다 "물론이지. 기회가 있을 때마다 그 사실에 대해 생각한다고."라고 장난스럽게 대답한다. 하지만 이 말에는 엄청난 진실이 담겨 있다. 우리는 '기회가 있을 때마다' 생각하지 않으면 사실상 다른 사람에게 어떤 감정도 느낄 수 없기 때문이다.

3. 다른 사람을 중요하게 생각하고 가장 중요한 인물을 대하듯 행동하라. 상대방을 대하는 태도에는 그 사람에 대한 배려가 드러나기 마련이다. 즉, 우리가 남을 대하는 태도와 그 사람을 생각하는 마음이 일치하는 경우가 많다.

존중

수년 전 나는 《디스 위크 매거진》This Week Magazine 의 '인생의 좌우명'이란 특집 기사에 토머스 칼라일Thomas Carlyle 이 했던 다음과 같은 말과 관련된 내용의 글을 기고했다. "세상에서 가장 두려운 불신은 자신을 믿지 못하는 것이다."

나는 그 기사에서 이렇게 말했다.

살면서 마주치는 인생의 함정과 뜻하지 않은 위험 중에서 자기 경멸은 가장 치명적이고 극복하기 어려운 것이다. 그것은 우리 스스로가 계획하고 파 놓았기 때문에 우리는 '소용없어, 나는 그런 능력이 없으니까'라고 말하며 자신을 속이곤 한다. 일단 이런 생각에 굴복하면 우리는 아주 혹독한 대가를 치른다. 개인적으로는 물질적인 손해를 보며, 사회적으로는 아무 성과도 없고 더 나아가지도 못한다.

나는 의사로서 이런 패배주의자가 또 다른 면을 가지고 있다는 점을 지적하지 않을 수 없다. 패배주의자는 신기하게도 자신이 패배주의에 빠진 사실을 거의 인식하지 못한다. 위에서 인용한 토머스 칼라일의 말도 사실은 자기 자신에 대한 고백이다. 타협할 줄 모르는 고집스러움, 불같은 성질, 심술궂은 목소리, 가정에서의 무시무시한 독재 뒤에 숨어 있는 자신의 참모습에 대한 비밀스러운 고백인 것이다.

물론 칼라일은 극단적인 경우였다. 하지만 칼라일이 살던 그 당시는 불신이 팽배했던 시대가 아니었던가? 자기 자신에 대한 회의가 극단적으로 자라나 자기가 맡은 일에 대한 자신감을 상실했던 시대가 아니었던가? 그 결과 다른 사람과 어울리기 힘든 시절이 아니었던가?

우리는 스스로 열등감을 품는 것이 덕이 아니라 악이라는 사실을 머릿속에 분명히 새겨야 한다. 예를 들면 결혼 생활에서 괴로움의 원인이 되는 질투는 거의 대부분 자기 회의 때문에 생겨난다. 자신을 충분히 존중하는 사람은 타인에게 적대감을 느끼지 않는다. 그들은 어떤 것을 증명하려고 애쓰지 않으며, 사실을 분명하게 바라보고, 다른 사람에게 자신의 주장을 강요하지 않는다.

　한 여성이 얼굴 성형 상담을 받은 적이 있다. 그녀는 성형 수술을 받으면 남편이나 아이들이 자신을 더 존중해 줄지 모른다고 생각했다. 하지만 그녀에게 진정으로 필요한 것은 스스로를 소중히 여기는 마음이었다. 그녀는 중년이 되고 주름과 흰머리가 생기면서 자존감을 잃었으며, 그러면서 가족들이 악의 없이 던진 말이나 행동에 극도로 민감하게 반응하게된 것이다. 스스로에 대한 열등감과 회의는 암세포가 서서히 신체를 잠식하듯 우리의 자아 이미지를 갉아먹는다.

행복을 좀먹는 내부의 비평가를 경계하라

　메리 일레인 제이콥슨Mary-Elaine Jacobsen 박사는 저서 《일상에서 천재성을 발견하라》Liberating Everyday Genius 에서 다음과 같이 말했다.

　"거짓된 자아는 우리의 강력한 적이다. 우리가 자기 회의에 빠질 때 거짓된 자아는 신랄한 경고를 남발한다. 거짓된 자아는 진정한 자아를 멀리하게 하면서 때로는 다른 사람과도 거리를 두게 만든다. 하지만 신기하게도 내부에 이런 적이 사라지면 부정적인 상황도 훨씬 줄어든다."

　자아에 관한 제이콥슨의 설득력 넘치는 설명은 시간과 노력을 투자해서 실험해 볼 만한 가치가 있다고 생각한다.

　앞으로 이 책의 뒷부분에서는 이런 내부의 비평가를 통제하는 방법에 대해 알아볼 것이다. 사실 우리 내부의 비평가는 행복을 좀먹는 도둑 같은 존재지만 자기긍정적인 성격을 가지고 있다. 또한 자신을 최대한 존중하면서 마음의 평화를 구하고 우리가 만나는 어떤 비평가보다도 훨씬 큰 영향력을 행사한다.

　나는 65세 때 이 책의 초판본을 출판해 인기를 얻으면서 라디오 인터뷰를 할 기회가 있었다. 그때 진행자가 이런 질문을 했다.

"인간의 정신 작용에 대해 오랜 시간 연구해 온, 인생의 황혼기에 접어든 성형외과 의사의 생각에 왜 사람들이 관심을 갖는지 자문해 보지 않았습니까?"

나는 솔직히 그런 생각이 들지 않았다고 대답했다. 당시의 상황, 즉 성공은 어느 날 갑자기 온 것이 아니라 전체 과정에서 다음 단계로 넘어가는 과정일 뿐이었기 때문이다. 나는 현실에서 그다음 단계로 넘어가기 전에 상상 속에서 몇 차례 이를 실험해 보곤 했다고 대답했다. 그리고 내부의 비평가가 터무니없이 부정적인 질문을 한다면 당장 그를 호되게 꾸짖을 것이라고 말해 주었다.

그때 나를 인터뷰한 진행자는 이상한 성격을 가진 노인을 만나 입씨름한 것이 과연 잘한 일인지 곰곰이 생각하면서 집으로 돌아갔을 것이다. 만일 그가 내 책을 읽었더라면 인터뷰에 도움이 되었을지도 모른다. 하지만 나는 상대방이 나와 내 책을 전혀 모르는 상태에서 대화를 나눈다 하더라도 당황하지 않는다. 우리 모두 어떤 상황에서도 당황해서는 안 된다. 자기 내부에 있는 적대적인 생각을 맞은편에 앉아 자신을 노리는 비평가로 의인화하는 것은 아주 유용한 상상력 훈련이다. 어떻게 하면 우리 내부의 비평가에게 승리할 수 있는지, 적절한 이유를 제시할 수만 있다면 우리는 그를 이길 수 있다.

우리 내부의 비평가가 같은 말을 되풀이하면서 자신을 얕잡아 볼 때도 주저하지 말고 "그만!"이라고 소리쳐라. 그리고 내부의 비평가를 어두운 구석으로 몰아넣은 다음 자신을 의심한 것에 대해 적절하게 응징하도록 하라.

과거와 현재의 모든 승리를 자축하라

마치 오렌지와 사과를 비교하듯이 불필요하게 자신과 타인을 비교해서 스스로 능력이 부족한 사람인 것처럼 생각하지 마라. 크든 작든 자신의 승리를 축하하고 자신의 힘을 인식한 뒤에 그것을 키우도록 노력하라. 그리고 끊임없이 자신이 가치 있는 존재라는 사실을 떠올려라.

'존중'이라는 단어는 말 그대로 그 가치를 인정하는 것이다. 왜 인간은 별, 달, 무한한 바다, 꽃, 일몰 등의 아름다움은 찬양하면서 자신은 낮게 평가하는가? 동일한 창조자인 신이 인간을 만든 게 아닌가? 인간은 정말 대단한 창조물 아닌가? 마치 자신의 존재 자체를 스스로 창조했다는 듯한 거만한 태도만 아니라면 자신을 존중한다고 해서 이기적이라고 볼 수 없다. 제대로 사용하지 못하면서 제품의 품질을 비판해서는 안 되는 것처럼 말이다.

다른 사람을 좀 더 진지하게 평가하라. 다른 사람을 가치 있는 존재로 인식하고 경의를 표하라. 다른 사람을 가치 있는 대상으로 여기는 훈련을 하라. 그러면 놀랍게도 자기 자신에 대한 존중심이 증가한다. 진정한 자기 존중은 자신이 성취한 위대한 업적이나 자신이 가진 장점으로부터 생겨나는 것이 아니라, 자신이 누구인가에 대한 평가에서 비롯된다. 이런 사실을 깨달았다면 모든 사람이 같은 이유로 그 진가를 인정받는다는 결론을 내려야만 한다.

자신감

자신감은 성공해 본 경험에서 생겨난다. 어떤 일을 시작할 때 사람들은 성공해 본 경험이 없기 때문에 자신감을 갖지 못한다. 이것은 자전거를 타거나 대중 앞에서 연설을 하거나, 수술 방법을 배우는 것이나 모두 마찬가지다.

성공이 성공을 만든다는 것은 어느 정도 맞는 말이다. 심지어 아주 작은 성공도 더 큰 성공의 디딤돌이 될 수 있다. 권투 선수 매니저들은 선수들이 이기는 시합을 할 수 있도록 상당한 주의를 기울인다. 선수들은 성공적인 시합을 통해 지속적으로 자신감을 얻는다. 일반 사람들도 이와 같은 기법을 사용할 수 있는데, 먼저 작은 성공부터 시작해서 성공 경험을 차곡차곡 쌓아 나가면 된다.

또 다른 기법은 과거의 성공을 기억하고 실패한 기억은 잊어버리는 습관을 기르는 것이다. 컴퓨터와 인간의 두뇌는 작동하는 방법이 같다. 훈련을 통해 기술을 향상시키는 방법은 농구나 골프, 다트 던지기는 물론 세일즈 기법에서도 마찬가지로 적용된다. 컴퓨터 화면에서 아이콘을 휴지통으로 끌어 지우는 것처럼, 부정적인 생각도 쉽게 없앨 수 있다.

하지만 반복 자체가 가치가 있는 것은 아니다. 만일 그렇다면 우리는 성공보다는 실수하는 법을 배울 것이다. 예를 들어 다트 던지기의 경우 성공할 때보다는 실패할 때가 더 많다. 만일 단순한 반복이 기술을 향상시키는 요소라면 계속되는 실수는 우리를 실패의 전문가로 만들어줄 것이다. 그러나 십중팔구 실패를 하더라도 훈련을 거듭하면 실수가 줄어들고, 성공할 확률도 점차 커진다. 이것은 우리 두뇌 안에 있는 컴퓨터가 성공한 시도는 기억하고 실패한 시도는 잊어버리기 때문에 가능하다. 이렇게 컴퓨터와 우리의 성공 메커니즘은 성공하는 방법을 배운다(성공 메커니즘을 작동시키려면 유효한 명령을 반복하고 기억해야 한다. 실수와 잘못은 잊어버려라. 잘못된 버튼이나 키를 누르면 단계를 되짚어 올라간 다음 제대로 된 절차를 밟으며 다시 해본다).

그러나 지금 우리는 무엇을 하고 있는가? 우리는 과거의 실패를 기억하고 성공을 잊어버림으로써 우리의 자신감을 파괴한다. 그리고 실패한 경험을 기억할 뿐만 아니라 감정도 마음속에 간직한다. 게다가 자신을 경멸하고, 아주 개인주의적이고 자기중심적인 감정이라 할 수 있는 수치심과 양심의 가책으로 스스로를 채찍질한다. 그 결과 자신감은 사라지고 만다.

과거에 얼마나 많이 실패했는지는 중요하지 않다. 중요한 것은 꼭 기억하고 곰곰이 되씹어야 할 성공적인 시도를 강화해야 한다는 사실이다. 위대한 발명가이자 기업가인 찰스 케터링 Charels F. Kettering 은 과학자가 되려는 사람이라면 성공하기 전에 99번 정도는 실패를 각오하고, 그 때문에 자존심에 상처를 받지 않을 준비가 되어 있어야 한다고 말했다. 이 말은 과학뿐만 아니라 모든 분야에 똑같이 적용된다. 하지만 실제로 그 정도로 실패해야 한다는 의미는 아니다. 필요하다면 그럴 각오가 되어 있어야 한다는 뜻이다.

우리는 다른 사람의 성공을 보면서 그들이 그곳에 오르기까지 수많은 역경을 헤쳐 왔다는 사실을 중요하게 생각하지 않는다. 유명한 할리우드 여배우가 오스카상을 수상하고 수상 소감을 말할 때, 사람들은 그녀가 출연한 영화 중 비평가에게 조롱당하고 일반 대중으로부터 외면당한 수많은 실패작에 대해서는 잊는다. 베스트셀러 작가의 책은 공중파 방송에서 소개되고 불티나게 팔려 나가지만 그의 집에 보관되어 있는 거절 통지서로 가득 찬 박스, 산더미처럼 쌓인 원고들, 베스트셀러가 출간되기 전에 고쳐 쓴 원고 등에 대해서는 누구도 생각하지 않는다.

거의 모든 성공 뒤에는 실망과 좌절, 모욕감이라는 기다란 그림자가 있다. 사람들은 왜 그것을 보지 못하는가? 성공하는 성격의 소유자는 그런 것들을 냉철하게 직시한다.

실패가 아닌 성공의 경험을 상기하라

실수와 잘못을 통해 배워라. 그리고 실수와 잘못을 마음속에서 없애 버려라. 그다음에는 의식적으로 과거의 성공을 기억해 내고 머릿속에 떠올려라. 누구나 때때로 어떤 분야에서 성공을 거둘 수 있다. 특히 새로운 일을 시작할 때는 아무리 작은 일이라도 과거에 성공한 경험들을 상기하라.

정신과 의사이며 미국정신의학회 회장을 지낸 윈프레드 오버홀서Winfred Overholser 박사는 용감했던 순간을 떠올리는 것이 스스로의 믿음을 회복하는 가장 바람직한 방법이라고 말했다. 우리 주위에는 한두 가지 실수로 모든 좋은 기억을 완전히 덮어 버리는 사람들이 너무 많다. 용감하게 행동했던 순간을 되살려 체계적으로 다시 생생하게 기억하면 자신에게 생각보다 용기가 더 많다는 사실을 보고 놀랄 것이라고 그는 말했다. 오버홀서 박사는 자신감이 흔들릴 때마다 과거의 성공이나 용기를 발휘했던 순간을 되짚어 볼 것을 권한다.

한편 과거의 성공 경험에 대해 이야기해 달라고 했을 때 아무런 반응이 없는 사람들도 있다. 말 그대로 아무 생각이나 경험도 떠올리지 못하는 것이다. 한때는 이런 사람들이 거짓말을 하고 있으며 자기를 기만하는 어설픈 수를 쓰는 것이라고 의심한 적도 있지만, 그렇지 않다는 것을 지금은 잘 안다. 이들은 성공하는 경험을 하더라도 자기 것으로 인식하지 못하는 것이다.

예를 들어 어떤 의사는 의사가 된 것이 성공이 아니냐는 질문을 받았을 때, 자신은 부모가 원해서 의사가 되었기 때문에 자신의 목표가 아니라 부모님의 목표를 달성한 것이라고 말했다. 또 어떤 남성은 자기 집을 지은 것을 성공으로 보지 않았다. 그런가 하면 어떤 여성은 학교에서 전 과목 A학점을 받았지만 '그럴 것으로 예상했기 때문에' 성공으로 생각하지 않았다.

하지만 성공을 '행복한 순간, 용감했던 순간, 좋았던 기억'이라는 표현으로 바꿔 생각한다면 이들은 충분히 성공의 경험을 떠올릴 수 있을 것이다. 가령 홈런을 치고, 테니스 경기에서 이기고, 사냥에 나가서 오리를 쏘아 명중시켰을 때 친구들이 감탄했던 순간 같은 기억 말이다. 목표를 프로젝트로 볼 수 있는 것처럼, 성공의 경험은 행복한 순간이나 그와 비슷한 기억으로 바꿔 생각할 수 있다.

자기긍정

영화로도 만들어진 소설 《리플리》The Talented Mr. Ripley에 등장하는 주인공은 열등감 콤플렉스에 빠진 젊은이로, 자신을 있는 그대로 받아들이지 않고 다른 사람을 너무 질시한 나머지 친구까지 살해한다. 그러고는 자신이 살해한 부유한 친구의 인생을 대신 살아가는데, 심지어는 죽은 친구의 애인과 가족까지 속인다.

하지만 다행스럽게도 몇몇 사람만이 그처럼 폭력적이고 반사회적인 태도로 자기긍정감 결핍 반응을 보인다. 일반적으로 그런 유형의 사람은 자살을 하거나 갑작스럽게 행동하기보다는 아주 천천히 알코올이나 마약 중독에 빠지고, 눈에 띄지는 않지만 점차적으로 자기파괴를 일삼는다. 헨리 데이비드 소로의 말을 인용하자면 수많은 사람들이 '조용한 절망' 속에서 삶을 영위하고 있다.

진정한 성공이나 행복도 어느 정도의 자기긍정이 없으면 불가능하다.

세상에서 가장 비참하고 고통받는 사람은 자신과 다른 사람에게 자신이 기본적으로 다르다는 것을 보여 주기 위해 끊임없이 긴장하고 노력하는 사람일 것이다. 이들에게서는 수치심과 겉치레를 포기하고 자신을 기꺼이 받아들일 때 느낄 수 있는 안도감이나 만족감 같은 것은 찾아볼 수 없다. 진정한 성공은 '특별한 사람'이 되기 위해서 애쓰고 노력할 때는 이룰 수 없다. 긴장을 풀고 자신의 본모습으로 돌아갈 때 저절로 생겨나는 것이다.

자아 이미지를 변화시키는 것은 자기 자신을 바꾼다는 의미가 아니라 정신적인 이미지와 자신에 대한 평가, 자신에 대한 개념이나 인식을 바꾸는 것이다. 적절하고 현실적인 자아 이미지를 개발함으로써 얻을 수 있는 놀라운 결과들은 자기 변신의 결과가 아니라 자기실현과 자기표현으로부터 나온다.

현재 우리의 자아는 언제나 과거의 모습 그대로이며 앞으로도 마찬가지일 것이다. 자아 이미지는 스스로가 창조하는 것이 아니며 변경시킬 수도 없다. 단지 그런 사실을 깨닫고 실제적인 자아의 진정한 정신적 이미지를 얻는 것이다. 즉, 이미 존재하는 것을 이용할 뿐이다. '특별한 사람'이 되는 것은 아무런 소용이 없다. 특별하다는 것은 수백만 달러를 벌거나 고급 자동차를 몰고 다니거나 브릿지 게임에서 이겼기 때문이 아니라, 신이 자신의 이미지대로 우리를 만들었기 때문에 가능하다.

우리 대부분은 자신이 생각하는 것보다 훨씬 훌륭하고 현명하며 강하고 능력 있는 존재다. 더 나은 자아 이미지를 만든다는 건 새로운 능력이나 재능, 힘을 갖추는 게 아니라 이미 자기 안에 있는 것을 꺼내어 이용하는 것이다.

우리는 성격은 바꿀 수 있지만 기본적인 자아는 바꾸지 못한다. 성격은 이 세상을 살아가면서 사용하는 도구이자 감정의 배출구이며, 자아의 중심점이다. 또한 우리의 습관, 태도 그리고 습득한 기술의 총체다. 우리는 우리 자신을 표출하는 수단으로 성격을 사용한다.

우리는 실수 자체와 무관하다

자기긍정은 자신의 자산이나 능력뿐만 아니라 실수, 약점, 결점, 잘못 등도 있는 그대로 받아들이고 타협하는 것을 의미한다. 하지만 이런 부성적인 요소가 자신을 의미하는 것이 아니라 다만 자신에게 속해 있는 한 부분이라는 사실을 깨닫는다면 자기긍정은 더욱 쉬워진다. 많은 사람들이 자기 자신과 자신이 저지른 실수를 동일시하기 때문에 건전한 자기긍정을 부끄러워한다. 누구나 실수를 할 수 있지만 실수가 바로 그 사람 자체는 아니다. 누구나 자신을 제대로 표현하지 못할 수도 있지만 그렇다고 '아무 쓸모도 없는 사람'이라는 의미는 아니다.

지식을 얻기 위한 첫 단계는 자신이 알지 못하는 영역을 제대로 인식하는 데서 출발한다. 더 강해지기 위한 첫 단계는 자신이 약하다는 사실을 인정하는 것이다. 모든 종교에서 구원으로 가는 첫 단계는 자신이 죄인이라는 자기 고백이라고 말한다. 이상적인 자기표현이라는 목표를 향한 여정에서 우리가 그 과정을 지속적으로 수정하려면 다른 목표를 달성할 때와 마찬가지로 부정적인 피드백 데이터를 사용해야 한다.

이는 자신을 인정하고 사실을 있는 그대로 받아들일 것을 요구한다. 우리의 성격, '표현된 자아' 또는 몇몇 심리학자가 '실제적 자아'라고 부르는 것은 항상 불완전하고 기준에 못 미친다는 사실을 받아들여야 한다.

살면서 진정한 자아의 잠재성을 완전히 표현하거나 현실화할 수는 없다. 실제적으로 표현된 자아 속에서 우리는 자신의 모든 가능성과 진정한 자아의 힘을 모두 발휘할 수 없다. 다만 계속 더 배우고 더 잘 수행하며 더 좋게 행동할 수 있다. 실제 자아는 불완전할 수밖에 없다. 항상 이상적인 목표를 향해 앞으로 나아가지만 결코 그곳에 도달하지는 못한다. 우리의 실제적 자아는 멈춰 있는 것이 아니라 역동적인 것이다. 완성되거나 끝나지 않으며 항상 성장하는 존재다.

이 모든 불완전함과 더불어 이런 실제적 자아를 받아들이는 것은 그것이 우리가 지니고 있는, 유일하게 우리의 재능을 발휘할 수 있는 수단이기 때문이다. 신경증 환자들은 실제적 자아가 불완전하기 때문에 거부하고 미워한다. 그들은 이미 목표에 도달해서 완벽한 상태의 허구적인 이상적 자아를 만들어 낸다. 그러나 속임수와 허구를 유지하려는 노력은 심한 정신적 긴장을 불러일으킬 뿐만 아니라, 실제 세계에서 허구적인 자아로 생활하다 보면 실망과 좌절만 남는다.

성공
포인트

기다리지 말고 지금 바로 시작하라

현재의 자신을 받아들이고 거기서부터 시작하자. 자신의 불완전함을 감정적으로 인정하는 방법을 배우자. 자신의 결점을 인식하는 것은 반드시 필요한 일이지만, 결점 때문에 자신을 미워하는 것은 옳지 않다. 자신의 자아와 행동을 구별하라. 컴퓨터에 버그가 발생하고 바이올린이 불쾌한 소리를 낸다고 컴퓨터와 바이올린이 쓸모없지 않은 것처럼, 실수를 하고 계획된 코스를 벗어났다고 해서 쓸모없는 인간인 것은 아니다. 자신이 완벽하지 않다는 이유로 자신을 미워해서는 안 된다. 완벽한 사람은 아무도 없으며, 그렇게 보이려고 노력하는 사람은 비참한 감정에 사로잡힐 것이다.

지금 이대로 특별한 사람

많은 사람들이 완벽히 자연스런 생물학적인 갈망으로 인해 자기 자신을 미워하고 자책한다. 그중 육체적인 비율이 그 시대의 유행이나 기준에 부합하지 않는다는 이유로 스스로를 못마땅하게 여기는 사람들도 있다.

1920년대에는 큰 가슴을 부끄럽게 여기는 여성들이 많았다. 당시에는 소년 같은 체구가 유행했으며 불룩한 가슴은 금기시되었다. 하지만 오늘날에는 많은 젊은 여성들이 둘레가 100센티미터나 되는 풍만한 가슴을 가지고 싶어 한다. 과거에는 여성들이 내게 와서 "가슴을 줄여서 특별한 사람으로 만들어 달라."고 부탁했다. 그러나 지금은 반대로 "가슴을 키워서 특별한 사람으로 만들어 달라."고 말한다.

자신의 정체성이나 개성을 찾아 특별한 사람이 되고 싶은 욕구는 보편적인 것이다. 하지만 사람들은 집단의 가치를 맹목적으로 따르거나, 남에게 훌륭하다고 인정받거나, 물질적인 결과를 바라고 그런 가치를 추구하는 오류를 범한다.

우리의 몸은 신에게 받은 선물이다. 우리는 이미 특별하다. 하지만 '너무 말라서, 뚱뚱해서, 키가 작아서, 너무 커서' 같은 이유로 스스로를 형편없게 여기는 사람들이 많다. 이럴 때는 이렇게 다짐하도록 하자. '나는 완벽하지 못하고, 결점과 약점이 있고, 때로는 옆길로 벗어나기도 하고, 앞으로 가야 할 길이 멀지 모르지만 나는 특별한 사람이며 그 특별함을 최대한 발휘할 것이다.'

여러 해 동안 《레이디스 홈 저널》Ladies' Home Journal 편집자로 일했던 에드워드 보크Edward W. Bok 는 이렇게 말했다.

"믿음이 거의 없는 젊은이는 '나는 무가치한 사람이다'라고 말하고, 진정한 믿음이 있는 젊은이는 '내가 가장 중요하다'라고 말하고 이를 증명하러 나선다. 그런 태도가 자만을 낳지는 않는다. 만일 자만이라고 생각하는 사람이 있더라도 그렇게 하도록 내버려 두고 개의치 말라. 자신을 가장 중요하게 생각한다는 말이 믿음, 신념, 자신감, 우리 안에 존재하는 신의 인간적인 표현이라는 것을 충분히 알 수 있다. 우리 내면의 신은 '나의 일을 하라'고 우리에게 말한다. 그러니 밖으로 나가 행동하라. 무엇이 되었든 말이다. 행동하되 열정적으로, 역경을 극복하고 좌절을 물리치는 열정으로 임하라."

자신을 있는 그대로 수용하고, 있는 그대로를 드러내라. 끊임없이 뒤를 돌아보고 스스로를 수치스럽게 여기거나 싫어하고, 인정하기를 거부하면 독특하고 특별한 자신만의 가능성과 잠재력을 깨닫기 힘들다.

역경지수를 높여라

일반적으로 지능지수IQ는 인간이 일생 동안 얼마나 발전할 수 있는가를 결정한다. 이것이 오랫동안 학계와 일반의 통념이었다. 하지만 이제 우리는 인간의 가능성을 결정짓는 것이 IQ가 아니라 자아 이미지라는 사실을 알게 되었다(또한 우리는 성인이 된 뒤에도 IQ를 높일 수 있다는 사실을 알고 있다).

자아 이미지나 자아 이미지의 재현은 과학적으로 측정할 수 있다. 경영 컨설턴트인 폴 스톨츠Paul G. Stoltz 박사는 1967년부터 역경에 처한 사람들의 반응에 대해 연구해 왔다. 100여 개의 회사를 대상으로 체계적인 연구를 통해 그는 10만 명이 넘는 사람의 역경지수Adversity Quotient, AQ를 측정했다. AQ란 사람들이 얼마나 도전 의식을 갖고 역경에 잘 대처하는가를 숫자로 나타낸 것이다.

스톨츠 박사는 앞으로 세상을 살아가기가 점점 더 힘들어지기 때문에 AQ의 중요성도 점점 더 강조될 것이라고 말한다. 그는 일상생활에서 부딪치는 역경, 예를 들면 지연되거나 취소된 비행기 운항이나 경쟁 회사에 설득된 주요 고객 같은 요소를 고려해 정기적으로 AQ를 조사했다. 그 결과 10년 전에는 AQ가 7이었지만, 5년 전에는 거의 두 배로 뛰어 13이 되었다. 1999년에는 AQ가 23으로 올라갔다. 스톨츠 박사는 높은 AQ를 지닌 사람들을 다음 세 가지로 분류한다.

1. 그들은 역경이나 실패 때문에 다른 사람을 비난하지 않는다.
2. 그들은 자신을 비난하지도 않는다. 그들은 실패가 초라한 자신 때문에 생겼다고 생각하지 않는다.
3. 그들은 자신이 직면한 문제가 규모나 지속력에서 제한되어 있다는 사실을 인식하고, 얼마든지 헤쳐 나갈 수 있다고 믿는다.

스톨츠 박사의 연구 결과와 자동 성공 메커니즘을 잘 활용하는 성격이 지닌 특성을 비교해 보면, 내 생각과 스톨츠 박사의 연구 사이에 존재하는 유사성을 알 수 있을 것이다.

AQ를 높일 수 있는가? 물론이다. 스톨츠 박사는 기업 차원에서 전체 직원의 AQ를 올리기 위한 훈련 프로그램을 제공하는 회사를 운영한다. 그의 접근 방법은 속수무책, 자기 회의, 극복하기 어려운 문제, 비난이나 죄의식 등 낮은 AQ 상황을 헤쳐 나갈 수 있는 길을 제시한다. 이는 어떤 의미에서 보면 자아 이미지를 변화시키거나 강화시키는 것을 의미한다. 하지만 자아 이미지를 강화하기 위해 어려운 상황을 억지로 추가할 필요는 없다. 그런 상황을 피하면서도 얼마든지 AQ를 강화할 수 있다.

이와 같은 사실은 중병을 앓는 사람들을 대상으로 내가 관찰했던 결과와 전체적으로 일치한다. 몇몇 사람들은 자신의 문제에 대해 속수무책이거나, 수치심 또는 죄의식을 느끼거나, 자신의 나약함을 비난하거나, 현재 상황에 대해 자신이나 신이나 운명을 원망하는 등 사람의 힘으로는 어쩔 수 없는 상황을 쉽게 받아들인다. 반면에 아주 비슷한 병을 앓는 다른 사람들은 높은 AQ를 가진 사람의 세 가지 특징을 모두 보여 주었다. 활동적인 조사, 자체 교육, 적극적인 치료 참여에서부터 의미 있고 책임 있는 활동을 지속하기 위한 방법을 모색하는 등 모든 면에서 자신의 역경을 받아들이는 데 긍정적이었다.

예를 들면 엘리자베스 테일러 같은 배우는 높은 AQ를 가지고 있었다. 테일러는 몇 번이나 죽을 뻔한 경험이 있으며, 엉덩이 이식 수술을 포함해 여러 번의 수술을 받았고, 알코올 의존 전문 병원인 베티포드 병원에서 두 번의 약물중독 치료를 받기도 했다. 그러나 그녀는 곧 기운을 회복한 뒤 자신의 미모와 우아함, 유머 감각을 계속해서 유지하려고 노력했고 2000년까지 TV 시리즈에 출연하는 등 연예계에서 활발하게 활동했다. 또한 AIDS 연구를 위한 최초의 기금 모집 단체를 설립하는 데도 참여하는 등 생전에 자선 활동에도 열심이었다.

언젠가 막 낚시 여행에서 돌아온 친구들과 함께 점심 식사를 한 적이 있었다. 친구들에게 여행에 대해 물어보자 그들은 이구동성으로 안 좋았던 날씨, 음식을 넣은 냉장고가 강물에 떠내려간 사건, 한 친구가 위통으로 고생한 일 등 잇따라 일어난 재난 때문에 여행을 망쳐 버렸다고 말했다. 나는 또다시 물었다.

"그러면 이번 여행이 어땠다고 생각해?"

한 친구가 대답했다.

"최고였지. 즐거운 여행이었어."

이번 여행에서 그들은 높은 AQ를 바탕으로 행동했으며 일련의 역경을 이겨냈다. 그들이 지난 5일간의 여행에서 그랬던 것처럼 일상생활을 해나간다면 5일이 아니라 365일 내내 행복하고 성공적인 삶을 살 수 있을 것이다. 물론 일상생활에서 벌어지는 문제는 바닷가에서 겪은 연이은 사건들보다 비중이 클 수도 있다. 당연히 심한 부상, 질병, 실연 등 인생에서 벌어지는 비참한 일들이 훨씬 더 중요하다.

그래도 역시 대부분의 성공은 우리의 기대와 그에 대한 반응으로 이루어진다. 만일 자신과 다른 사람을 불필요하게 비교하거나, 완벽함을 고집하거나, 자신의 인생에 대한 터무니없는 기대를 하거나, 모든 것을 흑과 백으로 판단하거나 한다면 우리는 그것들이 만들어 내는 부담감에 짓눌려 숨도 쉬지 못할 것이다.

왜 우리는 짐을 벗어던지지 못하는가?

우화 한 가지를 소개하면서 이 장을 끝마치도록 하겠다. 이 우화가 성공하는 성격을 기르는 것과 어떤 관련이 있는지 잘 생각해 보자.

이야기는 피곤에 지친 여행자가 먼지가 날리는 길 위를 걷는 것에서부터 시작한다. 여행자의 어깨 위에는 커다란 둥근 돌이 올려져 있고, 등에는 벽돌로 가득 찬 자루가 매달려 있으며, 머리 위에는 울퉁불퉁한 커다란 호박이 얹혀 있다. 그리고 다리는 억센 잡초와 포도 덩굴로 칭칭 감겨 있어 휘청거리면서 겨우 발걸음을 옮길 수 있을 뿐이다.

상상이 되겠지만 이 사람은 아주 불편한 자세로 구부린 채 천천히 절름거리면서 힘겹게 앞으로 나아가고 있었다. 길가에 앉아 있던 한 사람이 인사하면서 그에게 물어봤다.

"이보시오, 당신은 왜 그처럼 크고 무거운 짐을 어깨에 짊어지고 있습니까?"

그러자 그 여행자는 놀랍게도 이렇게 대답했다.

"당신이 말해 주기 전까지는 제 짐들이 그렇게 무거운지 몰랐습니다.

제가 그것을 짊어지고 있다는 사실을 한 번도 이성적으로 생각해 보지 않았거든요."

그러고는 잠시 생각하더니 어깨에 둘러멘 커다란 돌을 내려 길 한편에 두고는 전보다 훨씬 똑바른 자세로 걸어갔다. 잠시 후 누군가가 그에게 왜 벽돌로 가득한 자루를 등에 짊어지고 있냐고 물었다.

"그렇게 말해 줘서 감사합니다. 전 자루에 무엇이 들었는지 신경 쓰지 못했거든요."

이렇게 말하면서 그는 자루에서 벽돌을 모두 꺼내 길옆에 놓아두고 걸어갔다. 그리고 얼마 후, 그는 길에서 놀고 있던 한 호기심 많은 아이를 만났다.

"이봐요, 아저씨. 왜 다리에 잡초를 감고 있어요?"

그는 주머니칼을 꺼내서 잡초들을 베어 버렸다.

그가 만난 사람들은 한 사람씩 불필요한 짐의 존재를 그에게 알려 주었으며, 그는 차례로 새로운 의견을 받아들이고 짐을 버렸다. 마침내 그는 자유로운 사람이 되어 똑바로 걸을 수 있었다. 그의 키는 다른 사람과 비슷한 키가 되었다. 그의 문제가 돌과 벽돌, 잡초였을까? 그렇지 않다. 문제는 그것을 인식하지 못한 그의 정신 상태에 있었다.

인생의 불필요한 짐을 벗어던져라

우화의 주인공이 메고 다니는 벽돌이나 돌처럼 삶에서 짐이 되는 목록을 간단히 작성해 보자. 실제 벽돌을 가져다가 펜으로 각각의 돌에 한 가지씩 감정적인 부담감을 적어라. 모든 벽돌을 배낭에 담아 자동차 뒷자리에 실어라. 매일 아침 집을 나설 때마다 그 자루를 꺼내 잠시 동안 들고 이렇게 이야기하라.

"오늘 나는 차에 벽돌을 버릴 거야. 난 이 벽돌을 들고 다니지 않고도 충분히 하루를 보낼 수 있어."

저녁때 집에 돌아오면 서류 가방이나 다른 소지품들은 가져오고 벽돌은 자동차에 그대로 남겨 두자. 그리고 이렇게 말하라.

"벽돌을 두고 와서 오늘 저녁은 편안하게 즐길 수 있겠어.".

Psycho
Cybernetics

제9장

자동 실패 메커니즘에서 벗어나라

부정적인 사고를 역이용하라

．
．
．

자신을 의심하는 사람은
적군에 가담해서 스스로에게 총을 겨누는 사람과 같다.

_알렉상드르 뒤마 Alexandre Dumas

．
．
．

폭발하는 보일러처럼 울화가 치밀 때가 있다. 내가 젊을 때는 수많은 회사와 공장이 증기 보일러로 움직였다. 사실 그건 폭탄이나 마찬가지였다. 증기 보일러는 적절하게 관리만 된다면 필요한 열을 공급해 주지만 잠재적인 파괴력도 있었다. 보일러에는 압력이 위험 수위에 이를 때를 가리키는 압력계가 달려 있는데, 그것으로 위험을 알아차리고 바로 압력을 낮춤으로써 안전을 확보할 수 있었다.

오늘날에는 체르노빌에서 발생한 것과 같은 사고를 막기 위해 사람과 컴퓨터가 주의 깊게 통제하는 원자력 발전소가 있다. 내가 아는 최악의 원자력 발전소 참사는 한 노동자가 커피를 쏟은 사소한 실수가 발단이 된 스리마일섬의 대규모 방사능 누출 사고로, 발발 직후 가까스로 피해가 확산되는 것을 막을 수 있었다.

이렇듯 힘은 항상 위험을 수반하기 마련이다. 우리의 자기 통제 메커니즘은 경험을 통해 알고 있는 것보다 훨씬 더 강력한 힘이 있다. 이 장에서 자기 통제 메커니즘에 대해 더 자세히 살펴보고 실험해 본다면 그 잠재적인 위력에 매우 놀랄 것이다. 그러나 자동 성공 메커니즘에서 건설적이고 생산적으로 발휘되었던 자기 통제 메커니즘의 힘은 자동 실패 메커니즘에서는 파괴적일 수도 있다. 따라서 이런 힘을 잘 통제하고, 항상 자동 실패 메커니즘으로 넘어가는 표시계의 적색 눈금을 눈여겨보고 경계해야 한다.

막다른 길이나 폐쇄된 길이 있을 때 표지판이 명확하지 않으면 그 길을 통해 목적지에 가려던 사람들에게 불편을 준다. 반대로 도로 표지판이 눈에 잘 띄는 곳에 있어서 표지판을 보고 계획을 변경하거나 진행할 수 있다면 목적지에 더 쉽게, 효율적으로 찾아갈 수 있다.

부정적인 감정은 일종의 경고 신호다. 좌절, 분노, 지나친 걱정, 의기소침, 질투, 게으름과 공짜 선호, 옹졸함과 경멸, 자기부정 등은 자기 통제 메커니즘의 눈금이 적색 부분에 있다는 신호다.

우리 몸에 나타나는 모든 증상이나 징후는 인간의 몸을 건강하게 유지시키는 압력계이자 교통 신호의 적색등에 해당된다. 환자들은 열이 나거나 진통이 오면 이를 나쁜 징후로 여기는 경향이 있다. 하지만 실제로 이런 신호는 환자가 그 상태를 인식하고 적절한 조치를 취한다면 자신에게 유용한 증상이 될 수 있다. 맹장염의 고통은 환자에게는 안 좋을지 모르지만 실제로는 환자의 생명을 보존하기 위한 신호다. 만일 환자에게 아무런 고통이 없다면 맹장을 떼어 내기 위해 어떤 행동도 하지 않을 것이다.

실패하는 유형의 성격에도 그 나름의 징후가 있다. 우리는 스스로 이런 증상을 인식하고 적절한 조치를 취할 수 있어야 한다. 어떤 성격적 특징을 실패의 신호로 인식할 수 있을 때 이런 증상은 자동적으로 부정적인 피드백 데이터로 작용한다. 하지만 이와 같은 사실을 아는 것만으로는 부족하다. 누구나 그 정도는 '느낀다.' 우리는 그것을 우리가 원하지 않는 바람직하지 않은 대상으로 인식해야 한다. 또한 무엇보다도 이것이 우리의 행복을 가로막는 방해물이란 사실을 깊이 이해해야 한다.

　부정적인 감정이나 태도를 경험하지 않는 사람은 아무도 없다. 심지어 가장 돋보이는 성공하는 성격의 소유자도 때때로 부정적인 감정을 경험한다. 여기서 중요한 사실은 무엇인가에 대해 인식하고 그 과정을 바로잡기 위해 긍정적인 행동을 해야 한다는 점이다.

실패 메커니즘의 경고 신호

나는 '실패'failure 라는 단어의 글자 하나하나를 아래와 같이 부정적인 피드백 신호나 실패 메커니즘과 연관 지어 봤다. 그리고 이것을 환자들에게 보여 주자 그들은 실패에 대해 더 잘 이해하기 시작했다.

FAILURE

Frustration, hopelessness, futility	욕구불만, 희망 없음, 무용無用
Aggressiveness(misdirected)	공격성(잘못 인도됨)
Insecurity	불안감
Loneliness(lack of 'oneness')	고독감(통일성의 결여)
Uncertainty	불확실성
Resentment	분노
Emptiness	공허감

　어느 누구도 심술로 또는 일부러 이런 부정적인 특성을 개발하지는 않는다. 또한 이런 특성은 우연히 발생하는 것이 아니다. 그렇다고 인간이 원래 지닌 불완전함을 드러내는 것도 아니다. 우리의 부정적인 특성은 당면한 어떤 어려움이나 문제를 해결하기 위한 방책으로 채택된 것이다. 즉,

우리는 이들을 어려움을 극복하기 위한 해결책으로 잘못 인식했기 때문에 채택한 것이다.

우리의 부정적인 특성은 비록 잘못된 전제에 기초하고 있지만 나름대로 의미와 목적이 있다. 이 특성들은 우리에게 삶의 방식을 알려 준다. 인간의 성격에서 가장 강렬한 충동 중 하나는 적절하게 반응하고자 하는 욕구라는 사실을 명심하자.

우리는 이 같은 실패 증후군을 의지가 아니라 진정한 이해를 통해 치료할 수 있다. 다시 말해 그것이 아무 효과가 없고 부적절하다는 사실을 깊이 통찰함으로써 치유할 수 있는 길로 접어든다는 말이다. 이런 통찰을 통해 우리는 실패 증후군으로부터 자유로울 수 있으며, 그런 증상을 받아들이도록 했던 직관력이 또다시 우리를 대신해서 그런 부정적인 특성을 제거한다.

예를 들어 순교자나 희생자 콤플렉스를 생각해 보자. 아마도 우리는 어린 시절 자신이 불행한 희생자였으며 결손 가정 출신에 부적절한 교육, 불공평한 고용주, 교활한 동료, 바람피우는 연인, 갖가지 질병, 경제적 어려움 등을 겪었다고 끊임없이 주장하는 누군가를 알고 있을 것이다. 이런 사람은 삶의 모든 것이 음모라고 주장한다. 또 너무나 자주 푸념하고 탄식하며 슬퍼한다.

"아니야, 그래선 안 돼. 자, 오늘 밤은 극장에 가서 즐겁게 보내는 거야. 해낼 수 없다고 걱정하지 마. 다시 생각할 필요도 없어. 난 항상 잊힌 상태로 남겨져 있었으니까."

이런 사람을 바라보고 있으면 우리는 답답해서 화를 내거나 그와 주변 인물들이 비참할 것이라는 판단을 하기 쉽다. 그러나 실수해서는 안 된다. 이 사람은 다른 사람을 커다란 고통에 빠뜨리려는 의도를 가지고 계획적으로 이런 습관을 개발하지는 않았다. 결코 아니다. 다만 그는 자신의 좌절감을 해소하기 위해 이 같은 해결책을 썼던 것이다. 이를테면 자신이 갈망하는 관심과 동정심을 얻기 위해, 아니면 다른 방식으로는 도저히 얻을 수 없었던 인정을 받기 위해서였던 것이다.

우리 인생에서 다른 사람을 돕기 위해 이 모든 과정을 다시 설계하는 것은 아주 어려운 일이다. 그러나 우리 스스로 자아 이미지를 책임지고 재구성하면서 자신의 행동을 변화시킬 수는 있다.

자, 이제 우리를 지배하는 자동 실패 메커니즘의 경고 신호에 대해 생각해 보도록 하자.

욕구불만

욕구불만은 어떤 중요한 목표를 실현할 수 없거나 강한 욕망이 방해를 받을 때 일어나는 감정이다. 우리 모두는 인간이기 때문에 누구나 욕구불만을 가지고 있다. 따라서 우리는 늘 불완전하고 미완성인 상태에 머물러 있다.

우리는 나이가 들면서 모든 욕망이 곧바로 충족될 수 없다는 사실을 받아들여야 한다. 또한 우리의 행동이 생각했던 것만큼 이상적이지 않다는 사실도 받아들여야 한다. 완벽함이란 반드시 필요한 것도, 반드시 요구되는 것도 아니며 실용적인 목적을 위해서는 오히려 근삿값 정도가 더 낫다는 사실을 받아들여야 한다. 그리고 욕구불만에 대해 당황하지 않고 참는 방법도 배워야 한다.

욕구불만이 지나친 불만족과 좌절을 불러일으킬 때, 그것은 실패를 드러내는 하나의 증상이 된다. 만성적인 욕구불만은 보통 자신이 세운 목표가 비현실적이거나 자신의 자아 이미지가 부적절하거나 또는 이 두 상태 모두를 의미한다.

실용주의자형 목표 vs. 완벽주의자형 목표

짐은 친구들 사이에서 성공한 인물로 통한다. 그는 증권회사 직원으로 출발해서 부사장의 자리에까지 올랐다. 그의 골프 실력은 80타를 밑도는 정도이며 아름다운 아내와 사랑하는 두 자녀가 있다. 그런데도 그는 이 모든 것이 자신이 세운 비현실적인 목표와 들어맞지 않기 때문에 만성적인 욕구불만을 갖고 있었다.

그는 모든 분야에서 완벽하진 못했지만 늘 그렇게 되어야 한다고 생각했다. 지금쯤 사장 자리에 올랐어야 했고, 골프 실력도 70타 정도는 되어야 한다고 생각했다. 또 아내가 자신과 의견 충돌을 일으키지 않고, 자녀들도 못된 짓을 하지 않도록 남편과 아버지로서도 완벽해야 한다고 믿었다. 그가 보기에 그의 인생은 과녁의 중앙을 맞히는 것만으로는 부족했다. 그는 과녁의 한가운데에 있는 작은 점, 즉 퍼펙트 골드를 맞혀야만 한다고 생각했다.

나는 그에게 다음과 같이 말해 주었다.

"당신은 프로 골퍼인 재키 버크가 퍼팅할 때 추천한 방법을 활용해야 합니다. 롱 퍼팅을 할 때는 홀 컵에 그 볼을 조준하지 말고 쓰레기통 크기만 한 영역을 목표로 삼아야 합니다. 그렇게 하면 긴장감도 해소되고 편안해져서 더 잘 칠 수 있을 겁니다. 프로 선수에게 통하는 내용이라면 당신에게도 당연히 그렇겠죠."

지나친 자기실현 욕구는 실패를 부른다

해리라는 인물은 우리와 좀 다른 부류다. 그는 한 번도 성공해 본 적이 없었다. 많은 기회가 있었지만 그때마다 모두 놓쳤다. 세 번이나 원하던 직장에 들어갈 기회가 있었지만 그때마다 '무슨 일이 생겨서' 그 기회를 놓치고 말았다. 말하자면 성공을 거의 눈앞에 두었을 때 어떤 일 때문에 항상 실패를 맛봐야 했던 것이다. 또한 그는 두 번이나 실연의 아픔을 겪기도 했다.

그의 자아 이미지는 무가치, 무능력, 성공이나 더 나은 삶을 즐길 권리가 없는 열등한 사람이었기에 자기도 모르게 그 역할에 충실했던 것이다. 그는 자신이 성공할 수 있는 부류의 사람이 아니라고 생각했고 스스로 그것에 들어맞도록 항상 모든 일을 그런 쪽으로 유도했다.

욕구불만은 유아기적 습성이다

욕구불만, 불만족, 불평은 우리가 어렸을 때부터 즐겨 사용해 온 문제 해결 방법이다. 갓난아기가 울면서 불만을 표시하면 어느덧 따뜻하고 부드러운 손길이 나타나서 신기하게도 우유를 가져다준다. 기저귀가 젖어서 불편한 경우에도 불만을 표현하면 또다시 그 따뜻한 손길이 나타나 기저귀를 편안하게 갈아 준다. 어린아이들은 욕구불만을 표현하기만 하면 응석을 받아 주는 부모 덕분에 문제를 해결할 수 있고 원하는 것을 얻을 수 있다. 단지 욕구불만을 느끼고 불만족스러워하면 문제가 해결되는 것이다.

하지만 이런 삶의 방식은 갓난아기나 어린아이에게나 해당하는 것이지, 성인에게는 통하지 않는다. 그런데도 대부분의 사람들은 욕구불만이나 삶에 대한 불평을 늘어놓으며 그와 같은 습성을 버리지 않는다. 마치 그렇게 하면 삶이 자신을 불쌍히 여겨 모든 문제를 해결해 줄 것이라고 생각하는 모양이다.

앞에서 언급했던 짐이라는 인물은 어떤 마법적인 힘이 자신을 완벽하게 만들어 줄 것이라는 희망으로 이런 유치한 방법을 무의식적으로 사용하고 있었다. 또 해리는 좌절감에 익숙한 나머지 그런 감정이 습관화되어 점점 더 패배 의식에 사로잡혔다. 그는 그런 감정을 미래로 투사했으며 실패만을 예상해 냈다. 그의 습관적인 패배 의식은 패배자인 자신의 모습을 형상화한 것이다.

생각과 느낌은 언제나 동행한다. 느낌은 우리의 사고와 생각이 자라나는 토양과 같다. 바로 이런 이유 때문에 이 책에서는 만일 자신이 성공했다면 어떤 느낌이 들지 먼저 상상해 보고, 지금 당장 그와 같은 방식으로 느껴 보라고 말하는 것이다. 유아적인 행동을 성인의 삶에 적용하는 것은 맞지 않는 일이다. 우리는 목표를 설정하고 그것을 향해 나아감으로써 상황을 극복해야만 한다.

이제 우리는 어떤 길에 잘못 들어서서 갈팡질팡하고 있을 때 자신을 이끌어 줄 따뜻한 손길을 기다리며 울고 있는 아이처럼, 자신을 제자리로 데려다주고 올바른 방향으로 인도해 줄 누군가를 기다리며 잡초 속에 누워 있지는 않을 것이다. 자아 이미지의 숨겨진 힘을 발견하고 자신을 일으켜 세워서 다시 나아갈 코스를 계획한 다음, 선택한 목표를 향해 여행을 시작해야 한다. 또한 자신의 잘못을 비난하는 자기부정보다는 잘못된 방향으로 갔을 때 실수를 깨끗이 인정할 수 있는 자기긍정적인 태도를 보일 수 있어야 한다. 우리는 목표를 비추는 등대를 가린 안개나 방해물을 인정하거나 받아들여서는 안 된다.

공격성

지나친 공격성이나 잘못 인도된 공격성은 마치 낮이 지나면 밤이 오듯이 자연스럽게 욕구불만으로 이어진다. 이는 예일 대학교 학자들이 수년 전 《욕구불만과 공격성》Frustration and Aggressiveness 이라는 책에서 증명해 보인 사실이다.

요즘 가장 무서운 병으로 인식되는 것이 알츠하이머병이다. 이 병에 걸린 사람은 신체상으로는 별 이상이 없지만 차츰 기억과 자기 정체성을 잃어버리며 일시적인 쇠약 증세를 보이기도 한다. 또한 이따금 아무 경고도 없이 보호자나 사랑하는 사람에게 공격성을 드러내기도 한다. 나는 이와 같은 공격성이 기억 상실로 자기 정체성을 잃어버렸을 때 느끼는, 상상조차 하기 힘든 욕구불만의 산물이라고 확신한다.

하지만 알츠하이머병에 걸리지 않은 사람이 공격적이거나 다른 사람에게 심술궂은 행동을 하는 것은 자신의 진정한 자아가 타격을 받고 고통을 느꼈거나 건강하지 못한 자아 이미지에 사로잡혔기 때문이다. 한 가지 예를 살펴보자.

내 아내 앤의 오랜 친구 이야기다. 그녀는 유능한 커리어우먼이며, 남편은 그녀보다 약간 젊고 성취감이 덜한 편이다. 그녀는 실질적으로 생활을 책임지고 남편을 관대하게 지원하는 자신의 역할에 전적으로 만족하는 것처럼 보였다. 처음에는 남편도 그런 상황에 만족했다. 그러나 사람들의 암묵적인 비난과 자신의 씀씀이에 대한 친구들의 조롱, 처가의 비난 등에 대한 울분이 욕구불만이라는 형태로 나타나기 시작했다. 그래서 남편은 사업을 벌이고 투자도 해봤지만 이는 오히려 더 큰 욕구불만으로 이어질 뿐이었다.

또한 아내도 지인과 가족으로부터 압력을 받자 욕구불만을 드러내기 시작하더니, 결국 남편에게 비판적으로 대하기 시작했다. 이윽고 남편의 욕구불만이 위험 수위에 이르자 논쟁은 폭력으로 변하고 아내를 여러 차례 폭행하면서 급기야 응급 구조대가 출동하고 경찰까지 동원되었다. 이 사건은 대부분의 사건처럼 쉽게 해결되지 않고 이혼으로 이어졌다.

여자를 때리는 남자 또는 그 반대의 경우 역시 변명의 여지는 없다. 하지만 그 원인은 욕구불만이 공격성으로 이어진 것이다. 이 같은 사례에서 공격성 자체는 몇몇 정신과 의사가 생각하는 것처럼 비정상적인 행동 유형은 아니다. 공격성과 감정상의 울분은 목표를 달성하는 데 아주 유용하다. 방어적이고 모호한 자세보다는 공격적인 자세가 우리가 원하는 것을 쉽게 얻어 내도록 돕는다. 우리는 이런 공격적인 자세로 문제와 씨름한다. 중요한 목표가 있다는 단순한 사실만으로도 자기 안에서 울분을 만들어 내고, 또 우리의 공격적인 성향을 행동으로 옮길 수 있도록 돕는 것이다.

하지만 목표를 이루는 데 방해를 받거나 좌절하면 문제가 뒤따른다. 울분이 갑자기 솟아오르면서 출구를 향해 뿜어져 나온다. 자칫 울분이 그릇된 방향으로 향하거나 적절히 사용되지 않으면 파괴적인 힘으로 돌변한다. 상사의 코를 한 방 날리고 싶지만 감히 그렇게 하지 못하고 집에 돌아와서 아내에게 시비를 걸거나 고양이를 발로 걷어차는 것이다. 그렇지 않으면 공격의 방향을 자신에게 돌려 상처를 입히기도 하는데, 남아메리카에 서식하는 전갈은 화가 나면 자신의 몸을 찔러서 그 독으로 스스로 목숨을 끊는다고 한다.

공격성에 적절한 출구를 제공하라

실패하는 유형의 성격은 가치가 있는 목표를 향해서는 공격성을 드러내지 않는다. 대신 위궤양, 고혈압, 걱정, 과음, 과다한 업무 같은 자기파괴적인 방향으로 작동한다. 또한 흥분, 무례함, 잡담, 잔소리, 흠잡기 등으로 다른 사람을 공격한다.

그리고 목표가 비현실적이거나 실현 불가능한 경우, 이런 유형은 패배에 직면하면 '그 어느 때보다도 더 열심히 노력하는 것'을 해결책으로 받아들인다. 커다란 벽에 머리를 들이받으면서 더 세차게 들이받는 것이 해결책이라고 무의식적으로 생각하는 것이다.

공격성에 접근하는 바람직한 해법은 공격성을 근절하는 것이 아니라 그것을 표현할 보다 적절한 경로를 제공하는 것이다. 오스트리아 빈의 유명한 의사이자 동물사회학자인 콘라트 로렌츠 Konrad Lorenz 는 여러 해 동안 동물들의 행동을 연구한 결과, 공격적 행동은 근본적인 습성이며 동물들은 공격성을 표현할 통로가 마련되기 전에는 애정을 느끼거나 표현할 수 없다고 뉴욕시에 있는 정신요법 연구소(현재는 정신건강 연구소로 불린다)의 정신과 의사들에게 말했다.

연구소 부소장이었던 이매뉴얼 슈와츠 Emanuel K. Schwartz 박사는 로렌츠 박사의 발견이 인간에게 엄청난 의미가 있으며, 인간관계를 보는 전체적인 견해를 재고해야 할지도 모른다고 말했다. 그는 공격성의 적절한 출구를 제공하는 게 사랑과 애정의 출구를 제공하는 것만큼 혹은 그 이상으로 중요하다고 주장했다.

공격성에 대한 가장 적절한 대책은 그것을 아주 없애 버리는 것이 아니라, 이해하고 표현해 낼 수 있는 적합한 통로를 마련해 주는 것이다. 머리를 쳐들고 모습을 드러내는 공격성을 욕구불만으로 방향을 돌려 효과적인 행동을 이끌어 냄으로써 우리는 그 에너지를 십분 활용할 수 있다.

사냥꾼의 심리를 이해하라

우리의 심리적인 메커니즘을 이해하는 것만으로도 욕구불만과 공격성의 관계를 이해하는 데 도움이 된다. 방향을 잘못 잡은 공격성은 어떤 대상을 격렬하게 공격함으로써 원래의 목표를 이루지 못한 것에 대한 분풀이를 하곤 한다. 하지만 그것은 아무 효과가 없다.

어린 시절에 봤던 만화 중에 교활한 토끼를 사냥하려고 애쓰는 엘머 퍼드(1930년부터 워너브라더스에서 제작된 단편 애니메이션 시리즈 〈루니 툰〉의 캐릭터―옮긴이)를 떠올려 보자. 주인공 퍼드가 토끼를 잡으려다가 몇 차례 놓친 뒤 화가 잔뜩 나 엉뚱한 곳에 총을 마구 쏘는 장면이 기억나는가? 나는 인간적인 오리와 거위 사냥꾼이 언젠가는 그와 똑같은 유혹에 굴복하지 않을까 생각한다. 결국 공격성은 문제를 하나 더 만들어 낼 뿐 문제를 해결해 주지는 않는다. 만일 누군가에게 시비를 걸고 싶다면 멈춰서서 스스로 이렇게 물어보라.

'이것은 단순히 나 자신에 대한 욕구불만인가? 아니면 나를 이렇게 만든 다른 이유가 있는가?'

'나는 지금 수십 가지 다른 방향으로 총을 쏘고 있지는 않은가?'

이때 자신의 대답이 '그렇다'는 쪽으로 나온다면 스스로 통제할 자격을 어느 정도 갖춘 셈이다. 누군가가 무례하게 행동할 때 그것이 악의적인 행동이 아니라 자동 메커니즘 때문이라는 사실을 이해한다면 불쾌감은 상당히 줄어들 것이다. 상대는 지금 목표를 이루기 위해 써야 할 에너지를 엉뚱하게 발산하고 있는 것이다.

수많은 자동차 사고는 욕구불만과 공격성의 관계 메커니즘에 의해 일어난다. 오늘날에는 이것을 '노상의 분노'라고 부른다. 또 '항공기 승객의 분노'라는 것도 있다. 이런 이름들은 우리의 공격성을 유발하는 욕구불만에 붙여진 것이다.

다음번에 누군가가 거리에서 무례하게 행동한다면 이렇게 대처하라. 상대방에게 공격적인 반응을 보이거나 자신에게 해를 끼치는 대신 이렇게 말하는 것이다.

"불쌍한 사람! 내게 특별한 유감이 있어서 이렇게 행동하지는 않았을 텐데. 아마 아내가 오늘 아침에 토스트를 태웠나 보지? 아니면 집세를 내지 못했거나 직장 상사가 그를 호되게 꾸짖었을 거야."

감정의 분출을 조정하는 안전판

중요한 목표를 성취하려고 노력할 때 방해를 받으면 증기 분출이 막힌 증기기관차와 같은 상황이 된다. 이때는 지나친 감정 분출을 조절할 안전판이 필요하다. 공격성을 배출하는 데는 운동이 탁월한 효과가 있다. 오랜 시간 활기차게 걷거나 팔굽혀펴기, 아령 운동 등을 하는 것도 좋다. 특히 골프, 테니스, 볼링, 샌드백 치기처럼 어떤 것을 세게 치는 운동이 아주 효과적이다. 또 글을 써서 울분을 토해 내는 것도 좋은 방법이다. 자신을 좌절시키거나 화나게 만든 사람에게 편지를 써라. 할 수 있는 모든 노력을 다하라. 머릿속에는 아무것도 남기지 마라. 그러고 나서 편지를 태워 버려라.

공격성을 없애는 최선의 방법은 어떤 목표를 향해 매진하면서 그것 모두를 소모해 버리는 것이다. 일에 전념하는 것은 고통받는 영혼을 달래는 최고의 치료법이자 안정제다. 밸브를 열어 증기를 내보내는 것은 무술 훈련을 통해서도 가능하며 태극권, 합기도, 시스테마(러시아 특수부대 스페츠나츠에서 사용되는 격투 무술―옮긴이) 같은 내면 무술로 한층 구체적으로 훈련할 수 있다. 이런 훈련에서는 의식적으로 몸을 사용할 뿐 아니라 호흡을 조절하고 근육의 긴장을 이완하는 법도 배운다. 대부분의 운동은 공격성의 긍정적인 출구가 되어 우리에게 도움이 되기는 하지만, 일상의 모든 활동에 적용할 수 있는 기술인 몸을 이완하고 심호흡을 하는 법을 다루지는 않는다.

불안감

불안감은 자신의 무능력을 마음속 깊이 인식하는 데서 비롯된다. 만일 어떤 조건에 자신이 꼭 맞지 않는다는 생각이 들면 불안감을 느끼게 된다. 하지만 대부분의 불안감은 자신의 내적 자산이 적당하지 못하기 때문이 아니라 잘못된 측정 잣대를 적용하기 때문에 생긴다. 사람들은 실제 자신의 능력을 상상 속에서 이상화된, 완벽하며 절대적인 자아와 비교하곤 한다. 하지만 이런 비교를 하면 불안한 마음이 들기 마련이다.

불안한 사람은 자신이 훌륭해야만 한다고 느끼며 반드시 성공해야 한다고 생각한다. 또한 자신이 행복하고 유능하며 안정적인 사람이 되어야 한다고 여긴다. 물론 이것들은 모두 가치 있는 목표다. 그러나 이것들은 절대적인 의미에서 '마땅히 해야만 하는 것'이라기보다는 성취할 목표나 도달해야 할 것으로 여겨야 한다.

대형 컨설팅회사를 경영하는 친구와 《피터의 원리》라는 유명한 경영서에 대해 이야기를 나눈 적이 있다. 그 책은 관료적인 경영이 결국 사람들을 무능력하게 만든다는 주장을 펴고 있었다. 내 주위에서도 이런 일들이 일어나는 경우를 여러 차례 목격했다. 자신의 일에서 행복을 느끼는 유능한 의사가 한때 병원장으로 승진하기도 했지만 결국 보잘것없는 관리자로 전락하고 만 일이 있었다. 병원 측에서 보면 유능한 의사를 잃고 무능력한 행정 책임자를 얻은 격이었다. 내 친구는 이에 대해 나와 생각이 달랐다. 그는 다음과 같이 말했다.

"피터의 원리는 분명 그런 상황을 편리하고 간단하게 설명해 주지만 매우 다른 결과를 가져오는 똑같은 상황에 대해서까지 정확히 설명하지는 못해. 자신의 경험, 지식, 준비 상황, 자신감의 한계 등을 뛰어넘어 승진하거나 심지어 주변 사람들은 실패할 것이라고 생각했는데도 성공한 사람에 대해서는 어떻게 설명할 수 있을까?"

친구와 이 문제를 좀 더 논의해 본 결과, 내가 이 책에 대해 구상하기 시작한 초기의 관찰, 질문 등과 그 내용이 너무나 흡사하다는 사실을 깨달았다. 똑같은 신체적 결함에 대해 자신의 상상 속에서 그 의미를 확대해석했던 두 명의 불행한 사람이 똑같이 성형 수술을 받았다. 한 명은 우리가 일반적으로 예상하듯이 자신에 대해 긍정적인 태도를 갖게 되었고, 다른 한 명은 여전히 상처가 남아 자신에 대해 부정적인 느낌을 가지고 있었다. 왜 그럴까?

승진과 수술이라는 두 사례에서 나타난 결과의 차이는 결국 개인의 자아 이미지 안에 숨겨져 있었다. 그것은 그들의 이력서나 얼굴에 나타나는 것이 아니었다. 불안감을 느끼고 나약한 자아 이미지에 안주하는 사람과는 달리, 강한 의지력으로 일을 끝까지 밀고 나가는 사람은 승진을 우연히 찾아온 절호의 기회가 아니라 자신이 열심히 노력한 대가로 받아들인다.

목표를 재설정하라

불안감을 물리치는 방법은 다양하다. 그중 첫 번째 방법은 주어진 상황, 관련된 모든 사람, 자신에 대해 합리적으로 생각해 보는 것이다. 두 번째 방법은 정신의 영화관에서 맡아야 할 배역과 그 배역에 필요한 아이디어를 얻기 위해 자동 성공 메커니즘에 새로운 검색 임무를 부여함으로써 자아 이미지를 확신시키고 강화하는 것이다. 마지막 방법은 새롭게 설정된 적절한 목표에 대한 시각을 재정립하는 것이다.

다음 사례는 뉴욕의 유명한 스포츠 작가가 내게 이야기해 준 것으로, 목표에 대한 시각을 재정립하는 것이 왜 중요한지를 보여 준다.

두 명의 성공한 대학 감독이 NFL로부터 감독직 제의를 받은 상황에 대해 생각해 보자. 우리 스포츠 작가들은 머릿속에 '피터의 원리'를 떠올리면서 곧바로 두 사람이 새로운 환경에 성공적으로 적응할 가능성에 대해 생각하기 시작했다. 결과적으로 이들 중 한 사람은 겁이 난 강아지처럼 꽁무니를 빼고 학교로 돌아갔으며, 다른 한 사람은 그의 팀을 슈퍼볼 결정전에 올려놓았다.
분명히 재능이나 상대 팀의 실력, 대진운 등에 따라 변수가 있기는 하다. 그러나 가장 큰 변수는 새로운 직책을 놓고 두 사람이 느낀 반응이었다. 두 사람은 모두 그저 NFL로 옮겨 가서 감독직을 맡기만을 바랐다.

그중 한 사람은 벌써 자신이 최종 목표에 도달한 것으로 생각했다. 그래서 독재적이고 과장된 행동으로 불안과 자기 회의를 감춘 채 새롭게 등극한 왕처럼 행동하기 시작했다. 그는 미디어, 선수들, 다른 감독들과 빠르게 적대 관계를 형성했다. 선수들은 신문을 읽고 그가 아슬아슬한 모험을 하고 있다는 사실을 알았지만 아무 반응도 하지 않았다. 하지만 그는 곧 심한 불안감에 휩싸였다. 그의 불안감은 실패에 대한 두려움으로 바뀌었고, 욕구불만은 공격성으로 바뀌어 어떤 능력도 발휘할 수 없었다.

새롭게 감독으로 승진한 또 다른 사람은 아주 다른 접근 방식을 취했다. 그에게 감독직을 수락하는 일은 삶에서 자신이 계획한 성취 단계로 한 발짝 더 나아가는 것에 불과했다. 그는 곧 새로운 목표를 설정하는 데 초점을 맞추고, 아주 유능한 코칭 스태프를 구성해서 팀의 도덕성을 개선했으며, 선수들의 숨겨진 재능을 발굴해 냄으로써 마침내 2년 연속 슈퍼볼 게임에서 우승할 수 있었다. 그의 에너지는 강력했고, 아주 효과적으로 집중되었다. 그의 목표는 배가 좌초하지 않도록 유도하는 등대와 같은 것이었다. 사람들은 각자 다르게 반응했지만 그는 아주 놀라운 결과를 이끌어 냈다.

작가는 모든 상황을 이 책과 같은 관점에서 분석했다. 인간은 목표 지향적인 메커니즘이 있기 때문에 우리의 자아는 어떤 것을 향해 나아갈 때만 비로소 본모습을 드러낸다.

제8장에서 소개한 자전거의 사례를 기억하는가? 우리는 앞으로 나아가거나 어떤 것을 추구할 때만 균형과 안정을 느낀다. 목표를 이미 이루었다고 생각하면 정적인 상태에 머물며, 어떤 것을 향해 전진할 때도 안정과

평형감각을 잃어버린다. 만일 정말로 자신이 훌륭하다고 확신한다면 거짓을 옹호해야 하기 때문에 더 나은 목표를 추구할 의욕을 잃을 뿐만 아니라 불안감마저 느끼게 된다.

최근 한 대기업의 회장이 내게 다음과 같이 말했다.

"이미 목표를 달성했다고 생각하는 사람은 우리에겐 필요 없는 사람입니다. 그들은 이미 이용 가치를 잃었으니까요."

누군가가 예수에게 선하다고 말하자 예수는 그를 타이르며 이렇게 말했다.

"왜 당신은 나를 보고 선하다고 말합니까? 이 세상에 선한 분은 단 한 명뿐입니다. 그분은 바로 하나님이십니다."

사람들이 사도 바울을 선한 사람이라고 부르자 그는 다음과 같이 대답했다.

"나는 아직 목표를 이루지 못했다고 생각합니다. 그래서 그 목표를 향해 지금도 달려갑니다."

거만한 태도를 버려라

맨 꼭대기에 서 있으면 왠지 위태롭게 느껴진다. 마찬가지로 거만한 태도를 버리면 지금보다 훨씬 안정감을 느낄 수 있다.

이런 사실은 아주 실제적으로 적용될 수 있다. 즉, 스포츠에서 패배의 심리학을 설명하는 데도 유용하게 사용된다. 챔피언이 된 팀이 스스로를 챔피언이라고 생각하게 되면 더 이상 싸울 상대가 없다고 여기며 방어적인 자세를 취한다. 단지 방어만 하면서 자신이 챔피언임을 입증하기 위해 노력할 뿐이다. 하지만 패배자는 어떤 상대든 맹렬히 싸우며, 그 결과 종종 뜻하지 않은 성과를 얻기도 한다.

나는 챔피언이 되기 전까지 잘 싸웠던 한 권투 선수를 알고 있다. 하지만 챔피언이 되고 난 후 그는 다음번 시합에서 지고 말았다. 그러나 타이틀을 빼앗기고 난 다음에 다시 일어나 잘 싸웠고 결국 챔피언 자리를 되찾았다. 그가 재기해서 성공할 수 있었던 데는 매니저의 다음과 같은 말이 크게 작용했다고 한다.

"한 가지 사실만 기억할 수 있다면 넌 어떤 시합에서도 이길 수 있어. 링에 발을 내디딜 때 너는 챔피언 타이틀을 방어하기 위해서 싸우는 것이 아니라 챔피언 자체를 위해 싸우는 거야. 그런데 너는 그렇게 하지 못했어. 링에 오르는 순간 자신이 챔피언이라는 생각을 즉시 버려야만 해."

자신의 참모습을 외면하고 거짓으로만 일관하는 정신적 태도는 불안감을 증폭시킨다. 그것은 자신과 다른 사람에게 자신의 우월성을 입증하려는 헛된 시도에 불과하다. 그런 태도는 패배적인 결과를 가져올 뿐이다. 현재 자신이 완벽하고 남보다 우월하다면 굳이 싸우려고 노력하거나 분투할 필요가 없다. 그렇게 온 힘을 기울여서 노력하는 모습을 자신이 남보다 우월하지 않다는 사실을 드러내는 것이라고 생각해서 최선을 다해 노력하지 않는 것이다. 이는 결국 이기려는 자신의 의지와 벌인 싸움에서 지고 마는 것이다.

비즈니스 세계에서도 안정적인 리더는 주변에 자기보다 현명하고 능력 있는 팀원을 두려고 노력하며, 때로는 자신보다 나이 든 사람이나 경험 많은 인물을 등용하려고 한다. 하지만 불안정한 리더 주변에는 예스맨이나 아첨꾼들만 몰려들 뿐이다. 왜 그럴까? 안정적인 리더는 앞으로 나아가기 위해 노력하며, 그 어떤 것보다도 자신에게 필요한 일을 하는 데 훨씬 많은 관심을 갖는다. 그러나 불안정한 리더는 보이는 것에 더 관심이 있으며, 나약함이나 무능력을 드러내는 것을 가장 두려워한다.

만일 자동 실패 메커니즘이 우리를 불안정의 늪으로 빠뜨린 뒤에 악취로 찌든 우리를 다시 끄집어냈다면, 그 냄새나는 행동을 한 사람이 바로 자신이라는 사실을 인정해야만 한다. 늪에서 나온 다음에는 샤워를 하고 몸을 깨끗하게 하라. 여기서 샤워에 필요한 비누 역할을 하는 것은 상황을 재평가하고 목표에 대한 시각을 재정립하고자 하는 우리의 행동이다.

고독감

사람은 때때로 고독을 느낀다. 그것은 인간이고 개인이기 때문에 지불해야 할 당연한 대가다. 그러나 고독의 정도가 너무 지나치고 다른 사람으로부터 단절되어 고립된 상태가 만성적으로 지속된다면 이는 자동 실패 메커니즘 때문이라고 봐야 한다.

고독은 삶에서 소외됨으로써 발생한다. 진정한 자아로부터 고립되는 것이다. 진정한 자아로부터 소외된 사람은 기본적이고 근본적인 삶과 접촉하는 것을 스스로 차단한다. 그런 사람은 종종 삶의 악순환을 반복한다. 또한 소외감 때문에 다른 사람과의 관계가 그다지 만족스럽지 못하며 사회적인 격리 상태에 빠진다. 즉, 진정한 자아를 발견할 수 있는 길에서 스스로를 떼어 놓고, 다른 사람과의 사회적인 활동 속에서 자신을 잃어버리는 것이다.

우리는 다른 사람과 함께 일하고 그것을 즐기는 과정에서 자신을 잊을 수 있다. 공통의 목표에 대해 흥미로운 대화를 나누거나 춤을 추고 함께 연주를 하거나 일할 때 우리는 허위나 가식보다는 다른 것에 관심을 갖게 된다. 다른 사람을 이해하게 되면서 더 이상 가식이 필요 없어지는 것이다. 또 긴장을 풀고 더욱 자연스러워질 수 있다. 이런 행동을 반복할수록 허위나 가식 없이도 충분히 잘 지낼 수 있으며 자기 자신을 보다 편안하게 느낄 수 있다.

고독은 어떤 도움도 되지 않는다

고독은 자기방어의 한 방법이다. 고독은 다른 사람과의 의사소통, 특히 감정적인 유대감을 단절시킨다. 또한 고독은 노출, 상처, 모욕감으로부터 이상적인 자아를 보호하려는 시도이기도 하다.

고독한 성격을 지닌 사람은 타인을 두려워한다. 그들은 때때로 친구가 없다거나 어울릴 사람이 없다고 불평을 한다. 그런데 그들은 대부분의 경우 다른 사람이 자신을 찾아오기를 바라고, 다른 사람의 의견에 따라 움직이며, 자신이 대접받고 있다는 사실을 확인하며 즐기는 수동적인 태도를 가졌기 때문에 자신도 모르게 이런 식으로 행동한다. 그들은 자신이 먼저 무엇인가 사회적인 공헌을 해야겠다는 생각은 절대 하지 않는다.

자신의 감정에 구애받지 말고 사람들 속에 섞여서 함께 지내라. 사람들과 처음 만난 이후에도 만남을 지속한다면 어느덧 익숙해져서 그 생활을 즐길 수 있을 것이다. 다른 사람을 즐겁게 해주는 사교술, 예를 들면 춤, 브릿지 게임, 피아노 연주, 테니스, 화술 등을 개발하라. 두려움을 없애는 가장 좋은 방법은 두려움의 대상과 끊임없이 접촉하는 것이라는 사실은 오래전부터 전해 오는 심리적인 법칙이다.

다른 사람과의 사회적인 교류에 적극적으로 참여하면 고독한 사람일지라도 대부분의 사람이 친절하며 자신이 받아들여진다는 사실을 새삼 발견할 것이다. 그러면 수줍음과 소심함도 자연히 사라지고, 자신과 다른 사람 앞에서도 훨씬 더 편안함을 느낄 것이다. 또한 자신이 다른 사람에게 인정받는다는 사실을 깨달으면 스스로를 받아들이는 일이 훨씬 수월해진다.

자기 안에만 갇혀 사는 대기업 임원은 머지않아 자신의 자동차 트렁크에 개인 소지품을 옮겨 놓고 한 손에는 마지막 수표책을 들고 바깥을 내다보고 있는 자신의 모습을 발견할 것이다. 이런 상황은 아주 강한 사람들도 흔히 겪는 좌절이다. 일로 만난 사람과의 관계를 차단해 버린 사람은 나중에 자신이 일할 직장이 없어졌다는 사실에 깜짝 놀랄 수도 있다.

고립과 고독감은 일반적인 사람뿐만 아니라 한 나라의 왕이나 대통령까지도 파멸로 몰아간다. 워터게이트 사건이 폭로되었을 때 닉슨 대통령은 '자기' 안에 틀어박혀서 시간을 보냈다. 그는 안정을 찾으려 했지만 점차 커져 가는 고립감을 맛봐야만 했다.

그와 반대되는 사례로, 크라이슬러 회장인 리 아이어코카의 행동을 살펴보자. 당시 회사는 자금 문제로 심각한 위기에 처해 있었다. 하지만 아이어코카는 어두운 사무실에서 홀로 위기와 싸우기보다는 당당하게 대중 앞으로 나가 월스트리트와 정부를 설득하고 협상을 벌였다. 그는 자산 매각과 구조 조정 등을 단행해 대중의 지지를 얻었으며, 극적으로 회사를 다시 일으켜 세웠다.

혼자 있고 싶을 때는 자신이 살아 있다는 생생한 감정을 느껴 보자. 어둠 속에서 발끝이 무엇에 채여 서 있을 수 없거나 불타는 건물에 갇혀 빠져나올 수 없다면, 냉장고에서 신선한 물을 꺼내 마시고 정신을 차리거나 안전하게 서 있을 수 있는 다른 방법을 강구해야 한다. 우리는 일을 통해 고독에서 벗어나야 하며, 그런 기회와 방법을 찾기 위해서라면 비난과 대립도 감수해야만 한다.

불확실성

철학자 엘버트 허버드Elbert Hubbard는 다음과 같이 말했다.

"인간이 저지를 수 있는 가장 큰 실수는 실수를 저지를까 봐 마냥 두려워하는 것이다."

불확실성은 실수와 책임을 회피할 수 있는 좋은 핑곗거리다. 이는 어떤 결정도 내리지 않으면 잘못될 것도 없다는 그릇된 전제에 근거를 두고 있다. 일이 잘못될 수도 있다는 가능성은 스스로 완벽하다고 생각하는 사람에게는 두려움의 대상이다. 자신은 한 번도 잘못된 적이 없으며 모든 면에서 항상 완벽하다고 생각하기 때문이다. 이런 사람이 어쩌다 잘못을 저지르기라도 한다면 완벽하고 강력한 자아 이미지는 산산조각 나고 말 것이다. 따라서 이런 사람에게는 의사결정이 사느냐 죽느냐의 문제가 되어 버린다.

이런 사람이 완벽하게 자신을 지키는 한 가지 방법은 가능한 한 어떤 결정도 내리지 않는 것이며, 어쩔 수 없이 결정을 내리더라도 그 시간을 최대한 뒤로 미루는 것이다. 또 다른 방법은 비난을 뒤집어쓸 희생양을 찾는 것이다.

한편 이런 유형의 사람은 성급하게 결정을 내리는 것으로 유명하다. 또한 의사결정 자체가 그렇게 심각한 문젯거리가 되지도 않는다. 한마디로 자신은 완벽하다고 생각하기 때문이다. 따라서 이 사람에게 잘못되는 경우란 있을 수 없다. 그렇기 때문에 굳이 사실이 무엇이고 어떤 결과가 나올지 신중하게 생각할 필요조차 없다. 이런 사람은 어떤 결정이 실패를 초래하더라도 그것이 다른 사람의 잘못이라고 확신함으로써 허구적인 자신의 믿음을 유지한다.

이와 같은 시도들이 결국 모두 실패하는 이유는 너무나 명백하다. 하나는 전혀 행동하지 않기 때문에, 다른 하나는 충동적이고 잘못된 행동 때문에 계속 곤경에 빠지는 것이다. 다시 말해 '불확실한 길'을 선택함으로써 옳다고 믿는 것이 전혀 효과를 발휘하지 못한다는 말이다.

항상 옳은 사람은 없다

항상 100퍼센트 완벽한 사람이 필요한 것은 아니라는 사실을 알아야 한다. 행동하고 때로는 실수를 저지르며 코스를 수정하면서 전진하는 것은 자연스러운 과정이다. 유도 어뢰는 방향을 잘못 잡고 계속 코스를 수정하면서 목표물에 도달한다. 그냥 멈춰 있으면 코스를 수정할 수 없다. 또한 아무것도 변경하거나 수정할 수 없다.

우리는 어떤 상황에 처했을 때 알고 있는 사실을 먼저 검토하고, 선택 가능한 다양한 행동이 만들어 낼 결과를 상상하며, 최선의 해결책처럼 보이는 한 가지를 선택한 뒤 거기에 모든 것을 걸어야 한다. 어쨌든 우리가 앞으로 나아가는 한 코스는 얼마든지 수정할 수 있다.

오늘날 가장 성공한 배우 중 몇몇에 대해 생각해 보자. 혹시 케빈 코스트너의 영화 〈워터월드〉를 기억하는가? 톰 행크스의 〈볼케이노〉라는 영화도 기억하는가? 이 영화들은 흥행에 참패했다. 오스카상 수상자나 할리우드의 스타라 하더라도 인생에서 최소한 한 번쯤은 실수를 하기 마련이다. 중요한 사실은 성공한 것보다 실패한 것이 더 많다고 해도 그 과정에서 기울인 노력만은 염두에 두고 있어야 한다는 것이다.

축구 감독이 되어 경기를 이끌어 보면 승리보다는 패배하는 경우가 훨씬 많다. 주식에서 투자 포트폴리오를 운영하다 보면 가격이 떨어지는 주식이 훨씬 많지만 가격이 올라가는 주식만으로도 충분한 이익을 내기도 한다. 이는 석유 시추試錐나 광고 업계의 경우도 마찬가지다. 대부분의 경우 승리하는 사람들이 항상 100퍼센트 옳은 것은 아니다. 심지어 확률이 50퍼센트가 안 되는 경우도 종종 있다.

내가 만난 가장 성공한 기업가 중 한 사람은 몇 년 동안 18가지의 훌륭한 신제품을 잇따라 시장에 내놓아, 만 38세가 되던 해에는 거의 바닥이었던 회사의 가치를 200만 달러까지 끌어올렸다. 하지만 그는 그동안 개발해서 출시했던 100여 가지의 다른 제품은 결국 주목받지 못하고 실패로 끝났다고 고백했다. 그는 자신의 성공 비결에 대해 이렇게 말했다.

"저는 실패도 남보다 앞서 경험했습니다."

테드 니콜라스Ted Nicholas와 조지프 슈거맨Joseph Sugarman은 통신판매 업계에서 전설적인 인물로 알려져 있다. 테드 니콜라스는 자비로 출판한 밀리언셀러《변호사 없이 창업하는 법》How to Form Your Own Corporation without a Lawyer을 과감한 전면 광고 전략을 통해 성공시킨 것으로 유명하다. 하지만 이렇게 반짝이는 아이디어로 중무장한 그도 자신이 집행한 광고 중 약 80퍼센트 이상이 실패했다고 거리낌 없이 말한다.

조지프 슈거맨은 무료 전화를 이용한 신용카드 주문을 통신판매 업계 최초로 도입했다. 그는 간단한 전기 도구를 과감하게 전면 광고 전략으로 공략해 처음으로 큰돈을 벌었고, 최초로 휴대용 계산기를 통신판매하는 아이디어를 내기도 했다. 또한 최근에는 블루 블로커스 선글라스로 큰 성공을 거두었다. 이런 그도 자신이 저지른 인생 최대의 실수, 막대한 투자에도 불구하고 실패한 상품, 참패로 끝난 광고 이야기 등을 강연을 통해 기꺼이 전해 준다. 이들은 불확실성에 도전하면서 살고 있지만 항상 옳은 편에 서려고 노력하지는 않는다.

소인만이 '완벽함'을 추구한다

불확실성을 극복하기 위한 또 다른 해결책은 자존심과 그것을 지키기 위한 노력이 사람을 얼마나 우유부단하게 만드는지 깨닫는 것이다. 많은 사람들이 자신이 틀렸다고 판명되더라도 자존심에 상처받는 것이 두려워 솔직히 시인하지 못한다. 하지만 엉뚱하게 자존심을 내세우지 말고 오직 자기 자신을 위해 사용하라. 대범하고 너그러운 성격을 가진 사람은 실수를 하더라도 곧 인정한다. 자신의 잘못을 인정하지 못하고 두려워하는 사람은 소인小人이라는 사실을 명심하라.

영국의 정치가 윌리엄 글래드스턴William E. Gladstone은 "큰 실수를 많이 범하지 않고서는 그 누구도 위대하거나 훌륭한 사람이 될 수 없다."고 말했다. 또한 《자조론》을 저술한 새뮤얼 스마일스Samuel Smiles는 이렇게 말했다. "우리는 성공보다 실패에서 지혜를 훨씬 많이 얻는다. 실제로 어떤 것이 잘 안 통할지 알게 됨으로써 무엇이 효과가 있을지 알게 되는 경우가 많다. 실수를 전혀 해보지 않은 사람은 아마 새로운 것을 발견한 적이 없을 것이다."

토머스 에디슨의 아내는 이렇게 말했다. "남편은 아닌 것을 하나씩 제외하는 방법으로 끝없이 문제 해결에 매달렸어요. 그토록 많은 시도가 수포로 돌아가서 속상하지 않으냐고 누군가 질문하면 남편은 이렇게 대답했죠. '아니요, 저는 낙심하지 않습니다. 잘못된 시도를 할 때마다 그만큼 앞으로 한 걸음씩 나아가는 셈이니까요.'"

불확실한 단서 지우기

나는 탐정 셜록 홈스가 등장하는 아서 코넌 도일의 소설을 즐겨 읽는다. 홈스의 믿을 만한 친구인 왓슨 박사는 좋은 성격을 지녔지만 상상력은 조금 부족한 인물로, 홈스가 '자신의 상상 속으로' 사라져 버렸다가 미궁에 빠진 범죄의 단서를 들고 다시 나타나면 어리둥절한 표정을 지으며 놀라곤 한다.

홈스는 상상 속에서 현학적이고 끈질긴 추론 과정을 밟아 가며 가능성이 낮은 단서들을 하나하나 지우는 과정에 몰두하다가, 마침내 더 이상 지울 수 없는 최선의 결론에 이른다. 그리고 그는 자동 성공 메커니즘의 힘을 총동원해 진실을 입증할 수 있는 각종 단서, 사실, 증거 등을 차례로 수집하는 과정을 밟아 가면서 결국 목표에 도달한다. 그러나 무능한 탐정은 어떤가. 사건의 무게에 짓눌려 혼란스럽고 상반되는 증언에 따라 갈피를 잡지 못하다가 엉뚱하게 자동 실패 메커니즘을 작동시킬 뿐이다.

또한 홈스가 자신의 실수를 기꺼이 인정하는 태도는 주목할 만한 부분이다. 그는 자신이 추론하는 과정에서 배제한 내용이 잘못으로 입증될 때 당황하거나 모욕감을 느끼지 않고 곧바로 자신의 좌절감과 공격성을 억제함으로써 고립으로부터 벗어난다. 그는 자신의 실수를 인정하고 신속하게 다시 초점을 맞춰 궁극적인 목표를 향해 다양한 방향에서 접근해 들어간다.

만일 승부가 미리 예정되어 있거나 확실하다면 아무도 경기에 참가하지 않으며, 관객들도 그 경기를 보기 위해 TV 채널을 돌리지 않을 것이다. 비록 곧장 가는 길보다 이리저리 돌아가는 길을 택하더라도, 선택한 목표를 이루기 위해 노력하는 동안 반드시 목표를 성취할 것이라는 믿음으로 단기적인 불확실성을 받아들이는 방법을 배워야 한다. 그리고 우리 자신이 바로 그 문제 자체는 아니라는 사실을 다시 한번 확신하라. 그래서 실수를 너그럽게 인정하고, 그 안에서 얻은 유용한 교훈을 이용해 진행 코스를 수정하고 계속 앞으로 나아가야 한다.

분노

실패 유형의 성격은 실패에 따른 희생양이나 변명이 필요하면 사회, 시스템, 인생, 기회, 운, 상사, 배우자, 심지어는 고객 등 온갖 것들을 핑곗거리로 찾곤 한다. 자동 실패 메커니즘에 단단히 붙잡혀 있는 사람은 자신의 인생이 운도 없고 불공평하다고 생각하면서 다른 사람의 성공이나 행복에 노골적으로 분노를 드러낸다.

분노는 실패를 불공평한 대우나 정의롭지 못한 행위 탓으로 돌림으로써 상황을 그럴듯하게 포장한다. 그러나 실패에 대한 위안으로 분노를 택하는 것은 병 자체보다 더 나쁘다고 할 수 있다. 그것은 우리의 정신에 치명적인 독이고, 행복할 수 없게 만들며, 성공하는 데 필요한 엄청난 에너지를 낭비하게 한다. 그러면서 흔히 악순환이 생긴다. 늘 불평하고 걸핏하면 화를 내는 사람은 좋은 친구나 직장 동료가 되기 힘들다. 동료들은 그를 기피하고 상사는 부족한 점을 지적하는 등 분노를 자극하는 상황이 더 많아진다.

환자들이 나를 찾아와 얼굴에 있는 대수롭지 않은 흠을 과장해 설명하면서 수술로 고치기를 원할 때, 나는 그들과 대화를 나누면서 깨달음을 얻곤 한다. 그들이 진정으로 싫어하는 것은 거울 속에 비친 실체가 아니라 우리의 인생과 삶 속에 잠복해 있는 분노다.

분노는 결코 이길 수 없다

분노는 자신의 중요성을 과대평가하게 만든다. 많은 사람들이 자신이 부당한 대우를 받았다는 사실에 대해 뒤틀린 만족감을 느낀다. 다시 말해 자신은 억울한 희생자이며, 자기처럼 불공평하게 대우받는 사람은 그것을 유발한 사람보다 도덕적으로 우월하다고 생각하는 것이다.

또한 분노는 이미 일어난 실제 또는 상상 속의 잘못이나 부당함을 바로잡기 위한 시도다. 분노를 표현하는 사람은 인생의 법정에서 자신의 억울함을 입증하려고 노력하는 것이다. 그가 자신의 억울함을 입증할 수만 있다면 그런 분노를 일으킨 사건이나 상황을 다르게 해석할 수 있게 되어 보상을 얻을 것이다. 이런 의미에서 분노는 도저히 받아들일 수는 없지만 이미 일어난 어떤 것에 대한 정신적 저항이라고 할 수 있다.

'분노'resentment 라는 단어는 라틴어에서 유래했는데, 반복을 의미하는 're'와 느낌을 의미하는 'sentire'의 합성어다. 즉, 분노는 과거에 일어난 어떤 사건을 감정적으로 곱씹거나 다시 맞서 싸우는 것이다. 하지만 이미 일어난 과거를 바꾸는 것은 불가능한 일이므로 우리는 이 싸움에서 결코 이길 수 없다.

부당하다고 느끼면 희생자가 된다

실제로 부당하고 잘못된 사실에 근거하고 있더라도 분노는 싸움에서 승리할 수 있는 좋은 수단은 아니다. 그것은 곧 감정상의 습관이 되어 버린다. 습관적으로 자신이 부당한 희생자라고 느끼면 마음속에 희생자로서의 이미지가 각인될 뿐이다. 그 결과 희생자의 역할을 충실히 수행할 수 있도록 항상 외부에서 온갖 핑곗거리를 찾으려고 노력한다. 나중에는 누군가가 무심코 던진 말이나 개인적인 감정이 표출될 상황이 아닌데도 자신이 부당한 대접을 받고 있다는 증거를 쉽게 찾아낸다.

습관적인 분노는 최악의 습관이다. 또한 습관적인 분노는 곧장 자기 연민으로 이어진다. 습관적인 분노가 마음속에 확고하게 자리를 잡으면 모든 상황을 부정적으로만 바라보게 된다. 오로지 부당함만을 찾아 헤매는 것이다. 결국 습관적으로 분노하는 사람은 비참한 상태에 있을 때만 행복을 느낀다.

또한 분노 같은 감정적인 습관이나 자기 연민은 무능하고 열등한 자아 이미지와 어울리기 시작한다. 그래서 자신을 불쌍한 사람, 불행에 빠진 사람, 즉 희생자라고 생각하기 시작한다.

분노는 감정적 반응일 뿐이다

분노가 결코 타인, 사건, 환경 탓이 아니라는 사실을 반드시 기억하라. 분노는 우리의 감정적인 반응일 뿐이다. 분노와 자기 연민이 행복이나 성공으로 향하는 길이 아니라 패배나 불행으로 향하는 길이라는 사실을 분명히 확신할 때 우리는 분노를 지배하고 통제할 수 있다.

분노를 마음속에 품고 있는 한 자존적이고 독립적이며 자신의 영혼을 이끄는 선장이자 운명을 설계하는 사람으로서 결단력 넘치는 모습은 꿈도 꿀 수 없다. 결국 분노하는 사람은 다른 사람에게 자신의 통제권을 넘겨주는 셈이다. 분노하는 사람은 자신이 어떻게 느끼고 행동해야 하는지를 다른 사람에게 맡기고 내버려 둔다. 마치 거지처럼 전적으로 다른 사람에게 의존하는 것이다.

또한 분노하는 사람은 터무니없는 요구를 하고 권리를 주장한다. 만일 모든 사람이 자기를 행복하게 만드는 데 헌신해야 한다고 생각한다면 그렇지 못할 경우 몹시 화가 날 것이다. 만일 다른 사람이 자기에게 끊임없이 무한한 감사를 느끼고 탁월함을 인정해야 한다고 생각한다면 그렇지 못할 때 분노할 것이다. 또한 삶이 자신을 책임져야 한다고 생각한다면 그렇지 못할 때도 분노할 것이다.

따라서 분노는 창조적인 목표를 추구하는 것과 전혀 다른 길을 걷는다. 창조적인 목표를 추구해 나갈 때 우리는 수동적인 수혜자가 아니라 바로 창조자가 되어야 한다. 삶의 창조자는 스스로 목표를 설정한다. 다른 사람이 그 일을 대신해 줄 수는 없다. 스스로 자신의 목표를 위해 정진해야 한다. 행복과 성공 역시 우리의 책임이다. 분노는 이런 이미지에 들어맞지 않으며 실패 메커니즘의 지배를 받을 뿐이다.

어떤 의미에서 이 세상에는 정당함이라는 것이 존재하지 않지만, 자기 자신을 위해 의미 있는 결과를 만들어 낼 수는 있다. 태어나는 순간부터 불공평하게도 어떤 사람은 범죄로 가득한 빈민가에서 힘든 생활을 시작하도록 예정되어 있는 반면, 같은 시각에 시내 저편의 병원에서 태어난 누군가는 안락한 교외 지역에서 인생을 시작한다. 어떤 사람은 열악한 시설의 학교에 다니지만, 또 어떤 사람은 현대적 시설을 갖춘 학교에 다닌다. 기업에서는 개인의 능력보다는 다른 요소에 의해 승진 여부가 결정된다. 이는 앞으로도 마찬가지일 것이다. 모든 것에는 부당함이 존재한다. 성공적이고 행복한 삶을 위해 정당함을 주장한다면 아마 평생 아무것도 얻지 못할 것이다.

어느 날 옷장에서 새 양복을 꺼내 입고 집에서 나와 점심 약속 장소로 가는데, 지나가던 택시가 달려가면서 내 바지에 흙탕물을 튀겼다. 나는 몹시 화가 나서 어쩔 줄을 몰랐다. 만일 그때 이미 더러워진 낡은 작업복을 입고 있었다면 별 문제가 되지 않았을 것이다. 또한 집으로 돌아오는 길이라서 옷을 갈아입는 데 불편함이 없었더라면 상황은 달랐을 것이다. 이런 생각을 하면서 나는 '이런 부당한 일을 막는 것이 가능하다면 시장에게 달려가 로비라도 벌일 텐데' 하고 중얼거렸다.

물론 나는 이런 부당한 사건을 뿌리 뽑을 어떤 행동도 취할 수 없다는 것을 잘 알고 있다. 앞으로는 좀 더 조심해서 다닐 수 있겠지만 그렇다고 그것이 이 문제의 해결책은 아니다. 결국 내 앞에 닥친 갑작스런 사건으로 인해 기분 좋은 만남을 망쳐 버린 나는 그날 내내 침통한 상태에 빠져 있어야 했다.

나는 우리가 사회적인 인종차별이나 직장에서의 관료주의적 억압보다는 택시, 흙탕물, 더러워진 바지 같은 사소한 부당함에 훨씬 더 분노하면서 산다고 생각한다. 그러나 둘 다 결과는 마찬가지다. 기본적인 선택은 같은 것이다. 부당함이 크든 작든 부당함을 극복하기 위해 어떤 선택을 하는 경우에만 우리는 자동 성공 메커니즘의 힘을 이용할 수 있다.

이 책은 지난 수년 동안 교도소 재소자 상담 및 교화 프로그램과 출감자 사회 복귀 프로그램 등에 활용되었다. 또한 이 책 수천 권이 교도소와 수감자에게 기증된 것으로 알고 있다. 현재까지도 교도소 측의 요청으로 사이코사이버네틱스 재단에서 책을 제공하고 있다. 나는 교도소에서 일하는 소장, 카운슬러, 목사 등과 대화를 나눌 수 있었으며, 재범과 상습범 같은 주제에 대해서도 자연스럽게 의논하게 되었다. 복역을 마치고 출소한 뒤에도 올바르게 살지 못하고 다시 교도소에 들어오는 재소자에 대해 개인, 가족, 사회는 엄청난 비용을 지불하고 있다.

나는 재범자, 상습범자들이 같은 행동을 반복하는 이유는 마음속에 분노를 품고 있기 때문이라고 생각한다. 어린 시절의 교육과 성장 환경, 자신을 억압하는 검사와 교도소 간수, 빈곤, 사람들에게 인정과 신뢰를 받지 못하는 어려움 등에 대한 분노를 고스란히 지닌 채 사회로 나오면 결국엔 다시 범죄를 저지르고 교도소로 돌아온다. 이런 분노를 깨끗이 정리하고 새로 인생을 시작하는 사람은 사회에서도 올바르게 살아갈 수 있다. 하지만 자신에게 분노를 허용하는 사람은 자신을 스스로 감옥에 가두고 자신의 잠재성을 묻어 버린다. 자기 자신이 교수형을 선호하는 재판관이며, 무자비한 배심원이자 간수인 것이다.

공허감

아마 이 장을 읽는 독자 중에는 욕구불만, 공격성, 분노 등으로 가득 차 있는데도 성공적인 생활을 누리는 누군가를 떠올리는 사람도 있을 것이다. 그러나 너무 믿지는 마라. 비록 많은 사람들이 외적으로는 성공을 손에 쥘 수 있겠지만, 자신이 오랫동안 찾아 헤매던 보물 상자를 열면 그것이 텅 비어 있다는 사실을 깨달을 것이다. 이는 마치 힘겹게 돈을 벌었으나 정작 손안에 들어온 돈을 살펴보니 전부 위조지폐였다는 이야기와 다름없다. 또한 그런 사람은 결국 즐길 수 있는 능력을 잃어버리고 만다. 부나 그 밖의 물질적인 것으로도 성공이나 행복을 대신할 수는 없다. 이는 성공의 열매를 얻었으나 깨뜨려 보니 속이 텅 비어 있었다는 이야기와 마찬가지다.

삶을 즐길 줄 아는 사람은 일상 속의 작은 일에서도 자신이 살아 움직이는 즐거움을 발견한다. 그들에게 물질적인 성공은 별 의미가 없다. 즐길 수 있는 능력을 잃어버린 사람은 1달러짜리 아이스크림, 100만 달러 상당의 주택 그 어느 것에서도 즐거움을 발견할 수 없다. 그들에게는 성취할 가치가 있는 목표가 없는 것이다. 그들에게는 삶이 지독히도 지루하게 느껴지며, 가치 있는 것이라곤 하나도 없다. 이런 사람은 자신이 즐기고 있다는 사실을 확인하기 위해 밤마다 나이트클럽을 전전한다. 그들은 즐거움을 기대하며 이곳저곳을 기웃거리거나 파티에 휩쓸려 보지만 빈껍데기만을 발견할 뿐이다.

삶의 즐거움은 창조적인 목적이나 목표가 있을 때만 얻을 수 있다. 거짓 성공을 얻을 수는 있지만 이때 느끼는 것은 공허한 즐거움뿐이다.

가치 있는 목표를 추구하는 삶이 가치 있다

이 말은 이 책 전체를 관통하는 일관된 주제이기도 하다. 또한 우리의 자동 실패 메커니즘을 때려 부숴 그것이 만들어 내는 부정적인 감정 때문에 괴로워하지 않으려면 반드시 명심해야 할 사항이기도 하다.

우리의 삶은 확고하고 가치 있는 목표를 추구할 때 빛을 발한다.

공허감은 우리가 창조적으로 살고 있지 않기 때문에 나타나는 증상이다. 이는 중요한 목표가 없거나, 중요한 목표를 향해 달려가는 데 자신의 재능이나 노력을 십분 발휘하지 않기 때문에 나타난다.

목적이 없는 사람은 '삶은 아무 목적이 없다'고 일찌감치 비관적인 결론을 내린다. 가치 없는 목표를 지닌 사람은 '삶은 가치가 없다'고 결론을 내린다. 해야 할 중요한 일이 없는 사람은 '할 일이 아무것도 없다'고 불평한다. 하지만 중요한 목표를 이루기 위해 활동적으로 노력하는 사람은 삶에 비관적인 철학자의 의견에 결코 동의하지 않는다.

한 가지 재미있는 사실은 아주 나이가 든 사람도 목표 지향적이거나 낙천적일 수 있다는 것이다. 요즈음 가장 두드러진 경향은 퇴직자들이 작은 대학이 있는 도시로 이주하는 것이다. 그들은 그곳에서 학습과 교육, 흥미 있는 일에 대한 도전, 전에 시간이 없어서 못했던 기술의 습득, 심지어 다른 사람에 대한 봉사 등 나름대로의 목표를 가지고 열심히 노력한다. 제6장에서 설명한 학습의 4단계를 돌이켜 보면 살아 있다는 것은 끊임없이 새로운 목표를 설정하고 성공적으로 그 목표를 추구하기 위해 학습의 4단계 사다리를 올라가는 것이다.

실패와 공허감의 악순환

자동 실패 메커니즘은 우리가 개입해서 악순환을 끊지 않는 한 끝없이 지속된다. 공허감에 한번 빠지면 이것은 모든 노력, 수고, 책임 등을 회피하는 수단이 되어 버린다. 이것은 창조적이지 못한 생활에 대한 변명이나 정당화에 불과하다.

만일 모든 것이 공허하고 이 세상에 새로운 것이 없으며 더 이상 발견할 즐거움이 없다면, 도대체 왜 걱정을 하고 무엇을 위해 노력하는가? 만일 삶이 쉴 새 없이 바퀴를 돌려야 하는 징벌처럼 단조롭고 고된 일이라면, 만일 단지 잠자기 위한 집을 사기 위해 하루 8시간씩 노동을 하고 또 다음 날을 위해 8시간을 자야 한다면 왜 인생에 기대를 하겠는가? 그러나 바퀴 돌리는 것을 멈추고 어떤 가치 있는 목표를 정해 그것을 향해서 나아간다면 공허감을 불러일으키는 모든 이유는 사라지고 즐거움과 만족을 경험할 것이다.

부적절한 자아 이미지는 공허감을 낳는다

공허감은 부적절한 자아 이미지의 한 증상일 수도 있다. 심리적으로 자신에게 해당되지 않는다고 느끼는 것이나, 자신의 자아와 일치하지 않는 것을 받아들이기는 불가능하다.

가치가 없는 자아 이미지를 지니고 있는 사람은 진정한 성공을 거부하는 부정적인 성향을 간직하게 되며, 진정한 성공이란 것을 심리적으로 받아들이거나 즐길 수도 없다. 그들은 마치 성공을 훔치기라도 한 것처럼 죄의식을 느낄 수도 있다.

물론 그들의 부정적인 자아 이미지는 심리학에서 잘 알려져 있는 '과잉 보상의 원리'principle of overcompensation(약점을 메우려고 무의식적으로 과잉 보상을 해 오히려 보통 이상의 능력을 갖게 되는 것—옮긴이)에 자극을 받아 성공의 길로 들어설 수도 있다. 그러나 나는 인간이 자신의 열등감을 자랑스럽게 생각하거나 때로는 그것 때문에 적어도 외형적인 성공은 할 수 있으므로 열등감에 감사해야 한다는 이론에는 절대 동의하지 않는다. 그런 사람은 성공하더라도 만족감과 성취감을 느끼기 힘들다. 그들은 그 성취감을 결코 자신의 정신적 태도 덕분이라고 생각하지 않는다.

세상 사람의 관점에서 보면 그들은 분명 성공한 사람이다. 하지만 그들은 여전히 열등감을 느끼며, 마치 자신이 갈망하던 지위를 훔쳐서 얻기라도 한 것처럼 자신을 가치 없는 존재로 여긴다. 또한 '친구와 동료들이 내가 가짜라는 사실을 알기라도 한다면' 하고 염려한다.

이런 반응은 아주 흔하게 목격할 수 있는 것으로, 정신과 의사들은 이를 '성공 거부 증후군'이라고 부른다. 말하자면 자신이 성공했다는 사실을 알면 오히려 죄의식, 불편함, 불안감을 느끼는 것이다.

목표를 추구하는 것은 높은 지위의 상징이기 때문이 아니라, 그것이 우리가 마음속으로 깊이 원하는 것과 일치하고 건전한 행위이기 때문이다. 창조적인 성취감을 누리기 위한 노력은 마음속에서 우러나는 깊은 만족감을 가져다준다. 하지만 다른 사람을 기쁘게 하기 위한 노력은 거짓 만족감만 가져다줄 뿐이다.

자동 실패 메커니즘 때려 부수기

우리는 욕구불만, 공격성, 불안감, 고독감, 불확실성, 분노, 공허감 등을 불러일으키는 자동 실패 메커니즘이 얼마나 치명적인 결과를 가져오는지 잘 인식하고, 이에 대비하는 것이 얼마나 중요한 일인지 깨달아야 한다.

- 부정적인 요소는 멀리하고 긍정적인 요소에 집중하라. 자동차 운전석에는 배터리가 방전되거나 엔진이 과열되거나 유압이 낮을 때 이를 알려 주는 계기판이 있다. 이런 경고 신호를 무시하면 자동차가 고장 날 수도 있다. 그러나 경고 신호가 들어왔을 때 너무 당황할 필요는 없다. 자동차 서비스센터나 정비센터에 가서 적절한 조치를 취하면 된다. 부정적인 신호는 자동차가 좋지 않다는 것만을 의미하지 않는다. 자동차는 가끔 과열되기 마련이다. 그런데 자동차 운전자가 계속 계기판만을 볼 수는 없다. 그러면 자칫 사고가 발생할 수도 있다. 단지 앞을 바라보고 자신이 가고자 하는 방향을 주시하면서 목적지에만 주의를 집중하라. 혹시나 부정적인 신호가 오지는 않는지 계기판을 가끔 살펴보면 된다.
- 부정적인 생각을 역이용하라. 우리 자신의 모든 부정적인 증상에 대해서도 이와 비슷한 태도를 취해야 한다. 나는 부정적인 생각도 제대로 활용하면 얼마든지 쓸모가 있다고 확신한다. 부정적인 신호를 알아차리면 나쁜 상황을 피할 수 있다. 골프 선수는 벙커와 샌드 트랩이 어디에 있는지 알아 둘 필요가 있다. 그러나 벙커에 관해 계속 생각하지는 않는다. 골프 선수는 겉으로는 벙커를 바라보지만 속으로는 그린을 생각한다. 이렇듯 올바르게 사용된다면 부정적인 생각도 우리를 성공으로 이끌어 줄 것이다.

1. 위험을 알려 주는 신호를 감지할 수 있을 만큼만 부정적인 생각에 민감해야 한다.
2. 부정적인 생각은 바람직하지 않고, 자신이 원하지도 않으며, 진정한 행복을 가져다주지도 않는다는 사실을 알아야 한다.

3. 곧바로 수정할 수 있는 행동을 취해야 한다. 자신의 성공 메커니즘에서 부정적인 생각과 반대되는 긍정적인 요인을 끄집어내서 대처하라. 이런 훈련을 통해 일종의 자동 반사 작용처럼 숙달하고 내면화하라. 이와 같은 부정적인 피드백은 일종의 자동 통제 장치가 되어 실패를 피하고 성공에 이를 수 있도록 우리를 도와준다.

가능하다면 매일 일과를 마칠 때 또는 점심때나 가능한 시간에 몇 분만이라도 할애해서 다음과 같이 해보자. 조용한 장소를 찾아 두 눈을 감고 마음속으로 하루 동안 일어났던 사건이나 행동을 다시 한번 떠올려 보라. 자동 성공 메커니즘이 반사적인 행동을 보일 때 이를 기뻐하라.

하지만 계기판에서 반짝이는 자동 실패 메커니즘의 경고 신호에 주목해야 한다. 자동 실패 메커니즘이 일으키는 행동은 내가 아니며, 받아들여서도 안 된다고 다짐하라. 자신의 부정적인 행동을 수정하려면 반드시 그렇게 해야 한다.

또한 사과, 감사, 축하 등을 받을 만한 사람이 있는지 점검함으로써 더 대범한 사람이 되도록 노력하라. 자신의 목표를 성취하는 데 얼마나 도움이 되는가 하는 관점에서 하루 중의 생각과 행동을 분석하고, 자동 성공 메커니즘과 자동 실패 메커니즘의 활동 비율을 측정하라. 그리고 나서 그 비율의 조정 여부를 결정하라.

자기분석을 두려워하지 마라. 자신을 코치하고 자기혐오는 되도록 피하라. 우리가 만들어 낼 수 있는 긍정적인 요소와 목표나 이상에 대한 도전 욕구를 일치시킴으로써 하루의 반성을 끝맺도록 하라.

제10장

마음의
성형 수술을 하라

평화와 행복을 누리며 건강하게 사는 법

화는 실망에 빠져 좌절한
희망의 또 다른 이름이다.

_에리카 종 Erica Jong

성형 수술이 대유행이다. 미용을 목적으로 한 성형 수술 시장은 최근 해마다 두 배씩 증가하는 추세다. 마치 자동차를 할부로 구입하듯이 한 달에 일정 금액을 지불하고 코, 귀, 목, 얼굴, 가슴, 엉덩이, 뱃살 등 원하는 부위를 마음대로 수술할 수 있다고 떠드는 TV 광고가 넘쳐 난다. 그러나 이렇게 외과용 메스를 통해 감정적인 구원과 만족을 얻으려는 사람은 새로워진 얼굴과 조각상 같은 몸으로 아침을 맞이한다고 해도 과거에 대한 실망과 욕구불만은 마음속에 여전히 남아 있다.

지난 50여 년 동안 내 병원을 방문한 환자의 육체적인 흉터와 내적인 자아 이미지에 숨겨져 있는 상처의 관계를 탐구해 오면서 사람들이 가지고 있는 다양한 생각에 대해 알 수 있었다. 하지만 근본적인 내용은 처음 이 책의 원리를 발견하고 깨달았을 때와 똑같았다.

나는 외과 의사로서 수많은 성형 수술뿐만 아니라 복원 수술을 한 경험이 있으며, 그런 의료 기술을 전 세계를 돌아다니며 강연하는 특권을 누리기도 했다. 지금까지 나는 우리 신체의 놀라운 시스템에 관해 한 번도 호기심을 잃어 본 적이 없다. 칼 같은 날카로운 것에 베이면 신체는 자동적으로 원래의 표피보다 강하고 두터운 조직, 즉 흉터를 만든다. 흉터의 목적은 보호막이나 보호 외피를 형성하는 것이며 동시에 다른 상처를 입지 않도록 막아 주는 자연스러운 반응이다. 예를 들어 잘못 만들어진 신발을 신었을 때 첫 번째로 나타나는 현상은 고통과 민감함이다. 그러나 신체는 곧 굳은 살callus이라는 보호막을 만들어 추가적인 고통이나 상처를 막아 준다.

우리가 누군가로부터 상처를 받거나 화가 치미는 감정적인 상처를 입었을 때도 이와 똑같은 반응이 나타난다. 즉, 자기를 보호하기 위해 감정이나 마음에 흉터를 만드는 것이다. 그렇게 되면 외부의 자극에 무감각해져서 마음이 냉담해지고, 힘들 때마다 보호막 같은 감정의 껍데기 속으로 들어가 움츠리기 쉽다.

몸의 흉터, 마음의 흉터

흉터가 남는 것은 우리에게 도움이 되는 자연스러운 과정이다. 하지만 현대 사회에서 특히 얼굴에 생기는 흉터는 도움이 되기보다는 약점으로 작용한다. 유망한 젊은 변호사 조지의 경우를 살펴보자. 그는 단정한 외모에 사교적인 성격으로 출세의 길을 달리고 있었다. 그런데 자동차 사고로 왼쪽 뺨 중간부터 왼쪽 입가까지 끔찍한 흉터가 생겼다. 또 다른 상처는 오른쪽 눈 위에 있었는데, 이것이 완치되자 위쪽 눈꺼풀이 너무 팽팽하게 당겨져 괴기하게 노려보는 모습이 되어 버렸다.

욕실 거울 저편에 보이는 그의 모습은 한마디로 거부감 그 자체였다. 뺨에 난 상처 때문에 심술궂고 음흉한 얼굴, 또는 그가 표현한 대로 '흉악한 얼굴로 변해 버린 것이다. 그는 병원에서 퇴원하고 난 뒤 첫 소송에서 패배했다. 그는 자신의 나쁜 인상과 우스꽝스러운 외모가 배심원의 판단에 영향을 주었을 것이라고 확신했다. 또한 그는 친한 친구들조차 자신의 외모 때문에 혐오감과 거부감을 느낀다고 믿었다. 심지어 아내에게 키스할 때도 아내가 순간적으로 몸을 움찔한다고 느낀 것은 혼자만의 상상이었을까?

조지는 그때부터 사건 수임을 거부하고 술로 세월을 보냈다. 신경질적이고 적대적인 태도로 세상을 등진 채 생활했다. 그의 얼굴에 남은 흉터는 앞으로 일어날지도 모르는 또 다른 자동차 사고에 대비하는 튼튼한 보호막인 셈이었다. 그러나 그가 살고 있는 현대 사회에서 얼굴에 난 흉터는 정말 위험한 요소는 아니었다. 그는 사회적 고립, 상처, 고통 때문에 더욱더 많은 상처를 입었다. 흉터가 약점이 되어 버린 것이다.

만일 그가 원시인이었다면 곰이나 날카로운 송곳니가 있는 호랑이와 싸우다 생긴 얼굴의 흉터 때문에 오히려 동료들의 존경을 받았을 것이다. 사실 최근까지도 노병들은 전쟁에서 얻은 자신의 흉터를 자랑스럽게 보여 주었다. 그리고 1800년대 중반에 독일 상류층 대학생들 사이에 유행했던 검투에서도, 사브르 검에 베인 흉터는 특별함의 상징이었다.

조지의 경우 그의 신체는 좋은 의도로 흉터를 남겼지만 그는 여전히 도움이 필요한 상태였다. 나는 조지의 흉터를 제거하고 얼굴을 복원하는 성형 수술로 예전의 모습을 되찾아 주었다. 수술 후 그의 성격은 눈에 띄게 바뀌었다. 그는 친절하고 자신감 넘치는 자아를 되찾았다. 술도 끊고 은둔 생활을 접었으며, 사회로 복귀해 다시 세상의 일원이 되었다. 말 그대로 새로운 삶을 찾은 것이다.

그런데 성형 수술은 조지의 태도 변화에 간접적인 역할을 했을 뿐이다. 실제적인 치유 원인은 감정상의 흉터 제거, 더 이상 사회적으로 고립되지 않아도 된다는 보장, 자신이 사회의 일원이라는 건전한 자아 이미지를 회복한 것이었다. 그의 경우 수술이 이런 결과를 가능하게 했다. 대부분의 사람은 신체적인 흉터가 없어진다 하더라도 그 결과와 관계없이 자아 이미지에 적지 않은 상처를 남긴다.

신체적으로는 흉터가 없더라도 마음의 상처를 간직하고 사는 사람들이 많다. 마음의 상처가 우리 성격에 미치는 영향은 신체적인 흉터와 똑같다. 마음의 상처를 입은 사람들은 과거에 누군가에게 정신적인 상처나 피해를 입은 적이 있다. 그 때문에 앞으로 닥칠 마음의 부상에 대비해 자신의 자아를 보호하기 위해서 감정적인 흉터, 즉 감정적인 보호막을 친다. 그러나 이런 흉터는 원래 상처를 준 대상으로부터 자신을 보호할 뿐만 아니라, 모든 사람에게 방어적으로 행동하게 한다. 이런 감정의 장벽은 적뿐만 아니라 친구도 통과할 수 없다.

세계적인 동기부여 전문가 지그 지글러는 난로 위를 어슬렁거리다가 아직 열기가 남아 있는 버너를 밟아 버린 순진한 고양이에 대한 흥미로운 이야기를 소개했다. 날카로운 비명 소리와 함께 바닥으로 뛰어내린 고양이는 언짢은 표정으로 멀찌감치 물러나 아픈 발을 핥았다. 아마도 그 고양이는 다시는 난로 위에 올라가지 않을 뿐만 아니라, 심지어는 부엌에도 들어가지 않을 것이다.

마찬가지로 자아 이미지에 각인된 감정적인 흉터는 버너에 덴 고양이의 발처럼 우리에게 영향을 미친다. 깜짝 놀란 경험을 몇 차례 반복한 사람은 그와 똑같은 상황에서 기분 나빠 하고 당황하며 좌절감마저 느낀다. 그래서 상황을 회피할 뿐만 아니라 그런 일이 일어날 수 있는 다른 장소까지도 피해 다닌다.

언젠가 나는 대기업 고위직에 있는 유능한 임원과 상담한 적이 있었다. 그는 회의 석상에서 자신의 멘토와 사장 앞에 있으면 참여자가 아니라 구경꾼처럼 조용하게 앉아 있을 정도로 억눌려 산다고 말했다. 그는 좋은 아이디어와 정보를 갖고 있었으며 때로는 이를 개인적으로 실행에 옮기기도 했지만 그의 노력은 별로 인정받지 못했다. 사실 대부분의 동료들은 그를 무용지물로 여겼으며 사장이 그에게 월급을 주는 이유를 궁금하게 생각했다.

우리는 아마 이쯤에서 나름대로 진단을 내리고 생각하기 시작할 것이다. 아마도 그는 학창 시절 수업 시간에 발표를 하면 소심한 성격에 말을 더듬었을 것이고, 그 때문에 친구들에게 놀림을 당했을 것이다. 그 결과 수업 시간에 적극적으로 참여하지도 못하고 눈에 띄지 않으려고 최선을 다할 수밖에 없었을 것이다. 이 경험은 그의 자아 이미지에 첫 상처를 만들었을 것이다.

다음으로 그의 첫 결혼 생활을 살펴보자. 억센 성격을 지닌 전처와 장모는 그의 행동을 일일이 간섭하면서 독설을 퍼부었다. 그들은 옷 입는 것, 정치적인 견해, 심지어는 책이나 TV 프로그램에 관한 의견 등에 이르기까지 끊임없이 그의 생각을 비판했다. 결혼 초에는 그도 아무런 반응을 보이지 않았다. 그는 두 번째 상처를 입고 만 것이다.

최근 지역 모임에서 활동할 때, 그는 매우 영향력 있고 이기적이며 타협할 줄 모르는, 말솜씨가 좋은 이웃과 어떤 문제를 논의할 때마다 늘 불화를 일으켰다. 그 이웃은 그의 의견에 꼬치꼬치 반박하고 회원들이 그에게 적대감을 갖도록 만들어, 결국 첫해 임기 말에 임원 자리에서 그를 밀어내 버렸다. 이로써 그는 세 번째 상처를 입었다.

그가 학교 친구나 독설을 퍼붓는 장모 또는 이웃의 압력에 적극적으로 대처하지 않았다는 것은 지금에 와서 새삼 문제가 되지 않는다. 그가 만일 힘 있는 멘토와 사장에게 전폭적인 지원을 받고, 그의 제안이 제대로 업무에 반영되었더라면 아주 다른 상황을 맞았을 것이다. 그리고 무엇보다도 중요한 점은 자신의 주장을 표현할 기회가 전혀 없었다는 것이다. 처한 상황이 남과 달랐다는 사실은 여기서 별 문제가 되지 않는다.

버너에 덴 고양이에게 부엌 전체가 두려움의 대상으로 느껴지는 것처럼, 이런 상황은 우리에게도 언제든 일어날 수 있는 일이다. 사실 회의 자리는 자아 이미지를 위협하기에 충분한 공간이다. 결과적으로 그는 똑똑하고 능력 있는 유망한 임원이라는 점을 드러내는 대신 '깜짝 놀란 고양이', 다시 말해 겁쟁이라는 자아 이미지를 표현했던 것이다.

이 임원은 과연 자신의 모든 상처를 치유하고 자아 이미지를 해방시킬 수 있었을까? 물론 그는 정신의 영화관에서 이미지를 훈련하는 기법을 포함해 우리가 전에 살펴봤던 모든 방법, 즉 인식, 합리적인 사고, 신중한 결정(목표 설정), 상상력 등을 매우 조심스럽게 활용했다. 지니 런드럼 박사는《권력과 성공을 움켜쥔 사람들》에서 이렇게 말했다.

"자아 이미지는 석고에 찍혀 있는 것이 아니라 접합제로 붙여져 있는 것이다."

나는 성형외과 의사지만 오랫동안 아마추어 조각가로도 활동했다. 작품을 만들 때 나는 내 의도대로 정확한 모양이 나올 때까지 외과용 메스를 들고 진흙을 바르고 조각을 한 다음, 다시 허물고 또다시 조각을 하곤 한다. 진흙이나 접합제 같은 물질은 부드러워 여러 번 가공할 수 있기 때문이다.

무한한 지혜를 가진 신은 그와 같은 재료로 우리의 자아 이미지를 만들었다. 그것은 사는 동안 수없이 그 형태가 달라질 수 있다. 우리 중 누구도 진흙을 다시 가공하지 못할 만큼 너무 늙거나 지치거나 두렵거나 상처를 입는 사람은 없다. 따라서 자신이 상상하고 바라는 대로 자신의 자아 이미지를 다시 만들기 시작해야 한다.

자아 이미지를 파괴하는 마음의 상처

남자에게 상처받은 경험이 있는 여자는 앞으로 절대 남자를 믿지 않겠다고 맹세할지 모른다. 난폭하고 매몰찬 부모나 선생님에게 자존심이 크게 깎인 아이는 앞으로 어른들을 절대 믿지 않겠다고 다짐할지 모른다. 또 사랑을 거절당한 남자가 앞으로 누구에게든 마음을 주지 않겠다고 결심하는 경우도 있다.

얼굴에 상처를 입었다고 지나치게 조심하면 상처가 덧나기 쉬울 뿐만 아니라 다른 부위로 번질 수도 있다. 마찬가지로 어떤 사람이나 상황에 대한 방어 장치로 만들어진 마음의 장벽은 대부분의 인간관계를 소원하게 만들며, 심지어는 진정한 자아로부터 자기 자신을 분리시킨다. 앞에서도 지적했듯이 고독을 느끼거나 다른 사람으로부터 소외감을 느끼는 사람은 실제 자아가 삶 자체와도 분리된다.

이 책에서 소개하는 다양한 기법들은 강력한 기적을 불러일으키는 감정의 메스를 우리 손에 쥐어 준다. 또한 세계 최고 수준의 외과 의사가 될 수 있는 재능과 능력을 길러 준다. 이것들이 결합되면 현재 우리의 자아 이미지를 파괴하는 어떤 상처라도 없앨 수 있다.

하지만 그렇게 하려면 모험을 감수해야만 한다. 예를 들면 갈등, 실망, 퇴짜, 실수 등을 무릅쓰는 용기를 가져야 한다는 말이다. 우리는 어떤 어려움이 닥치더라도 인생에서 가장 중요한 목표를 포기할 수는 없다는 확신을 가져야 한다.

마음의 상처는 자아 이미지를 겁먹게 해 우리를 상처받기 쉬운 연약한 존재로 만든다. 또한 우리의 자아 이미지는 과거에 상처를 입은 것과 비슷한 상황에 처하면 자기 통제 메커니즘을 작동시켜 '생존을 위한 본능적 행동', 즉 도망, 싸움, 두려움, 호전적인 공격성 등의 행동을 유발한다.

아론 베크Aaron T. Beck, 게리 에머리Gary Emery, 루스 그린버그Ruth L. Green-berg 는 함께 집필한 《불안 장애와 공포》Anxiety Disorders and Pho-bias 라는 책에서 이렇게 말한다.

"신체적 위험에 노출되면 작동을 시작하는 장치는 유사한 심리적 위험에 처했을 때도 즉시 작동을 시작한다."

이를 다른 말로 표현하면 우리의 자기 통제 메커니즘은 각 위험 사이의 상관관계를 정확하게 평가하지 못할 수도 있다는 것이다. 예를 들어 사교적이지 못한 수줍은 성격 탓에 디너파티에서 대화에 끼지 못한다고 해서 어떤 신체적인 위험에 빠지는 것은 아니다(이런 수줍음은 다른 사람보다 돈을 적게 번다는 사실 때문에 열등감을 느껴 생긴 것일 수도 있다. 파티에서 자신의 사업이나 투자 유치 상황에 관한 질문을 받고 싶지 않은 것이다). 하지만 이런 상황은 어두운 골목에서 강도를 만나는 것과 똑같은 종류의 불안이나 두려움을 유발한다.

강도를 만나면 지갑을 꺼내 강도에게 던져 주고 가능한 한 빨리 반대쪽으로 도망치는 편이 상책일 것이다. 파티에서도 사람들과의 대화와 맛있는 음식을 즐길 기회를 포기하고 침묵을 지키거나 짧고 퉁명스럽게 대답하는 것은 전적으로 맞지 않는 행동이다. 그런 행동은 초대한 주인이나 다른 참석자에게 불편한 사람으로 인식되는, 우리가 가장 걱정하는 결과를 초래할 수 있다. 하지만 만일 이때의 상황이 자아 이미지에 상처를 입힌 상황과 아주 비슷하다면 생존을 위한 부정적이고 본능적인 행동이 자기도 모르게 일어나는 것일 수도 있다.

나는 이 책의 앞부분에서 설명한 바 있는 사실을 다시 강조하고자 한다. 마음의 상처를 치료함으로써 상처 입은 자아 이미지를 해방시키려고 어린 시절의 사건이나 영향을 자꾸 들춰 낼 필요는 없다. 대신에 성공한 기억을 떠올리고 정신적인 이미지 훈련을 함으로써 새롭게 자신을 프로

그래밍할 수 있다. 새로운 자아 이미지를 받아들임으로써 예전의 상처를 자동적으로 치료할 수 있는 것이다. 30년 동안 주말마다 소파에 앉아서 뒹굴어 왔지만 이제는 '해결 지향적 치료법' 또는 좀 더 나은 말로 표현하면 '해결 지향적 자기 치료법'을 실천할 때다.

마음의 상처가 말해 주는 것들

정신과 의사 버나드 홀랜드Bernard Holland 박사는 소년범들은 독립심이 강한 것처럼 보이고 허풍을 잘 떨며, 특히 권위주의를 싫어해서 매우 반항적이라고 지적했다. 하지만 홀랜드 박사는 다음과 같은 사실도 지적했다.

"그처럼 단단한 껍질 아래는 부드럽고 상처받기 쉬우며 다른 사람에게 의존하기를 원하는 내향적인 성격이 자리 잡고 있다."

그들은 어느 누구도 믿지 않기 때문에 다른 사람과 가까워질 수 없다. 그들은 한때 자신의 인생에서 중요했던 사람에게서 큰 상처를 받았으며, 그로 말미암아 다시는 그런 상처에 자신을 노출시키려 하지 않는다. 그들은 항상 방어적인 자세를 취하며 더 이상 거절과 고통을 당하지 않기 위해 다른 사람을 먼저 공격한다. 그 결과 그들을 사랑하고 기회가 있다면 기꺼이 도와줄 사람까지도 멀리하게 된다.

요즈음 낮 시간에 방영되는 인기 TV 토크쇼는 '못 말리는 10대'라는 주제를 다루는 테마 쇼 형태로 진행된다. 여기에 소개되는 10대들은 부모에게 욕을 하고 폭언을 퍼부으며, 학교 수업을 빼먹고 음주와 마약에 난잡한 성생활, 심지어는 좀도둑질과 자동차 절도까지 저지른다. 쇼 사회자와 부모들은 이 같은 통제 불능의 10대들을 군대식으로 운영되는 '비행 청소년 선도 캠프'에 맡긴다. 그리고 몇 주 후 그들은 아주 극적으로 변해서 돌아온다.

이 쇼는 논란이 있기는 하지만 긍정적인 결과를 보여 주는 상당한 증거를 가지고 있다. 이 쇼가 효과가 있다면 어째서일까? 이 쇼에 등장하는 10대들은 어린 나이인데도 이미 마음속에 상처를 겹겹이 입은 상태다. 그래서 자아 이미지가 부정적으로 변해 자동 실패 메커니즘이 마음대로 감정을 작동시킴으로써 공격성도 무한대로 치닫는 것이다. '목마른 사람이 우물을 판다'는 속담이 있다. 이런 선도 캠프는 마지막 수단으로서, 어떤 면에서 보면 아주 날카로운 외과용 메스와도 같다. 10대들의 자아 이미지에서 보호용으로 생긴 딱딱한 상처를 제거하려면 이렇게 고압적으로 정면 대결을 벌이는 방법도 때론 필요하다.

결론적으로 대부분의 비행 청소년은 심각한 마음의 상처, 건강하지 못한 자아 이미지, 고삐 풀린 자동 실패 메커니즘 등 너무나 많은 문제를 안고 산다.

자신의 습관, 반복되는 행동, 인생에서의 경험 등에 대해 주의 깊게 생각해 보자. 어떤 개인적인 인간관계 때문에 실망하거나 고통을 당하고 있지는 않은가? 의견이 맞지 않는 동료 집단이 있는가? 고객이 구두쇠거나 까다롭지는 않은가? 우리가 이런 상황을 피하든지 정면으로 맞서든지, 우리의 자아 이미지에는 상처가 남는다.

마음의 상처를 입었을 때 생기는 부작용은 그것뿐만이 아니다. 마음의 상처는 손상된 자아 이미지를 만들기도 한다. 그렇게 되면 남들에게 잘 받아들여지지 못하고 사회 구성원들과 잘 어울리지 못하는 사람으로 스스로를 그리게 된다.

마음의 상처가 생기면 창조적인 삶을 살아가기가 어려워지거나 아서 콤즈Arthur W. Combs 박사가 설명했던 '스스로 만족하는'self-fulfilled 사람이 되기 힘들어진다. 플로리다 대학교의 교육심리와 상담학 교수였던 콤즈 박사는 모든 인간의 목표는 자기 모습에 만족하는 사람이 되는 것이어야 한다고 말한다. 이런 만족감은 가지고 태어나는 것이 아니라 살면서 성취해야 하는 성향이다. 그에 따르면 스스로에게 만족하는 사람들은 다음과 같은 특성을 갖고 있다.

- 이들은 자기 스스로를 남들이 좋아하고 인기 있으며 남들과 잘 어울리는 유능한 사람으로 본다.
- 이들은 있는 그대로의 자신을 수용하는 비중이 높다.
- 남들과 일체감을 느낀다.
- 정보와 지식이 풍부하다.

반면 마음에 상처가 있는 사람은 남들이 반기지 않고 싫어하는, 무능한 사람이라는 자아 이미지를 가지고 있을 뿐 아니라 자신이 사는 세상을 적대적인 곳으로 그린다. 세상과의 일차적인 관계는 적대적이며 남들과 서로 주고받고, 용인하고, 협력하고, 협업하고, 함께 즐기는 관계가 되지 못한다. 이들은 타인을 극복하고, 투쟁하고, 공격받지 않게 대비해야 하는 관계로 받아들이고 대응한다. 이런 사람들은 자기에게는 물론이고 남들에게도 너그러움을 베풀지 못한다. 그렇게 되면서 결국 욕구불만, 공격성, 외로움이 뒤따른다.

마음에도 면역 시스템이 있다

이 책을 만든 편집자는 다음 문장을 좋아했는데, 이것은 카우보이가 한 말이다.

"구덩이에서 빠져나오려면 먼저 땅파기부터 멈춰야 한다."

말하자면 상처받은 자아 이미지를 자유롭게 하는 첫 단계는 더 이상

상처를 건드리지 않는 것이다. 그것이 가능한가? 물론이다. 우리가 어떤 자극에 왜 반응하는지에 대한 새로운 지식은 합리적인 사고의 중요성을 일깨워 주며 우리를 현명하게 만든다.

음식을 먹고, 사람을 가려 만나며, 노화 방지 비타민을 섭취하고, 규칙적으로 운동하는 것과 같이 신체적인 면역 시스템을 강화하기 위해 우리가 할 수 있는 일이 많은 것처럼, 마음의 면역 시스템을 강화하기 위해서도 우리가 할 수 있는 것들이 있다. 다음에서 살펴보기로 하자.

겁먹지 말고 강인해져라

사람은 사소한 일이나 사회적인 따돌림 등으로 상처를 받는다. 가족, 사무실 동료, 친구 중에는 신경과민이라 조그만 일에도 예민한 반응을 보이는 사람이 있다. 이런 사람 때문에 우리는 무심결에 하는 말이나 무의식적인 행동이 남에게 상처를 입히지는 않을까 항상 조심해야 한다.

자존심이 약한 사람이 가장 상처받기 쉬운 사람이라는 것은 널리 알려진 심리학적 사실이다. 우리는 자아나 자존심에 위협이 된다고 생각하면 상처를 입는다. 자격지심에 대한 감정적인 공격은 건전한 자존심을 지닌 사람이라면 무심코 넘길 수도 있는 문제지만, 그렇지 못한 사람에게는 끔찍한 위협이 된다. 심지어 빈정거림이나 송곳 같은 말도 자존심이 약한 사람의 자아에는 큰 상처를 입힌다. 하지만 자신을 가치 있게 생각하는 사람에게는 아무 영향도 미치지 않는다.

자신이 가치가 없다고 느끼고 자신의 능력을 의심하며 자신이 열등하다고 생각하는 사람은 기회만 생기면 항상 질투심을 불태운다. 자신의 가치를 괜히 의심하고 불안감을 느끼며, 아무도 없는 곳에서도 자아에 위협을 느끼는 사람은 실제 위협으로 입을 수 있는 잠재적인 피해를 과장하고 과대평가한다.

우리 모두가 실제적인, 또는 자격지심에 대한 피해로부터 자신을 보호하려면 강인한 마음과 결의가 필요하다. 지레 겁을 먹고 몸을 거북이 등처럼 딱딱한 껍질로 완전히 감싸는 것은 현명하지 못하다. 그러면 우리는 육체적인 감각이 주는 즐거움을 느낄 수 없을 것이다.

우리 신체는 세균의 침투, 대수롭지 않은 충돌, 타박상, 작고 성가신 자극으로부터 보호하기 위한 외피를 가지고 있다. 외피는 작은 상처를 방어할 수 있을 정도로 충분히 두껍고 질기지만 모든 감각적인 자극을 방해할 정도는 아니다. 그런데 우리의 자아를 감싸 줄 외피를 지니고 있는 사람은 드물다. 대부분 오직 얇고 민감한 내피만을 가지고 있을 뿐이다. 만일 그것이 좀 더 두껍고 강해진다면 자아에 대한 작은 상처나 위협은 무시할 수 있다.

또한 자존심을 지키고 더 훌륭하고 적절한 자아 이미지를 확보함으로써 우연히 튀어나온 말이나 무심코 저지른 행동에 상처를 입지 않도록 대비해야 한다. 대범하고 강한 사람은 작은 위험에 겁먹지 않지만, 나약하고 소심한 사람은 그런 상황에서 상처를 받기 쉽다.

건강한 자아 이미지는 쉽게 상처받지 않는다

사소한 말에도 자아의 가치에 큰 타격을 느끼는 사람은 자아가 아주 나약하며, 자존심이 거의 없다고 볼 수 있다. 이런 사람은 자기중심적이고 자신의 이익만을 지나치게 챙기며 다른 사람과 어울리기 힘든 사람, 한마디로 이기적인 사람이다.

그러나 이렇게 이기적이라고 해서 병들고 나약한 자아를 흔들어 대며 자기부정을 통해 자신을 비난해서는 안 된다. 음식이 우리 신체에 필요한 것처럼 자존심은 우리 정신에 꼭 필요한 요소다. 자존심을 바로 세우고 건강한 자아를 개발함으로써 자기중심적인 태도나 자기 이익만 생각하는 이기주의, 그와 비슷한 모든 질병을 치료할 수 있다.

적절한 자존심을 갖고 있으면 하찮은 경멸 따위는 아무런 위협이 되지 않는다. 그런 것쯤은 간단히 지나치거나 무시할 수 있다. 심지어 더 깊은 감정적인 상처가 있다 하더라도 그것이 인생에 장애물이 되거나 행복을 망쳐 버리는 고통을 겪지 않고도 빠르고 깨끗하게 치료할 수 있다.

더 중요한 일에 집중하고 대범해져라

한때 폴란드식 농담이 유행한 적이 있다. 당시 한 부동산회사 직원이 나를 찾아왔다. 그녀는 회사 동료들이 어떤 이유에서인지 모두 자신을 싫어하고 틈만 나면 놀려 댄다고 말했다. 내가 자초지종을 물어보자 그녀는 동료들이 자신에게 폴란드식 농담만 건넨다고 대답했다. 그녀는 기혼이었지만 처녀 때의 성을 쓰지 않았기 때문에 폴란드 태생이라는 사실을 아무도 알 수 없었다. 심지어 나조차도 그녀가 말하기 전까지는 그 사실을 알지 못했다.

가끔 나와 함께 골프 연습장에 가는 사업가 한 명도 웃으면서 의사와 관련된 농담을 하곤 했다. 나는 그런 농담을 재미있게 받아들였을 뿐 그가 개인적으로 나에게 상처를 입히려 한다고는 생각하지 않았다. 이 두 상황은 별로 다르지 않지만, 반응하는 두 사람의 자아 이미지는 확연히 다르다.

무례한 행동, 우연히 엿들은 대화, 심지어는 미디어에서 듣고 읽은 모든 것을 습관적으로 개인적인 차원에서 해석하고 받아들이면, 우리는 면역성이 약하고 신경과민인 자아 이미지를 가지고 있다는 사실을 스스로 인정하는 꼴이다.

더욱 대범한 사람이 되도록 노력하라. 속담에 있듯이 보다 중요한 일을 찾아보도록 노력하라. 의미 있고 보상이 따르는 큰 목표를 열심히 추구하는 사람이나, 달력 위에 자신이 해야 할 중요한 일을 꼼꼼히 적어 둔 사람은 사소한 언쟁이나 공격에 신경 쓸 시간이 없다. 대부분의 멍청하고 무감각한 말들은 그저 멍청하고 무감각한 말로 여기면 된다. 그 말에는 숨겨진 의미가 전혀 없으며 공격을 당했다고 느낄 때 그 의미를 찾는 것은 시간 낭비일 뿐이다.

유명한 서부 소설 작가인 루이스 라무르Louis L'Amour는 한 인터뷰에서 그의 소설에 나오는 악당이 첫 번째 총알에 죽지 않는 데 어떤 의미가 숨어 있느냐는 질문을 받은 적이 있다. 기자는 그가 뭔가 중요한 대답을 할 것으로 기대했지만 뜻밖의 대답이 돌아왔다.

"당시에는 원고량으로 원고료를 계산했거든요."

성공 트레이닝

대범하고 상처받지 않는 자아 이미지 강화법

슈퍼마켓에 가서 감자 두 개를 사라. 가장 작고 초라한 것과 가장 큰 것으로 사서 나란히 책상 위에 올려놓거나 자주 보이는 장소에 놓아두어라. 두 개의 감자를 하나씩 폴라로이드 카메라로 찍어서 자동차 햇빛 가리개 또는 계기판 위나 서류 가방 속, 아니면 쉽게 발견할 수 있는 장소에 놓아두어도 좋다. 그리고 자신의 자아 이미지가 작고 볼품없는 감자보다는 크다고 생각하고, 그날 하루를 커다란 감자처럼 행동했는지 아니면 작은 감자처럼 행동했는지 스스로에게 물어보라.

독립적이고 책임감 있는 태도를 가져라

홀랜드 박사가 지적한 대로 딱딱한 외피 속에 숨어 있는 소년 범죄자들은 사실 그 속은 매우 부드럽고 상처에 민감하며 다른 사람에게 의존하고 사랑받고 싶어 한다. 세일즈 전문가들은 처음에는 전혀 설득되지 않는 사람들도 일단 최초의 방어벽이 뚫리면 쉽게 넘어간다고 말한다. 그런 사람들이 '잡상인 출입 금지'라는 팻말을 내거는 이유도 자신이 판매 유혹에 약하며 보호받을 필요가 있다는 걸 알고 있기 때문이라는 것이다. 이렇듯 딱딱하고 거칠며 외향적인 사람들은 본능적으로 자신의 내면은 너무나 부드러워서 보호받을 필요가 있다고 생각하기 때문에 그런 태도를 보이는 것이다.

자립 의지가 약하거나 없는 사람들은 감정적으로 다른 사람에게 의지하려는 경향이 있으며, 마음의 상처에 대해 무방비 상태에 있다. 물론 이런 사람들뿐 아니라 세상의 모든 인간은 사랑과 애정을 원하고 필요로 한다. 그러나 창조적이고 자립심이 강한 사람은 사랑을 다른 사람에게 나누어 주려고 한다.

그런 사람은 사람들에게 사랑을 받는 것만큼이나 주는 것도 중요하다고 생각한다. 그런 사람은 은쟁반 위에 곱게 놓인 상태로 자신에게 바쳐지는 사랑을 기대하지 않으며, 누구나 자기를 사랑해야만 하고 자기를 인정해 주어야 한다고 생각하지도 않는다. 그리고 자신을 싫어하거나 못마땅하게 생각하는 사람들도 일부 있다고 용인할 만큼의 자존감이 있다. 자신의 삶에 어느 정도 책임감을 가지고 있으며, 자신이 삶에서 모든 좋은 것을 수동적으로 받기만 하는 사람이 아니라 행동하고, 결정하고, 주고, 원하는 것을 스스로 추구하는 사람이라고 여긴다.

수동적이고 남에게 의존적인 사람은 자신의 운명을 다른 사람, 환경, 운 탓으로 돌린다. 그런 사람은 삶이 자신을 돌볼 책임이 있다고 생각하며, 다른 사람이 자신의 생각과 평가, 사랑, 행복 등에 대해 배려하고 결정할 의무가 있다고 느낀다. 그래서 때때로 사람들에게 비합리적인 요구를 하고 그것들이 실행되지 않았을 때는 속았다고 느끼거나 잘못되었고 생각한다. 그러나 인생은 그런 것이 아니다. 한마디로 그런 사람은 불가능한 것을 추구하면서 감정적 상처와 아픔에 자기 자신을 무방비 상태로 노출하는 셈이다. 그래서 신경증적인 성격은 끝없이 현실과 부딪치게 된다고 표현한 사람도 있다.

조금 더 독립적인 태도를 갖자. 자신의 삶과 정서적 욕구에 책임을 지자. 남들을 애정, 사랑, 인정, 수용, 이해의 태도로 대하려고 노력하면 남들도 우리를 그런 좋은 태도로 대할 것이다.

나는 대규모 세일즈맨 집회에서 꽤 이름이 알려진 한 전문 강사를 만난 적이 있다. 그는 세일즈 업계에서 성공한 축에 속하며 상당한 지명도도 있었지만 청중으로부터 감사 편지를 받는 일이 거의 없었다. 또 강연이 끝났을 때도 열렬한 박수 한번 제대로 받지 못한다고 했다. 그런데 이상하게도 그는 그런 사실을 자랑스러워했다. 내가 그 이유에 대해 묻자 그는 다음과 같이 말했다.

"그들을 화나게 만들기 때문이죠."

그는 이어서 해리 트루먼 대통령의 말을 예로 들었다.

'그들에게 본때를 보여 줘야 한다.'

'나는 단지 사실만을 말했을 뿐인데, 그들은 기분이 나쁜 것이다.'

어쨌든 이 강사는 가장 바쁘게 활동하며 이 업계에서 고액의 수입을 올리고 있었지만 청중들에게는 전혀 사랑받지 못했다. 그에게 강연료를 지불하는 기업들은 그를 초청한 것에 대해 흡족해 했다. 그는 사람들에게 요란한 모욕을 퍼부으면서도 판매 실적에서 좋은 결과를 얻을 수 있는 길을 제시했으며, 그의 강연을 듣는 세일즈맨들은 모두 '그래, 그 녀석에게 뭔가를 보여 주자'고 결심하게 된다는 것이다.

이것은 미식축구 감독이 다음번에 '혼내 줄' 상대 팀 선수가 나온 기사를 탈의실 벽에 붙여 놓는 경우와 비슷하다고 볼 수 있다. 솔직히 말하면 그 강사는 내가 추구하는 스타일은 아니다. 흥미로운 사실은 아무리 자립심과 면역력이 강하다고 하더라도 그 사람의 자아 이미지는 그 안에서 여전히 사랑을 갈구한다는 점이다.

자립심이 강한 태도를 기르는 것은 전적으로 자신에게 달려 있다. 자신의 인생과 감정적인 요구에 대해 책임감을 느끼도록 하자. 옛 속담에 '자신을 늘 칭찬하라'는 말이 있다. 감정적으로 아직 성숙하지 못한 아이들의 경우에는 선생님과 부모가 그 역할을 해줘야 한다. 어릴 때 학교에서 만점 받은 시험지를 보여 주면 자랑스러워하면서 냉장고에 자석으로 붙여 놓던 어머니의 모습을 상상해 보자.

하지만 성인이 된 지금은 그런 욕구에서 벗어나야 한다. 우리는 자신이 이룬 훌륭한 업적을 존경할 수 있어야 하며, 그런 성취가 가진 깊은 의미를 인식해야만 한다. 제8장에서 소개한 AQ(역경지수)를 통해 배운 교훈을 다시 한번 떠올려 보자. 자신이나 다른 사람을 막무가내로 비난하지 않고 어떤 문제든 해결할 수 있다고 생각한다면 우리는 어떤 역경도 헤쳐 나갈 수 있을 것이다.

마음의 상처는 과감하게 도려 내라

언젠가 환자로부터 이런 질문을 받은 적이 있다.

"만일 상처를 입었을 때 흉터가 생기는 것이 자연스러운 과정이라면, 어째서 성형외과 의사가 절개할 때는 흉터가 생기지 않나요?"

대답은 이렇다. 얼굴에 베인 상처가 자연적으로 치유되면 상처 조직에 일정한 팽창이 일어나 피부 표면을 잡아당김으로써 틈새가 생기는데, 흉터가 그 자리를 메우는 것이다. 하지만 의사는 피부를 바짝 당겨서 봉합할 뿐만 아니라 피부 아래 살갗 부위도 절개하므로 수술 후에도 그 부위가 팽창되지 않는 것이다. 절개는 상처를 매끄럽고 고르게 치료하기 위해 하는 것으로, 이 때문에 흉터가 생기지는 않는다.

흥미로운 점은 마음의 상처에도 똑같은 현상이 일어난다는 사실이다. 만일 현재 아무런 긴장이 없다면 감정적으로도 아무 상처가 남지 않는다. 좌절, 두려움, 분노, 의기소침 등으로 생겨나는 긴장 때문에 사소한 일이나 대수롭지 않은 말에도 얼마나 쉽게 마음이 상하고 상처를 받게 되는지 생각해 본 적이 있는가?

어떤 불운한 경험 때문에 기분이 언짢거나 자신감이 흔들린 상태로 직장에 일하러 갈 때가 있다. 그런데 한 친구가 지나가다가 농담을 건넨다. 평상시 같으면 십중팔구 웃어넘기면서 '신경 쓰지 말자'고 생각하고 농담으로 받아넘길 수 있을 것이다. 하지만 오늘은 상황이 다르다. 오늘은 자기 회의, 불안, 걱정 등이 만들어 낸 긴장 때문에 고통받고 있는 상태다. 이렇게 잘못된 방식으로 상대방의 말을 받아들이면 마음이 상하기 시작한다.

이처럼 단순한 일상의 경험에서도 우리가 다른 사람의 행동이나 말 때문이 아니라 우리 자신의 태도와 반응 때문에 마음의 상처를 받는다는 사실을 알 수 있다.

사실, 내게 해를 끼치는 사람은 없다

기분이 상하거나 불쾌한 감정을 느끼는 것은 전적으로 자신의 반응에 달려 있다. 사실 감정은 우리의 반응일 뿐이다.

우리가 염려해야 할 것은 다른 사람이 아니라 바로 우리 자신의 반응이다. 화가 나거나 걱정하거나 분노하면 팽팽하게 긴장할 수 있고 기분이

상할 수도 있다. 그러나 아무 반응도 하지 않고 긴장을 푼 상태를 유지할 수만 있다면 어떤 상처도 입지 않을 수 있다.

과학적인 실험에 따르면 우리 신체의 근육이 완전히 이완된 상태에서는 두려움, 분노, 걱정 같은 부정적인 감정을 느낄 수 없다고 한다. 두려움, 분노, 걱정 등을 느끼는 까닭은 어떤 동작을 취하기 때문이다. 철학자 디오게네스는 다음과 같이 말했다.

"자기 자신 외에는 아무도 자신을 기분 상하게 만들지 않는다."

또한 성인 베르나르도는 이렇게 말했다.

"나 자신을 제외하고 아무도 내게 해를 끼치는 것은 없다. 내가 간직한 상처는 늘 나를 따라다닌다. 바로 나 자신의 잘못으로 인해 그처럼 고통받는 것이다."

오직 자신만이 자기 행동에 책임질 수 있다. 하지만 전혀 행동할 필요는 없다. 긴장이 완화된 상태일 때 우리는 마음의 상처로부터 자유로울 수 있다.

생각 통제가 새 삶을 가져다주다

매사추세츠의 셜리 센터 Shirley Center 에서는 집단 심리 치료로 전통적인 정신분석에 비해 월등한 결과를 얻었으며, 치료에 걸린 시간도 훨씬 단축되는 성과를 냈다. 이 치료 과정은 '생각 통제 집단 훈련'과 '매일 실시하는 이완 훈련' 두 가지를 중심으로 이루어졌다. 《정신위생》Mental Hygine 에 발표된 논문에 따르면 이 집단 심리 치료의 목적은 "근본적으로 성공적이고 행복한 삶을 사는 방법을 찾기 위해 사람들을 지적, 정서적으로 재교육"하는 것이었다.

환자들은 지적 재교육을 받고 생각 통제에 관한 조언을 얻었을 뿐 아니라, 진행자가 고요하고 차분한 바깥 장면을 기분 좋은 말로 설명하는 동안 편안한 자세로 누워서 몸과 마음을 이완하는 법을 배웠다. 이들은 집에서 매일 몸과 마음을 이완하는 훈련을 했으며, 하루 종일 고요하고 평화로운 기분을 유지하도록 노력했다.

이 센터에서 치료를 받으며 새로운 삶의 방식을 깨우친 어떤 환자는 이런 글을 남겼다.

나는 7년 동안 병을 앓았다. 그동안 잠을 잘 못 자고, 걸핏하면 화를 냈으며, 함께 살기 괴로울 정도로 성질이 나쁜 사람이었다. 나는 오랜 세월 아주 형편없는 남편을 뒀다고 생각하며 살았다. 남편이 술을 한 잔만 마시고 집에 들어와서 술을 더 먹고 싶어서 절절매면, 나는 신이 나서 남편에게 험한 말을 쏟아 내서 남편이 술을 자제하지 못하고 고주망태가 되도록 만들었다. 하지만 이제는 그런 상황이 되면 입을 다물고 마음의 평정을 유지한다. 그런 나의 태도가 도움이 되었는지 남편과 나의 관계도 원만해졌다.

예전의 나는 적대적인 태도로 삶을 대했다. 작은 문제만 생겨도 지나치게 예민하게 반응했으며, 스스로 목숨을 끊고 싶다는 생각까지 했다. 그러나 이 치료 수업을 받으면서 나를 둘러싼 세상에 잘못이 있는 게 아니란 사실을 깨달았다. 나는 지금껏 그 어느 때보다도 건강하고 행복하다. 예전에는 한순간도 마음의 안정을 취하지 못했다. 심지어 잠을 잘 때조차 말이다. 그러나 이제는 예전처럼 마음이 부산하지 않고, 하는 일의 양은 변함없지만 예전처럼 피곤해지는 법이 없다.

마음의 상처를 예방하는 세 가지 훈련

매일 시간을 내서 마음의 상처를 예방하는 세 가지 원칙을 훈련해 보자.

1. 긴장을 풀고 스트레스를 날려 버려라.
2. 성취한 내용과 목표를 향해 나아가는 과정을 기록하라. '성공 일기'는 더 강력한 자아 이미지를 형성하는 데 간단히 이용할 수 있는 아주 유용한 도구다.
3. 부당한 비판이나 심술궂은 말 또는 자아 이미지에 공격을 받았을 때 도움을 청할 수 있는 한두 가지 정신적인 이미지를 마련하라. 내 환자 중 한 명은 슈퍼맨의 몸에 자신의 머리를 합성한 그림을 떠올린다고 말했다. 그는 자신이 전형적인 슈퍼맨의 자세로 가슴을 내밀고 총알을 막아 내면서, 바람을 가르고 망토를 휘날리며 날아가는 모습을 상상한다고 했다.

마음의 상처, 깨끗이 지워 버리기

마음의 상처를 예방하는 세 가지 원칙을 훈련하면 마음의 상처에서 벗어날 수 있다. 그러나 과거에 입은 상처, 원한, 삶에 대한 불평, 분노 같은 것에는 어떻게 대처해야 할까? 일단 마음의 상처가 생겼다면 우리가 해야 할 일은 한 가지뿐이다. 그것은 신체적인 흉터와 마찬가지로 성형 수술을 통해 제거해야 한다.

정신적인 성형 수술을 하라

과거에 입은 마음의 상처를 없애는 수술은 혼자서도 할 수 있다. 자신이 성형외과 의사가 되어 성형 수술을 하는 것이다. 수술을 하면 새로운 삶이 열리고, 새로운 활력이 생기며, 새로운 마음의 평화와 행복을 얻게 된다.

마음의 성형 수술이라는 말과 정신적인 수술이라는 말은 사실 같은 말이다. 과거에 입은 마음의 상처는 치료를 받거나 약을 먹어서 나을 수 있는 것이 아니다. 따라서 완전히 없애거나 뿌리째 뽑아내야 한다. 사람들은 과거에 입은 정신적인 부상을 일시적으로 치료하기 위해 다양한 연고나 진통제 등을 사용하지만 이것은 별 효과가 없다. 그들은 공공연하게 신체적인 보복을 하지는 않겠지만, 다양하고 미묘한 방법으로 상대에게 분풀이를 하거나 보복을 한다.

그 전형적인 예는 남편의 부정을 알아차린 아내의 경우다. 그녀는 목사와 정신과 의사의 충고에 따라 남편을 용서해야 한다는 데 동의한다. 따라서 남편을 죽이지는 않는다. 그의 곁을 떠나지도 않는다. 행동으로만 따져 보면 그녀는 남편에게 충실한 아내다. 그녀는 집을 깨끗하게 치우고 음식을 훌륭하게 준비하는 등 집안일을 소홀히 하지 않는다. 그러나 그녀는 냉정한 마음과 도덕적 우월성을 무기로 다양하고 미묘한 방법으로 남편의 삶을 지옥으로 만들어 간다. 그리고 남편이 불평하면 다음과 같이 말한다.

"여보, 나는 당신은 용서했지만 그 일을 잊을 수는 없어요."

그녀의 '용서'라는 말이 남편의 입장에서 보면 가시방석에 앉은 것처럼 불편하게 들린다. 왜냐하면 그녀는 자신이 도덕적으로 남편보다 우월한 위치에 있다는 사실을 의식적으로 드러내기 때문이다. 만일 이런 용서를 거절하고 남편을 떠났더라면 그녀는 남편과 좀 더 원만하게 지내고 자신도 더욱 행복해졌을 것이다.

마음의 상처를 없애는 용서의 힘

헨리 워드 비처 목사는 이렇게 말했다.

"'용서할 수는 있지만 잊을 수는 없다'는 말은 '용서하지 않겠다'는 말을 다른 방식으로 표현한 것이다. 용서란 부도난 수표를 찢어 태워 버린 뒤 다시는 볼 수 없는 상태가 되어야 한다."

용서는 그 사건이 마음속에서 완전히 잊힐 때 과거에 받은 상처에서 고름을 빼내고 봉합해 흉터를 없앨 수 있는 메스가 된다. 부분적이고 마음이 내키지 않는 용서는 얼굴에 난 흉터를 부분적으로 제거하는 수술과 같다. 의무적으로 용서한 척하는 것은 마치 가상의 수술을 한 것처럼 아무 효과가 없다.

이미 용서한 잘못뿐만 아니라 용서 자체도 잊어야 한다. 사람들에게 기억되어 자꾸 생각나게 하는 용서는 수술한 부위를 다시 감염시킬 뿐이다. 만일 그런 용서를 자랑스러워하거나 너무 많은 사항을 기억에 남겨 둔다면, 용서받은 사람은 빚을 지고 있다고 느낄 수도 있다. 우리는 용서했지만 용서받은 사람이 빚을 졌다고 생각하는 것은 수표를 부도 처리한 작은 금융회사의 담당자가 2주 후에 다시 수표를 발행하는 일과 같은 격이다.

보복하지 말고 용서하라

일반적으로 용서에 대해 잘못 알고 있는 경우가 많다. 용서의 치료 효과가 얼마나 강력한가 하는 사실이 확실하게 이해되지 않는 이유 중 하나는 진실한 용서가 거의 이루어지지 않기 때문이다. 예를 들어 작가들은 '착한 사람이 되기 위해' 타인을 용서해야 한다고 말해 왔다. 하지만 '행복해지려면 용서하라'는 말은 별로 들어 본 적이 없는 것 같다.

또 다른 오류는 용서가 우리를 도덕적으로 우월하게 만들거나 적에게 이기는 최선의 방법이라는 생각이다. 이런 생각은 다음과 같은 그럴듯한 표현에서도 드러난다.

"보복하려고 하지 말고 적을 용서해서 그보다 앞서도록 하라."

캔터베리 대주교였던 존 틸럿슨은 다음과 같이 말했다.

"더욱 영광스러운 승리는 다른 사람을 이겨서 얻는 것이 아니다. 그보다는 상대가 우리를 공격할 때 친절로 맞서는 것이 진정 이기는 길이다."

이것은 용서 자체가 효과적인 복수의 무기로 사용될 수 있다는 말을 다르게 표현한 것이다. 그러나 복수심에 불타는 용서는 어떤 치료 효과도 발휘하지 못한다. 치료 효과를 발휘하는 용서는 마치 잘못이 없었던 것처럼 그것을 뿌리 뽑아 원래 없었던 상태로 만드는 것이다. 치료 효과가 있는 용서는 완벽한 수술과도 같다.

유감을 품지 마라

잘못을 비난하는 감정은 바람직하지 않다. 병든 팔을 절단하는 데 동의하려면 환자는 먼저 자신의 팔을 그대로 두는 것이 바람직하지 않다고 생각해야 한다. 그리고 팔을 그대로 두면 피해만 주기 때문에 포기해야 할 위험한 것이라고 생각해야 한다.

특히 얼굴 성형 수술에서 부분적이고 임시적이며 불완전한 수술은 용납되지 않는다. 흉터의 흔적은 완전하게 제거되어 말끔하게 치료되어야 한다. 특히 얼굴 부분은 상처가 나기 전으로 돌아가거나 흉터가 생긴 적이 없었던 것처럼 세세한 부분까지도 확인하는 주의가 필요하다.

세상에 용서 못 할 잘못은 없다

진정한 용서는 어려운 것이 아니다. 단지 비난하는 마음을 품지 않겠다는 의지를 분명히 확인하고, 비난을 하지 않고도 잘 지낼 수 있다고 생각하는 것이 어려울 뿐이다.

우리는 비난할 때의 기분을 즐기기 때문에 용서하기 어렵다는 사실을 잘 안다. 우리는 상처를 어루만지면서 뒤틀린 병적인 즐거움을 즐긴다. 누군가를 비난할 수 있는 한 그들보다 우월감을 느낄 수 있다. 또한 자신을 측은하게 느끼는 데서 오는 뒤틀린 만족감을 즐긴다는 사실도 부인할 수 없다.

진정한 용서는 용서할 게 없음을 깨닫는 것

마음을 치료하는 진정한 용서는 자신을 너그럽고 호의적이며 도덕적으로 우월한 인간이라고 생각하기 때문에 다른 사람이 우리에게 진 빚을 탕감해 주는 것이 아니다. 잘못에 대해 다른 사람에게 충분히 보상하라고 요구했기 때문이 아니라, 그 빚이 아무 가치가 없다는 사실을 깨달았기 때문에 그것을 탕감하고 가치가 없는 걸로 받아들이는 것이다.

진정한 용서는 자신이 용서할 것이 없다는 사실을 깨닫고, 이를 감정적으로 받아들일 수 있을 때 비로소 가능하다. 그러려면 먼저 다른 사람을 비난하거나 미워하지 말아야 한다.

얼마 전에 성직자들과 점심 식사를 한 적이 있었다. 그날의 대화 주제는 용서였다. 그들은 예수가 용서한 간음한 여인의 사례를 이야기했다. 나는 그들 옆에 앉아서 예수가 왜 그녀를 용서했고, 어떻게 용서해 주었으며, 그녀에게 돌 던질 준비가 되어 있던 당시의 성직자들이 예수의 용서를 어떻게 비난했는지에 대한 이야기를 들었다.

나는 그 자리에서 예수가 간음한 여인을 용서하지 않았다고 지적해서 그들을 깜짝 놀라게 하고 싶은 유혹을 간신히 참아야 했다. 신약 성경 어느 구절에도 '용서'라는 말은 사용되지 않았으며, 그에 대한 암시도 없었다. 그리고 주어진 이야기에서도 '용서'라는 단어를 떠올릴 만한 어떤 증거도 찾을 수 없다. 우리는 다만 그녀를 비난한 자가 떠나자 예수가 그녀에게 한 말만을 알고 있을 뿐이다.

"누가 그대를 비난했는가?"

그녀가 아무도 없다고 대답하자 예수가 말했다.

"나도 그대를 비난하지 않는다. 가서 다시는 죄를 짓지 말아라."

처음부터 누군가를 비난하지 않았다면 용서할 수도 없다. 예수는 그 여인을 비난하지 않았다. 그래서 그에게는 용서할 구실도 없었다. 예수는 그녀의 죄나 실수를 알고 있었지만 그것을 힐난할 생각은 없었다.

예수에게는 마음을 치료하는 진정한 용서를 할 수 있는 능력이 있었다. 하지만 우리는 실수를 저질렀다는 사실 때문에 그를 미워하고, 실수한 행동과 그의 인격을 마구 뒤섞어 그를 비난하며, 그를 일반 사람들과 다른 특정한 부류로 분류하고, 우리의 호감이나 감정적인 용서를 받으려면 그 사람이 우리에게 마땅히 보상해야 할 채무를 가지고 있다고 생각하는 잘못을 저지르곤 한다.

여러분이 나의 조언을 따라 하든, 반드시 따라야 하는 것이든, 합리적인 사람이라면 내 조언을 따를 것이라고 주장하든 그것은 이 책의 범위와 내 전공 분야를 넘어서는 문제다. 다만 내가 의사로서 강조하고 싶은 점은 만일 그렇게 한다면 훨씬 더 행복하고 건강해질 것이며 나아가 마음의 평화까지도 누릴 것이라는 사실이다. 또한 그런 행동이야말로 상처받은 마음을 치료하는 진정한 용서이며, 진정으로 효과가 있는 유일한 길이라는 것이다.

자기 자신도 용서하라

우리는 다른 사람으로 인해 마음의 상처를 입기도 하지만 대부분은 그 원인이 우리 자신에게 있다. 우리는 스스로를 비난하고 양심의 가책을 느끼거나 후회를 하면서 잘못을 깨우친다. 그리고 자기 회의에 빠져 좌절하기도 하면서 지나친 죄의식 때문에 자신에게 가차 없이 벌을 내린다.

그런데 양심의 가책과 후회는 감정적으로 과거 속에서 살겠다는 시도일 뿐이다. 또한 지나친 죄의식은 과거에 잘못 행동하거나 생각한 것을 바로잡겠다는 시도다.

현재 환경에 적절하게 반응하고 답할 수 있도록 도움이 될 때 우리의 감정은 올바르게 사용된다. 우리는 과거 속에서 살 수 없기 때문에 과거에 대해 감정적으로 적절하게 반응할 수 없다. 감정적 반응에 관한 한 과거는 간단히 지워 버리거나 쉽게 잊을 수 있는 것이다. 과거에 우리를 잘못 인도했을지도 모르는 길이나 다른 우회로를 염려해 지레 '감정적인 태도'를 취할 필요는 없다. 중요한 사실은 우리가 나아가는 현재의 방향과 목표다.

우리는 자신이 저지른 잘못을 실수라고 생각할 필요가 있다. 그렇지 않으면 코스를 수정할 수 없으며 우리 자신을 올바른 길로 인도하거나 안내할 수도 없다. 실수 때문에 자신을 미워하고 비난하는 것은 부질없는 일이며, 때로는 치명적일 수도 있다.

케이스웨스턴리저브 대학교에서 실시하고 《리더스 다이제스트》 1997년 9월호에 발표한 죄의식에 관한 연구에 따르면, 일반 사람은 하루에 두 시간 정도 죄의식을 느낀다고 한다. 이 중 대부분은 현재 느끼는 죄의식이다. 예를 들면 직장을 가진 엄마는 일하는 동안에 아이들과 함께 집에 있지 못해서 죄의식을 느끼고, 오후에 아이들과 집에 있으면 일에 전념하지 못해 죄의식을 느낀다. 나이 들고 연약한 부모에게 지친 아들딸들은 부모에게 짜증을 내면서 죄의식을 느낀다. 어떤 여행사 임원은 딸이 학교에서 발표회를 하는데 참석하지 못해 죄의식을 느낀다.

순수한 시각으로 현재와 과거를 바라볼 수 없다면 낙천적으로 미래를 바라볼 수도 없다. 이것은 번번이 전화벨이 울리는 상태로 놔두라는 말이 아니다. 책임감은 중요한 것이다. 그러나 우리 내부의 비평가는 다른 것보다도 훨씬 강력하기 때문에 그것이 자아 이미지를 함부로 다루지 않도록 주의를 기울여야 한다.

나는 언젠가 오클라호마 교도소 수감자들을 대상으로 강연을 한 뒤에 한 가지 깨달음을 얻었다. 그날 나는 강도, 살인 등 끔찍한 범죄를 저지른 무리 속에 있었다. 그들 중 몇몇은 재범자였지만 대부분은 교도소 밖의 많은 사람들과 마찬가지로 자신을 비난하거나 학대하지 않았다. 더군다나 그들이 저지른 중대한 과실도 99퍼센트는 사실 정직하고 윤리적인 취지에서 출발했다는 점을 깨달을 수 있었다. 대부분의 선량한 시민들이 스스로 지나친 자기비판과 자기 징벌을 통해 행복을 추구할 권리를 자제하는 반면, 교도소 안의 죄수들은 단지 자기 내부에서 수감자의 권익을 위해 싸우는 일종의 변호사였다.

나는 크고 거대한 교도소의 콘크리트 벽을 따라 걸어 나오며 그 위에 있는 철조망과 망루를 지키는 무장 경비병을 보면서, 수많은 사람들이 이보다 더 위협적인 마음의 감옥을 짓고 있으며 과거의 죄 때문에 그 안에 자신을 가둬 두고 있다는 생각이 들었다. 나는 원죄를 신봉하는 사람은 아니지만 만일 그런 것이 있다면 이는 자신이 저지른 실수 때문에 스스로를 비난하면서 인생을 낭비한 사람들을 위한 것이다. 실수는 오직 인간만이 한다.

자신과 실수를 동일시하지 마라

우리 자신이 저지른 실수 또는 다른 사람의 실수에 대해 생각할 때, 실수가 지금의 나를 만들었다고 생각하기보다는 우리가 무엇을 했으며 무엇을 하지 않았나 하는 관점에서 생각하는 편이 현실적으로 도움이 된다.

우리가 저지르는 최대의 실수 가운데 하나는 사람 자체와 행동을 혼동하고, 실수를 통해서 우리가 어떤 유형의 사람이라는 걸 알 수 있다고 결론 내리는 것이다. 실수를 우리가 하는 어떤 일과 연관 지어 생각해 보면 이런 생각을 분명하게 설명할 수 있다. 실수는 행동을 가리키는 것이기 때문에 그것을 설명할 때 명사보다는 행동을 나타내는 동사를 사용해야 한다.

예를 들어 "나는 실패했어."(동사)라고 말하면 실수만을 인정한 것이기 때문에 미래를 성공적으로 이끌어 가는 데 도움이 된다. 그러나 "나는 실패자다."(명사)라는 말은 행동을 설명하는 것이 아니라 실수가 미치는 영향을 평가한 것이다. 이것은 뭔가를 배울 수 있는 가능성을 차단하기 때문에 실수는 우리 마음속에 영원히 남게 된다. 이 같은 사실은 임상심리 실험을 통해 여러 차례 입증된 바 있다.

우리는 아이들이 걸음마를 배울 때 이따금 넘어지는 경우를 볼 수 있다. 그때 아기가 "넘어졌다." 또는 "뒤뚱거리며 걷는다."라고 말하기는 하지만 "넘어지는 아이다."라고 하거나 "뒤뚱거리며 걷는 아이다."라고 말하지는 않는다.

그러나 대부분의 부모들은 아이들이 말을 배울 때 실수를 저지르고 머뭇거리며, 주저하고 음절이나 단어를 반복하는 일시적인 '눌변' 현상을 보인다는 사실을 거의 알아차리지 못한다. 그래서 아이의 상태를 걱정하면서 "말더듬이인 것 같아."라고 결론을 내린다. 실제 아이의 행동이 아니라 아이 자체를 놓고 내린 행동이나 판단으로 아이에게 고통을 주는 것이다. 아이는 자신이 말더듬이라고 생각하기 시작한다. 결국 아이의 언어 학습은 정지되면서 영원히 말더듬이가 되어 버린다.

나는 말더듬이 분야의 미국 최고 권위자인 웬들 존슨Wendell Johnson 박사의 이론에 따라, 이 책의 초판본에서 부모의 이와 같은 태도가 말더듬이를 만드는 원인이라는 내용을 소개한 적이 있다. 존슨 박사에 따르면 말을 더듬지 않는 아이의 부모들은 설명적인 표현, 즉 "아이가 말을 하지 않아."라고 말하는 반면, 말더듬이 아이의 부모들은 자신들의 판단에 근거한 표현, 즉 "아이는 말할 수 없어."라고 말하는 경향이 있다. 《새터데이 이브닝 포스트》 1957년 1월 5일자에 소개된 기사에서 존슨 박사는 다음과 같이 말했다.

"우리는 지난 수 세기 동안 잘 알지 못했던 중요한 사실을 서서히 이해하기 시작했다. 다양한 사례를 통해 판단해 볼 때, 대부분의 경우 말을 더듬는 현상이 일반적인 언어 발달 과정이라는 사실을 잘 모르고 지나치게 걱정하는 사람들에 의해 말더듬이 진단이 내려진다. 말을 더듬는 아이보다는 부모, 말을 하는 사람보다는 말을 듣는 사람에게 말더듬이에 대한 정확한 이해와 교육이 더욱 필요한 것 같다."

습관의 형성과 변화, 학습의 관계를 20년 동안 연구해 온 나이트 던랩 박사는 동일한 원칙이 실제 감정상의 습관을 포함해 '나쁜 습관'에도 적용된다는 사실을 발견했다. 만일 환자들이 습관을 치료하려고 한다면 자신을 헐뜯거나 비난하고 그것에 대해 양심의 가책을 느끼는 습관을 즉시 멈춰야 한다는 것이다. 그는 특히 환자들이 자신이 저지른 어떤 행동 때문에 '나는 실패자야', '나는 아무 쓸모가 없어'라고 결론을 내리는 것이 나쁜 영향을 미친다는 사실도 밝혀냈다.

자기 자신과 실수를 동일시해서는 안 된다.

우리가 실수를 하는 것이지, 실수가 우리를 만드는 것은 아니라는 점을 명심하라. 우리가 누구이고 무엇을 할 것인지를 굳이 정의할 필요는 없다.

딱딱한 껍질 속에 안주하지 마라

마음의 상처를 입지 않고 이를 없애는 것과 관련해 마지막으로 한마디만 하겠다. 창조적인 삶을 위해 필요하다면 우리는 어느 정도 상처를 견뎌 낼 마음을 가지고 있어야 한다. 그러기 위해 우리에게는 보다 두껍고 강한 감정의 보호막이 필요하다. 그러나 이때 필요한 것은 질긴 감정의 은신처나 외피지, 딱딱한 껍질은 아니다. 다른 사람을 믿고 사랑하며 마음을 터놓고 감정적인 교류를 하려면 어느 정도 마음의 상처를 감수하는 모험을 해야 한다.

상처를 입으면 우리는 두 가지 반응을 보일 수 있다. 첫째, 두꺼운 보호 껍질을 만들거나 다시 상처를 받지 않도록 두터운 흉터 자국을 만든 뒤에 굴처럼 딱딱한 껍질 안에 안주하려는 태도를 보이는 것이다. 둘째, 한쪽 뺨을 맞으면 다른 뺨을 내밀어 상처를 받아들일 준비를 하는 자세를 가지고 창조적으로 살아가는 것이다.

굴은 절대로 상처를 받지 않는다. 굴은 외부의 충격으로부터 자신을 보호하는 두꺼운 껍질을 가지고 있기 때문이다. 한마디로 굴은 고립된 상태로 산다. 그래서 안전하지만 창조적이지는 않다. 또한 굴은 자신이 원하는 것을 추구할 수 없으며 대상이 자기에게 다가올 때까지 기다려야만 한다. 그래서 환경과 감정적인 교류를 하지 않으므로 상처를 받지 않지만, 대신에 아무 즐거움도 느끼지 못한다.

마음의 성형 수술로 젊음을 되찾아라

이 책의 초판본이 나올 당시에 등장한 베이비붐 세대는 이제 50줄에 접어들었다. 베이비붐 세대는 그 어떤 세대보다도 시간을 멈추게 하려고 노력하며 심지어는 시간을 역행하는 일에 골몰한다. 그들은 성형 수술, 지방 흡입술, 헬스클럽, 운동 기구, 개인 트레이너, 화장품, 음료수, 성장

호르몬 투여 등에 엄청난 돈을 쏟아붓는다.

하지만 나는 베이비붐 세대에게 마음의 성형 수술을 해보라고 권하고 싶다. 이것은 그저 해보는 말이 아니다. 우리는 마음의 성형 수술을 통해 보다 활력 있는 삶을 살 수 있으며 젊음도 되찾을 수 있다. 그리고 실제로도 젊게 보일 것이다. 나는 마음의 상처 흔적을 없앤 후에 다섯 살이나 열 살 정도 젊게 보이는 사람들을 몇 차례 목격한 적이 있다. 주위를 한번 둘러보라. 40세가 넘는 사람 중에서 누가 가장 젊게 보이는가? 심술 난 사람? 분노하는 사람? 세상을 비관하는 사람? 아니면 쾌활하고 낙천적이며 온화한 성격을 가진 사람?

내가 성형외과 의사라는 사실을 기억해 주기 바란다. 내가 여러분에게 얼굴과 삶의 자세를 바꿈으로써 몇 년은 더 젊어 보이고 건강과 활력 면에서도 젊음을 느낄 수 있다고 할 때는 아주 심각하고 진지하게 말하는 것이다.

누군가에게 또는 인생에 대해 원한을 품고 살면 어깨에 무거운 짐을 짊어지고 다니는 것처럼 노화가 일찍 찾아와 등이 구부정해질 수도 있다. 마음에 상처와 원한을 품고 사는 사람들은 노인처럼 마냥 과거 속에서 사는 것이다. 반면에 정신과 얼굴에 있는 주름을 모두 지울 수 있는 젊은이다운 태도와 마음가짐은 눈에 생기를 불어넣어 주며, 미래를 바라볼 수 있게 한다. 그리고 다가올 미래에 대해 큰 기대를 갖게 만든다.

그렇다면 왜 스스로 마음의 성형 수술을 하지 않는가? 마음의 성형 수술을 하는 것은 마음의 상처를 막기 위해 부정적인 긴장감을 푸는 것이고, 오래된 상처를 없애기 위해 마음을 치료하는 효과가 있는 진정한 용서이며, 딱딱한 껍질 대신 질긴 외피로 갈아입는 것이다. 또한 어느 정도의 상처를 기꺼이 감수하는 창조적인 생활을 꾸려 나가는 것이고, 과거보다는 미래에 대한 기대를 불러일으키는 것이다.

용서, 가장 도전적이고 보상이 따르는 성공 훈련

지금까지 이 책에서 제시한 가장 도전적이고 보상이 따르는 훈련은 용서와 관련된 것이다. 과거에 모욕을 당해 오랫동안 원한 관계에 있는 두 사람을 택해 진정한 마음으로 그들을 완전히 용서하도록 하자. 여기에는 어떤 단서도 붙이지 마라. 그리고 이를 실천에 옮겨라. 또한 지나간 과거의 실수, 자신이 못마땅하게 여겼던 상황 그리고 자신을 마침내 단호하게 용서하는 상황을 떠올린 후 이것을 머릿속에서 모두 없애 버려라. 이렇게 하려면 아마 상상 속의 공장에서 상당한 작업을 해야 할 것이다. 21일 동안 하루 30분 정도 시간을 내서 조용히 명상하고, 혼자서 스스로를 위해 이것을 실천해 보도록 하자.

〈자아 이미지의 상처를 없애기 위한
마음의 성형 수술을 하기 위해 필요한 주요 개념들〉

재능

자아 이미지는
자기 통제 메커니즘을
보호한다

자기 통제
메커니즘이
수행하는 일

재능	행동
능력	임무의 완수
기술	열광
자신감	인내

제11장

자아를 구속하는 고삐는
풀어서 던져 버려라

부정적인 피드백, 자기 억압의 골짜기를 벗어나라

다른 사람의 비판을 피하려면 아무 행동도 하지 말고,
어떤 말도 하지 말아야 하며, 그 어떤 존재도 되어서는 안 된다.

_엘버트 허버드

자석처럼 사람을 끌어들이는 신비로운 것, 하지만 딱히 무엇이라고 정의 내리기 힘든 우리의 인격은 외부가 아닌 내면으로부터 자연스럽게 흘러나오는 것이다.

우리가 '인격'이라고 부르는 것은 신의 형상을 본떠 만들어진, 독특하고 개인적이며 창조적인 자아의 외적인 표현이다. 즉, 우리 내부에 있는 신성의 표현이자 우리의 진정한 자아를 자유롭고 완벽하게 나타내는 것이다.

우리 마음속에 있는 진정한 자아는 자석처럼 사람의 마음을 끌어들이는 매력이 있으며 타인에게 강력한 영향력을 행사하기도 한다. 이 진정한 자아 때문에 우리는 어떤 대상과 연결되어 있음을 느낄 수 있고 변화가 시작된다는 사실을 알 수 있다. 반면 거짓된 자아는 일반적으로 혐오감과 거부 반응을 일으킨다.

우리가 갓난아기를 좋아하는 이유는 무엇인가? 아기가 무엇을 할 수 있거나, 알고 있거나, 무엇인가를 가지고 있기 때문이 아니다. 바로 갓난

아기라는 그 자체가 좋은 것이다. 갓난아기들은 인격 그 이상을 지니고 있다. 그들에게는 천박함도 없고 거짓도 없으며 위선도 존재하지 않는다. 아기들은 대부분 울거나 칭얼대면서 진정한 감정을 표현한다. 아기들은 자신의 의도를 그대로 말한다. 그들에게는 아무런 가식도 없다.

아기들은 감정적으로 매우 정직하며 심리학적으로는 '바로 자기 자신이 되어라'라는 금언을 실천하는 좋은 사례다. 아기들은 자신을 표현하는 데 조금도 거리낌이 없으며 느낌을 억제하지도 않는다. 아기들을 관찰해 보면 모든 억제는 자아 이미지 내부에서 나오는 것이 아니라 후천적으로 배운 학습을 통해서 형성된다는 사실을 알 수 있다.

창조적인 인격, 억제된 인격

인간은 우리가 인격이라고 부르는 신비로운 무엇인가를 가지고 있다. 흔히 '좋은 인격'을 가지고 있다고 말하는 경우 이는 그가 자기 안에 있는 창조적인 잠재력을 자유롭게 풀어놓아 진정한 자아를 잘 표현할 수 있다는 것이다.

반면에 '좋지 않은 인격'은 '억제된 인격'이라는 말과 같은 의미다. 좋지 않은 인격을 지닌 사람은 내부의 창조적인 자아를 억제하고 제대로 표현하지 못한다. 그들은 자신의 자아를 구속하며 가둬 두고 그 열쇠를 멀리 던져 버린다.

'억제하다'inhibit 라는 말을 달리 표현한다면 '그만두다, 금지하다, 방해하다, 제지하다'라는 의미다. 억제된 인격은 진정한 자아의 표현을 끊임없이 제약한다. 억제된 인격은 이런저런 이유로 자신을 표현하는 데 두려움을 느끼거나 본래의 자신으로 돌아가는 것을 두려워한다. 그리고 자신의 마음속 감옥에 진정한 자아를 가둬 둔다.

이런 억제의 증상은 아주 다양하게 나타난다. 수줍음, 소심함, 자의식 과잉, 적대감, 지나친 죄의식, 불면증, 신경과민, 짜증, 다른 사람들과 잘 어울리지 않는 태도 등이 그런 증상에 해당된다.

욕구불만은 억제된 인격을 지닌 사람에게서 흔히 발견할 수 있는 특징이다. 욕구불만의 근본 원인은 '자신으로 돌아가는' 일에 실패해 자기를 적절하게 표현하지 못하는 것이다. 이런 욕구불만은 차츰 자신의 모든 행동에 영향을 미친다.

자신을 부정하거나 억압하지 마라

사이버네틱스는 억제된 인격에 대한 새로운 통찰을 제공한다. 말하자면 억압에서 벗어나 자유를 되찾는 방법을 제시하며, 스스로 만든 감옥으로부터 우리의 정신을 구출하는 방법을 제시한다.

자기 통제 메커니즘 안에서 작용하는 부정적인 피드백은 자기 자신을 비판하는 역할을 한다. 실제로 부정적인 피드백은 우리에게 항상 다음과 같이 말한다.

"너는 틀렸어. 코스를 벗어났단 말이야. 다시 정상 궤도에 진입하려면 뭔가 올바른 조치를 내려야만 해."

그러나 부정적인 피드백의 진짜 목적은 모든 것을 중단시키는 게 아니라, 부정적인 정보를 이용해 반응을 수정해서 행동을 변화시키는 것이다. 만일 부정적인 피드백에 적절하게 반응한다면 마음의 미사일이나 어뢰는 이에 반응해서 목표를 향한 코스를 수정하고 계속 나아갈 수 있다. 이런 과정은 전에 설명한 대로 지그재그 방식을 취하게 된다.

하지만 부정적인 피드백에 너무 민감하게 반응하면 자기 통제 메커니즘은 필요 이상으로 지나친 수정을 해서 목표를 향해 나아가기보다는 심하게 지그재그로 움직이거나 전진을 멈추게 된다. 우리가 나아가야 할 방향을 설정하거나 목표에 도달하려면 부정적인 피드백이 필요하다.

부정적인 피드백은 우리에게 항상 이렇게 말한다.

"지금 네가 하고 있는 것, 목표를 이루기 위한 방법, 그 밖의 다른 일을 모두 멈춰야 해."

그러나 부정적인 피드백의 목적은 모든 행동을 정지시키는 것이 아니라 반응을 수정하거나 앞선 행동의 진로를 변경하는 것이다. 부정적인 피드백은 '정지하라!'고 말하지 않는다. 그러나 '네가 하고 있는 일이 잘못되었다'라고 계속 이야기한다. 부정적인 피드백은 '어떤 일을 하는 것이 잘못이다'라고 말하지는 않는다.

부정적인 피드백이 지나치게 입력되거나 우리의 메커니즘이 부정적인 피드백에 너무 민감한 경우, 그에 대한 반응을 수정하는 정도가 아니라 어떤 반응도 할 수 없는 억제 상태에 빠지게 된다. 여기서 억제는 지나치게 부정적인 피드백과 동일한 의미를 지닌다. 부정적인 피드백이나 비판에 과민하게 반응할 때, 우리는 현재의 코스가 약간 벗어나 있거나 잘못되었다고 느끼는 것을 넘어 앞으로 나아가는 것이 잘못이라는 결론을 내리는 경향이 있다.

사냥꾼은 주변에 있는 몇 가지 눈에 띄는 표식을 정한 뒤에 자신의 차를 세워 둔다. 그리고 다시 그곳으로 돌아올 때는 차량 주변에 있던 커다란 나무(목표)를 찾아 걷기 시작한다. 때때로 그 나무가 시야에서 벗어날 때도 있지만 자신이 가는 방향과 나무의 위치를 비교함으로써 코스를 확인할 수 있다. 만일 그 코스가 나무에서 왼쪽으로 15도 정도 기울어져 있다면 그는 방향을 잘못 잡은 것이다. 그는 곧바로 코스를 수정하고 다시 나무를 향해 걸어갈 것이다. 하지만 걸어가는 것 자체가 잘못된 일이라는 결론을 내리지는 않는다.

우리 모두는 이런 결론이 바보 같은 생각이라는 사실을 별로 의식하지 못한다. 그래서 일단 우리의 행동이 코스에서 벗어나 있거나 목표를 달성하지 못했거나 잘못되었을 때 우리는 뭔가가 잘못되었다고 느끼거나, 우리가 성공(나무)에 대해 생각한 것 자체가 잘못이었다고 엉뚱한 결론을 내린다. 이렇듯 지나치게 부정적인 피드백은 적절한 반응을 방해하거나 반응 자체를 완전히 중단시킨다.

지나친 모니터링은 부작용을 낳는다

말을 더듬는 증상을 살펴보면 지나치게 부정적인 피드백이 어떻게 억제를 유발하고 적절한 반응을 방해하는지 알 수 있다.

대부분의 사람은 별로 의식하지 못하지만 우리는 말을 할 때 자신의 목소리에 귀를 기울이고 모니터링을 하면서 부정적인 데이터를 받아들인다. 완전히 귀가 먹은 사람이 말을 전혀 할 수 없는 것은 바로 이런 이유 때문이다. 귀먹은 사람은 자신의 목소리가 외침인지, 비명인지, 알아들을 수 없는 중얼거림인지 전혀 알 수가 없다. 이는 태어날 때부터 귀가 먹은 사람이 특별한 교육을 받지 않고는 말을 배울 수 없는 이유이기도 하다. 감기에 걸렸을 때 노래를 하면 일시적으로 귀가 먹는 증상이 일어나 음정에 맞춰 노래를 부르지 못하고 다른 사람과 화음을 맞추지 못하는 이유가 바로 여기에 있다.

이처럼 부정적인 피드백 자체가 말하는 데 장애물이 되거나 약점으로 작용하는 것은 아니다. 반대로 부정적인 피드백은 말을 올바르게 할 수 있도록 도움을 준다. 웅변 지도 교사들은 목소리를 녹음해서 억양을 고치고 발음을 개선하는 훈련을 해야 한다고 조언한다. 이렇게 함으로써 그 전에는 몰랐던 화술상의 실수를 알 수 있기 때문이다. 다시 말하자면 현재 하고 있는 일이 '잘못되었다'는 사실을 분명히 확인해야만 우리는 그것을 수정할 수 있다.

그러나 부정적인 피드백이 말을 더 잘하도록 도움을 주려면 다음 세 가지 요소가 반드시 필요하다. 첫째, 부정적인 피드백은 자동적이거나 잠재의식적이어야 한다. 둘째, 부정적인 피드백이 말하는 동안 자연스럽게 인식할 수 있어야 한다. 셋째, 부정적인 피드백에 너무 민감하게 반응해서 억제라는 결과가 발생하지 않도록 해야 한다.

만일 우리가 그런 부정적인 피드백에 자연스럽게 반응하기보다는 의식적으로 화술에 신경을 쓰거나 실수하지 않으려고 사전에 너무 많은 주의를 기울이면 말을 더듬는 증상이 나타난다. 하지만 지나치게 부정적인 피드백의 강도를 낮추거나 그런 반응에 미리 겁을 먹기보다 그 과정을 자연스럽게 받아들이면 말더듬이는 바로 고칠 수 있다.

의사 전달 효과를 극대화하기 위해 노력하는 사람들에게 동영상은 아주 가치 있는 피드백이 될 수 있다. 지압사나 치과 의사들은 환자와 함께 동영상으로 사례를 살펴보면서 함께 연구한다. 세일즈 전문가들도 마찬가지다. 연설가와 세미나 리더, 정치가, 연설을 지도하는 사람들도 동영상을 활용한다. 골프 코치들은 동영상으로 선수의 스윙을 분석해 지도하며 미식축구 선수들도 경기 모습을 보면서 연구한다. 이것은 실수와 결점에 지나치게 집착하지 않는 건강한 자아 이미지를 지닌 사람에게 매우 효과가 있으며 관찰을 통해 코스를 수정할 수 있도록 돕는다.

하지만 여기서 중요한 점은 많은 사람들과 코치들이 그런 피드백 과정을 완전히 이해하지 못하고, 주의 깊은 관찰과 분석을 하기 위한 검토 과정을 제대로 수행하지 못한다는 사실이다. 즉, 우리는 부정적인 것보다는 긍정적인 것을 확인해서 이를 머릿속에 각인시켜야 한다.

자기 통제 메커니즘 때문에 결점이 목표로 잘못 인식될 정도로 너무 집착하지 않도록 주의를 기울여야 한다. 다음 실험을 통해 오래된 정신적인 속임수의 힘을 이해해 보자.

사람들에게 60초 동안 눈을 감고, 빨간색 바지를 입고 롤러스케이트를 타면서 춤을 추는 분홍색 코끼리를 빼고는 무엇이든 다른 생각을 떠올려 보라고 말하라. 그러면 분홍색 코끼리가 우리의 머릿속을 계속 맴돈다. 이처럼 우리 스스로 '분홍색 코끼리'에 얽매이지 않도록 주의하라. 또 우리를 지도하는 코치들이 우리에게 그렇게 하도록 틈을 주어서도 안 된다.

영국의 인지과학자 콜린 체리 Colin Cherry 박사는 자신의 잘못을 지나치게 의식하는 것이 상황을 더욱 악화시킬 수 있다는 사실을 입증해 보였다. 그는 영국의 과학 잡지 《네이처》 Nature 에 글을 기고하면서 말을 더듬는 증상은 '지나친 모니터링'에 의해 일어난다고 주장했다.

체리 박사는 자신의 이론을 증명하기 위해 25명의 중증 말더듬이에게 이어폰을 주고, 자신이 말하는 소리가 들리지 않을 정도로 시끄러운 음악을 들려주었다. 이런 조건에서 그들에게 큰 소리로 책을 읽도록 하자 읽기 능력이 눈에 띌 정도로 좋아졌다. 이는 자신의 음성을 스스로 판단할 수 없는 상태였기 때문에 가능했던 것이다. 그리고 다른 중증 말더듬이 집단에게는 라디오나 TV에 나오는 내용을 가능한 한 빠르게 따라 읽는 '섀도 토크' shadow talk 방식을 연습하게 했다. 그들은 그다지 많은 연습을 거치지 않고도 쉽게 그것을 따라 할 수 있었으며, 다음에도 같은 조건에서는 모두 정상적으로 말할 수 있었다.

미리 인식하고 있는 자기비판적인 생각을 하지 않음으로써 자연스럽게 말을 하고, 말하는 것과 동시에 말을 더듬는 증상을 수정할 수 있었던 것이다. 그들은 다른 사람의 말을 따라 하는 연습을 통해서 정상적으로 말하는 방법을 배울 수 있었으며, 과거 진실이라고 믿었던 자아 이미지('나는 말더듬이다')가 틀렸음을 증명했다.

지나친 부정적인 피드백이나 자기비판을 없앨 때 억제가 사라지고 행동도 개선된다. 자신이 말을 더듬는다는 사실을 걱정할 시간이 없거나 미리부터 지나치게 주의를 기울이지 않는 경우에는 표현 능력도 곧바로 좋아진다. 이런 사실은 우리의 갇힌 인격을 억제하지 않고 어떻게 자유롭게 표현할 수 있으며, 다른 영역에서도 행동을 어떻게 개선시킬 수 있는가에 대한 단서를 제공한다.

할 수 없다는 믿음은 어디서 왔는가?

많은 비즈니스 리더들이 데일 카네기 프로그램을 수료했다. 특히 리 아이어코카는 수천 명에게 이 프로그램에 등록하도록 용기를 북돋워 주었다. 수많은 세일즈 전문가, 기업 임원, 목사, 지역사회 리더, 프로 강사들도 사회자 양성 프로그램에 참가한 덕분에 과거 신경과민에 실수투성이였던 연설가에서 자신감 넘치고 설득력 있는 사람으로 바뀌었다. 다른 사람 앞에서 아무것도 팔 수 없고 이야기할 수 없다고 말하던 내성적인 사람들이 활동적이고 설득력 있는 세일즈맨으로 변모하는 것은 네트워크 마케팅 업계에서는 흔하게 일어나는 일이다. 이렇게 변모한 사람들은 심지어 무대에서 지나치게 오버하는 삼류 배우처럼 행동하기도 해서, 그들의 손에서 마이크를 뺏는 일이 너무나 어려울 지경이다.

왜, 어떻게 이런 일이 계속해서 일어나는가? 이와 같은 훈련 프로그램은 개인에게 수월한 코스 수정 피드백을 제공하며, 그에 따라 개개인은 자신의 억제된 믿음을 시험하고 그에 도전할 수 있는 용기를 시험하는 기회를 갖게 된다. 또한 억제된 인격을 점차 밝은 빛으로 인도해 진정한 자아를 발견하고, 궁극적으로는 자아 이미지의 위대한 능력을 발휘할 수 있도록 자극한다. 그리고 스스로 설정한 목표 행동을 통해 창조적인 자기표현을 할 수 있도록 더 많은 기회를 제공한다.

이런 훈련 프로그램에 참석한 개인들은 억지로 떠밀려서 자기표현을 하기보다는 강사에게 설득당해 아주 작은 발전이나 승리에도 갈채를 받고 축하를 받는다. 이렇듯 코스 수정 피드백은 행동의 긍정적인 측면을 강조한다. 실수를 저질렀을 때 누구도 "내가 말했잖아. 너는 이렇게 할 수 없다고!"라고 외치면서 덤벼드는 경우는 없다. 반대로 무대에 올라가 더듬거리며 자신의 역할을 잊어버려 얼굴이 빨개진 사람도 박수와 격려를 받는다.

이렇게 안정된 환경, 즉 훈련 프로그램에서 사람들은 고립을 택하기보다는 상황을 개선하려는 모험을 시도한다. 사람들은 '나는 할 수 없다'는 믿음이 실제 한계가 아니라 자기 스스로가 설정한 것임을 알게 된다. 이런 발견은 놀라운 결과를 가져온다.

다이렉트 세일즈 회사의 한 관리자는 자신의 부하 직원을 '속여서' 판매 실적을 올린 이야기를 내게 들려주었다. 나는 그 전략이 마음에 들지 않았지만 결과는 아주 흥미로웠다.

그 부하 직원은 늘 고객과 약속을 잡지만 심각한 슬럼프에 빠져 있었기 때문에 매일 밤 빈손으로 돌아와야만 했다. 그의 자아 이미지는 작은 감자 크기만큼 위축되어 그의 상사는 강력하고 효과가 빠른 처방을 내리든가, 아니면 그를 당장 해고해야 했다.

다음 날 밤 상사는 연속으로 두 건의 약속을 잡았는데 사실 그 약속들은 조작된 것이었다. 상사는 부하 직원을 자신의 친구 집으로 보냈다. 그날 오후 친구들에게 제품을 구입하는 데 필요한 돈을 미리 주면서, 실제 판매가 이루어질 경우 그들에게 수수료를 주기로 약속했던 것이다.

부하 직원은 첫 고객의 집에 도착해서 조금 머뭇거리며 제품에 대한 설명을 시작했다. 그런데 어찌된 일인지 고객의 반응이 나쁘지 않다는 사실을 알아차렸다. 고객의 긍정적인 반응은 그가 자신의 역할에 더욱 충실할 수 있도록 도와주었으며, 제품 설명이 끝났을 때쯤에는 혼자서 콧노래를 부를 정도였다. 그는 판매를 마치고 서명 받은 주문서와 함께 300달러짜리 수표를 가방에 챙겨 가지고 나왔다. 두 번째 약속도 마치 대본에 쓰인 것처럼 모든 일이 잘 진행되었고, 고객들은 완벽하게 연기했다. 그는 300달러를 더 벌었다.

이후 그 부하 직원은 나흘간 8건의 약속에서 6건의 계약을 성사시켰다. 그리고 한 달 동안 70퍼센트 이상의 계약을 성사시켜(비록 일부는 상사의 지갑에서 나왔지만) 그달의 판매왕이 되었으며, 회사에서도 '최고 판매상'을 수상했다.

이렇게 자아 이미지의 잠재력을 확인하기 위해서는 두려움이나 억눌림 없이 활동할 수 있는 기회와 환경을 찾아야 한다. 그러면 거친 대양을 항해할 때도 탁월한 능력을 발휘할 우리의 자기 통제 메커니즘을 신뢰할 수 있게 된다.

실수하라, 아무것도 안 하는 것보다 낫다

바늘에 실을 꿰어 본 적이 있는가? 실을 꿰어 본 적이 있다고 해도 경험이 많지 않은 사람은 실을 꿸 때 실이 흔들리지 않도록 너무 꼭 붙잡는다. 그래서 바늘귀에 실이 들어가려는 순간 이상하게도 손이 흔들려 실을 제대로 꿰어 넣지 못한다.

목이 좁은 병 주둥이에 액체를 따를 때도 이와 비슷한 경험을 한다. 손을 떨지 않고 잘 잡고 있다가도 액체를 쏟지 않기 위해 조심하며 액체를 따르는 순간, 왠지 모르게 손이 떨리면서 액체를 흘리는 것이다.

의학계에서는 이런 현상을 가리켜 '목적 진전'目的 振顫, purpose tremor (목적을 위해 움직일 때 머리, 몸, 손 등에서 무의식적으로 일어나는 근육의 불규칙한 반응—옮긴이)이라고 부른다. 보통 사람의 경우 긴장해서 실수하지 않으려고 힘들게 노력하거나 너무 많은 주의를 기울일 때 이런 현상이 일어난다. 실제로 뇌의 어떤 부위에 이상이 있을 경우 목적 진전 현상이 아주 분명하게 나타난다.

이런 증세를 가진 환자라 할지라도 평소에는 손이 떨리지 않는다. 그런데 방문의 열쇠 구멍에 열쇠를 꽂으려고 하면 손이 갑자기 갈지자를 그리면서 15밀리미터에서 25밀리미터 정도로 이리저리 떨리는 것이다. 또한 사인을 하기 전까지는 펜을 잘 들고 있다가도 막상 사인을 하려고 하면 이상하게 손이 떨린다. 너무나 부끄러워 낯선 사람 앞에서 실수하지 않으려고 지나치게 조심하면 서명을 하지 못하기도 한다. 이런 사람들은 긴장 완화 훈련을 받으면 확실히 나아질 수 있다. 지나친 노력이나 목적을 달성해야 한다는 압박에서 해방되고, 실수나 실패를 하지 않으려고 별스럽게 조심하지 않는 방법을 배울 수 있다.

실수하지 않기 위해 유별나게 조심하거나 걱정하는 것은 지나친 부정적인 피드백일 뿐이다. 예상되는 실수를 예방하려고 지나치게 조심하는 말더듬이의 경우, 그 결과는 행동 억제와 퇴행으로 나타난다. 지나친 조심과 걱정은 아주 밀접한 관계가 있다. 두 가지 모두 예상되는 실수에 너무 많은 신경을 쓰고, 잘못된 행동을 하지 않기 위해 너무 많은 의식적인 노력을 기울이기 때문에 일어난다.

헨리 워드 비처 목사는 다음과 같이 말했다.

"저는 실언을 하지 않기 위해 아예 말을 하지 않거나, 잘못 행동하지 않으려고 아무런 행동도 하지 않는 사람들처럼 냉혹하고 치밀하며 완벽한 사람은 그다지 좋아하지 않습니다."

분명 대중들은 강압적인 것보다는 진실한 것을 더 좋아한다. 가장 인기 있고 뛰어난 말솜씨로 유명했던 로널드 레이건 대통령도, 만일 화술과 프레젠테이션 전문가들이 그의 연설 내용을 봤더라면 수많은 결점을 비판의 주제로 삼았을 것이다. 예를 들면 말을 시작할 때 레이건 대통령은 "음."이라고 말하는 습관이 있었다. 이것은 전문 연설가가 해서는 안 되는 행동이다.

최장수 TV 프로그램 〈투나잇 쇼〉는 잭 파, 자니 카슨, 제이 레노 같은 쟁쟁한 진행자들을 배출했는데, 이들은 모두 쇼의 규칙과 실수, 썰렁한 농담 등을 절대 제지하지 않았다. 또한 이 쇼에서는 내용이 별 재미가 없을 때도 녹음된 웃음은 절대 내보내지 않았다.

위 사례들에서도 알 수 있지만 실제로 나는 대중 강사, 연예인, 정치가 중에서 어떤 완벽한 기준이나 이상에 맞추려고 지나치게 주의를 기울이는 사람이 성공한 사례는 거의 보지 못했다.

철학자 윌리엄 제임스는 다음과 같이 말했다.

학교에서 암기한 것을 발표하는 시간에 잔뜩 긴장하는 학생들은 어떤 학생들일까? 아마도 지금 하고 있는 과제가 얼마나 중요한지 알고 있으며 자신이 실수를 할지도 모른다고 생각하는 이들일 것이다. 그렇다면 어떤 학생들이 암기한 내용을 가장 능숙하게 발표할까? 보통은 가장 무관심한 학생들이 가장 좋은 결과를 낸다. 그런 학생들은 기억 속에서 생각이 저절로 흘러나온다.

미국 뉴잉글랜드 지역이 세계의 다른 지역에 비해 풍요롭지 못하고 의미가 덜하고 더 피곤하다는 불평을 많이 듣는 이유는 무엇일까? 지나치게 사소하거나 너무 당연하거나, 진실하지 못하거나, 대화 상대에게 가치가 없거나, 어떤 측면에서든 그 상황에 부적절하지 않을까 염려해서, 지나치게 조심하기 때문 말고 다른 이유가 있을까?

이처럼 책임과 억제 요인이 가득한 가운데 어떻게 대화가 진전될 수 있을까? 사람들이 주저하는 생각을 잠시 잊고 마음의 브레이크에서 발을 떼어 혀가 의지대로 자연스럽게 되는 대로 움직이도록 놔둔다면, 따분하지도 않고 너무 애를 쓰는 통에 진이 빠질 일도 없어서 대화가 원활히 흘러가고 인간관계가 생기를 되찾을 것이다. 요즘 교육계에서는 교사가 모든 수업에 앞서 미리 준비를 잘 해둘 필요가 있다는 이야기들을 많이 한다. 수업 준비를 강조하는 것은 어느 정도 유용한 측면이 있다. 하지만 우리 같은 뉴잉글랜드 사람들은 그런 일반적인 원칙에 관한 훈계를 들어야 할 사람들은 분명히 아니라고 본다. 우리는 그저 너무 조심스러워서 탈이다.

그래서 굳이 조언을 해야 한다면 그 조언은 이미 존경받고 있는 교사들에게 전하는 말이 될 것이다. 이들에게 나는 "가르칠 내용을 아주 철저히 준비해서 언제든 가르칠 수 있게 해두고, 교실에 들어가면 자신의 자발적인 행동을 믿고 더 이상 신경 쓰거나 조심하지 마라."라고 이야기하고 싶다.

학생들에게 하고 싶은 조언도 그와 비슷하다. 자칫하면 자전거 체인이 필요 이상으로 팽팽해질 수 있는 것처럼, 늘 조심하고 남을 의식하는 태도가 지나치면 마음의 작용에 지장을 주기도 한다. 예를 들면 시험 기간을 앞두고 있을 때 시험에서 아주 조금만 긴장을 하더라도 그동안 공부했던 것이 수포로 돌아갈 수 있다.

시험에서 자기 실력을 최대한 발휘하고자 한다면 시험 기간 하루 전에는 책을 모두 치우고 자신에게 이렇게 말하라. '이제는 이 하찮은 것을 들여다보며 시간을 더는 낭비하지 않을 거야. 시험을 잘 보든 못 보든 나는 이제 털끝만큼도 개의치 않을 거야.' 진심을 담아 이렇게 말하고 그 기분을 느낀 다음, 나가서 놀거나 잠을 자도

록 한다. 확신하건대 그렇게 하면 다음 날 시험에서 좋은 결과를
얻고 이 비법을 영원히 써야겠다는 결심을 하게 될 것이다.

좋은 인상을 주려고 애쓰지 마라

지나치게 부정적인 피드백과 자의식 사이의 인과관계는 우리 주변에서도
쉽게 찾아볼 수 있다. 사회적인 관계에서 우리는 다른 사람으로부터 끊임
없이 부정적인 피드백 데이터를 얻는다. 웃음이나 찡그린 표정 등 수백 가
지의 미묘한 방법으로 찬반을 표시하기도 하며, 흥미롭다든가 따분하다
는 반응을 보임으로써 자신의 생각이 어떤지를 알려 주기도 한다. 말하자
면 우리의 행동을 제대로 이해했는지, 핵심을 제대로 파악했는지에 대해
끊임없이 우리에게 조언을 해준다.

어떤 사회적인 상황에서도 말하는 사람과 듣는 사람, 배우와 관객 사
이에는 끊임없는 상호 작용이 존재한다. 이와 같은 끊임없는 의사소통이
없다면 인간관계와 사회적인 활동은 불가능할 것이다. 설사 가능하다고
할지라도 단조롭고 따분하며, 아무 감정이나 생명이 없는 죽은 관계일 것
이다.

훌륭한 배우나 대중 연설가들은 관객이나 청중의 반응을 느껴서 알 수
있으며, 그 때문에 제대로 연기하거나 더 나은 연설을 할 수 있다. '좋은
인격'을 지닌 사람들은 인기가 있고 남을 끌어들이는 힘이 있어, 이런 반
응을 알아차려 자동적이고 자발적이며 창조적인 방식으로 반응한다. 다
른 사람과의 의사소통은 부정적인 피드백으로 사용될 뿐만 아니라 사회
적으로 보다 원만한 관계를 맺을 수 있도록 해준다.

만일 다른 사람과의 의사소통에서 아무 반응도 할 수 없다면 그 사람
은 '냉정한' 사람이며 '서먹서먹한' 인격을 가지고 있다고 봐야 한다. 이런

의사소통이 없다면 사회생활에서 실패하고 누구의 관심도 얻지 못하는 사귀기 힘든 사람이 될 것이다.

그러나 이런 부정적인 피드백이 효과적으로 작용하려면 창조적이어야 한다. 즉, 의식적으로 꾸미기보다는 잠재의식적이고 자동적이며 자발적이어야만 한다.

다른 사람을 지나치게 의식하거나 다른 사람의 마음에 들기 위해 너무 많은 신경을 쓰거나 실제 또는 상상에서 다른 사람의 반응에 너무 민감해하지 마라. 너무 긴장하거나 신경 쓰면 지나친 부정적인 피드백과 억제를 불러일으키고 그 결과 부자연스러운 행동을 하게 된다. 자신의 모든 행동, 말, 태도 등을 끊임없이 의식하며 조심할 때도 역시 억눌리며 자의식 과잉에 빠진다.

다른 사람에게 좋은 인상을 주기 위해 너무 많은 주의를 기울임으로써 자신의 창조적인 자아를 숨 막히게 하거나 구속하거나 억제하면 오히려 별로 안 좋은 인상을 남기기 쉽다. 다른 사람에게 좋은 인상을 주는 최선의 방법은 의식적으로 좋은 인상을 주려고 노력하지 않는 것이다. 단순히 의식적으로 연출된 효과를 노려 행동하지 마라. 다른 사람이 자기를 어떻게 생각하는지, 그들이 어떤 이유로 비판하는지 결코 관심을 가져서는 안 된다.

두려움을 물리치는 침착함의 중요성

유명한 세일즈맨이자 작가이며 강사이기도 한 제임스 맨건 James Mangan은 그가 처음 여행을 떠났을 때 자의식 과잉 때문에 아주 고통스러웠는데, 특히 고급 호텔에서 식사할 때 괴로웠다고 말했다. 식당으로 들어서자 사람들이 모두 자신을 쳐다보며 판단하고 비판하는 것처럼 느껴졌다. 그는 애써 자신의 모든 동작, 움직임, 행동을 조심했으며 심지어는 걷는 법과 앉는 자세, 테이블 매너, 음식을 먹는 법에 대해서도 무척 신경을 썼다. 그는 자신의 모든 행동이 부자연스럽고 무척 서툴다고 느꼈다.

그는 자신이 갑자기 왜 그토록 안절부절못하는지 의문이 들었다. 그는 자신이 훌륭한 테이블 매너를 지니고 있으며, 다른 사람의 눈에 거슬리지 않을 정도의 예절도 충분히 갖추고 있다는 사실을 잘 알고 있었다. 그렇다면 왜 가족과 함께 집에서 식사할 때는 자의식을 전혀 느끼지 못하고 편안하게 있었는가?

그는 가족과 식사할 때는 자신이 어떻게 행동하고 있는지 생각하거나 궁금해하지 않았다. 또 평소 주의력이 깊지도 않고 자기비판적이지도 않았다. 또한 체면을 유지하는 데도 별로 관심이 없었다. 한마디로 집에서는 편안하고 차분한 상태에서 모든 일이 잘 돌아갔던 것이다.

맨건은 자신이 '가족과 함께 부엌에서 식사할 때' 어떻게 느끼고 행동하는지를 기억해 냄으로써 자의식 과잉을 고칠 수 있었다. 그리고 고급 호텔 식당으로 들어설 때는 '가족과 함께 식사하러 부엌으로 들어설 때'처럼 상상하고 행동했다.

맨건은 거물급 인사를 만나거나 그와 비슷한 사회적인 상황에 처했을 때, 스스로에게 '나는 가족과 함께 식사하러 간다'고 말하면서 무대공포증과 자의식 과잉을 극복할 수 있었다. 그는 상상 속에서 어떻게 느끼고 행동할지를 그려 낸 뒤 실제로 그렇게 행동했다.

맨건은 《자신을 판매하는 기술》The Knack of Selling Yourself 이라는 책에서 세일즈맨들에게 '나는 지금 가족과 함께 저녁을 먹으러 집으로 가는 중이다. 벌써 수천 번이나 경험한 일이라서 새로울 것은 전혀 없다'라는 태도를 새롭고 낯선 여러 상황에 적용해 보라고 조언하고 있다(맨건의 경우는 가족과 함께 집에서 저녁을 먹을 때 느꼈던 편안함을 활용해 그와 아무런 관련이 없어 보이는 일을 포함한 모든 상황에서 평안하고 침착한 마음을 유지할 수 있었다. 집에서 부모님과 저녁을 먹었던 기억 덕분에 그가 어디서 식사를 하든 편안한 마음을 유지할 수 있었다는 사실은 수긍이 간다. 그러나 집에서 식사를 하는 기억이 물건을 판매하고, 대중 앞에서 연설하고, 운동 경기를 하는 등의 여러 다른 활동에까지 영향을 끼쳤다는 것은 약간 비약으로 느껴진다. 그러나 사이코사이버네틱스 기법에서는 종류에 상관없이 모든 긍정적인 기억이 전혀 관련이 없어 보이는 모든 상황에 동일하게 유효한 효과를 낸다).

낯선 사람이나 익숙하지 못한 상황에 대한 면역성을 길러 주는 이런 태도, 알지 못하는 대상이나 예상하지 못한 것에 대해 일부러 무시하는 태도를 우리는 '침착함'이라고 부른다. 침착함은 새로운 상황이나 제어할 수 없는 환경 때문에 일어나는 모든 두려움을 의식적으로 물리치려는 시도다.

지나치게 남을 의식하는 것이 문제다

지금은 작고한 유명한 교육자이자 심리학자이며 강사였던 앨버트 에드워드 위검 Albert Edwardt Wiggam 박사는 젊은 시절 한때 자의식 과잉에 빠져, 수업 시간에 동료 학생들 앞에서 발표하는 것이 불가능할 정도였다. 그는 사람들을 피해 다녔고 고개를 숙이지 않은 상태에서는 말도 할 수 없었다. 끊임없이 자신의 자의식 과잉과 싸우면서 극복하려고 노력했지만 별 효과가 없었다.

그러던 어느 날, 그에게 한 가지 새로운 생각이 떠올랐다. 그의 문제는 자의식이 아니었다. 문제는 다른 사람의 생각에 지나치게 신경 쓴다는 데 있었다. 그는 말하고 행동하는 것 하나하나에 대해 다른 사람이 어떻게 생각하는지 고통스러울 정도로 예민했다. 바로 이것이 그를 구속했던 것이다. 그는 분명하게 생각할 수 없었고, 무슨 말을 해야 할지도 몰랐다. 하지만 혼자 있을 때는 그렇지 않았다. 아주 차분하고 편안하며 침착했고 재미있는 생각과 말들이 머릿속에 계속 떠올랐다. 이후 그는 자신의 진정한 자아를 인식하고 본래의 자신으로 돌아갈 수 있었다.

그는 그다음부터 자의식과의 싸움을 포기했다. 그것을 정복하려는 생각도 포기했다. 그 대신 다른 사람이 자신을 어떻게 느끼고 판단하는지에 대해서는 상관하지 않고, 혼자 있을 때 느낀 대로 행동하고 생각하면서 자의식을 개발하는 데 더욱 집중했다. 하지만 이처럼 다른 사람의 의견과 판단을 무시한다고 해서 다른 사람에게 특별히 냉담하거나 오만하며 무감각해지지는 않았다.

부정적인 피드백을 완벽하게 뿌리 뽑는 것이 아무리 어렵다고 하더라도 별다른 위험은 없었다. 반대로 이런 노력은 지나치게 민감한 자신의 피드백 메커니즘을 둔화시키는 좋은 결과를 가져왔다. 그 후 그는 다른 사람과 잘 지낼 수 있었으며, 조금도 남의 시선을 의식하지 않고 사람들을 대상으로 상담 활동도 펼치고, 대규모의 청중 앞에서 강연도 할 수 있었다.

모든 생각 중에서 가장 자유로운 태도는 다른 사람의 생각을 '무시하거나 걱정하지 않는' 것이다. 유명한 통신판매 사업자 피터맨J. Peterman 은 자서전《피터맨, 다시 비상하다》Peterman Rides Again 에서 이렇게 말했다.

"일단 대부분의 사람이 체면을 유지하고 그럭저럭 해나갈 수만 있다면 그들의 찬성은 별로 중요하지 않다."

사실 다른 사람이 어떻게 생각하는지 지나치게 신경을 쓰는 태도는 다른 어떤 요소보다도 우리의 인격을 억제하는 역할을 한다. 우리는 다른 사람의 실제 행동보다 우리에 대한 다른 사람의 생각을 훨씬 더 믿는 경향이 있다. 유명한 TV 시트콤 〈프레이저〉Frasier 에서 주인공으로 등장하는 심리학자 프레이저 박사는 공로상을 받으면서 대학 은사로부터 화환과 축전을 받았다. 축전에는 다음과 같이 쓰여 있었다.

"축하하네. 자네는 매우 자랑스럽겠군."

프레이저 박사는 처음에는 옛 은사로부터 축전을 받은 것을 무척 기쁘게 생각했다. 그러나 곧 축전의 숨은 뜻을 분석하기 시작했다. 하필이면 왜 '나는 자네가 자랑스럽네'가 아니라 '자랑스럽겠군'이었을까?

그는 은사의 연구실로 달려가서 그에게 축전에 적힌 말의 의미를 해석해 달라고 요청했다. 프레이저가 흥분을 가라앉히자 그 교수는 조금 당황해하면서 이렇게 말했다.

"사실 내 비서에게 꽃과 축하 카드를 보내라고 했거든. 그녀가 그 내용도 썼지."

우리도 아마 프레이저처럼 행동한 적이 있을 것이다. 나 또한 그랬다. 어느 날 저녁 친구 집에서 열린 파티가 끝나고 집으로 돌아오는 길에 파티에서 누군가가 내게 무심코 한 말을 곰곰이 생각했다. 나는 그 말의 숨겨진 의미를 파악하려고 노력하다가 아내에게 물어봤다.

"당신, 아까 그가 그렇게 말한 의도가 뭐라고 생각해? 도대체 무슨 뜻이지? 그는 왜 나에 대해 그렇게 생각했을까?"

아내 앤은 이렇게 대답했다.

"여보, 그는 아무것도 생각하지 않았어요. 그냥 술 취한 사람이었잖아요."

우리는 얼마나 자주 다른 사람이 무심결에 한 말이나 힐끔 쳐다보는 것에 집착하고, 그 의미를 파악하려고 시간을 보내는가? 우리가 조바심을 내는 동안 그 사람은 그 문제를 벌써 잊어버리고 다른 사람과 장소, 다른 것들에 관심을 돌린다.

무엇이든 할 수 있다는 믿음

14세 때 프로 진출 여부로 언론의 집중적인 조명을 받았던 테니스 천재 제니퍼 카프리아티라는 선수가 있었다. 1990년 이후 화려한 이력을 쌓기 시작한 그녀는 3년 동안 세 번이나 그랜드슬램 준결승전에 진출했으며, 1992년 바르셀로나 올림픽에서는 금메달을 획득하기도 했다.

그러나 그녀의 화려한 성적과 자신감은 순식간에 무너져 그 뒤 2년 동안 경기에 참가할 수 없었으며, 심지어 테니스를 그만두는 것까지도 고려해야 할 처지에 몰렸다. 1994년에는 약물 복용과 좀도둑질로 경찰에 체포되어 팬들에게 충격을 주기도 했다. 왜 그녀는 갑자기 무너진 것일까? 1992년 바르셀로나 올림픽에서는 금메달을 따기도 했지만, 사실 1991년 그랜드슬램 대회 준결승에서 모니카 셀레스에게 아슬아슬하게 역전을 당한 후에는 계속 좌절과 망상에 빠져 살았다.

"전 올림픽을 제외하고는 한 번도 경기를 제대로 해본 적이 없어요."

약 2년간의 공백을 깨고 복귀한 그녀는 정상급 선수들과 경쟁하기 시작했는데, 이번에는 견딜 수 없는 압박보다는 마음의 평화를 유지하면서 경기에 임했다. 한 저널리스트는 그녀의 코트 복귀에 대해 〈USA 투데이〉에 다음과 같은 기사를 실었다.

"그녀가 전성기를 되찾을 수 있었던 데는 두 가지 중요한 이유가 있다. 사람들이 그녀에게 기대하고 있는 것은 그다지 중요하지 않다는 사실과 자신에 대한 부정적인 생각을 떨쳐 버리는 방법을 배웠다는 것이다."

2001년 그녀는 마침내 호주 오픈에서 마르티니 힝기스를 물리치고 생애 최초로 그랜드슬램 타이틀을 거머쥘 수 있었다.

우리도 이 테니스 스타처럼 자신의 어깨에서 마음의 짐을 내려놓는 경험을 얼마든지 할 수 있다. 실제든, 상상 속에서 과장된 것이든 자신에 대한 다른 사람의 의견이 자신의 의견만큼 중요하지는 않다는 사실을 깨달아야 한다.

1998년 11월 4일 미국 미네소타주 법무부 장관이자 오랫동안 직업 정치가로 활동해 온 '스킵' 험프리(1965~1969년 미국 부통령을 지낸 휴버트 험프리의 아들)와 세인트폴의 시장 노먼 콜먼은 경쟁 후보인 제시 '더 바디' 벤추라가 선거에서 이겨 주지사 사택을 넘겨줄 것을 요구하자 충격을 받았다. 그다지 승산이 없는 제3당의 후보이며, 지적으로 호소하기보다는 엉뚱하고 기이한 복장으로 유명한 프로 레슬러인 그가 부족한 재원을 무릅쓰고 선거 운동에 나서더니 팽팽하던 3파전에서 승리를 거두기에 충분한 37퍼센트의 득표율을 기록한 것이다. 도대체 제시 벤추라가 노련하고 확실했던 두 후보를 이길 수 있다고 믿게 된 요인은 무엇일까?

벤추라의 이 같은 극적인 승리는 "무엇이든 할 수 있다고 믿게 된 요인은 무엇입니까?"라는 질문에 대한 힌트가 될 수 있을지 모른다. 이런 질문은 가끔 곤경에 빠진 사람들이 다시 희망을 품을 수 있도록 격려해 준다. 사람들은 종종 다른 사람의 행복에 관심을 갖고 질문을 하기도 하며 때로는 그들 자신에게 더 큰 관심을 갖는 경우도 있지만, 사실 누구에게 관심이 있는지는 별로 중요한 문제가 아니다. 왜냐하면 그 효과는 항상 똑같이 나타나기 때문이다.

어머니를 제외하고 많은 사람들이 내게 개업의로 성공할 수 있다고 믿게 된 요인이 무엇이었냐고 묻곤 했다. 나 자신도 의문을 품은 적이 많았다. 개인병원이나 종합병원에서 밑바닥부터 시작하는 편이 더 낫지 않았을까? 하지만 어머니는 조금도 의심하지 않고 내가 결심한 일이라면 무슨 일이든지 할 수 있다고 격려해 주었다. 개인적으로 어머니가 나에 대해 어떤 생각을 하고 있었는지는 알 수 없지만, 나는 그 사실을 모르는 게 한편으로는 다행이라고 여기고 있다.

누구나 어떤 중요한 일을 하려는 순간 이런 의문을 품을 수 있다. 한 가지 다행스러운 사실은 다른 사람의 지배를 받지 않는 한 그들이 아무리 의심해도 우리는 얼마든지 성공할 수 있다는 것이다. 이렇듯 한번 결정한 일은 무엇이든지 할 수 있다는 강인한 자아 이미지는 우리의 중요한 후원자 역할을 한다.

스스로를 격려하는 성향을 가진 사람은 놀라운 일을 성취해 냄으로써 비평가들을 난처하게 만들고, 회의주의자들을 당혹스럽게 만들며, 심지어는 친한 친구와 가족들을 놀라게 한다. 정말 곤경에 처한 경우란 우리 자신이 얼마나 중요한 사람인지 진심으로 믿어 주는 사람이 우리의 응원석에 없을 때다.

너새니얼 브랜든 박사는 1994년 《자존감의 여섯 기둥》이라는 책에서 자존심을 "우리 자신이 얻고 싶은 평판"이라고 정의했다. 아인슈타인은 학교에서 공상가, 멍청이라는 소리를 들었는데, 아마 오늘날이라면 주의력결핍장애ADHD 또는 약물 치료 진단을 받았을 것이다. 또한 아인슈타인은 성인이 되어서는 동료들로부터 수학에 우둔하다는 소리를 들었다. 하지만 그런 것들이 그의 성공을 방해하지는 못했다.

바르게 살면서 그럴듯한 직업을 구해 희망적인 인생을 설계하고 싶어 하는 전과자의 경우는 어떤가? 그에 대한 평판은 어디에서나 방해물이 되어 그를 가로막지만, 궁극적으로 가장 중요한 사실은 자신에 대한 믿음이다. 또 현재의 상황을 인내해야 할지 여부를 결정하는 것도 자신의 몫이다. 전과자의 재범률이 높게 나타나고는 있지만 다행스럽게도 100퍼센트 그런 것은 아니다. 가치 있는 삶을 살고 싶으면 과거의 범죄와 감옥으로부터 벗어나야 한다. 단언하건대 성실한 삶을 살려면 자신이 만들어 놓은 감옥에서 벗어나 자아 이미지를 해방시키고, 과거와 단절하는 벽돌을 차곡차곡 쌓아야 한다.

다른 사람의 평판이 과거 우리가 저지른 실수까지 덮을 수 있는 것은 아니다. 그런 평판은 우리의 수많은 업적이나 특출한 개성은 관심 없이 넘기는 동시에 사소한 실수에는 유달리 가혹한 평가를 내리도록 한다. 또한 편견으로 과장되기도 한다. 편견은 오랜 시간과 노력을 통해서만 바로잡을 수 있다.

굳이 그런 평판을 받아들일 필요는 없다. 우리는 이미 모든 사실을 잘 알고 있다. 현 단계에서 목표를 이루기 위해 무엇을 해야 할지 판단하는 것은 온전히 우리에게 남겨진 몫이다. 미래에 어떤 평판을 받으며 살 것인지, 그것을 위해 오늘은 어떻게 살아야 하는지에 대한 결단이 지금 필요하다. 다음 격언을 명심하라.

'하루에 한 가지씩 실천하라.'

양심은 우리를 겁쟁이로 만든다

셰익스피어는 "양심은 우리 모두를 겁쟁이로 만든다."고 말했다. 그런데 오늘날 정신과 의사나 세상 물정을 잘 아는 성직자들도 이와 비슷한 말을 한다. 양심은 도덕이나 윤리와 관계있는, 학습된 부정적인 피드백 메커니즘 중 하나다. 만일 무엇이 옳고 그른지에 대해 학습된 저장 데이터가 올바르고, 우리의 피드백 메커니즘이 지나치게 민감하지 않고 실제적이라면, 우리는 목표 지향적인 메커니즘에서처럼 무엇이 옳고 그른지 끊임없이 판단해야 하는 부담에서 벗어날 수 있다. 도덕과 윤리에 관한 한 양심은 우리를 정확하고 적절한 행동으로 향하도록 올바르고 빈틈없이 이끌어 준다. 또한 양심은 다른 피드백 시스템과 마찬가지로 자동적이고 무의식적으로 작용한다.

하지만 해리 에머슨 포스딕 박사의 말처럼 "우리의 양심은 우리를 속일 수도" 있다. 양심 자체가 잘못되었을 수도 있기 때문이다. 만일 기본적인 믿음이 참되고 실제적이며 의미 있는 것이라면, 양심은 이 세상을 살아 나가고 윤리의 바다를 항해하는 데 쓸모 있는 동반자가 될 것이다. 뱃사 람이 암초에 부딪치는 것을 피하기 위해 나침반을 가지고 다니는 것처럼, 양심은 문제에서 벗어날 수 있도록 도와주는 나침반의 역할을 한다. 그러 나 기본적인 믿음 자체가 잘못이거나 거짓이거나 비현실적이거나 비합리 적이면, 우리의 양심은 마치 자성磁性을 지닌 금속 조각이 뱃사람의 나침 반을 교란시키듯 우리가 엉뚱한 방향을 향하도록 만들 것이다.

양심은 우리에게 의미를 부여한다. 만일 옷에 단추를 다는 것이 죄가 된다고 믿는다면 단추 달린 옷을 입을 경우 우리의 양심은 괴로울 것이 다. 만일 사람의 머리를 베어 말려서 벽에 걸어 놓는 것(과거 보르네오섬의 여러 종족 사이에서 행해졌다고 전해지는데, 기습 공격에 성공한 전사들이 전리 품으로 가져온 적의 머리를 말려 원래 크기의 4분의 1로 만들었다고 한다. 이런 관습이 생긴 원인은 그래야 적의 영혼을 지배하고 저주하며 죽일 수 있다는 미신 때문이었다고 한다—옮긴이)이 옳은 행위이며 남자다움의 상징이라고 생각 한다면, 그렇게 하지 못할 경우 죄책감을 느끼거나 자신은 가치가 없다고 생각할 것이다.

양심은 우리를 행복하고 보다 생산적으로 만든다. 그러나 양심을 안내 자로 삼을 경우 반드시 진실에 기초해야 하며, 바른 방향을 향하고 있어 야 한다. 그렇지 않고 맹목적으로 양심에 복종한다면 어려움에서 벗어나 기보다는 거기에 말려들게 되고 불행해지며, 비생산적이 될 것이다.

인생의 해악은 기본적으로 도덕적인 문제가 아닌 것을 도덕적인 문제 로 생각하는 데서 비롯된다. 예를 들어 자기표현의 문제는 신이 우리에게 준 재능을 바르게 사용하는 것이 우리의 의무라는 사실일 뿐 윤리적인 문제는 아니다.

그러나 만일 자신의 제안이 무시되고 제지당해 부끄러움을 느끼고 굴욕감을 느낀다면, 또는 자신의 생각을 말하고 표현하다가 벌을 받은 아이의 경우라면 자기표현은 양심에 비춰 볼 때 도덕적으로 나쁜 것이라고 여길 수도 있다. 그런 아이들은 자신을 표현하고 가치 있는 생각을 하거나 드러내는 것이 나쁜 일이라고 배우게 된다.

만일 아이들이 분노를 표현한다고 벌을 받거나 두려움을 드러내는 것을 너무 부끄러워하거나 사랑을 표현했다고 놀림을 받는다면, 자신의 진정한 감정을 표현하는 게 잘못이라고 생각할 것이다. 몇몇 아이는 자기표현이 죄를 짓는 거라고 느끼며 분노나 두려움 같은 나쁜 감정을 표현하는 것이 잘못이라고 여긴다.

그러나 나쁜 감정을 억제하면 좋은 감정도 억제하게 된다. 우리의 감정을 판단하는 척도는 좋고 나쁨이 아니라 적절함과 부적절함이다. 길을 걷다가 곰을 만나면 두려움을 느끼는 것이 적절한 반응이다. 힘으로 장애물을 제거해야 할 정당한 이유가 있다면 분노를 느끼는 것이 적절한 반응이다. 적절하게 드러내기도 하고 억누르기도 하는 분노는 용기를 발휘하는 데 중요한 요소가 되기 때문이다.

만일 아이들이 의견을 낼 때마다 묵살당하거나 억눌리고 분수를 지키라고 강요받는다면 의견을 표현하는 것이 잘못된 행동이라고 인식할 것이다. 나아가 아이는 보잘것없는 사람이 되는 것이 올바르고, 뛰어난 사람이 되는 것은 잘못된 일이라고 생각하게 된다.

이처럼 왜곡되고 비현실적인 양심은 우리 모두를 겁쟁이로 만든다. 심지어는 시간과 노력을 들여 성공할 권리가 자신에게 있는지조차 의심하게 될 수도 있다. 많은 사람들이 이런 잘못된 양심에 의해 억압받고 있으며, 어떤 노력도 드러나지 않도록 자제한다. 이는 교회 활동에서도 마찬가지다. 사람들은 마음속으로 리더나 뛰어난 사람이 되는 것은 옳지 않다고 느끼며, 혹시라도 자신이 허세 부리는 사람처럼 보일지도 모른다고 지나치게 신경을 쓴다.

무대공포증은 누구에게서나 흔히 볼 수 있는 현상이다. 이것을 왜곡된 양심에서 비롯된 지나친 부정적인 피드백이라고 보면 쉽게 이해할 수 있다. 무대공포증은 대부분의 사람이 어린 시절에 용기를 내어 말을 하거나, 자신의 의견을 활발하게 표현하거나, 뛰어난 사람이 될 것이라고 믿거나, 허세를 부린다거나 하는 것 등이 모두 잘못이고 처벌받아 마땅한 죄라고 배웠기 때문에 생긴 공포다. 무대공포증은 자기표현을 억제하는 것이 정말 보편적이라는 사실을 잘 보여 준다.

지나친 억압, 지나친 과신에서 벗어나라

스스로 억압 때문에 불행하거나 실패 때문에 고통을 당한다면 그것에서 벗어나는 훈련을 해야 한다. 다시 말해 신경을 덜 쓰고 걱정을 덜 하며, 덜 양심적인 사람이 되는 훈련을 할 필요가 있다. 말하기 전에 생각하는 것이 아니라 생각하기 전에 말하는 훈련을 하고, 행동하기 전에 주의 깊게 생각하기보다는 아무 생각 없이 행동하는 훈련이 필요하다.

보통 환자에게 억압에서 벗어나는 훈련(가장 억압이 심한 경우에 가장 효과가 있다)을 하라고 권하면 다음과 같은 반응을 보인다.

"설마 선생님은 어떤 결과가 나오더라도 신경 쓰거나 마음에 두거나 염려할 필요가 없다고 말씀하시는 건 아니겠죠. 제 생각으로는 이 세상을 살면서 어느 정도 자신을 억제할 필요가 있습니다. 그렇지 않으면 우리는 야만인처럼 살 수밖에 없고 문명사회는 붕괴될 겁니다. 자기 자신을 아무 제약 없이 표현하고 감정을 자유롭게 드러내도 된다면, 반대 의견을 지닌 사람의 코를 맘대로 때리고 다녀도 상관없잖아요."

"그래요, 당신 말이 맞아요. 이 세상을 살면서 약간의 억제는 필요하죠. 하지만 당신은 예외입니다. 여기서 핵심적인 말은 '약간'이라는 말입니다. 당신은 지나치게 자신을 억제하고 있습니다. 체온이 섭씨 42도가 넘는데도 상관하지 않고 뛰어다니는 환자처럼 보여요. 누가 그러는데, 적절한 체온은 건강을 유지하는 데 반드시 필요하다고 하더군요. 인간은 온혈동물이라 어느 정도의 열이 없으면 살 수 없습니다. 우리 모두에게는 적절한 온도가 필요합니다. 그런데도 당신은 지금 의사인 제게 '나는 완전히, 전적으로 온도를 내리는 데 전념해야 한다. 체온을 하나도 남김없이 없애 버리고, 그렇게 함으로써 일어날 수 있는 위험은 완전히 무시해야 한다'고 말하고 있습니다."

숨 막히는 도덕적 긴장, 지나친 부정적인 피드백, 자기비판적인 분석, 말도 제대로 할 수 없는 억압 등에 사로잡혀 말을 더듬는 사람에게 지나친 부정적인 피드백과 자기비판을 완전히 무시하라고 권하면 보통 이와 비슷한 주장을 내세운다.

이런 경우 그는 말하기 전에, 즉 자신을 곤경에 빠뜨리는 나태하고 부주의한 말을 하기 전에 깊이 생각했다는 점을 입증하기 위해 '훌륭한 화술이 중요하다'는 사실과 '한번 내뱉은 말은 다시 주워 담을 수 없다'는 사실을 강조하면서 수많은 속담과 격언 등을 끌어다 댄다. 어쨌든 그가 말하고자 하는 요지는 부정적인 피드백이 유용하고 도움이 된다는 것이지만 이것은 그에게는 해당되는 말이 아니다. 오히려 시끄러운 소리를 들려주어 부정적인 피드백에서 벗어나게 하거나, TV에서 남이 하는 말을 따라 하게 해야 한다.

억압되고 잔걱정이 많으며 신경이 예민한 성격을 가진 사람이 말을 더듬는다. 균형과 조화는 필요한 것이다. 체온이 너무 높이 올라갈 때 의사는 낮추려고 노력하고, 너무 낮은 경우에는 정상으로 올리려고 노력한다.

또한 잠을 충분히 자지 못하는 환자에게는 좀 더 잠을 잘 수 있는 처방을 내려야 하고, 너무 많이 자는 환자에게는 깨어 있도록 자극을 주어야만 한다. 그것은 체온의 높낮이 또는 잠자는 양의 문제처럼 어떤 것이 최선인가의 문제가 아니다.

치료는 항상 반대 방향으로 장기간에 걸쳐 이루어져야 한다. 우리의 목표는 적절하고 자기만족적이며 창조적인 인격이다. 목표는 지나친 억압과 그 반대 경우의 중간점을 지향하는 것이다. 억압이 지나칠 경우에는 그것을 무시함으로써 코스를 수정하고 억압에서 벗어나도록 도와주어야 한다.

반대로, 지나치게 거리낌 없이 행동해서 정도_{正道}에서 벗어난 것은 아닌지 알려주는 징후는 상당히 많은데, 몇 가지 예를 들면 다음과 같다.

- 자기 과신 때문에 끊임없이 문제가 생긴다.
- 하룻강아지 범 무서운 줄 모르고 덤벼든다.
- 충동적이거나 잘못된 행동 때문에 상습적으로 궁지에 몰린다.
- 행동부터 하고 질문은 나중에 하는 습관 때문에 프로젝트가 수포로 돌아간다.
- 자신이 틀렸음을 절대 인정하지 않는다.
- 목소리가 크고 입이 가볍다.

태도가 지나칠 정도로 거리낌 없는 사람은 행동하기 전에 먼저 결과를 생각할 필요가 있다. 앞뒤 안 가리고 횡포를 부리는 불량배처럼 행동하는 것을 멈추고, 자신의 행동을 주의 깊게 계획해야 한다. 그러나 대부분의 사람은 지나치게 억압하고 조심하는 경향이 있으며, 그런 성향임을 가늠할 수 있는 징후 역시 상당히 많다. 예를 들면 다음과 같다.

- 잘 모르는 사람들 앞에서 수줍음을 타고 새롭고 낯선 상황을 두려워한다.
- 스스로를 미흡하게 생각하고, 걱정이 많고, 신경과민이며, 남의 눈을 지나치게 의식한다.
- 불안감을 느끼고 자의식이 강하다. 안면 경련, 불필요한 눈의 깜박임, 가벼운 경련, 수면 장애 같은 신경과민 증상이 있다.
- 사회생활을 불편하게 느낀다.
- 망설이고 자꾸 뒤로 물러나는 편이다.

이런 사람은 모든 면에서 지나치게 주의를 기울이고 뜸을 많이 들인다. 이들은 성 베드로가 에베소 성도들에게 했던 다음과 같은 충고를 유념할 필요가 있다.

"아무것도 염려하지 말라."

억압, 위축, 지나친 자기 억제를 치유하는 다섯 가지 방법

1. 무슨 말을 할지 미리부터 걱정하지 마라. 그저 입을 열고 말하라. 입에서 나오는 대로 즉흥적으로 말하라. 예수는 우리에게 다음과 같이 충고했다.

   "우리가 설령 사람들 앞에서 말할 때라도 미리 염려하지 마라. 오직 성령이 우리에게 말해야 할 바를 가르쳐 줄 것이다."

2. 아무 계획도 세우지 마라. 내일을 위해 걱정하지 마라. 행동하기 전에 미리 생각하지 마라. 일단 행동한 다음 수정하라. 이와 같은 충고는 극단적으로 보일 수도 있지만 실제 이런 과정을 밟으면서 우리의 자기 통제 메커니즘이 작동한다. 어뢰는 앞으로 저지를지도 모르는 실수에 대해 생각하지 않으며, 미리 그것을 수정하려고 하지도 않는다. 어뢰는 우선 목표를 향해 움직이고, 움직이는 도중에 잘못된 방향을 바로잡는다. 앨프리드 화이트헤드 Alfred N. Whitehead 는 다음과 같이 말했다.

   "우리는 생각부터 하고 그다음에 행동할 수가 없다. 인간은 태어날 때부터 행동에 몰두하며, 생각을 해서 방향을 정하는 것은 아주 잠깐씩만 있는 일이다."

3. 자신에 대한 비판을 멈춰라. 억눌린 사람은 계속 자기비판적인 분석에 빠진다. 그것이 아무리 간단한 것일지라도 매번 행동이 끝난 뒤에 자신에게 이렇게 말한다.

   "내가 꼭 그렇게 했어야 했는지 모르겠어."

   또한 용기를 내어 무엇인가를 말한 다음에는 자신에게 곧바로 이렇게 말한다.

   "분명 그런 소리를 하지 말았어야 했어. 아마 다른 사람은 잘못된 방법이라고 생각할 것 같아."

   자기 자신을 더 이상 괴롭히지 마라. 유용하고 효과적인 피드백은 무의식적이고 자발적이며 자동적으로 작동한다. 의식적인 자기비판, 자기분석, 자기반성은 1년에 한 번 정도면 충분하고 유용하다. 매일 순간마다 미리 예측하는 것이나 월요일 아침 쿼터백처럼 지나간 행동에 집착하는 것은 삶의 목적에 어긋나는 것이다. 이런 자기비판을 거부하라. 당장 자제하고 그만두어라.

4. 평소보다 큰 소리로 말하는 습관을 길러라. 억눌린 사람들은 낮게 말하는 버릇이 있

다. 목청을 높여라. 하지만 소리를 지르거나 화난 목소리를 낼 필요는 없다. 그저 의식적으로 평소보다 좀 더 큰 소리로 이야기하라. 소리 높여 이야기하는 것은 그 자체로 억압에서 벗어나는 강력한 수단이 된다. 역기를 들어 올릴 때 소리를 지르거나 고함을 지르면 평소보다 15퍼센트 정도 더 무거운 물건을 들어 올릴 수 있다는 것이 실험 결과 사실로 드러났다.

5. 좋아하는 사람이 있으면 그 사실을 알려라. 억눌린 인격을 가진 사람은 '나쁜' 감정과 마찬가지로 '좋은' 감정을 표현할 때도 두려움을 느낀다. 사랑을 표현할 때조차 낭만에 빠졌다는 소리를 들을까 봐 두려워한다. 또한 우정을 표현할 경우에도 아첨하는 것으로 여겨질까 봐 두려워한다. 누군가를 칭찬할 때도 다른 사람이 자신을 형식적이거나 어떤 속셈이 있는 사람으로 의심할까 봐 두려워한다.

이 모든 부정적인 신호를 완전히 무시하라. 최소한 매일 세 명 이상을 칭찬하라. 누군가의 행동, 옷, 말 등이 좋다면 그 사실을 알리도록 하자. 직접적인 방법으로 말이다.

"나는 그것이 좋은데, 조."

"메리, 그 모자 아주 예쁜데."

"짐, 나는 당신을 아주 똑똑한 사람이라고 생각해."

그리고 기혼자라면 배우자에게 최소 하루에 두 번씩 사랑한다고 말해 보라.

Psycho
Cybernetics

제12장

절대 무너지지 않는 성공 자아를 구축하라

성공의 기초 체력을 강화하는 마음 처방전

근심은 순환기, 심장, 내분비선, 신경계 등에 영향을 미치며
특히 우리의 건강에도 심각한 영향을 미친다.

_찰스 메이요 Charles W. Mayo

요즘 널리 복용되고 있는 신경안정제는 마음의 평화와 침착함을 가져다준다. 신경안정제는 '우산 효과'라고 불리는 약리 작용을 통해 신경증 증상을 줄여 주거나 제거한다. 마치 우산이 비를 막아 주듯이 우리 자신과 우리를 괴롭히는 자극 사이에서 일종의 심리적 방벽 역할을 해주는 것이다. 하지만 신경안정제 자체가 환경을 바꿀 수는 없다. 우리를 괴롭히는 외부 자극은 여전히 존재하기 때문이다. 우리는 그런 자극을 머리로는 이해할 수 있지만 심리적으로 완전히 막아 낼 방법은 없다.

제7장에서 행복 여부를 결정짓는 것은 외적인 요소보다는 오히려 내적인 요소, 즉 우리 자신의 태도, 반응, 응답 등에 달려 있다고 설명한 바 있다. 신경안정제는 이런 주장에 대한 설득력 넘치는 증거다. 실제로 신경안정제는 부정적인 피드백에 대한 지나친 반응을 줄여 주는 역할을 한다.

여기서 나는 요즘 의학계가 어린아이의 주의력 부족에서부터 성인의 불안 증상에 이르기까지 모든 심리학적 질병 치료에 지나치게 약물에 의

존한다는 점을 지적하고 싶다. 또한 최근 인터넷을 통한 진료 및 의약 처방 비즈니스는 대부분 아주 혼란스러워 보인다.

미드웨스트 불안치료센터의 루신다 바셋Lucinda Bassett 박사는 심한 불안이나 강박관념에서 비롯된 행동 때문에 고통받는 사람들을 연구해 큰 성과를 거두었다. 그녀의 연구 결과는 이 책에 제시하는 원리와 놀라울 정도로 일치한다. 나는 그녀의 저서인 《공포에서 권력까지》From Panic to Power 를 비롯해 각종 자기계발 자료, 치료법 등을 많은 사람들에게 참고해 보라고 추천하고 있다.

그녀는 어린 시절부터 시작된 급성 신경 불안으로 고통을 받았다. 그리고 1981년에 이르러서는 광장 공포증이 아주 심해지기도 했다. 그녀는 이런 자신의 병을 치료하기 위해 수천 가지의 사례를 검토해서 나름대로 프로그램을 개발했다. 그녀의 책은 심한 불안 증세를 보이는 사람이 자신의 참모습을 발견하고 자신을 변화시킬 수 있는 방법을 소개하고 있다. 책에 따르면 대부분의 사람에게는 마약이나 불안 치료제가 필요하지 않다. 이 책을 읽고 심리적 신경안정제를 만들어 활용하는 방법을 배운다면 누구나 충분히 치료할 수 있다.

과민 반응을 먼저 치료해 두자

집 안에 앉아 이 책을 읽고 있다고 가정해 보자. 그런데 갑자기 전화벨이 울린다. 습관이나 경험에 의해 우리는 전화벨 소리를 반드시 반응해야 할 신호나 자극으로 받아들인다. 따라서 전화벨 소리에 대해 어떤 생각이나 의식적인 결정을 내리지 않더라도 자동적으로 반응하게 된다.

벨 소리가 울리면 우리는 의자에서 벌떡 일어나 전화를 받으러 달려간다. 이렇게 외부 자극은 우리를 움직이게 만드는 효과가 있다. 정신 상태,

앉아 있던 위치, 책을 읽는 행동 모두를 바꿔 놓는다. 조용히 편안하게 앉아서 책을 보며 시간을 보내는 행동은 우리 마음속에서 미리 계획된 것이다. 하지만 외부 자극이 들어오면 모든 것이 갑자기 변한다.

내가 강조하려는 내용은 바로 이것이다. 즉, 걸려 오는 전화에 반응할 필요가 없다. 벨 소리에 복종할 필요도 없다. 그 소리를 완전히 무시해도 된다. 계속 편안하고 조용하게 앉아 그 신호에 응답하지 않고 원래의 상태를 유지하는 것을 선택해도 된다.

다음과 같은 상황을 머릿속에 그려 보자. 조용히 앉아서 벨이 울리는 대로 놔두고 신호를 무시한 채 그 명령에 따르지 않는다. 설령 신호를 인식한다고 하더라도 더 이상 생각하거나 복종하지 않는다. 또한 외부 신호 자체가 아무 영향을 미치지 못하며, 움직이게 할 능력이 없다는 사실을 분명히 명심하자. 그것은 과거 우리가 복종하고 반응했던 습관에 불과하다. 우리가 원한다면 어떤 신호에 응답하지 않는 새로운 습관을 만들 수 있다.

그러나 여기서 유의해야 할 점은 신호나 자극에 응답하지 않는 것이 노력을 기울여 어떤 일을 하거나 저항하며 싸움을 하는 것이 아니라는 사실이다. 아무것도 하지 않고 편안한 상태로 그냥 있는 것을 말한다. 단지 편안한 자세로 쉬면서 신호를 무시하고 아무 신경도 쓰지 않는 것이다.

여기서 전화벨 소리는 우리가 습관적으로 통제당했던, 이제부터 바꾸기를 원하는 습관을 가리키는 모든 외부 자극에 대한 상징적인 비유다. 대도시의 교통 체증 때문에 받는 스트레스도 사실은 외부 자극에 대해 우리의 감정을 통제하지 못하는 행동일 뿐이다. 너무 할 일이 많고 너무 많은 일을 한꺼번에 하려는 것도 스트레스를 주지만 팩스, 휴대폰, 이메일(요즘에는 이메일, 휴대폰 메시지, SNS 알림 같은 디지털 소음으로부터 방해를 받을 때 과잉 반응하는 습관을 들이지 않는 것이 그 어느 때보다도 중요해졌다),

사무실 주변을 어슬렁거리는 사람 등에 신경 쓰지 않는 것도 스트레스를 준다.

자동적으로 전화벨에 복종하는 행동과 마찬가지로 우리는 주변 환경에서 얻는 다양한 자극에 어떤 방식으로든 반응하도록 '조건화'되어 있다. 심리학적으로 볼 때 '조건반사'라는 말은 생리학자 이반 페트로비치 파블로프 Ivan Petrovich Pavlov 의 유명한 실험에서 유래된 것이다. 파블로프는 벨이 울리면 개가 침을 흘리도록 조건을 만들기 위해 먹이를 주기 직전에 벨을 울렸다. 이런 과정은 몇 차례에 걸쳐 반복되었다.

먼저 벨 소리를 개에게 들려주고 난 뒤 먹이를 준다. 이 과정이 반복되면 개는 벨 소리만 듣고도 먹이를 예상하고 미리 침을 흘리며 벨 소리에 대한 반응을 학습한다. 개의 입장에서 볼 때 벨 소리에 반응하는 것은 당연한 이치다. 벨 소리는 음식이 나온다는 신호이며, 따라서 침을 흘리면서 먹을 준비를 한다. 이와 같은 과정이 반복될수록 개는 음식이 나오지 않는 경우에도 벨이 울릴 때마다 침을 흘리며 반응한다. 벨 소리를 들을 때마다 침을 흘리도록 조건화된 것이다. 개의 반응은 이치에 맞지 않으며 아무 목적도 없지만 일종의 습관으로 작용한다.

이 세상의 복잡한 환경 속에서 우리는 수많은 벨 소리와 자극에 시달리며, 우리의 감정과 아무 상관없이 조건반사에 따라 습관적으로 반응한다. 그러나 우리는 그렇게 조작되고 통제된 상태로 살아갈 정도로 열등하거나 우둔한 동물이 아니다. 우리는 창조적인 인간이고 합리적인 사고력을 지녔으며, 단호하게 자신의 의견을 주장할 수 있는 능력이 있다. 개처럼 반응하길 원하는지 자신이 직접 결정하기를 원하는지, 통제받기를 원하는지 스스로 통제하기를 원하는지 여부를 결정해야 한다. 결과를 멀리 내다보고 내려야 하는 결정이다. 이는 무례한 세상에서 어떻게 하면 존중받으며 살 수 있을까 하는 의문에 대한 답변이기도 하다.

우리는 어릴 때 부모로부터 낯선 사람은 피하라는 가르침을 받아 왔기 때문에 낯선 사람을 두려워한다. "낯선 사람이 사탕을 주면 받아서는 안 된다." "낯선 사람과 함께 차에 타면 안 된다." 이런 말을 들으며 컸기에 결국 낯선 사람을 회피하는 반응은 어린아이에게 바람직한 행동으로 인식된다. 그런데 많은 사람들이 낯선 사람 앞에서 안절부절못하고 불안해하며 심지어 그들이 적이 아니라 친구인 경우에도 같은 반응을 보인다. 낯선 사람은 마치 벨 소리와 같이 학습되어 두려움, 회피, 도망치고 싶은 충동 등을 유발한다.

마음을 굳게 걸어 잠근 채 온갖 변명을 늘어놓고 핑곗거리를 대면서 고객 발굴을 게을리 한 세일즈맨들과 상담하면서, 나는 그들의 자기 통제 메커니즘에 자리 잡고 있는 일종의 프로그램을 발견했다. 또한 나는 새로운 친구를 사귀거나 이성과 교제하지 못하는 남녀를 대상으로 상담을 하면서도 같은 프로그램을 발견할 수 있었다.

어떤 사람은 군중이 모인 장소, 밀폐된 공간, 탁 트인 공간, 직장 상사 등에 대해서도 두려움을 나타내며 걱정하는 반응을 보였다. 그들에게는 각각의 경우가 마치 벨 소리와 같은 일종의 신호다. '위험이 눈앞에 있으니 빨리 도망가'라고 경고하는 것이다. 그리고 습관적으로 익숙한 방법에 따라 그런 반응을 계속 나타낸다. 이것은 벨 소리에 복종하는 행동이다. 하지만 이제 우리는 이런 벨 소리와 관계를 끊어야 한다.

소모적인 조건반사를 없애는 방법

긴장 완화 훈련을 하면 조건반사적인 행동을 없앨 수 있다. 즉, 우리가 진정 원한다면 전화벨이 울리더라도 조용히 앉아 벨 소리를 무시하는 훈련을 할 수 있다. 자극에 노출되었을 때 항상 스스로에게 말하라.

"전화벨이 울리네? 하지만 수화기를 들 필요는 없어. 그냥 벨이 울리도록 내버려 두자."

아무리 전화벨이 울려도 편안하게 앉아 아무것도 하지 않은 채 쉬고 있는 모습을 머릿속에 떠올리면서 이런 생각을 반복해 보라. 이와 같은 훈련은 전화벨이 울릴 때 느긋하게 아무 반응도 하지 않을 수 있는 신호나 자극을 만들어 줄 것이다.

조건반사적인 행동은 고치기 어렵다. 특히 예상하지 못했던 전화가 오는 경우 그 벨 소리를 무시하기는 정말 어렵다. 그럴 때는 반응을 잠시 연기함으로써 조건반사적인 행동을 바로잡는다는 우리의 최종 목표를 달성할 수 있다.

메리는 군중 속에 있으면 불안에 휩싸이는 환자였다. 그녀는 훈련을 통해 자신을 괴롭히는 대부분의 자극으로부터 자신을 보호하거나 정신을 안정시킬 수 있었다. 그러나 그녀는 가끔씩 현실에서 도망치거나 회피하고 싶은 생각이 들기도 했다. 나는 그녀에게 다음과 같이 말했다.

"〈바람과 함께 사라지다〉의 여주인공 스칼렛 오하라를 기억하세요? 그녀의 철학은 '문제를 오늘 걱정하지 말고 내일로 미루자'는 것이었죠."

그런 철학 덕분에 스칼렛은 내적인 평정을 유지하면서 전쟁, 화재, 전염병, 짝사랑 등 고통스러운 상황을 성공적으로 극복할 수 있었다.

반응을 잠시 뒤로 미루면 우리의 자동적인 조건반사적 행동을 멈추거나 지연시킬 수 있다. 화가 날 때 '열까지 세는 것'도 똑같은 원칙에 기초하고 있는데, 이것은 아주 훌륭한 효과를 발휘한다. 일단 천천히 숫자를 세면 화가 나서 소리를 지른다거나 책상을 내려치는 것과 같은 반응을 뒤로 미룰 수 있다. 화가 날 때의 반응은 소리를 지르거나 책상을 내려치는 것에 한정되지 않는다. 화가 나면 근육이 긴장한다. 근육이 완전히 이완되면 화를 내거나 두려운 감정을 느끼지 못한다. 따라서 10초 동안만 화가 나는 감정을 진정시키고 반응을 뒤로 미룬다면 자동적인 조건반사적 반응을 없앨 수 있다.

화가 폭발하려고 할 때 열까지 세어서 10초 동안 반응을 지연시키는 방법을 쓰는 경우 호흡에 의식을 집중하고 깊게 숨을 들이쉬고 내쉬면 효과가 한층 높아진다. 심호흡을 세 번만 해도 한 걸음 뒤로 물러나 다른 방식으로 상황에 접근할 여지를 만들 수 있다.

메리는 반응을 뒤로 미룸으로써 군중 공포증을 극복할 수 있었다. 군중으로부터 벗어나 도망쳐야 한다고 느꼈을 때, 그녀는 자신에게 이렇게 말했다.

"좋아, 하지만 지금은 아니야. 2분 동안은 참아야지. 2분 동안은 명령을 거역할 수 있잖아."

분노, 적대감, 두려움, 불안, 불안정 등 우리를 괴롭히는 감정은 외적인 환경 때문이 아니라 우리의 심리적 반응 때문에 일어난다는 사실을 머릿속에 분명히 기억하도록 하자.

반응이란 긴장을 의미한다. 반응이 약한 상태가 바로 긴장 완화다. 근육이 완전히 이완되어 있는 한 분노, 적대감, 두려움, 불안감 등을 절대로 느낄 수 없다. 이 모든 것은 본질적으로 우리의 감정일 뿐이다. 근육이 긴장하는 것은 행동을 준비하는 단계이기 때문이다. 말하자면 반응할 준비가 되어 있는 상태인 것이다.

근육을 이완시키면 정신적으로 긴장이 완화되어 평화스럽고 느긋한 기분에 빠진다. 따라서 긴장 완화는 자연스러운 신경안정제라고 할 수 있다. 긴장 완화를 통해 우리를 괴롭히는 각종 자극과 우리 사이에 일종의 심리적 장벽을 쌓을 수 있다.

같은 이유로, 신체적인 긴장 완화는 억압을 없앨 수 있다. 제11장에서 우리는 억압이 부정적인 피드백에 대한 지나친 반응이 아니라 지나치게 부정적인 피드백에서 발생한다는 사실을 알았다. 긴장 완화는 아무 반응도 보이지 않는 것을 의미한다. 따라서 일상생활에서 긴장 완화 훈련을 하면 억압에서 벗어날 수 있을 뿐만 아니라 스스로 언제 어디서나 자연스런 신경안정제를 얻을 수 있다. 긴장 완화를 통해 자신을 괴롭히는 자극으로부터 스스로를 보호하라.

댄 케네디도 초창기에는 이리저리 뛰어다니면서 다가올 강연 때문에 늘 긴장했고 신체적으로 경직되곤 했다. 하지만 어느 정도 경험이 쌓이자 의자에 앉아 스트레칭을 하거나, 심지어는 강연 직전까지도 대기실 소파에 기대 있는 등 완전히 초연한 태도를 유지했다. 그는 마음을 차분히 가라앉히는 동안 강연을 위해 일종의 정신적인 의식을 집행했으며, 신체적으로도 긴장 완화 훈련을 위해 노력했다.

우리도 마찬가지로 동기가 생기고 활력을 얻을 수 있는 방법을 배울 수 있으며, 긴장과 걱정 없이도 최고의 능력을 발휘할 수 있다.

긴장을 풀고 평정을 회복하는 마음의 방

《골프를 지배하는 정신》의 저자 리처드 쿠프는 《골프 매거진》에 다양한 주제로 글을 기고했는데, 그는 골프 선수들에게 부정적인 생각이 떠오르면 잠시 샷을 멈추고 뒤로 물러서라고 충고했다.

그는 부정적인 생각을 물리치고 마음의 평정을 되찾으려면 잠시 물러났다가 신체적인 동작을 이용해서 집중력을 회복해야 한다고 했다. 예를 들면 장갑을 벗었다가 다시 끼거나 그린에 골프채를 두드리는 것 같은 행동이다. 또한 그는 경기에 임하기 전에 미리 머릿속에서 연습을 하라고 말하면서, 스윙하는 동안에는 머릿속에 떠오르는 잡념을 막는 것이 가장 좋은 방법이라고 했다. 또 다음과 같은 말도 했다.

"훌륭한 선수는 일관성 있는 훈련 절차를 따르지만 다른 선수들은 그렇지 않다."

결국, 내가 말하고자 하는 바는 이것이다.

"평온한 마음에 평온한 신체가, 평온한 신체에 평온한 마음이 깃든다."

정신적 또는 신체적인 긴장 완화 중 무엇부터 시작해야 할지는 중요한 문제가 아니며, 결과는 마찬가지다. 더 이상 걱정하지 말고 침착한 마음으로 긴장이 풀린 상태에서 무엇을 하든 미리 마음속 훈련 과정을 개발하는 것이 바로 해결책일 것이다.

마르쿠스 아우렐리우스Marcus Aurelius는 다음과 같이 말했다.

사람은 가끔 휴식을 취하기 위해 시골, 바닷가, 산속의 집에 은거하려는 경향이 있다. 인간이라면 누구나 원하는 일이다. 그러나 이는 지극히 평범한 사람이 취하는 방법이다. 왜냐하면 우리는 휴식을 원할 때면 언제든지 마음대로 쉴 수 있기 때문이다. 어려움에서 벗어나기 위한 장소로 자신의 영혼보다 더 조용하고 자유로운 장소는 없다. 특히 이런 생각을 마음속에 품고 있을 때 우리는 마음의 평정을 되찾을 수 있다. 나는 마음의 평정이 마음속을 질서 있게 배치하는 것이라고 확신한다. 계속 자신만을 위해 휴식을 취하면서 항상 새롭게 마음을 가다듬어라.

제2차 세계대전이 막바지에 이르렀을 때 누군가가 트루먼 대통령에게 말했다. 자신이 보기에 트루먼은 이전 대통령들보다 훨씬 심한 스트레스와 긴장 속에서 직무를 수행하는데도 전혀 늙거나 피곤해 보이지 않고 오히려 생기가 넘치는 이유가 무엇이냐는 것이었다. 트루먼 대통령은 다음과 같이 대답했다.

"저는 마음속에 참호를 하나 파 두었습니다. 저는 군인들처럼 위험을 피해 휴식을 취하고 기력을 회복하기 위해 가끔씩 참호 속에 들어갑니다. 그곳에서는 어떤 것도 저를 방해하지 못합니다."

'마음속 참호'를 파기 위해 시간을 투자하고 상상력을 동원하라고 모든 사람에게 권하고 싶다.

항상 머물던 장소에서 벗어남으로써 스트레스를 해소하는 사람들이 있다. 내가 아는 한 기업의 CEO는 갑자기 사무실에서 사라져 브롱크스 동물원으로 달려가는 습관이 있다. 이때 그는 휴대폰도 가져가지 않는다. 자신을 방해하는 모든 것으로부터 벗어나고 싶기 때문이다. 이렇게 그는 군중 속을 방황하고 동물원을 어슬렁거리면서 자신의 마음을 가다듬는다. 이 같은 전략은 확실히 효과가 있었다. 그는 회사에서 높은 위치에 올랐고 스톡옵션으로 엄청난 부자 대열에 낄 수 있었다.

그런데 스트레스에서 벗어나기 위해 사무실에서 나와 택시를 타고 도시를 벗어나 동물원에 가는 것은 좀 불편하지 않을까? 이보다는 자신의 마음속에 있는 방으로 향하는 편이 훨씬 더 간단하고 편리하다. 한 아이가 울면 다른 아이가 조용하고, 또 한 아이가 조용하면 다른 아이가 보채는 식으로 두 아이를 돌봐야 하는 어머니에게는 아주 간단한 방법을 권한다. 즉, 아이들 낮잠 시간을 이용해 상상 속에서 만들어 놓은 방으로 들어가 마음의 평정을 회복하는 것이다. 스트레스에 시달리는 세일즈맨이라면 고객과의 약속 시간 전에 잠시 주차장에 차를 세워 두고 마음의 방으로 향할 수 있다.

우리 모두에게는 거친 파도가 아무리 친다고 해도 흔들림 없는 바닷속 깊은 곳처럼, 절대 방해받지 않는 마음 한가운데 자리 잡은 자신만의 조용한 방이 필요하다. 이 방은 정신적 또는 감정적인 앙금을 풀어 주는 곳이다. 이 방은 긴장, 걱정, 압력, 스트레스, 구속 등으로부터 우리를 해방시키고 새롭게 만들어 주며 보다 잘 준비된 상태로 일상생활에 복귀할 수 있도록 도와준다.

내가 믿기로는 우리에게는 바퀴의 중심축처럼 절대로 방해받지 않고 움직이지 않는 상태를 유지하는 내면의 조용한 지점이 있다. 우리가 해야 할 일은 바로 우리 내부에 있는 이 조용한 장소를 찾아내서 주기적으로 휴식, 원기 회복, 활력을 되찾기 위해 그곳을 방문하는 것이다.

내가 환자들에게 내린 처방 가운데 가장 쓸모 있는 것은 이렇게 고요한 방으로 들어가는 방법을 배우라고 충고한 것이라고 생각한다. 이곳으로 찾아 들어가는 최선의 방법 중 한 가지는 상상 속에서 자신만을 위한 작은 마음의 방을 마련하는 것이다. 그런 다음 그 방을 가장 편안하고 쾌적한 느낌을 줄 수 있도록 꾸며라.

만일 그림을 좋아한다면 아름다운 풍경화를 걸어 놓고, 시를 좋아한다면 가장 좋아하는 시집 한 권을 갖다 놓아라. 벽지 색깔은 가장 좋아하고 기분 좋은 색으로 정하되, 평온함을 주는 푸른색이나 밝은 녹색 또는 노란색이나 황금색 중에서 선택하라. 그 방은 평범하고 심플하게 꾸며 산만한 느낌이 없어야 하며, 아주 산뜻하고 모든 것이 질서 있게 배치되어 있어야 한다. 한마디로 그 방에서는 소박함, 조용함, 아름다움이 느껴져야 한다. 또한 그곳에는 아주 편안한 안락의자가 놓여 있다. 그리고 작은 창문을 통해 아름다운 해변을 바라볼 수도 있다. 해변에 파도가 출렁거리기는 하지만 그 소리는 들리지 않으므로 방은 매우 조용하다.

실제 방처럼 느껴질 수 있도록 마음의 방을 만들면서 세심하게 주의를 기울이도록 하라. 모든 세부 사항도 철저하게 숙지하도록 하라. 이런 것이 유치해보여 중간에 그만두어서는 안 된다. 이 방법은 주의 깊고 생생한 세부 사항, 즉 모호한 아이디어보다는 휴식 공간으로서 실제성을 얼마나 부여하느냐에 따라 효과를 발휘한다.

매일 반드시 휴식을 취하라

하루 중 약속 시간 중간이나 버스를 타고 가는 동안처럼 잠시 여유가 있을 때, 자신만의 비밀의 방으로 들어가서 휴식을 취하도록 하라. 긴장이 심해지고 다급함이 느껴지거나 다른 사람에게 괴롭힘을 당할 때 몇 분 동안만이라도 방으로 들어가 휴식을 취하도록 하라. 바쁜 일상에서 이렇게 단 몇 분간의 여유를 갖는 것은 시간 낭비가 아니라 투자다. 틈이 나면 자신에게 이렇게 말하라.

'조용한 내 방에 가서 쉬자.'

상상 속에서 자신의 방으로 연결된 계단을 오르고 있는 자신의 모습을 그려 보라. 그리고 자신에게 말하자.

'나는 지금 계단을 오르고 있다. 나는 지금 문을 열고 있다. 지금 나는 내 안에 있다.'

조용하고 평온한 방 안의 풍경에 눈을 돌려라. 언제나 즐겨 앉는 의자에서 긴장을 완전히 풀고 평화롭게 앉아 있는 자신을 상상하라. 그 방은 안전하다. 따라서 걱정할 것은 하나도 없다. 모든 걱정거리는 계단 밑에 두었다. 여기서는 어떤 결정도 서두를 필요가 없으며 주위의 방해도 받지 않는다.

이것은 분명히 현실 도피다. 하지만 잠을 자는 것 또한 일종의 도피다. 비가 올 때 우산을 가지고 다니는 것도 현실에서 도피하는 것이다. 추위와 더위를 피할 수 있는 집을 짓는 것도 어떻게 보면 현실 도피다. 휴가를 떠나는 것도 현실 도피다.

우리의 신경계에는 어느 정도의 현실 도피가 필요하다. 우리의 신경계는 외부 자극의 지속적인 충격으로부터 자신을 보호하고 자유로울 필요가 있다. 우리의 신체가 머물 수 있는 집이 필요하듯이 우리의 마음과 신경계도 휴식과 회복이 필요하며, 외부 자극으로부터 보호받을 방이 필요하다. 지금껏 살아온 삶의 현장, 의무, 책임에서 물리적으로 완전히 벗어나는 휴식이 일 년에 한 번은 꼭 필요하다.

조용한 마음의 방은 우리의 신경계에 매일매일 휴식을 제공한다. 그 휴식의 순간 우리는 일상의 의무, 책임, 결정, 압력 등을 떨쳐 버리고 아무 압력도 없는 방에 틀어박힘으로써 모든 것에서 벗어날 수 있다.

이미지는 말보다 우리의 자동 메커니즘에 훨씬 더 강력하게 작용한다. 그 이미지가 강한 상징적인 의미를 지니고 있는 경우에는 더욱 그렇다. 내가 아주 효과적이라고 생각한 상상 속의 이미지는 다음과 같다.

옐로스톤 국립공원Yellowstone National Park을 방문했을 때의 일이다. 나는 시간마다 내뿜는 간헐 온천인 '올드 페이스풀'Old Faithful을 보기 위해 참을성 있게 기다리고 있었다. 그런데 갑자기 폭발하는 커다란 보일러처럼 증기가 끓어오르는 소리를 내면서 온천은 엄청난 양의 수증기를 내뿜었다. 그때 옆에 있던 소년이 아버지에게 물었다.

"아버지, 어떻게 저렇게 수증기가 솟아오르나요?"

"글쎄, 내 생각에는 우리 어머니인 지구도 우리 인간과 비슷하거든. 지구도 우리처럼 긴장해서 압력을 받고 있다가 쌓인 것을 저렇게 뿜어 낸 뒤에 원래의 모습으로 돌아간단다."

나는 우리 인간도 내부에 정신적인 긴장이 쌓였을 때 내뿜을 수 있다면 얼마나 좋을까 하고 생각했다.

내게 간헐 온천이나 증기 밸브 같은 장치는 없지만 상상력이라는 무기가 있었다. 나는 곧바로 마음속 비밀의 방으로 들어가 머릿속으로 이미지를 떠올리기 시작했다. 그 후 나는 그 간헐 온천을 떠올리면서, 감정적으로 쌓여 있던 증기와 압력이 머릿속에서 뿜어져 나는 모습을 상상하곤 한다. 극도로 흥분하거나 긴장될 때 이 이미지를 머릿속에 떠올려 보

자. '울화통을 터뜨린다', '몹시 화를 낸다'는 표현은 우리의 정신적인 분노를 잘 묘사하는 말이다. 우연의 일치인지는 모르겠지만, 수많은 심리학자와 운동 감독들도 치료와 회복의 과정에 대해 설명할 때 이런 아이디어와 기법을 언급한다.

걱정거리를 없애는 '계산기 지우기' 기법

계산기나 컴퓨터를 사용할 때 새로운 문제를 풀려면 이전 문제를 말끔히 지워 버려야 한다. 그렇지 않으면 이전 문제가 새로운 문제와 뒤섞여 잘못된 답이 나오기 마련이다. 잠시 동안 마음속의 조용한 방에서 휴식을 취함으로써 우리의 성공 메커니즘을 깨끗하게 비우면 이와 똑같은 효과를 거둘 수 있다. 이런 이유로 이전과 다른 분위기, 정신적인 태도와 자세 등이 요구되는 업무나 상황에 대처할 수 있는 훈련이 필요한 것이다.

이전의 문제를 지우지 않고 그대로 남겨 둔다든가 완전히 지워 버리지 못하는 사례는 주변에서 쉽게 찾아볼 수 있다. 한 기업의 임원은 일상 업무에서 느끼는 근심거리를 집에 싸안고 들어가 그대로 드러내곤 했다. 그는 하루 종일 괴롭힘을 당했고, 매일 성급하고 공격적인 태도로 하루를 마감했다. 아마도 그는 욕구불만에 파묻혀 아주 신경질적이었을 것이다. 집으로 돌아오면 육체적으로는 모든 업무에서 벗어난 상태다. 하지만 정신적으로는 여전히 공격성, 좌절, 성급함, 걱정 등 감정적인 찌꺼기들이 그를 따라다닌다. 이미 일이 끝났는데도 긴장을 풀 수 없다. 결국 아내와 가족에게 짜증을 낸다. 아무 소용없는 일인데도 사무실에서 일어난 문제를 계속 생각하는 것이다.

우리는 잠자리에 들어서도 걱정거리를 떨쳐 버리지 못한다. 편하게 쉴 시간에 정신적으로나 감정적으로 여전히 어떤 상황에 대해 뭔가 해결하려고 시도하는 것이다. 우리는 하루 종일 아주 다른 유형의 감정적, 정신적인 활동들을 한다. 상사와 이야기하거나 고객과 상담할 때는 서로 다른 마음가짐과 정신적인 자세가 필요하다. 짜증 나는 고객을 상대하고 난 다음에는 두 번째 고객과 만나기 전에 마음의 전환이 필요하다. 그렇지 않으면 이전 상황에서 남겨진 감정이 다른 사람을 상대하는 데 적절하지 않게 작용하기 때문이다.

한 대기업의 고위경영진은 그들이 자신도 모르게 언성을 높여 쌀쌀맞고 적대적인 말투로 전화를 받는다는 사실을 알게 되었다. 끝도 없이 이어지며 사람을 녹초로 만드는 회의 도중이었거나 그 밖의 여러 이유로 짜증이 난 상태에서 전화벨이 울리면 임원들은 아주 냉담한 말투로 전화를 받아서 상대방이 애꿎게 놀라고 겁을 먹었던 것이다. 그래서 이 회사의 모든 경영진은 전화를 받기 전에 5초 동안 잠시 멈추고, 미소를 지은 다음 전화를 받는다는 규칙을 정했다.

사고 원인에 대해 조사하던 한 보험회사와 손해사정 업체는 감정적인 찌꺼기가 자동차 사고를 일으킨 원인이라는 사실을 알게 되었다. 운전자가 배우자나 상사와 말다툼을 하거나 심한 욕구불만에 사로잡히면 사고를 일으킬 확률이 훨씬 더 높다. 그런 상태에서 운전을 한다는 것은 적합하지 못한 행동이며, 운전에도 좋지 않은 영향을 미친다. 그 사람은 실제로 다른 운전자에게 화가 난 것이 아니다. 꿈속에서 심한 분노를 느낀 후에 잠에서 깨어난 사람처럼 행동하는 것이다. 그는 자신이 느끼는 부당함이 꿈속에서 일어난 일이라는 사실을 깨닫지만 여전히 화가 나 있는 상태다. 두려움도 이처럼 우리 마음속에 남는다.

인기 TV 시리즈에서 콜롬보 형사 역할을 훌륭하게 연기했던 피터 포크는 다음과 같이 말한 적이 있다.

"때때로 내 생각은 마치 교통 정체처럼 뒤엉켜 있다."

자기 분야에서 성공한 사람들은 머릿속이 교통 정체처럼 혼잡하면 제대로 능력을 발휘할 수 없다는 것을 잘 알고 있다. 사실 정상급 연기자는 집중력을 기르는 훈련을 중요시하고 그것을 위해 노력한다. 집중력은 모든 세세한 행동을 성공적으로 이끌어 내는 중요한 열쇠다.

세계적으로 유명한 말 조련사이며 승마 트레이너이자 《완벽한 말》Perfect Horse 이라는 뉴스레터의 편집자인 존 라이언스는 다음과 같이 말했다.

"말을 훈련시키는 데 가장 중요한 점은 말을 위해 무엇을 해야 할지를 아는 것도, 훈련을 하기 위한 충분한 힘과 용기를 지니고 있느냐의 여부도 아니다. 바로 집중력을 기르는 것이다."

이 말은 골프, 세일즈, 육아 등 어떤 분야에도 똑같이 적용할 수 있다. 가장 어려운 일은 기술적인 측면이 아니라 집중력을 유지하는 것이다. 라이언스는 또 이렇게 말했다.

"만일 한 번에 한 가지 일에 집중할 수 없다면 나는 절대로 말을 조련할 수 없다."

우리 역시 한 번에 한 가지 일에 집중할 수 없다면 자신은 물론 함께 일하는 팀을 도울 수 없으며, 성공할 수도 없다.

내가 지난 수년 동안 가르쳤던 '계산기 지우기'라는 시각화 기법은 다른 일을 시작하기 전에 계산기 창 위에 남아 있는 이전의 수학 문제를 삭제하거나 저장하는 것이다. 계산기의 '삭제' 단추를 누르면 이전 문제는 창에서 완전히 사라진다. 우리는 다음 문제를 계산하기 전에 반드시 그렇게 해야만 한다.

이와 관련해 다양한 이미지와 시각화 자료들이 개발되었다. 나는 고무지우개, 칠판지우개, 자동차 와이퍼, 심지어는 소나기 속에 뛰어들어 씻어 내기 등의 방법으로 자신만의 시각화 기법을 개발한 사람들로부터 많은 편지를 받았다. 이런 정신적 이미지를 이용하면 걸려 오는 전화를 받기 전에 머뭇거리는 5초 정도의 짧은 시간 동안 정신의 지우개를 사용할 수 있을 것이다.

하이다이빙 올림픽 챔피언 그렉 루가니스는 다이빙을 하기 전에 마음속으로 40번 정도 다이빙 연습을 한다고 한다. 그가 머릿속에서 생각한 내용은 다음과 같다.

1. '계산기에 남아 있는 이전 문제를 지우기' 위해 잠시 멈춘다.
2. 어지러운 사항은 일단 제쳐 두고 빠르게 정신의 영화관을 40차례 상영한다. 성공적인 영상을 제외하고는 스크린 위에 아무것도 남기지 않는다.
3. 41번째 영화를 자기 통제 메커니즘에 전달한다.

하지만 대부분은 이렇게 간단하지만 심오한 효과를 발휘하는 방법을 잘 사용하지 않는다. 그 대신 경적 소리나 사람들의 고함 소리가 시끄럽게 들리는 혼잡한 상황에서도 사무실에 중요한 약속이 잡혀 있다는 생각만 한다.

우리는 강력한 집중력을 발휘하지 않고 단순히 기술적인 측면에만 중점을 둔다. 생각과 감정이 하나로 뒤섞인 항아리에다 이러저러한 걱정, 배우자나 친구와의 어긋나기만 하는 대화, 한두 시간 동안 처리해야 하는 자질구레한 일에 휘둘리는 산만함 등까지 몰아넣으면 자기 통제 메커니즘은 이렇게 복잡한 일들을 처리하기 위해 어쩔 수 없이 그 힘을 분산시킬 수밖에 없다.

그렉 루가니스는 끓어오르는 자신의 감정을 제어할 수 있는 견고한 뚜껑이 필요하며 신체적인 경직, 유연함, 근육의 긴장 등을 파악해서 사고가 발생할 수도 있는 모든 위협적인 상황에 대비하는 것이 필요하다고 말했다. 또한 이 모든 것은 긴장이 풀린 상태에서 행동해야 한다고 했다. 우리는 오직 한 가지 목표, 즉 생생하고 성공적인 정신적 이미지에 집중해야 한다.

'마음의 지우개' 기법

산만함을 깨끗이 제거하는 자신만의 독특한 방법을 개발해 훈련하라. 꾸준히 훈련을 하면 훨씬 더 큰 성과를 거둘 수 있다. 그 결과 우리는 '깨끗이 비워진 두뇌'를 더욱 빠르게 사용할 수 있다. 그런 다음 정신의 영화 여러 편을 만들어 그중 가장 적절한 영화 한 편 또는 한두 장면을 자기 통제 메커니즘에 전달하라. 이제 우리의 자기 통제 메커니즘은 엄청난 집중력을 발휘할 것이다.

성공의 스위치를 마음속에서 미리 켜라

한번은 TV 토크쇼 무대 뒤편에서 프로그램 진행자와 이야기를 나누고 있었다. 그때 토크쇼 감독이 출연자 대기실 문을 열고 머리를 들이밀면서 내게 1분 남았다고 말했다. 그러자 진행자는 "박사님, 잠시 실례하겠습니다."라고 말하면서 눈을 지그시 감더니, 손가락을 큰 소리로 튀기고 난 뒤 몇 초 동안 조용히 서 있었다. 그러고는 또 한 번 손가락을 튀기더니 조금 전과 마찬가지로 몇 초 동안 조용히 서 있었다. 그는 눈을 다시 뜨더니 빙긋 웃고는 "자, 이제 쇼 비즈니스의 세계로 들어가실까요?"라고 말했다.

그리고 자신 있게 복도를 걸어가서 커튼을 젖히고 관중과 카메라가 있는 무대 앞으로 나갔다.

녹화가 끝난 뒤에 나는 그가 했던 행동에 대해 물었다. 그는 이렇게 대답했다.

"그것은 저만의 시작 의식입니다. 초년병 시절에는 평균 약 20분이나 길게는 30분 정도 걸렸습니다. 쇼를 진행하는 것 외에 다른 모든 것을 머릿속에서 없애 버리는 작업은 무척 어려웠어요. 하지만 점차 제 마음속에 들어가는 방법을 알게 되었고, 이제는 그 시간을 단축할 수 있게 되었습니다. 이제는 30초 정도면 충분합니다."

나는 다시 물었다.

"손가락을 튀기는 것은 무슨 의미입니까?"

"그건 전기 스위치를 켜고 끄는 것과 같지요. 첫 번째 동작은 제 마음을 깨끗하게 비우라는 신호입니다. 그리고 두 번째 동작을 통해 머릿속 이미지들을 빠르게 넘기면서 박수를 받으며 무대에 올라가는 모습, 쇼가 진행되는 동안 흘러나오는 관중의 웃음소리, 출연자와의 재미있는 인터뷰, 쇼를 성공적으로 마친 후 제작진들과 모여 자축하는 장면 등을 떠올리죠."

그는 살짝 웃으면서 다음과 같은 말을 덧붙였다.

"아시겠지만, 저는 몇 년 전에 박사님의 책을 읽었거든요."

한 가지 희망적인 사실은 우리는 우정, 사랑, 평화, 정적, 침착함 같은 감정을 훈련할 수 있다는 것이다. 앞서 말한 대로 긴장이 완전히 풀린 상태로 조용히 휴식을 취하면 두려움, 분노, 걱정 등은 멀리 달아난다. 자신이 마련해 둔 마음속의 조용한 방으로 들어가면 감정과 분위기가 모두 이상적인 제거 메커니즘 상태로 전환된다. 이윽고 묵은 감정이 발산되고 사라진다. 이제 우리는 어떤 행동을 하더라도 침착함, 평화로움, 행복을 얼마든지 누릴 수 있다. 이런 조용한 시간을 통해 과거를 깨끗이 잊고 복잡한 머릿속과 삶을 정리하라.

나는 나만의 조용한 시간을 수술 전후에 갖곤 한다. 수술은 고도의 집중력, 침착함, 통제를 필요로 한다. 성급함, 공격성, 개인적인 걱정 등으로 수술 중에 흔들리면 불행한 일이 벌어진다. 따라서 나는 수술 전에는 항상 조용한 마음의 방 안에서 완전히 긴장이 풀릴 때까지 몇 분 동안 정신을 정화시킨다.

반대로 진찰실에서 환자를 대하거나 수술실에서 수술을 할 때가 아닌 무도회 등에서는 고도의 집중력, 결단력, 주변 상황에 대한 망각 등이 별 필요가 없다. 수술을 끝내면 나는 다시 몇 분 동안 조용히 마음의 방에 앉아 새로운 행동을 위해 마음의 책상을 깨끗이 치운다.

샌프란시스코에 사는 아이러 샤리프Ira Sharlip 박사는 수술할 때 절개부터 마지막 봉합에 이르기까지 마음속으로 정신의 영화를 상영한다고 말한다. 유명한 관절 전문의인 보넬 박사도 수술 전에 머릿속으로 생생하고 자세하게 완벽한 수술을 상상한 다음 수술에 들어간다고 말했다. 우리도 이처럼 자신만의 방에 들어가 휴식을 취하며 모든 것을 잊고 침착한 상태를 만들 필요가 있다.

폭우에도 끄떡없는 마음의 우산을 만들어라

이 장에서 소개한 훈련법을 통해 우리는 마음의 우산을 만들 수 있다. 마음의 우산은 우리를 괴롭히는 자극으로부터 보호해 주고 마음의 평화를 가져다주며, 보다 나은 행동을 할 수 있게 한다.

무엇보다 중요한 사실은 우리가 방해를 받거나, 안정적이거나, 두렵거나, 평온하거나 하는 모든 것이 외부의 자극 때문이 아니라 자신의 반응일 뿐이라는 점을 단단히 명심하도록 하라. 우리의 반응은 두려움, 불안, 불안정을 불러일으킨다. 만일 어떤 반응도 하지 않고 '전화벨이 울리도록 그대로 놔둔다면' 무슨 일이 일어나더라도 절대 방해받지 않을 것이다. 마르쿠스 아우렐리우스는 이렇게 말했다.

"파도가 쉼 없이 몰아치지만 꿋꿋이 버티면서 물살의 맹렬함을 다스리는 곳 같은 존재가 되어라."

시편 91편은 밤에 찾아오는 공포, 낮에 날아드는 화살, 전염병, 음모, 적의 올무, 커다란 위험 중에도 안전함을 느끼는 사람을 생생히 묘사한다. 그는 자신의 영혼에서 은밀한 장소를 발견하고 동요하지 않는다. 다시 말해 무서운 벨 소리에 감정적으로 반응하거나 대응하지 않는 것이다. 악과 불행을 완전히 무시하라는 윌리엄 제임스의 조언, 환경의 역경을 무시하고 마음의 평정을 유지하라는 제임스 맨건의 조언처럼, 시편에서 묘사하는 이 사람도 주변의 환경에서 완전히 주의를 돌린다.

우리는 수동적으로 반응하는 사람보다는 적극적으로 행동하는 사람이 되고자 노력한다. 이 책에서 우리는 시종일관 환경적인 요소에 적절하게 응답하는 법에 대해 배웠다. 그러나 인간은 근본적으로 수동적인 반응보다는 행동을 지향하는 존재다. 마치 선장 없는 배처럼 불어오는 바람에 흔들리거나 주변 환경의 변화에 어쩔 수 없이 반응하지는 않는다. 인간은 목표 지향적인 존재이기 때문이다. 우리는 목표를 설정하고 코스를 결정한다. 그리고 그런 맥락에서 적절하게 반응하고 응답한다. 다시 말하면 목표를 향한 진행을 촉진시키고, 그것을 달성하기 위한 방법으로 반응하는 것이다.

만일 부정적인 피드백에 반응하는 것이 자신의 목표에 이르는 길이 아니며 목적을 이룰 수도 없다고 판단한다면 더 이상 반응할 필요가 없다. 만일 어떤 반응이 우리가 코스에서 벗어나게 하고 우리가 나아갈 방향과 역행한다면 그 어떤 반응도 적절한 것이 될 수 없다.

목표를 추구할 때는 내면의 안정을 유지하는 것이 중요하다. 코스에서 벗어날 때 똑바로 방향을 잡을 수 있도록 조언해 주는 부정적인 피드백 데이터에 주의를 기울여야 한다. 그러나 이와 동시에 현재 타고 있는 자신의 배가 바다에서 안전하게 항해할 수 있도록 해야 한다. 어떤 파도나 심한 폭풍우에도 흔들리거나 가라앉지 않도록 해야 한다. 프레스콧 레키 박사가 이야기했듯이 환경의 변화에도 불구하고 우리의 태도는 똑같이 유지되어야 한다.

전화벨이 울리도록 놔두는 것은 정신적인 안정을 유지하기 위해 필수적인 태도다. 이는 우리를 흔들리지 않게 하고 코스에서 벗어나지 않도록, 어떤 환경의 파도나 너울에도 흔들리지 않도록 해준다.

걱정, 불안, 긴장을 조성하는 또 다른 부적절한 반응의 유형은 상상으로만 존재하는 대상에 감정적으로 반응하는 것이다. 우리는 실제 환경에서 일어나는 대수롭지 않은 자극에 과민 반응하는 것도 모자라 상상 속에서 허수아비를 만들어 감정을 소모한다.

실제로 우리는 주변에서 일어나는 좋지 않은 사건에 자신만의 부정적인 이미지를 덧붙인다. 걱정에 사로잡혀 현실에 존재하지 않는 무엇인가를, 자신을 괴롭히는 어떤 일이 일어날지를 상상하며 온갖 이미지를 만들어 낸다. 그리고 마치 그런 부정적인 일이 실제로 일어날 것처럼 지레 부정적으로 반응한다. 우리의 신경계는 실제 경험과 상상 속에서 만들어진 것을 구별할 수 없다는 사실을 명심하라.

이 같은 혼란에서 벗어나 마음의 평화를 유지할 수 있는 방법은 어떤 반응도 보이지 않는 것이다. 감정에 관한 한 상상 속에서 일어나는 온갖 걱정에 대한 적절한 반응은 그것을 완전히 무시하는 것이다. 현재 일어나는 일에만 대처하라. 자신이 처한 환경을 분석하고, 그 안에 실제로 존재하는 것이 무엇인지 잘 파악하라. 그리고 자연스럽게 반응하라. 이를 위해서는 현재 벌어지고 있는 상황에 모든 주의를 기울여야 한다. 결코 방심해서는 안 된다. 그렇게 해야만 우리의 반응이 적절하게 변할 수 있기 때문이다. 더 이상 허구적인 상황을 파악하거나 반응할 시간적인 여유가 없다.

최고의 신경안정제는 긴장을 푸는 것

다음과 같은 생각을 하는 것은 마치 마음의 구급상자를 준비하는 것과 같다.

- 우리가 내적인 혼란을 겪거나 안정을 잃는 까닭은 항상 지나치고 민감한 경보 반응 때문이다. 전화벨이 울려도 반응하지 않도록 훈련함으로써 자신과 혼란을 일으키는 자극 사이에 심리적인 장벽을 설치하라.
- 우리는 습관적이고 자동적이며 아무 생각 없이 일어나는 조건반사적 반응을 수정함으로써 지나치게 반응하는 과거의 나쁜 습관을 치료하고 조건반사적인 행동을 없앨 수 있다.
- 긴장 완화는 자연스런 신경안정제다. 또한 긴장 완화는 반응을 중단하는 것을 의미한다. 일상생활에서 훈련을 통해 신체적인 긴장 완화를 몸에 익혀라. 그리고 일상 행동에서 반응을 중단할 필요가 있을 때는 편안한 마음으로 받아들여라.
- 마음속의 조용한 방을 과민한 신경성 반응을 가라앉히는 신경안정제로 활용하라. 새로운 상황에 맞지 않는 감정의 찌꺼기를 남김없이 제거하는 수단으로 활용하라.

- 우리 자신이 만들어 낸 이미지를 보고 놀라지 마라. 허수아비와 싸우는 것을 멈춰라. 현재 존재하는 것에만 감정적으로 반응하고 나머지는 무시하라.

우리 몸에는 온도조절장치가 내장되어 있다. 이는 외부의 온도 변화에 관계없이 체온을 섭씨 37도로 유지시키는 자기 통제 메커니즘이다. 기온은 때로는 살을 에는 듯 추워지거나 찌는 듯 더워지는 등 변화가 심하지만 우리 몸의 체온은 꾸준히 37도로 유지된다. 환경에 따라 체온이 바뀌지 않기 때문에 신체가 주어진 환경에서 적절히 기능할 수 있다. 춥든 덥든 체온은 늘 자체적인 기준을 지킨다.

그런데 우리에게는 신체의 온도조절장치만 있는 것이 아니라 정신의 온도조절장치도 있어서, 감정적인 상태를 주위 환경에 관계없이 유지할 수 있다. 하지만 많은 사람들이 이런 조절장치를 사용하지 않는다. 자신에게 이런 조절장치가 있다는 사실을 인식하지 못하거나, 애초에 그런 것이 가능하다는 사실을 모르거나, 외부의 환경에 영향을 받을 필요가 없다는 것을 이해하지 못하기 때문이다.

신체의 온도조절장치가 몸을 건강히 유지하는 데 꼭 필요하듯이 정신의 건강을 유지하려면 정신의 온도조절장치가 꼭 필요하다. 이번 장에서 설명한 기술을 연습해서 이제부터는 이 조절장치를 제대로 사용하도록 하자.

외부의 자극에 반응하지 않고 마음의 평정을 얻는 훈련

앞서 말한 대로 조용하고 편안하게 앉아서 어떤 전화도 받지 않는 자신의 모습을 머릿속에 생생하게 떠올려 보라. 이런 정신적 이미지를 잘 기억한 후 일상생활에서 이를 실천하라. 두려움과 걱정을 불러일으키는 전화벨 신호에 반응해야 할 때 자신에게 이렇게 이야기하라.

'전화벨이 울리도록 내버려 두자.'

그다음 다양한 상황에서 어떤 반응도 하지 않는 훈련을 하기 위해 상상력을 활용하라. 동료들이 고래고래 소리치는 동안 조용하게 앉아서 움직이지 않는 자신의 모습을 상상하라. 매일매일 바쁜 일상생활의 압력에도 불구하고 침착하고 편안하게 서두르지 않고 일을 하나씩 처리하는 모습을 상상하라. 다양하고 긴박한 벨소리에도 아랑곳하지 않고 한결같고 안정된 자세를 유지하는 자신을 상상하라. 과거 우리를 혼란에 빠뜨렸던 다양한 상황 속에서 자신이 어떻게 행동했는지 관찰해 보라. 지금 그것에 반응하지 않음으로써 우리는 마음을 가라앉히고 안정을 취할 수 있다.

제13장

위기를 상상하는 것만으로도 강해진다

위기를 기회로 바꿔 주는 의식 시뮬레이션

상대 팀보다는 자신과의 싸움에서
지는 선수가 훨씬 많다.

_코니 맥 Connie Mack

흔히 '위기에 강한 선수' 또는 '팀을 궁지에서 구원한 선수'라고 불리는 이들이 있다. 이들처럼 우리는 눈앞에 닥친 위기를 잘 대처해서 극복할 수 있어야 한다. 내가 아는 어떤 골프 선수는 수년간 고향에서는 최고의 기록을 가지고 있었지만 정작 큰 경기에는 설 기회가 없었다. 혼자 골프를 치거나 친구와 함께 치는 경우 또는 상금이 적은 소규모 골프 대회에 참가한 경우 그의 골프 실력은 흠잡을 데가 없었다. 그러나 큰 시합에만 서면 경기를 망치곤 했다. 골프계에서 흔히 쓰는 말을 빌리면 그는 '중압감에 짓눌렸던' 것이다.

이런 예는 우리 주변에서 쉽게 찾아볼 수 있다. 케빈 코스트너는 영화 〈틴 컵〉에서 골퍼를 연기했다. 그 골퍼는 눈부신 실력을 자랑했지만 큰 상금이 걸린 경기에서는 중압감에 짓눌려, 폭우를 만나면 이곳저곳 솔기가 터져 버리는 싸구려 양복처럼 허점을 드러내곤 했다.

많은 골프 선수들은 그 골퍼에 공감한다. 아이러니컬하게도 내가 아는 유명한 골프 강사이자 코치로 활동하는 사람 역시 명성이 자자해 종종 최고의 프로 선수들에게 초청을 받기도 하는데, 친선을 목적으로 격의 없이 열리는 사적인 경기에서는 절대로 패하지 않지만 상금이 걸린 경기에서는 두각을 나타내지 못했다.

야구도 마찬가지여서, 위급한 상황에 몰리기 전까지는 훌륭한 제구력을 과시하지만 막상 위기가 닥치면 온몸이 굳어져 제구력을 잃고 허둥대는 투수들이 있다. 1950년대 뉴욕 양키스의 감독이었던 케이시 스텐겔은 이렇게 말했다.

"타격 연습 때는 누구라도 홈런을 날릴 수 있다."

반면에 다른 수많은 운동선수들은 엄청난 부담을 안고 있는 상황에서도 멋지게 자신의 실력을 발휘한다. 그런 상황 자체가 그들에게 더 큰 강인함, 힘, 수완 등을 발휘하게 만드는 기회처럼 보일 정도다.

왜 어떤 사람에게는 중압감이 경기를 망치는 요소로 작용하고, 어떤 사람에게는 더 잘 해낼 수 있는 기회로 작용할까? 그 답은 우리가 최상의 컨디션으로 자신의 능력을 꾸준하고 확실하게 발휘할 수 있는 비결이 될 것이다.

물론 골프 선수나 투수가 '솔기 터지듯 허점을 드러낸다'고 해서 이들이 형편없는 골프 선수나 쓸모없는 투수라는 말은 아니다. 각종 언론 매체, 참견하기 좋아하는 팬, 심지어는 동료들에게 받는 비난이 그들의 힘을 강화시키기도 하지만 때로는 약화시키기도 한다. 그들은 타인에 의해서 근본적으로 잘못 판단된 것이다. 왜냐하면 실수가 결코 그 사람 자체는 아니기 때문이다.

누구나 실수를 할 수 있으며 실수를 극복할 능력도 가지고 있다. 압박에 굴복한 선수들은 아직 진정한 자아를 발견하지 못했을 뿐이다. 또한 아직 성공적으로 자신의 이미지를 관리하는 방법과 압력에 긍정적으로 대처하는 자기 통제 메커니즘의 존재를 알지 못했을 뿐이다. 그들은 자신이 터득하지 못한 사항들 때문에 당장은 곤란을 겪지만 그런 것들이 그들을 규정하거나 영원히 옭아맬 수는 없다.

실전에 강한 사람들은 위기가 두렵지 않다

높이뛰기 기록 보유자인 보스턴 대학교의 존 토머스는 연습에서보다 실제 대회에 나가서 훨씬 좋은 기록을 내는 경우가 많았다. 1960년 2월 미국 실내육상선수권대회에서 그는 216센티미터를 넘어서 세계기록을 경신했다. 당시 연습 최고 기록은 그보다 10센티미터가 모자란 206센티미터에 불과했다.

한편 야구 경기에서 팀이 어려운 상황에 처했을 때 대타로 타석에 서는 선수는 대개 팀에서 타율이 가장 높은 선수는 아니다. 감독은 타율이 높은 선수보다는 '위기를 딛고 일어선' 경험이 있는 선수를 대타로 내세운다.

농구를 예로 들면 평균 자유투 성공률은 정규 시즌보다는 연습 시즌에, 챔피언 결정전보다는 정규 게임에서 더 뛰어난 선수가 있는가 하면 정반대의 결과를 보이는 선수도 있다. 즉, 챔피언 결정전이라는 중요한 상황에서 숨은 실력이 발휘되는 것이다.

거의 모든 미식축구 팀은 단 한 번의 플레이로 승패가 결정되는 위기 상황에서 발군의 경기력을 선보이거나 아주 어려운 공을 잡을 만큼 믿을 만한 패스 리시버 한 명쯤은 보유하고 있다. 아이러니하게도 그런 선수는 위기 상황이 아닌 경기 초반에는 쉬운 공을 많이 놓치는 실수를 범하기도 한다. 그래서 팀 공격의 핵심인 쿼터백은 필요할 때 찬스에 강한 선수에게 패스하는 법을 배우고, 다른 경우에는 그들에게 최소한으로 패스하는 요령을 배운다.

중요한 고객이 될 만한 사람 앞에서는 자신의 생각을 분명하게 전달하지 못하는 세일즈맨도 있다. 평소의 노련한 판매 수완도 그 순간에는 무용지물이 되고 만다. 하지만 어떤 세일즈맨은 같은 상황에서 투지가 작용해 평상시에는 볼 수 없는 능력을 발휘함으로써 어려운 판매를 성공시킨다.

둘이서 만나거나 몇 안 되는 사람들이 모여 편히 이야기를 나누는 자리에서는 매력적이고 멋있지만, 공식적인 저녁 모임이나 규모 있는 행사에서는 말문이 막히고 활력을 잃는 사람들도 있다. 내가 아는 어떤 여성은 중요하고 큰 행사에서 빛을 발하는 경우였다. 만일 그녀와 둘이서 저녁 식사를 한다면 지극히 평범한 사람이라는 느낌을 받을 것이다. 성격상 특별히 매력이 느껴지지도 않는다. 하지만 중요한 행사가 있을 때 그녀는 완전히 딴사람으로 바뀐다. 아마도 사람들이 많이 모인 중요한 행사가 그녀를 자극해서 내면의 어떤 특성을 불러내는 듯하다. 그녀는 두 눈에 전에 없던 광채를 빛내며 위트 있고 멋진 말솜씨로 대화를 이끈다. 심지어 얼굴 표정까지도 변해서, 그녀를 바라보고 있노라면 아름답고 매력적이라는 생각까지 든다.

또 평소 수업 시간에는 잘하다가도 정작 시험만 보면 머리가 텅 비어 버리고 마는 학생들이 있다. 그런가 하면 수업 시간에는 그럭저럭 했지만 중요한 시험이 닥치면 탁월한 실력을 발휘하는 학생도 있다.

이 모든 차이는 누구에게는 있고 누구에게는 없는 타고난 자질은 아니다. 일반적으로 위기 상황에 대처하는 법을 어떻게 익혔는가에 달린 문제다. 위기 상황은 우리를 성공으로 이끌 수도 있고 파멸로 이끌 수도 있다. 위기에 적절히 대응한다면 평소 잘 드러나지 않던 강인함, 힘, 지혜 등을 발휘할 수 있다. 하지만 상황에 어설프게 대처하면 위기는 평소 잘 발휘하던 기술, 통제력, 능력 등을 앗아가 버린다.

스포츠, 비즈니스, 사교 등의 영역에서 이른바 '실전에 강한 선수', 즉 어려운 고비를 잘 이겨 내고 도전 의식이 필요할 때 더욱 잘 해내는 사람은 의식적으로든 무의식적으로든 분명 위기 상황에 잘 대처하도록 학습된 사람이다.

위기 상황을 잘 돌파하려면 첫째, 지나친 의욕에 사로잡히지 말아야 한다. 중압감에 짓눌리지 않고 극복하는 기술을 습득해야 한다. 둘째, 방어보다는 공격적인 자세로 위기에 맞서는 법을 배울 필요가 있다. 즉, 궁극적인 목표를 마음에 담고 위협에 맞서기보다는 그 상황이 불러일으킨 도전에 기꺼이 응할 수 있어야 한다. 셋째, 위기 상황을 지나치게 확대 해석하거나 늘 있기 마련인 작은 도전들을 마치 생사가 달린 문제인 양 여기지 말고 있는 그대로 평가해야 한다.

분명 우리는 실전에 강한 선수가 될 수 있다. 왜냐하면 이는 순전히 배우고 훈련하면서 개발할 수 있는 우리의 마음가짐과 기술에 의존하기 때문이다. 우리는 누구나 실전에 강한 선수가 될 자질을 타고났다.

위기 속에서는 오직 한 가지만을 배울 뿐이다

위기 상황에 처하면 빨리 배울 수는 있지만 제대로 배우기는 어렵다. 헤엄을 못 치는 사람을 깊은 물속에 던져 보자. 이때의 위기는 살아남기 위해 헤엄을 치게 만드는 원동력이 될 것이다. 깊은 물에 빠진 그는 헤엄치는 법을 빨리 익혀서 어떻게든 빠져나올 수 있다. 그러나 그런 식으로 배워서는 결코 수영 챔피언이 될 수 없다. 살아남기 위해 배운 조잡하고 서툰 헤엄이 몸에 배어 세련된 수영 기술을 익히기가 아주 힘들기 때문이다. 어쩌면 그는 서툰 수영 동작 때문에 먼 거리를 헤엄쳐야 하는 진짜 위기가 닥치면 죽을지도 모른다.

캘리포니아 대학교의 심리학자이자 동물행동 전문가인 에드워드 톨

먼 Edward Chace Tolman 박사에 따르면, 동물과 사람 모두 자신이 학습하는 상황에 대한 '두뇌 지도' 또는 '인지 지도'를 그린다고 한다.

동기가 강하지 않고 학습할 때 큰 위험 요소가 없을 경우 이 지도는 폭넓고 일반적인 용도로 작성된다. 하지만 절박한 상황이 주어지는 경우 동물의 인지 지도는 좁고 제한적으로 그려진다. 또한 그 동물은 문제를 해결하는 단 한 가지 방법만을 배우게 된다. 만일 이런 한 가지 방법이 막혀버린다면, 그 동물은 자포자기에 빠져 차선책이나 우회로를 찾지 못하고 쉽게 포기한다. 그 동물은 한 가지로 한정된 미리 생각해 둔 반응만을 숙달시킨 결과 새로운 상황에 곧바로 반응하는 능력을 잃어버린 것이다. 이런 경우 동물의 행동은 결코 발전하거나 확장되지 못하고 정해진 방식만 답습할 뿐이다.

척박한 빈민굴에서 태어나 거리에서 어린 시절을 보내고 깡패들과 어울리며, 늘 위험에 노출되어 살면서 밑도 끝도 없는 두려움에 시달리며 사는 젊은이에 대해 생각해 보자. 이런 환경에서 자란 젊은이는 설령 갈등을 해결하는 기술을 습득한다 해도, 기껏해야 지독히 공격적인 행동과 물리적인 폭력이 뒤엉킨 편협하고 제한된 해결 방법만을 터득할 것이다. 헤비급 세계 챔피언이었던 마이크 타이슨 같은 인물이 이와 비슷한 사례라 할 수 있다. 그는 권투에 관한 한 경외감을 불러일으킬 만큼 성공적인 인물이었지만 개인적인 삶은 비참했다.

톨먼 박사는 위기가 없는 조건에서 쥐들을 학습시키고 훈련시키면 위기 상황이 닥쳤을 때 더 훌륭하게 대처한다는 사실을 발견했다. 예를 들어 충분한 먹이와 물이 주어진 상황에서 미로를 자유롭게 헤매고 탐험하도록 내버려 둔 경우 쥐들은 아무것도 배우지 못한 것처럼 보였다. 하지만 쥐들을 일정 기간 굶긴 뒤 같은 미로에 놓자 재빠르게 먹이를 찾아냈다. 쥐들은 위기가 없는 조건에서 많은 내용을 학습했던 것이다. 그리고 막상 굶주림이 위기로 작용하자 잘 대처해 냈다.

하지만 배고픔과 갈증이라는 위기 상황에서 미로를 학습한 다른 쥐들은 달랐다. 그들은 굶주림 때문에 두뇌 지도가 한정적으로 작성되었다. 먹이에 이르는 단 하나의 옳은 길만을 익힌 것이다. 이 길이 막혔을 때 쥐들은 우왕좌왕하고 새로운 길을 찾아내는 데 큰 어려움을 겪었다.

학습 과정에서는 위기 상황이 긴박할수록 습득되는 양이 그만큼 적다. 교육심리학의 인지학습 이론과 인지심리학의 발전에 크게 기여했던 제롬 브루너 Jerome S. Bruner 박사는 쥐를 두 집단으로 나누고 미로를 통과해서 먹이를 찾게 하는 실험을 했다. 실험 결과 12시간 동안 아무것도 먹지 못했던 첫 번째 집단의 쥐들은 여섯 번 만에 미로를 통과했지만, 36시간 동안 굶었던 두 번째 집단의 쥐들은 20번 이상 시도를 하고 나서야 가까스로 미로를 통과했다.

사람 또한 똑같은 방식으로 위기에 반응한다. 건물에 불이 난 경우 사람들이 탈출구를 찾는 데 걸리는 시간은 평소보다 두세 배 더 걸린다. 게다가 몇몇 사람은 전혀 길을 찾아내지 못한다. 지나친 동기부여는 이성적인 추론을 방해한다. 우리의 자동 반응 메커니즘은 지나치게 의식적인 노력에 시달리면 과부하가 걸린다. 그리고 제11장에서 소개한 '목적 진전'과 비슷한 현상이 일어나면서 냉철한 사고 능력을 상실한다.

마찬가지로 가까스로 건물을 탈출한 이들은 한쪽으로 치우친 융통성 없는 반응만을 익힐 뿐이다. 만일 다른 건물에서 화재가 나거나 주변 환경이 조금만 바뀌면 처음에 그랬듯이 두 번째도 형편없이 대응한다.

하지만 같은 사람을 대상으로 화재가 발생하지 않은 상황에서 가상 화재 훈련을 해보자. 이런 상황에서는 별 위험이 없기 때문에 냉철한 사고와 올바른 대응을 방해하는 지나친 부정적인 피드백 효과도 없다. 그 결과 침착하고 질서 있게 한 치의 오차도 없이 건물에서 빠져나오는 연습을 할 수 있다. 또한 여러 차례에 걸친 반복 훈련을 통해 실제 화재가 발생하면 같은 방식으로 행동할 수 있다는 사실을 깨닫는다. 그들의 근육, 신경, 두뇌는 폭넓게 훈련되어 다양한 상황에 대처하는 법을 모두 기억하고 있기 때문이다.

침착한 태도와 명료한 사고는 실제 화재 때 더욱 힘을 발휘한다. 게다가 이제 그들은 어떤 건물에서도 빠져나올 수 있는 방법을 배우고, 수많은 다른 환경에서도 성공적으로 대처할 수 있는 법을 터득할 것이다. 그들은 경직된 대응을 버리고 상황에 맞게 유연한 행동을 할 수 있으며 어떤 상황에서도 자연스럽게 대처할 수 있다.

쥐와 사람 모두에게 통하는 교훈이 있다. 바로 부담 없이 연습하라는 것이다. 그러면 효율적으로 학습할 수 있고, 위기에 처하면 더욱 훌륭하게 대처할 수 있다.

나만의 '섀도복싱'을 구사하라

신사 권투 선수로 유명한 짐 코벳은 섀도복싱shadow boxing(가상 인물을 상대로 거울 등을 보며 혼자 하는 권투 연습—옮긴이)이라는 단어를 유행시킨 인물이다. 그는 보스턴의 강호인 존 설리번을 완패시키는 데 사용된 레프트 잽의 완벽한 조절과 타이밍을 어떻게 터득했냐는 질문에, 거울에 비친 자신의 모습을 보면서 레프트 잽을 날리는 연습을 1만 번 이상 반복했다고 말했다.

제7장에서 소개했던 진 터니 또한 마찬가지였다. 링에서 잭 뎀프시와 실제로 맞붙기 몇 년 전부터 그는 홀로 가상의 뎀프시와 100번도 넘는 시합을 했다. 그는 뎀프시의 시합 필름을 모조리 구해 그의 모든 동작을 일일이 파악할 때까지 거듭 연구했다. 그리고 뎀프시가 자기 앞에 서 있다

고 상상하면서 섀도복싱을 연습했다. 그는 가상의 뎀프시가 어떤 움직임을 취하려고 하면 즉시 방어 자세를 취하는 연습을 했고 결국 실전에서 뎀프시를 꺾을 수 있었다.

유명한 스코틀랜드 배우이자 코미디언인 해리 로더 경은 대중들 앞에서 연기하기 전에 어떤 장면을 혼자서 1만 번이나 연습한 적이 있다고 한다. 말하자면 가상의 관객들 앞에서 섀도복싱을 했던 셈이다.

빌리 그레이엄 목사는 진짜 신도들 앞에서 설교할 수 있게 되기까지, 플로리다의 늪지에 있는 사이프러스 나무 그루터기 앞에서 열심히 연습했다. 대부분의 뛰어난 대중 연설가들은 조금씩 차이는 있지만 이와 같은 방법을 사용한다. 대중 연설가에게 섀도복싱과 비슷한 가장 일반적인 형태는 거울 속에 있는 자신의 이미지를 보면서 연설하는 것이다. 내가 아는 어떤 사람은 예닐곱 개의 빈 의자를 앞에 놓고, 사람들이 거기에 앉아 있다고 상상하면서 연설 연습을 한다. 어떤 사람은 자신의 농장에 있는 닭 앞에서 연설을 하기도 했다.

이름 밝히기를 꺼린 한 여성 스탠드업 코미디언은 데뷔 초기에는 엄청난 관객 앞에 선 것처럼 상상하면서 과장된 감정으로 그녀 특유의 몸짓을 표현하는 연습을 했다고 말했다. 그러나 사실은 둥글게 배치한 세 개의 전면 거울 앞에서 혼자 완전히 벌거벗은 채로 연습했다. 그녀는 벌거벗은 모습이 가장 상처 입기 쉽고 무방비로 노출된 상태라고 생각했다. 환한 방에서 거울에 비친 자신의 나체를 바라보며 전혀 흐트러지지 않은 모습으로 자기만의 독특한 동작을 연출해 낼 수 있다면, 관중 앞에서 옷을 다 차려입은 채로 연기하는 것쯤은 식은 죽 먹기이기 때문이다. 나는 속옷만 입은 채 관중 앞에서 연습하는 자신을 상상하는 사람은 봤지만, 그녀처럼 완전히 벗어 버린 경우는 없었다.

그녀는 자신만이 할 수 있는 연습을 통해 심적 부담을 떨쳐냈다. 그리고 결국 가장 성공한 코미디언 중 한 사람이 되었다.

위대한 골프 선수 벤 호건은 정기적으로 골프 대회에 참가할 때마다 침실에 골프채를 가져다 두고 매일 연습했다. 그는 가상의 골프공을 상상하면서 부담감을 떨쳐 버리고 정확하게 채를 휘둘렀다. 그리고 필드에 서면 샷을 하기 전에 머릿속에서 동작을 복습하고, 정확한 샷을 날릴 수 있도록 근육의 기억에 의지했다.

호건처럼 운동선수들은 지켜보는 사람이 없는 곳에서 최대한 부담감 없이 연습하기도 한다. 부담감이 느껴지는 상황을 방지하기 위해 훈련 과정을 철저히 비공개로 하고 훈련 관련 정보를 일절 언론에 제공하지 않는다. 모든 훈련 절차는 최대한 편안하고, 부담감 없고, 인간적인 분위기를 조성하는 데 초점을 맞춘다. 그 결과 이들은 실제 경기에서 위기의 순간을 맞더라도 전혀 긴장하지 않는 듯 보인다. 그래서 부담감에 영향을 받지 않는 사람이 되어, 실전의 결과에 대한 걱정 없이 오로지 근육의 기억에 의존해 습득한 여러 동작을 수행해 낸다.

기억에 남는 사례 중에 사람들과 어울리는 자리에 갈 때마다 마음이 불안하고 초조해지는 신경과민 증상이 있었던 한 노부인이 있었다. 그 노부인은 섀도복싱 훈련, 즉 사람들이 없는 곳에서 가상의 사람들을 만나는 훈련을 한 뒤에 내게 이런 편지를 보냈다.

> 텅 빈 거실에서 화려하게 입장하는 연습을 백번도 넘게 했을 겁니다. 방을 천천히 걸으면서 수많은 가상의 손님들과 일일이 악수를 나눴어요. 저는 미소를 지으면서 한 사람 한 사람에게 다정하게 말을 건넸는데, 실제로 크게 소리를 내서 말을 했죠. 그다음에는 손님들이 모여 있는 곳에 합류해서 여기저기 옮겨 다니며 담소를 나눴어요. 우아하고 자신감 있게 방을 걷고, 자리에 앉고, 이야기 나

누는 연습을 했답니다.

이후에 실제 사교 파티 모임에 갔을 때 얼마나 기뻤는지 몰라요.
놀라울 정도였어요. 마음이 편안하고 자신감이 넘쳤죠. 미리 연습
할 기회가 없었던 예기치 않은 상황이 몇 차례 있었지만 저도 모르
게 아주 훌륭하게 넘겼어요. 제 남편은 선생님이 제게 무슨 주술이
나 마법을 건 게 틀림없다고 생각하더라고요.

가만히 의자에 앉아 마음속으로 장면을 그려 보는 방법을 통해 얻는
결과는 경이로울 정도다. 섀도복싱 기술 또는 '부담 없는 훈련'은 아주 간
단하면서도 효과가 놀라울 정도로 대단하기 때문에 이를 마법과 같은 비
법으로 여기는 사람들도 있다. 섀도복싱 기술을 권투나 이와 비슷한 대련
경기를 해본 적이 전혀 없는 사람들에게 가르쳤던 경험에 비춰 볼 때 '마
법'이라는 표현이 그렇게까지 과장은 아니라고 생각한다. 영업사원, 음악
가, 미술가, 작가 그리고 더 건강해지기를 바라는 사람들 모두 이 기술을
배워 효과적으로 활용했다.

성공적인 이미지 훈련을 위한 섀도복싱

'표현'express 이라는 단어는 말 그대로 '밖으로 밀어냄', '위력을 발휘함', '나
타냄' 등을 의미한다. 반대로 '억제하다'라는 단어는 달리 표현하면 '막히
게 하다', '저지하다'라는 뜻이다.

자기표현이란 자신의 힘, 재능, 능력 등을 발휘하고 드러내는 것이다.
한마디로 자신이 가진 재능에 빛을 비추는 것이다. 자기표현은 긍정적인
반응이다. 반대로 억제는 부정적인 반응이다. 억제는 자기표현을 가로막
고 빛을 가리거나 어둠침침하게 만든다.

섀도복싱을 이용하면 부담을 떨쳐 버리고 자기표현 훈련을 할 수 있다. 또한 올바른 동작을 배울 수 있다. 한마디로, 기억 속에 저장할 정신적인 지도를 만들 수 있다. 그 지도는 광범위하고 일반적이며 융통성이 있다. 그리고 실제적인 위험이나 억압이 현실화되는 위기에 처하면 침착하고 정확하게 행동하는 법을 배울 수 있다.

이렇게 훈련된 우리의 근육, 신경, 두뇌 등은 실제 상황에 부딪치면 적절하게 반응한다. 게다가 느긋한 상태에서 부담감 없이 학습이 이루어졌기 때문에 어떤 어려운 상황에도 대처할 수 있으며 즉석에서 임기응변을 발휘할 수 있다. 섀도복싱은 정신적인 이미지를 통해 자신이 완벽하고 성공적으로 행동하는 모습을 이끌어 낸다. 이렇듯 성공적인 자기 이미지에 대한 기억은 능력을 더욱 잘 발휘할 수 있게 하는 원동력이 된다.

사격을 처음 하는 초보자의 경우 사격장에서 총을 쏘지 않을 때는 손을 떨지 않고 가만히 총을 잡고 있을 수 있다. 또한 탄환이 들어 있지 않은 총으로 목표물을 조준할 때도 전혀 떨림이 없다. 하지만 똑같은 총에 탄알을 장전해서 쏘려고 하면 '목적 진전'이 시작된다. 제11장에서 설명한 것처럼 바늘귀에 실을 꿰려고 할 때 손이 떨리듯 총열이 걷잡을 수 없이 위아래로 이리저리 흔들린다.

이런 상황을 극복하기 위해 사격 코치들은 탄알을 장전하지 않은 채 사격 훈련을 반복하도록 권한다. 사격수는 침착하고 신중하게 조준한 다음 방아쇠를 잡아당겨 목표물을 향해서 총을 발사한다. 그는 자신이 총을 어떻게 잡고 있는지 차분하고 조심스럽게 주의를 기울인다. 총이 기울어지지는 않았는지, 방아쇠를 너무 힘껏 당기거나 갑자기 당겨 버리지는 않았는지도 살펴본다.

이와 같은 훈련을 통해 침착해지는 습관을 기를 수 있다. 결과에 연연해 지나치게 조심하거나 걱정에 사로잡히지 않았기 때문에 목적 진전 현상은 일어나지 않는다. 이렇게 수천 번의 가상 사격 연습을 하고 나면 장전한 총을 들고 실제 사격을 할 때도 연습 때와 똑같은 마음가짐을 유지할 수 있으며 침착하고 신중한 동작을 유지할 수 있다.

내 친구는 그와 동일한 훈련으로 메추라기를 사냥하는 훈련을 했다. 그는 스키트 사격 솜씨가 괜찮은 편이었지만 메추라기 사냥을 나가서는 새가 날면서 내는 울음소리, 결과에 대한 긴장감, 의욕 과잉 때문에 매번 빗맞히기 일쑤였다. 그러다 섀도복싱 훈련법을 알게 되고 그다음 사냥에 나갈 때 총알이 장전되지 않은 산탄총을 들고 갔다.

총에 총알이 없으니 그는 흥분할 이유도 없었고 지나치게 의욕을 앞세울 일도 없었다. 그는 그날 총알 없는 총으로 메추라기를 20마리쯤 잡았다. 여섯 번째 방아쇠를 당길 때쯤에는 그를 괴롭혔던 초조한 마음이 모두 사라진 것 같았다. 함께 사냥을 나온 사람들은 그가 정신이 좀 이상해진 것 같다고 생각했다. 다음 날 실제 총을 들고 나간 사냥에서 그는 첫 여덟 발을 연속으로 명중시켰으며, 17발을 쏴서 메추라기를 총 15마리나 잡았다. 섀도복싱 훈련의 성과였다.

마음속으로 방망이를 휘둘러 공을 맞히는 법

얼마 전 어느 일요일에 뉴욕의 교외에 사는 한 친구를 방문했다. 그의 열 살 난 아들은 메이저리그 선수가 되는 게 꿈이었다. 아이는 수비에는 능했지만 타격은 엉망이었다. 또한 아버지가 홈 베이스를 가로질러 공을 던질 때마다 몸이 얼어붙어서 간발의 차이로 공을 놓쳐 버리곤 했다. 나는 뭔가 대책이 필요하다는 생각이 들었다. 그래서 아이에게 말을 건넸다.

"너는 공을 치고 싶은 의욕은 있는데 못 칠까 봐 두려워하는 것 같다. 그래서 공을 제대로 보지 못하는 거란다."

긴장과 걱정은 아이의 시야와 반사 신경을 방해했고, 팔 근육이 뇌에서 전달된 명령을 제대로 실행하지 못했던 것이다.

"지금부터 열 개의 공을 던질 테니 공을 치려고 생각하지 마라. 시도도 해선 안 돼! 방망이를 그냥 어깨에 대고 있어야 해. 하지만 공은 아주 주의 깊게 살펴봐야 한단다. 아빠의 손에서 공이 떠나는 순간부터 네 앞을 지나칠 때까지 편안하게 긴장을 풀고 서 있어 봐. 오직 공이 지나가는 것만 쳐다보면 돼."

이렇게 열 번을 연습한 뒤에 나는 아이에게 말했다.

"자, 이제 잠시 공이 지나가는 것을 보고 방망이는 어깨에 대고 있어. 하지만 마음속으로는 방망이를 휘둘러서 정말 공의 한가운데를 친다고 생각하는 거야."

이렇게 훈련을 마친 후 나는 아이에게 평정을 유지하고 공을 주의 깊게 살피면서 방망이를 휘둘러 공에 맞추되 세게 쳐서는 안 된다고 말했다. 아이는 이와 같은 방식으로 연습해서 쉽게 안타를 쳐 냈다. 그리고 곧 공을 아주 멀리 보낼 수 있었다. 그날 나는 평생의 친구를 얻었다.

친구의 아들과 함께한 타격 훈련과 똑같은 방법을 판매, 교습, 기업 경영 등에도 도입할 수 있다. 한 젊은 세일즈맨은 잠재 고객이 될 만한 사람을 방문하기만 하면 자기도 모르게 몸이 얼어 버린다고 하소연을 했다. 그의 문제 중 하나는 고객의 반대 의견에 적절하게 대응하지 못한다는 것이었다.

"고객이 반대 의견을 내고 상품을 헐뜯으면 그 순간에는 할 말이 전혀 떠오르지 않아요. 나중에야 적절한 대답이 떠오릅니다."

나는 젊은 세일즈맨에게 섀도복싱 훈련법을 이야기해 주면서 나와 함께 타격 훈련을 했던 친구 아들의 이야기도 들려주었다. 그리고 야구공을 치는 것과 마찬가지로 상대방의 말을 재빨리 받아치려면 화술에도 뛰어난 반사 신경이 필요하다는 점을 지적했다. 우리의 자동 성공 메커니즘이 제대로 기능을 발휘하려면 적절하고 자동적으로 반응해야만 한다. 지나친 긴장이나 의욕 또는 결과에 대한 지나친 걱정은 자동 성공 메커니즘을 짓눌러 버린다.

"당신은 적절한 대답을 나중에야 떠올렸습니다. 왜냐하면 긴장을 풀고 부담감을 털어 버렸기 때문이죠. 지금 당신이 당면한 문제는 잠재 고객이 던진 반대 의견에 재빠르고 자연스럽게 대처하지 못하는 것입니다. 다른 말로 하면, 고객이 던진 공을 치지 못한 셈입니다."

나는 그에게 먼저 가상 인터뷰 훈련을 해보라고 권했다. 모든 가능한 반대 의견을 상상해 보고, 이에 대한 대답이 아무리 엉뚱하더라도 고객에게 큰 소리로 말해 주는 것이다. 그러고 나서 실제 손님을 대상으로 '방망이를 어깨에 대고' 훈련을 한다. 이런 훈련을 통해 그는 어느 정도 수준까지 올라갈 수 있었다.

세일즈 인터뷰 훈련은 단지 판매를 목적으로 해서는 안 된다. 주문을 받지 못해도 만족하며 물러설 수 있어야만 한다. 방문의 목적은 분명 훈련인 것이다. 그의 표현을 빌리면, 그는 섀도복싱 훈련법으로 기적적인 효과를 봤다.

의대생 시절 나는 해부용 시체를 앞에 놓고 가상의 외과 수술을 하곤 했다. 이렇게 중압감 없이 연습함으로써 나는 수술 그 이상의 것, 즉 미래의 외과 의사가 갖춰야 할 침착함, 신중함, 명석한 판단력 등을 기를 수 있었다. 생사가 걸린 상황이 아닌 상태에서 연습했기 때문에 가능한 일이었다.

위기는 기회다, 두려움이 없을 때만

'위기'crisis 라는 단어의 어원은 '단호함' 또는 '결단의 순간'을 의미하는 희랍어에서 유래되었다. 위기는 마치 도로의 분기점과 같다. 한쪽 방향은 더 나은 상황을 보장하고, 다른 한쪽은 나쁜 상황으로 향하는 길이다. 의학 분야에서 위기란 환자의 상태가 악화되어 죽든가, 호전되어 살아나든가의 기로에 선 상황이라고 할 수 있다.

위기에는 두 종류가 있다. 9회 만루 동점 상황에서 교체 투입되는 구원투수는 영웅이 되어 명성을 얻을 수도 있고, 팀에 패배를 안기는 악역이 될 수도 있다. 역사상 가장 성공적이며 침착한 구원 투수 중 한 명이었던 휴 케이시는 위기 상황에서 경기에 투입될 때 머릿속에 어떤 생각이 드는지 질문을 받은 적이 있다.

"저는 타자가 어떻게 나올지, 제게 어떤 일이 일어날지를 생각하기보다는 항상 제가 무엇을 해야 할지, 제가 원하는 결과는 무엇인지에 대해서만 생각합니다."

그는 자신이 원하는 결과에만 집중했으며 그것이 가능하리라고 느꼈다. 그리고 실제로 대부분은 그대로 이루어졌다고 덧붙였다.

이 같은 태도는 위기 상황에 잘 대처할 수 있는 중요한 마음가짐이다. 적극적인 태도를 가지고 위협적인 상황이나 위기에 처했을 때 능동적인 반응을 보인다면, 그 상황은 오히려 우리 내부에 잠재해 있던 힘을 발휘하는 계기가 될 수도 있다.

몇 해 전 신문에서 견인 트럭 두 대와 수많은 사람들이 있어도 불가능했던 일을 혼자서 해낸 의로운 '거인'에 관한 기사를 읽은 적이 있다. 그는 완전히 찌그러진 운전석에 꽉 끼어서 나올 수 없었던 운전자를 들어서 꺼냈다. 그는 트럭 운전자의 발을 짓누르고 있던 브레이크 페달을 맨손으로 뜯어냈으며, 운전석 바닥에 붙은 불길을 맨손으로 껐다.

이런 엄청난 일을 해낸 그의 신원이 나중에 알려졌는데, 그는 거인은 아니었다. 찰스 데니스 존스라는 이름의 이 남성은 키가 189센티미터, 몸무게는 약 100킬로그램이었다. 자신의 비범한 위업에 대해 그는 그저 "불이 싫었다."고 설명했다. 그는 14개월 전에 화재로 집이 전소되고 여덟 살짜리 딸이 목숨을 잃는 사건을 겪었다.

그런가 하면 내가 아는 어떤 키 크고 허약한 남자는 집에 불이 난 적이 있는데, 당시 집 안에 있던 업라이트 피아노를 혼자 한 손으로 끌고 나와서 계단을 세 칸 내려가고 10센티미터가 넘는 턱을 넘어 정원 한가운데에 가져다 놓았다. 그 피아노를 처음 집 안에 들여놓을 때는 건장한 남자 여섯이 들러붙어야 했다. 그렇게 무거운 피아노를 허약한 남자 한 사람이 위기와 흥분의 자극 속에서 혼자 힘으로 들어 옮겼던 것이다.

신경학자 제임스 아서 해드필드 James Arthur Hadfield 는 위기의 순간에 평범한 사람들에게서 발휘되는 비범한 능력(육체적, 정신적, 감정적, 영적 능력)에 관해 다음과 같이 말했다.

> 지극히 평범한 사람들에게 위기가 닥쳤을 때 놀라운 힘이 발휘되는 작용은 참으로 대단하다. 어려운 일에 닥치면 움츠러들어서 소심하게 살아가다가, 억지로라도 뭔가 해야 할 상황에 놓이거나 의지력을 발휘해서 굳은 결단을 내려야 할 상황에 이르면 이전에 찾아보지 못했던 힘이 즉각적으로 발휘된다. 위험에 직면할 수밖에 없는 상황이 되면 우리에게는 용기가 생긴다. 또 시련을 겪으며 지속적인 압박 속에서 지내면 인내하는 힘이 생긴다. 재앙으로 아주 오랫동안 두려워했던 몰락을 겪으면 영원한 무기가 되어 줄 내면의 힘을 느낀다. 그런 흔한 경험들을 통해 우리는 대단히 힘들고 부담

스런 상황이 닥쳤을 때 두려움 없이 도전을 받아들이고 대담하게
힘을 쏟으면 몰랐던 힘이 생긴다는 사실을 배울 수 있다. '네가 사
는 날을 따라 능력이 있으리로다'라는 성경의 말씀처럼 말이다.

비밀은 두려움 없이 도전을 받아들이고 대담하게 힘을 쏟는 태도에 있
다. 이 말은 방어적으로 회피하는 부정적인 태도보다는 적극적이며 목표
지향적인 태도가 필요하다는 뜻이다. '아무 일도 일어나지 않기를 바란다'
는 마음이 아니라 '어떤 일이 생기든 나는 그 상황에 대처하고 끝까지 해
낼 수 있다'는 마음가짐을 가져야 한다.

목표가 있어야 위기를 돌파할 수 있다

적극적인 태도의 핵심은 늘 목표 지향적이어야 한다는 것이다. 우리는 누
구나 자신만의 긍정적인 목표를 마음속에 품고 있다. 그리고 목표를 달성
하기 위해 위기를 헤쳐 나갈 각오가 되어 있다. 처음의 긍정적인 목표를
굳게 지켜야 한다. 곁길로 새서 부차적인 목표(도망가거나 숨거나 위기 상황
을 피하고 싶은 욕구)를 따라서는 안 된다. 여기까지만 해낼 수 있다면 위기
상황 자체가 잠재된 힘을 발휘하는 자극제가 되어 목표를 이룰 수 있도록
도와줄 것이다. 많은 경우에 위기로 닥친 일이 결국 궁극적인 목표를 향
해 나아가는 계기가 되기도 한다.

언젠가 사고가 빈번하게 일어나는 어느 슬럼 지역의 고등학교 교장을
만난 적이 있었다. 그녀는 말하자면 '남성의 업무'를 맡은 여성으로, 당시
로서는 상당히 드문 경우였다. 게다가 그녀는 심각한 문제를 맞닥뜨린 상
태였다. 마지못해 가르치는 시늉만 하며 일찌감치 아이들을 포기한 선생
님을 비롯해 부족한 지원, 공부와는 담을 쌓은 아이들, 범죄와 폭력 등

여러 문제가 쌓여 있었다. 그녀의 표현을 빌리자면 하루하루가 위기였다.

하지만 그녀는 아무도 맡지 않으려던 교장 자리에 올라 2년도 채 안 되어 학교를 완전히 바꿔 놓았다. 이전보다 출석률도 높아지고 평균 성적도 올랐으며, 나쁜 영향을 미치는 '암적인 요인들'도 모두 제거되어 수용 시설이 아닌 올바른 교육 시설로 자리 잡은 것이다. 너무나 놀라운 변화였기 때문에 다른 먼 도시에서 장학관들이 학교를 시찰하고 교장과 상담하기 위해 몰려들었다. 게다가 1960년대 후반에 여성으로서 이와 같은 변화를 이끌었기에 더욱 놀라운 사건이었다.

나는 그녀에게 어떻게 그토록 무자비한 소동이 매일 반복되는 환경 속에서 견딜 수 있었는지 물었다. 그녀는 위기 때마다 궁극적인 목표와 관련된 어떤 것을 성취할 수 있는 기회를 자신에게 주었다고 대답했다. 즉, 그녀가 어떤 문제 하나를 처리할 때마다 이는 학생과 선생님들로부터 신뢰와 존경을 이끌어 내는 기회가 되었다. 그녀는 이런 기회를 바탕으로 학교의 변화를 이끌어 내겠다고 다짐했다.

학교라는 버거운 조직에 벽돌을 하나하나 쌓아 올린다는 각오로 그녀는 자신의 영향력과 통제력으로 구성된 구조물을 세우겠다고 생각했다. 뭔가 일이 제대로 풀리지 않는 날이면 마음먹은 대로 쌓았다고 생각한 벽돌 몇 개가 빠져 나갔다고 스스로 인정했다. 하지만 다음 날이면 다시 벽돌을 제자리에 맞춰 넣고, 계속해서 벽돌을 쌓아 올렸다. 위기가 닥쳤을 때 그녀는 문제 해결책을 스스로 묻는 것에 그치지 않고, 모든 문제가 해결되었을 때 완성될 이상적인 학교를 위한 수단으로 위기를 활용할 방도를 모색했다.

"마치 머릿속에서 퍼즐 맞추기를 하는 기분이었죠. 제게는 일을 제대로 해냈을 때 학교가 어떻게 변화될지를 묘사한 그림이 상자 위에 있었어요. 또 마구 뒤섞인 조각들이 쌓여 있었습니다. 대부분의 경우 다음 조각을 차근차근 제대로 찾아볼 수 없었죠. 더미 속에서 조각 하나가 튀어나와 그림에 맞게 해달라고 요구하곤 했죠. 어떤 때는 조각 더미에 불이 나 사용하기 전에 먼저 구조부터 해야 했어요. 또 가끔은 무너져 내려 테이프로 붙여야 할 때도 있었습니다. 하지만 저는 한 조각, 한 조각씩 그림을 완성해 나갔습니다. 그 비결은 전체 그림이 그려진 상자를 가까이에 두고 그 모습을 잊지 않는 것이었죠."

자신의 경험과 접근 방식을 설명하면서 그녀가 사용한 표현을 정리해 보면, 절박한 상황에서 평정을 유지하기 위해 이 책의 원리에 상당히 의존했음을 알 수 있다.

《자기일관성: 성격의 이론》의 저자 프레스콧 레키 박사는 감정이 존재하는 이유는 약점을 드러내기 위함이 아니라, 자극에 대한 반응을 강화하거나 힘을 보태기 위한 것이라고 말했다. 그는 기본 감정인 흥분만이 존재할 뿐이며 목표 의식에 따라 흥분이 두려움, 분노, 용기 등으로 표현된다고 믿었다. 즉, 우리의 정신이 문제를 피하려는 마음을 먹고 있는지, 극복할 마음을 먹고 있는지 여부에 따라 달리 표현되는 것이다. 그는 다음과 같이 말했다.

"진정한 문제는 감정을 통제하는 데 있는 것이 아니라, 감정을 어떻게 표현할 것인가를 선택하는 데 있다."

만일 우리의 의도나 행동 목표가 앞으로 나아가고 위기 상황을 최대한 활용해서 실제 위기가 닥쳤을 때 그것을 극복하는 것이라면, 이때 일어나는 흥분은 이런 경향을 강화해 우리가 앞으로 나아갈 수 있도록 더욱 많은 용기와 힘을 가져다준다. 만일 원래의 목표 의식을 잃어버리거나, 행동 목표가 위기로부터 도망치는 것이거나, 어떻게든 위기를 벗어나려고만 한다면 이런 경향이 더욱 강화되어 우리는 두려움과 불안을 느낄 것이다.

흥분을 두려움으로 착각하지 마라

우리는 습관적으로 흥분을 두려움이나 불안으로 해석하는 오류를 범하며, 그것을 무능력의 증거로 받아들인다.

상황 판단을 할 수 있을 만큼의 지능을 갖춘 정상적인 사람이라도 위기가 닥치면 흥분하거나 신경질적으로 변한다. 하지만 이 흥분은 마음의 보일러 속에서 들끓는 감정일 뿐 어떤 목표를 향해 분출되기 전에는 두려움, 불안, 용기, 자신감 그 어느 것도 아니다. 또한 그것은 나약하다는 징표도 아니다. 그것은 선택 여부에 따라 사용할 수 있는 잠재된 힘을 나타낸다.

전설적인 복서 잭 뎀프시는 시합 전에는 너무 긴장을 해서 혼자서 면도조차 할 수 없었다. 얼마나 흥분을 했던지 가만히 앉거나 서 있지 못할 정도였다. 그러나 그는 이런 흥분을 두려움으로 해석하지 않았다. 그는 그것 때문에 달아나서는 안 되겠다고 결심하고 적극적으로 나서서, 이런 흥분에 폭발력을 더해서 강타를 날렸다.

성공
포인트

흥분을 마음의 약으로 이용하는 법

두려움, 불안, 신경질과 같은 관점에서 자신의 감정을 바라보지 말고 흥분의 관점에서 바라보라. 무엇을 하든 사람들의 주목을 끄는 일을 하기 전에 약간 흥분하는 것은 문제가 되지 않는다.

경험이 많은 배우들은 무대에 오르기 직전에 흥분이 고조되면 좋은 징조로 여긴다. 또한 많은 배우들이 무대에 오르기 전에 일부러 감정을 자극하기도 한다. 조니 카슨은 오랜 세월 동안 〈투나잇 쇼〉를 진행했는데도, 여전히 긴장 때문에 커튼이 젖혀지고 오프닝 멘트를 하기 직전까지 속이 울렁거린다고 했다. 훌륭한 인격의 소유자로 수년 동안 미국 세일즈 기업에서 가장 각광받는 강사이자 전미강연자협회의 창립 멤버이기도 한 카벳 로버트 Cavett Robert 는 종종 이런 말을 하곤 했다.

"뱃속의 나비들을 쫓아 버리려 하지 마라. 이들이 편대를 잘 짜서 날아갈 수 있도록 하라."

많은 사람들이 경마장에서 돈을 걸 때 출발선에 서 있는 가장 신경질적으로 보이는 말에 돈을 거는 것을 원칙으로 삼는다. 조련사도 경기 직전에 신경과민 반응을 보이거나 생기가 넘치는 말이 보통 때보다 더 잘 달린다는 사실을 알고 있다. 여기서는 '생기가 넘치는'이라는 말이 중요하다. 위기 직전에 느끼는 흥분은 생기가 주입된 상태인데, 이것은 인간에게도 똑같이 적용될 수 있다. 이런 느낌을 지우려 하지 말고 우리를 돕는 원동력으로 여길 필요가 있다.

사실 이런 흥분이 전혀 없다면 나름대로 문제가 될 수 있다. 얼마 전 비행기에서 몇 년 만에 아는 사람을 만난 적이 있었다. 나는 그에게 요즘도 옛날처럼 공개 강연을 많이 하냐고 물었다. 그는 그렇다고 대답하면서 사실은 더 많은 강연을 하기 위해 직업을 바꿨다고 말했다. 이제는 매일 최소한 한 번씩은 공개 강연을 한다는 것이다. 그가 공개 강연을 얼마나 좋아하는지를 잘 알기에 나는 그런 직업을 얻어서 좋겠다고 말했다. 그러자 그는 다음과 같이 털어놓았다.

"한편으로 생각하면 좋고, 또 한편으로는 그렇지 않아요. 전처럼 좋은 연설을 별로 하지 못하거든요. 너무 자주 강연을 해서 이제는 진부할 정도입니다. 좋은 강연을 할 것이라는 예감으로 가슴이 두근거리는 것을 더 이상 느낄 수 없으니까요."

어떤 사람은 중요한 시험을 치를 때 너무 긴장한 나머지 집중하지 못하거나 손에 연필을 쥐고 있지도 못한다. 그런가 하면 어떤 사람은 똑같은 상황에서 너무 자극을 받아 실력 이상의 성적을 거두기도 한다. 그런 사람은 보통 때보다 두뇌 회전이 빠르고 명석해지며 기억력도 활발해진다. 흥분 자체가 이런 차이를 가져오는 것이 아니라 그것을 어떻게 사용하느냐에 달린 것이다.

새로운 의지는 최악의 경우에 생겨난다

우리는 위기 상황이 안고 있는 잠재적인 위험이나 실패를 실제보다 과장하는 버릇이 있다. 상상만으로 자신에게 불리하게 판단해서 사소한 일을 마치 큰일이나 난 듯 확대해 버린다. 사건의 진상을 제대로 파악하기 위해 상상력을 제대로 활용하지 않은 채, 모든 기회나 위협에 습관적이고 무의식적으로 마치 생사가 걸린 것처럼 반응한다.

낮 시간에 방영되는 TV 드라마를 한 번이라도 본 적이 있다면 이런 프로그램을 관통하는 공통된 맥락이 있음을 바로 눈치챌 것이다. 이런 드라마의 특징은 일련의 위기가 줄을 잇는다는 점이다. 모든 사건이 위기로 연결되며 모든 출연자가 과장된 감정을 드러내며 연기한다. 삼류 배우에게는 정말 안성맞춤이다.

하지만 크고 작은 사건마다 한결같이 엄청난 흥분으로 대응하는 이런 삼류 드라마로 인생을 판단해서는 안 된다. 가벼운 자동차 접촉 사고는 치명적인 부상을 입어 응급실로 바로 가게 되는 사고와 똑같은 수준의 흥분을 불러일으키지 않는다. 하지만 낮 시간에 방영되는 이런 TV 드라마에서는 모두 똑같이 취급된다. 따라서 우리는 분별력을 발휘할 필요가 있다.

예전에 자신의 삶과 자기 주변의 모든 인물에 대해 몹시 불만스럽게 여기는 한 여자와 상담한 적이 있다. 그 여자는 배우자, 형제자매, 이웃과 말다툼을 하지 않고 지내는 날이 단 하루도 없었다. 그녀가 그런 언쟁에 대해 묘사하는 것을 들어 보면 마치 드라마 작가가 쓴 것처럼 자극적이었다. 그녀는 아주 사소한 문제도 중대한 사태로 여겼으며, 아주 사소한 냉대도 자존심을 공격하는 것으로 받아들였다. 심지어 사나운 날씨조차 감정적으로 받아들였다. 카펫에 음료수를 조금 흘리는 일은 그녀에게는 화재 경보를 다섯 번쯤 울리는 것에 해당했다. 그녀는 드라마의 화신이 되어 버린 것이다.

가정과 이웃, 직장, 정치 세계 등 우리 주위 곳곳에 이런 사람이 존재한다. 이들은 스스로에게 해를 끼칠 뿐만 아니라 주위 사람에게도 피해를 준다. 여러 가지 일과 타인의 행동에 도가 지나칠 정도로 흥분하는 이런 사람들은 마치 강력한 폭탄과도 같다. 하지만 위 사례의 여자에게는 지나친 흥분이 전적으로 타당한 반응이라는 사실을 기억해야 한다. 이를 고치려면 그녀의 자아 이미지와 관련된 근본적인 문제부터 풀어 나가야 한다.

실제로 위기에 빠지면 강력한 흥분이 필요할 수도 있다. 위기 상황에서 흥분은 매우 유익하게 쓰일 수 있다. 하지만 위험 또는 곤경의 정도를 과대평가하거나, 그릇된 정보 또는 왜곡된 비현실적인 정보에 민감하게 반응한다면 상황에 맞는 적절한 정도를 넘어 지나친 흥분을 불러일으킬 수 있다. 실제 위험이 예상했던 것보다 낮은 경우 우리는 지나친 흥분을 적절하게 사용할 곳을 찾지 못하게 된다. 이것은 창조적인 행동을 통해서도 없애 버릴 수 없어서, 그대로 억눌린 채 신경질적인 상태로 머물게 된다.

지나친 흥분은 단지 적절하지 못하다는 이유만으로 임무 수행을 돕기보다 장애물로 작용하는 것이다.

버트런드 러셀은 흥분을 가라앉히기 위해 자신이 사용했던 방법을 소개했다.

> 역경에 처했을 때 최악의 경우 어떤 일이 일어날지 신중히 숙고해보라. 그리고 그 후에는 설령 최악의 상황이 되더라도 그것이 재앙은 아닐 것이라고 생각하고 적합한 이유를 찾아보라. 여기서 한 가지 명심할 점은 그런 이유가 항상 존재한다는 사실이다. 왜냐하면 아무리 최악의 경우라 해도 한 개인에게 일어날 수 있는 일에서 그렇게 엄청나고 중대한 경우는 드물기 때문이다. 최악의 가능성을 충분한 시간을 두고 찬찬히 살펴본 후, 결국 그다지 대수로운 일이 아니라는 확신이 들면 근심과 걱정이 눈에 띄게 줄어들었음을 느낄 것이다. 이 같은 과정을 몇 차례 반복하라. 결국에는 최악의 경우 이를 회피하지 않는다면 걱정이 완전히 사라지고 유쾌한 기분으로 바뀐 자신의 모습을 확인할 수 있을 것이다.

이와 더불어 나는 위기에 잘 대처하며 역경 속에서 기회를 찾는 데 성공하는 사람의 자아 이미지를 갖추는 것이 중요하다고 생각한다. '위급한 상황에 잘 대처하지 못한다'고 생각하는 사람은 러셀의 조언이 별 도움이 되지 않을 것이다.

토머스 칼라일은 동일한 방법이 그의 인생관을 '영원한 부정'에서 '영원한 긍정'으로 바꿨다고 증언했다. 그가 영적으로 깊은 절망에 빠져 지내던 시기의 일이었는데, 그는 다음과 같이 설명했다.

내 북극성이 완전히 가려졌다. 높게 뒤덮은 암울한 불길은 별빛을 전혀 비추지 않는다. … 우주는 생명을 잃은, 측정 불가능한 하나의 거대한 증기기관처럼 순전한 무관심 속에 굴러가면서 나를 갈기갈기 짓이겨 놓았다.

그런 영적인 파탄 상태에서 새로운 삶의 방식이 시작되었다며 그는 이렇게 덧붙인다.

나는 이렇게 자문했다. '대체 뭘 두려워하는 거지? 무슨 연유로 마치 겁쟁이처럼, 끝도 없이 징징대고 훌쩍거리고, 움츠러들어 떨고 있는 거야? 이 비열한 동물 같으니! 네 앞에 놓인 최악의 상황을 다 합해 봐야 뭐가 있겠어? 죽음? 글쎄, 죽음, 지옥의 고통 그리고 너에 맞설지 모를, 혹은 맞설 수 있는 악마와 인간 같은 것들이겠지. 하지만 심장이 없으니 고통도 없을 거야. 버림받기는 했지만 그래도 너는 자유의 자식이니 지옥이 너를 집어삼키는 동안 발밑에 있는 지옥을 짓밟을 수 있잖아? 그러니 죽음에게 찾아오라고 해. 내가 기꺼이 맞서서 물리쳐 줄 테니까!'
그렇게 생각하는 동안 나의 온 영혼 위로 불길이 몰려드는 듯했다. 그리고 나는 내면 깊이 스몄던 두려움을 완전히 떨쳐 버렸다. 미지의 힘이 솟아났다. 신에 가까운 영혼이었다. 그 이후로 끔찍했던 성질이 바뀌었다. 이제는 두려움과 징징거리는 슬픔이 아니라 의분義憤과 단호하게 빛나는 눈에서 나오는 반항심으로 무장했다.

러셀과 칼라일은 아주 심각한 위협과 위기가 닥쳤을 때 우리가 어떻게 적극적이며 목표 지향적으로, 스스로 결정하는 태도를 유지하는지를 잘 설명해 준다.

하지만 사람들 대부분은 아주 사소한 것이거나 상상 속에만 존재하는 위협에 사로잡혀서, 죽느냐 사느냐가 달린 결사적인 상황이라고 굳게 받아들인다. 실제로 작은 일을 크게 불려 떠벌리는 침소봉대針小棒大의 태도가 궤양을 초래하는 가장 큰 원인이라는 주장도 있다. 영업사원이 중요한 계약을 성사시키기 위해 전화를 걸면서, 마치 생사가 달린 문제인 것처럼 전전긍긍하는 경우도 있다. 사교계 파티에 처음 얼굴을 내미는 여성이 목숨이 걸린 재판에 나가기라도 하는 것처럼 행동하기도 한다. 채용 면접을 보러 가는 사람들은 대부분 떨려서 죽을 것 같은 기분을 느낀다.

우리는 사소한 일이나 심지어는 가상의 위협에도 쉽게 좌절을 겪곤 한다. 그리고 이런 상황을 마치 생사가 걸린 일이나 흥망성쇠가 달린 일처럼 받아들인다.

10대 여학생에게는 남자 친구나 짝사랑하는 남학생이 다른 여학생과 다정히 앉아 이야기하는 걸 목격하는 것만으로도 죽느냐 사느냐 하는 문제가 된다. 그 여학생은 아마도 "죽고 싶어!"라고 소리칠 것이다. 하지만 몇 년이 흐르면 그 순간은 물론 그 남학생마저도 잊어버릴 것이라는 사실을 우리는 잘 알고 있다. 인생은 길다. 그러나 많은 성인들이 평생을 10대처럼 행동하며 보낸다. 우리는 아주 사소한 문제나 상상 속의 위협에도 좌절하곤 하는데, 이것을 사생결단을 내려야 하는 상황으로 해석해 버리기 때문이다.

어떤 프로 세일즈맨은 중요한 고객을 방문하는 일을 마치 생사가 걸린 일처럼 여긴다. 계약을 성사시키지 못하면 몇 달간의 노력이 수포로 돌아간다고 혼자 중얼거린다. 그렇게 되면 목표량을 채우지 못해 보너스도 못 받을 것이고, 아내에게는 계획한 여행도 못 간다고 말해야 하며, 부장이 자신의 담당 구역을 축소할지도 모른다는 등 갖가지 이유를 상상해 낸다.

한 번의 세일즈 방문이 땅을 뒤흔드는 큰 사건이 되어 버린 것이다.

그러나 1년 정도가 지나면 잃어버린 기회는 또 다른 성공에 의해 상쇄된다. 아니면 새로운 고객을 거저 얻는 행운이 따르거나 예상치 못한 곳에서 대량 주문이 잇따를 수도 있다. 만일 3월에 이 생사가 걸린 세일즈 방문을 했다면 아마도 크리스마스 시즌쯤이면 흐릿한 과거가 되고 말 것이다. 더군다나 인생 전체의 세일즈 경력에 비춰 볼 때 이런 일은 전혀 대수롭지 않은 것이다. 반복해서 말하지만, 인생은 길다.

위기 상황에서 이렇게 생사가 달린 듯한 기분을 느끼는 것은 아마 어렴풋한 먼 과거로부터 내려온 유산일지도 모른다. 원시 시대의 인간에게 실패는 보통 죽음을 의미했을 것이다. 유래가 어찌되었든 수많은 환자와의 임상 체험을 통해 살펴본 결과 상황을 침착하고 이성적으로 분석함으로써 충분히 치료할 수 있다. 무의식적으로, 맹목적으로, 비이성적으로 반응하기보다는 스스로에게 '실패하면 일어날 수 있는 최악의 사태는 무엇일까?'라고 질문해 보라. 그리고 '인생은 길다'는 사실을 항상 기억하라.

인생의 제2막은 반드시 온다

자세히 살펴보면 평소에 일어나는 대부분의 위기는 생사가 달린 문제가 전혀 아님을 알 수 있다. 오히려 그 자리에 주저앉을 것인가 아니면 도약할 것인가를 판가름할 좋은 기회다. 예컨대 세일즈맨에게 일어날 수 있는 최악의 사태란 무엇일까? 판매 계약을 맺고 기쁜 마음으로 문을 나서거나, 그렇지 못하고 문을 나서는 것뿐이다. 구직자라면 취직이 되거나 안 되는 경우다. 취직이 되지 않는다면 입사 지원을 하기 전과 같은 위치에 머물 뿐이다. 사교계 파티에 처음 나가는 여성에게 일어날 수 있는 최악의 상황이라고 해봐야, 파티에 나가기 전과 마찬가지로 사람들 사이에 잘 알려지지 않아서 사회적인 영향력이 별로 없는 사람으로 지내는 것뿐이다.

하지만 우리는 평소 이처럼 단순한 태도의 변화가 얼마나 효과적인가를 깨닫지 못한다. 내가 아는 한 세일즈맨은 겁을 먹고 허둥대는 태도, 즉 '모든 것이 여기에 달렸다'에서 '나는 얻을 건 있어도 뭔가를 잃을 염려는 전혀 없다'는 태도로 바꾼 후 두 배의 수입을 올렸다.

훌륭한 배우인 월터 피전은 그의 첫 공연 일화를 들려주었다. 그는 당시 극도로 긴장해 1막을 망쳤다. 하지만 1막을 마친 뒤 이미 실패했으니 더 이상 추락할 것도 없다고 굳게 마음먹었다. 만일 연기 생활을 완전히 접는다 해도 배우로서 실패한 것일 뿐이었다. 다시 무대에 오른다고 해서 더 이상 잃을 것도 없었다. 그는 이런 마음으로 침착하게 2막에 올라 대단한 성공을 거두었다. 우리가 침착하게 자신을 가다듬고 기회를 놓치지 않는다면 2막은 항상 우리를 기다리고 있을 것이다.

팝 음악의 거장으로 알려진 프랭크 시나트라 역시 깊은 슬럼프에 빠져 일자리를 구하지 못하던 시절이 있었다. 하지만 이 사실을 기억하는 사람은 얼마 되지 않는다.

권투 선수 조지 포먼은 한때 복싱을 그만두고 교회 전도사로 일한 적이 있었다. 당시 그는 가족의 생계를 해결하기에도 급급할 정도였다. 이후 다시 복싱 무대로 복귀하려 했을 때는 사람들이 노골적으로 그를 비웃으며 놀려 댔다. 그는 선수 생활을 할 때 성격이 워낙 괴팍했기 때문에 언론계에도 친구가 별로 없었다. 그래서 제2의 선수 생활을 시작하면서는 수명이 다된 늙은 복서로 선수 생활을 마감하기보다는 스포츠계에 가치 있는 사람으로 남기 위해 완전히 다르게 살기로 결심했다. 그리고 포먼은 아주 큰 성공을 거두었다. 그는 광고 출연, 대중 강연가, 스포츠 해설가로 엄청난 인기를 얻고 백만장자가 되었다. 1990년대 말 보잘것없던 한 가전제품 회사는 포먼의 TV 광고와 홈쇼핑 광고를 통해 단숨에 대기업으로 탈바꿈했다.

배우이자 뛰어난 진행자인 레지스 필빈은 20여 년 동안 방송 업계를 전전하며 주로 지역 방송 대담 프로그램 등을 진행했다. 그런데 전국적으로 방영된 그의 아침 프로그램과 엄청난 인기를 모은 〈백만장자가 되고 싶은 사람 있습니까?〉Who Wants to Be a Millionare 라는 프로그램이 그를 거물로 만들었다. 하지만 ABC 방송국과 2,000만 달러의 출연 계약을 맺기 전만 해도 방송계와 평론가로부터 2류로 취급받던 그였다. 필빈의 성공은 그의 지난 20년 경력을 무색하게 만들 정도였다.

전 미국 대통령 지미 카터는 비참할 정도로 불운하고도 불안정한 임기를 보냈으며, 대통령 재선 선거전에서 압도적인 표차로 물러나야 했다. 그 뒤 침통한 모습으로 고향 조지아주 플레인스로 돌아갔다. 하지만 그는 재기에 성공해 명성, 위신, 영향력 등에서 초당파적인 지지를 얻었으며, 많은 역사학자들이 그를 '최고의 전직 대통령'이라고 부르기를 주저하지 않는다.

우리는 이같이 인생의 제2막에서 성공한 유명 인사들의 삶을 잘 알고 있다. 그러나 잘 알려지지는 않았지만 성공한 부류에 꼽히는 사람들도 제2의 인생을 살고 있다는 사실을 잊지 말아야 한다. 많은 성공한 사업가들이 부도를 낸 경험이 있다. 당시에는 그 일이 수치스럽고 생사가 걸린 중대사로 보였을 것이다. 성장한 자식과 좋은 관계를 맺고 지내는 많은 부모도 되돌아보면 서로 사이가 몹시 안 좋아 버겁게 서로를 감내하던 시기가 있었다. 현재 행복한 결혼 생활을 영위하고 있는 부부들도 과거 첫 결혼 생활을 비참하게 마감하고 비통한 이혼 경험을 겪었을 수 있다.

대체로 오늘의 위기는 긴 인생의 한 점에 불과하다. 오늘 뒤에는 곧 내일의 제2막이 뒤따르기 마련이다. 이번 주가 있다면 다음 주 월요일에 시작하는 제2막도 있다. 심지어 비극을 봐도 시간에 맞춰 상연될 차례를 기다리는 제2막은 항상 있다.

어떤 위기 상황에서도 열쇠는 우리가 쥐고 있다는 사실을 잊지 말아야 한다. 이 장에서 제시한 기법을 훈련하고 익히면 이전의 수많은 사람들이 그랬듯이 위기를 창조적 기회로 바꿔 활용하는 법을 익힐 수 있다.

성공 트레이닝

때늦은 지혜를 성공 파워로 전환시키는 방법

상상력을 통해 과거를 되돌아보고 미래를 창조하는 일은 대단히 가치 있고 창조적인 시도다. 잠시 생각을 멈추고 과거에 일어났던 몇 가지 일을 떠올려 보라. 당시에는 절박하고 아주 중대한 결과를 가져온다고 생각했으나 세월이 지나자 사소한 일로 드러난 예들을 찾아보라. 그런 다음 4, 5년 후 미래로 가서 오늘 있었던 일을 회상하는 자신의 모습을 떠올려 보라. 그 일에 대해 어떤 감정이 느껴지는지, 자신의 인생에 얼마나 영향을 미칠 것인지 상상해 보라.

제14장

마음속에서 확신하라,
그대로 이루어질 것이다

승리와 성공의 신념을 현실화하는 기적의 메커니즘

．
．
●

슬럼프라니? 난 슬럼프에 빠진 것이 아니라
근래에 타격이 부진한 것일 뿐이네.

_요기 베라Yogi Berra

●
．
●

자동 창조 메커니즘은 우리 내부에서 목적론적telelogical으로 작동한다. 즉, 사소한 장애물에 얽매이지 않고 오직 목표와 결과만을 향해 움직인다는 말이다. 우리의 자동 유도 시스템에 일단 성취할 목표를 분명히 심어 주기만 하면 시스템은 목표 지점까지 알아서 움직인다. 잠시 생각한 뒤에 목표를 설정하라. 자동 메커니즘은 그것을 실현시킬 수단을 만들어 줄 것이다. 만일 목표를 성취하기 위해 근육이 어떤 동작을 취해야 한다면, 자동 메커니즘은 머리를 짜내서 할 수 있는 것보다 더욱 정확하고 섬세하게 이를 수행할 것이다. 아이디어가 필요하면 이 자동 메커니즘이 아이디어를 제공할 것이다.

능력의 한계가 어떻든 한 가지 사실만은 분명하다. 분명하게 방향이 정해지지 않는다면 우리의 자기 통제 메커니즘은 작동을 멈출 것이다. 자기 통제 메커니즘servo-mechanism에서 'servo-'라는 접두사에 주목하라. 이는 '우리의 충실한 도구'servant를 의미한다. 우리가 아무 일도 시키지 않는다면 큰 저택에서 일하는 하인들이 주인이 원하는 바를 미리 헤아려서 은식기에 광을 내고 향기로운 차를 준비하며 옷가지를 세탁하겠는가? 만일 고용된 하인들이 모국어밖에 못 하는데 주인은 외국어로만 말한다면 과연 얼마나 많은 일을 할 수 있겠는가? 이 책의 핵심 원리인 사이코사이버네틱스는 주인인 우리가 내면의 하인과 의사소통을 하고 그들에게 일을 시킬 수 있는 언어 번역기인 동시에, 목표를 이루기 위해 하인에게 지시할 업무 목록을 체계화하는 수단이기도 하다.

창조적 메커니즘을 움직이는 비밀

이런 결과를 이루려면 목표는 우리가 제시해야 한다. 우리의 창조적 메커니즘을 활성화할 수 있는 목표를 제시하려면 현실적으로 실현할 수 있는 관점에서 최종 결과에 대해 생각해 봐야 한다. 즉, 목표를 달성할 가능성이 너무 분명해서 뇌와 신경계에 실제로 존재하는 것처럼 느껴져야 한다. 너무 진짜 같아 그 목표가 이루어졌을 경우에 느껴질 감정과 똑같은 감정을 이끌어 낼 수 있어야 한다.

이런 일은 대단히 어렵거나 그렇게 특별한 일도 아니다. 우리는 살면서 매일 이 일을 체험한다. 미래의 결과가 불길하게 느껴져 걱정하고 불안하고 허전하며, 심한 경우 굴욕감까지 겪는다. 실제적인 이유 때문에 이미 실패했을 경우에나 일어날 감정을 미리 체험하는 것이다. 우리는 스스로에게 실패한 모습을 상기시킨다. 대충 막연하게 제시된 것이 아니라 아주 선명하게 조목조목 떠올리는 것이다. 게다가 실패한 장면을 몇 번이고 반복해서 상기시키고 기억 속을 파헤쳐 과거에 실패했던 장면까지 끄집어낸다.

앞에서 강조했던 바를 다시 한번 짚어 보자. 우리의 두뇌와 신경계는 실제 경험과 생생하게 상상한 경험을 구별하지 못한다. 자동 창조 메커니즘은 언제나 환경, 상황, 주위 사정에 맞춰 작동하고 반응한다. 그런데 이 메커니즘에 제공되는 정보는 모두 우리 스스로가 진실이라고 믿는 주관적인 생각뿐이다.

지나치게 실패에 연연하거나 스스로 계속 실패를 떠올려서 우리의 신경계가 실제 상황으로 착각할 정도라면, 우리는 이런 가상 실패에 따르는 감정뿐만 아니라 육체적 반응까지도 체험할 수 있다. 반면에 긍정적인 목표를 마음에 새겨 두거나 평소에도 생생하게 떠올려서 마치 성취된 사실처럼 느낄 정도라면 우리는 승리감을 누릴 수 있다. 즉, 만족스런 결과가 나올 것이라는 자신감, 용기, 신념 등을 갖게 된다.

우리는 창조적 메커니즘을 들춰내 성공이나 실패에 적합하게 설정되어 있는지 여부를 알 수는 없다. 하지만 느낌을 통해 현재 어떻게 설정되어 있는지 가늠할 수는 있다. 성공에 적합하게 설정되어 있다면 바로 승리감을 느낄 수 있다.

창조적인 자기 통제 메커니즘을 작동시키는 방법에 대해 알아보자. 비결은 성공의 느낌을 불러일으키고 체험하면서 재현해 보는 것이다. 성공의 느낌에 자신감마저 보태지면 우리는 성공적으로 행동할 수 있다. 이런 느낌이 강렬할 때는 실패할 수가 없는 것이다.

하지만 성공의 느낌, 즉 승리감 자체가 일을 성공적으로 수행하게 하지는 않는다. 이는 우리가 성공할 수 있다는 신호나 징후일 뿐이다. 마치 자동온도조절기가 방 안을 따뜻하게 만들어 주는 것이 아니라 온도만 측정하는 역할을 하는 것과 같은 이치다. 그렇지만 우리는 이 온도조절기를 매우 실용적으로 사용할 수 있다. 승리감을 체험할 경우 우리의 내부 메커니즘은 성공을 향해 설정된다.

자발성을 이끌어 내려고 너무 의식적으로 노력하다 보면 자발적인 행동을 파괴하기 쉽다. 이보다는 목표나 최종적인 결과를 뚜렷하게 떠올려 보는 편이 훨씬 더 쉽고 효과적인 방법이다. 마음속으로 분명하고 생생하게 상상해 보라. 그런 다음 추구하는 목표가 이미 성취되었을 때 느낄 기분을 알아차리기만 하면 된다. 바로 이것이 자발적인 동시에 창조적으로 행동하는 방법이며, 잠재의식의 힘을 십분 활용하는 길이다. 이제 우리의 내부 메커니즘은 성공을 향해 나아갈 것이다. 올바른 근육 운동과 통제를 유도하고 창조적인 아이디어를 제공하며, 목표를 현실로 실현하기 위해 필요한 그 밖의 행동을 하게 만들어 줄 것이다.

승리감의 마법 같은 힘

케리 미들코프Cary Middlecoff 박사는 남성 패션잡지인 《에스콰이어》 1956년 4월호에서 골프 선수권 대회에서 우승할 수 있는 참된 비밀은 승리감이라고 밝혔다. 그는 다음과 같이 말했다.

> 지난해 마스터스 대회에서 첫 드라이브를 날리기 나흘 전 나는 그 대회에서 우승할 것이라는 확실한 느낌이 들었다. 백스윙을 하기 위해 골프채를 머리 위로 치켜올리기까지 마치 모든 동작이 내가 원하는 곳으로 공을 칠 수 있게끔 근육을 정확한 위치에서 움직이고 있다는 느낌이 든 것이다. 그리고 퍼팅을 할 때도 이런 놀라운 느낌이 들었다. 그립을 바꾼 일도 전혀 없었으며 발의 위치도 예전과 다름없었다. 하지만 홀 컵까지의 라인이 마치 뇌 속에 문신으로 새겨진 것처럼 정확히 그려졌다. 그 느낌만 가지고 그저 골프채를 휘두르기만 할 뿐, 나머지는 그대로 내버려 두면 되었다.

미들코프 박사는 승리감이 '골프를 잘 치는 모든 사람의 비밀'이라고 말하면서 승리감이 있으면 공이 원하는 방향으로 날아가기도 하고, 마치 우리가 행운이라 부르는 정의하기 어려운 요소도 잘 통제하는 듯한 느낌이 든다고 덧붙였다.

뉴욕 양키즈의 투수 돈 라센은 1956년 월드시리즈에서 그 유명한 퍼펙트게임을 따내기 전날 밤, 왠지 다음 날 완벽한 투구를 할 것만 같은 이상한 느낌이 들었다고 밝혔다. 1950년대에 전국의 스포츠 뉴스가 조니 멩거의 선풍적인 활약을 다룬 소식으로 도배되다시피 했던 적이 있었다. 왜소한 체격의 멩거는 조지아 공과대학의 하프백으로, 대학 미식축구 선수권전 포스트 시즌에서의 활약에 대해 이렇게 말했다. "아침에 일어나면 오늘도 좋은 성과를 낼 수 있을 것이라는 느낌이 들었다."

'승리감'은 단순히 어떤 경기나 일에서 승리하는 것과만 관련된 문제가 아니다. 승리감은 최선의 성과를 냈을 때 드는 기분 그리고 여러 차례 반복해서 느낄 수 있도록 그 기분을 기억해 두는 것과 관련이 있다. 그때의 기분과 그런 결과를 만들기 위해 했던 일을 기억할 때마다 그 경험을 되풀이해서 체험할 수 있는 발판이 마련된다.

어떤 운동선수들은 이런 승리감을 '무아지경에 들어갔다'는 말로 표현하곤 한다. 아주 여유 만만하고 결과에 대해 자신할 수 있는 시간, 공간, 감정 상태에 빠졌음을 말하는 것이다. 대부분의 경우 우리는 관찰만으로도 선수들이 무아지경에 빠졌는지 여부를 파악할 수 있다.

미식축구 선수 존 얼웨이가 마지막 순간 한쪽 골라인에서 다른 쪽 골라인까지 팀을 몰고 가 클리브랜드 브라운스 팀의 슈퍼볼 진출을 좌절시켰던 일을 상기해 보라(슈퍼볼 우승을 두 번이나 안았던 얼웨이는 미국 최고의 쿼터백이라는 명성을 뒤로하고 1998년 은퇴했다—옮긴이). 이는 오늘날 미식축구 팬들에 의해 '더 드라이브'The Drive(대공세)라고 불리는데, 더 드라이브가 시작되었을 때 이를 보고 있던 관중 대부분이 서로를 쳐다보며 고개를 끄덕였다. 심지어 클리브랜드 브라운스 팬들조차 더 드라이브가 곧 일어날 것이며, 이는 이미 피할 수 없는 운명임을 믿는 듯 보였다.

그러나 이런 무아지경은 실제 물리적인 장소를 가리키는 것이 아니고, 신체적인 기량에 갑작스런 변화가 온다든지 기술적인 능력이 향상된 것도 아니다. 통계에 따른 개연성 또는 과거의 경험이 뒷받침하는 합리적인 근거도 없다. 내 생각에는 목표에 적중해야 한다는 부담감을 완전히 자기 통제 메커니즘에 맡겨 버린 결과라고 생각된다. 어떤 면에서 보면 이는 불안, 걱정, 스트레스, 절망감 등이 순간 사라질 정도로 자기 통제 메커니즘에 완전히 몸을 내맡김으로써 본인은 그저 침착하고도 신속한 태도로 요구되는 임무를 수행한 것뿐이라고 볼 수 있다.

이런 감정 상태가 요구될 때 그것을 언제라도 꺼내어 사용할 수 있는 방법을 찾기 위한 연구가 그동안 많이 진행되었다. 유명한 동기부여 전문가 토니 로빈스는 몇몇 일류 선수에게서 어마어마한 돈을 받고 앞서 소개한 무아지경에 돌입하는 방법을 가르쳐 주었다.

이런 승리감에는 마법과 같은 힘이 있다. 그것은 모든 장애물과 불가능을 상쇄해 버리며 오류와 실수마저도 성공에 이용한다. 슈퍼마켓 체인 J.C.페니의 설립자 제임스 페니는 아버지가 임종하면서 "너는 반드시 해낼 거야."라는 말을 남겼다고 한다. 당시 그에게는 유형 자산이나 현금이 없었으며 교육조차 제대로 받지 못한 처지였지만 그 순간부터 왠지 어떻게든 성공할 것 같은 느낌이 들었다고 한다. 페니의 체인점은 수없이 불가능한 상황과 낙담의 순간을 딛고 태어났다. 그는 의기소침할 때면 아버지의 유언을 떠올리곤 했다. 그러면 맞닥뜨린 문제를 어떻게든 헤쳐 나갈 수 있다는 이상한 느낌이 들었다고 한다.

그러나 큰 재산을 모은 뒤에 그는 대부분의 동년배들이 이미 오래전에 퇴직했을 나이인 58세에 모든 것을 잃고 말았다. 한창때가 지나 빈털터리가 되어 버린 것이다. 게다가 다시 희망을 걸어 볼 만큼의 재산도 남아 있지 않았다. 하지만 그는 또다시 아버지의 유언을 떠올렸고, 이제는 습관처럼 되어 버린 승리감을 바로 되찾았다. 이후 다시 재산을 모았으며 불과 몇 년 사이에 전보다 더 많은 점포를 운영하게 되었다.

이렇듯 페니는 자신이 성공할 사람이라는 심오하고 굳건한 자아 이미지를 세워 이를 든든한 기반으로 삼았다. 불행하게도 우리는 부모나 다른 영향력 있는 사람들에게서 이와 정반대되는 말을 듣고 살아왔다. 따라서 성공했을 때보다 실패했을 때 더 큰 의미를 두며, 시간이 지남에 따라 자신이 결코 큰일을 해낼 사람이 아니라고 확신한다. 자아 개념과 자기 대화를 단순한 것으로 여기고 그 힘과 능력을 과소평가해서는 안 된다.

기업가인 헨리 카이저는 다음과 같이 말했다.

"힘들고 도전적인 일을 해야 할 때 나는 이런 사람을 찾는다. 삶에 열정이 있고 낙천적이며 일상적인 문제에 흥미와 자신감으로 덤벼들고, 세심히 계획하고 열심히 일하는 자기 자신을 정확히 알고, '힘들지 모르지만 해치울 수 있다'고 말하는 사람이다."

과거의 경험에서 영감을 얻어라

유명한 레스기블린 인간관계 연구소의 설립자이며《사람의 마음을 움직이는 인간관계의 기술》이라는 책의 저자이기도 한 레스 기블린Les Giblin은 이 책의 초판본을 읽은 뒤 자신도 일을 할 때 신기하게도 승리감이 결합된 상상이 떠올랐던 적이 많았다고 털어놓았다.

기블린은 성공적인 세일즈맨이었으며, 수년간 세일즈 매니저로 일했다. 그는 홍보 활동도 한 적이 있었기 때문에 대인 관계 분야의 전문가로도 어느 정도 평판이 나 있었다. 그는 자신의 직업에 만족하기는 했으나 활동 영역을 넓히고 싶었다. 그의 주요 관심사는 사람이었으며 수년간에 걸친 연구 이론과 경험을 쌓아 다른 사람을 대할 때 겪는 문제에 대한 해답을 찾았다고 생각했다. 그래서 대인 관계에 대한 강의를 하려고 했는데, 문제는 대중 앞에 서 본 경험이 전혀 없다는 것이었다.

어느 날 밤 나는 진정으로 바라던 것에 대해 고민하면서 침대에 누워 있었다. 그때까지 대중 강사와 비슷한 유일한 경험은 세일즈 미팅 때 나와 함께 일하던 몇 명의 세일즈맨 앞에서 이야기했던 경험과 군대에 있을 때 잠시 조교로 근무했던 경험뿐이었다. 대규모 청중 앞에 선다는 생각만 해도 온몸이 덜덜 떨릴 정도였다. 그런 내가 성공적으로 강연을 한다고는 상상할 수도 없었다.

함께 일하던 세일즈맨들을 상대할 때는 정말 여유를 가지고 이야기할 수 있었다. 또한 군대의 병사들 앞에서도 별 문제 없이 이야기하곤 했다. 나는 잠자리에 누워서 그 당시에 느꼈던 자신감과 성공한 기분을 되살려 냈다. 당시 태연자약했던 나의 모습과 함께 사소한 세부 사항까지도 기억해 냈다.

그리고 아주 많은 청중 앞에서 인간관계에 대해 강연하는 내 모습을 상상해 보았다. 이와 동시에 방금 그들 앞에서 예전에 느꼈던 침착함과 자신감을 떠올렸다. 나는 마음속으로 청중 앞에 어떤 자세로 서 있을 것인지 자세하게 그려 보았다. 바닥을 밟고 있는 발의 압력을 느낄 수 있었으며, 청중들이 어떤 표정을 짓고 있는지도 보였다. 또한 그들의 박수 소리도 들을 수 있었다. 나는 성공적으로 강연을 하는 나 자신을 보았다. 대성공을 거두는 모습이었다.

그러면서 머릿속에서 뭔가가 정리되는 것을 느꼈다. 갑자기 의기양양한 기분이 들었다. 바로 그 순간, 해낼 수 있다는 생각이 스쳐

갔다. 나는 예전에 느꼈던 자신감과 성공한 기분을 마음속에 떠올려 미래의 내 모습과 결합시켰던 것이다. 성공한 기분이 너무 진짜처럼 느껴져서 바로 그 자리에서 난 해낼 수 있다고 확신했다. 나는 '승리감'을 얻었던 것이며, 이후로도 항상 그 기분을 간직했다. 당시에는 출셋길이 보인 것도 아니었으며 내가 품고 있던 꿈 또한 불가능해 보였지만, 3년도 채 지나지 않아 나는 꿈을 실현할 수 있었다. 이는 내가 상상하고 느꼈던 바와 세부적인 사항까지도 거의 흡사했다. 무명에다 경험도 부족한 탓에 큰 강연 주최 업체 중 어느 곳에서도 나를 받아 주려 하지 않았다. 하지만 나는 단념하지 않고 스스로 강연 계약을 추진했으며, 아직도 그런 방식을 유지하고 있다. 지금은 내가 감당할 수 있는 것보다도 많은 강연 제의가 쏟아져 들어온다.

오늘날 레스 기블린은 인간관계의 권위자로 알려져 있으며, 그의 책 《사람의 마음을 움직이는 인간관계의 기술》은 그 분야의 명실상부한 고전으로 자리 잡았다. 이 모든 성과의 시작은 그가 떠올렸던 상상과 승리감이었다.

기블린의 경험은 현재 조심스럽게 마음에 떠올리는 목표를 성취하기 위해 과거의 경험으로부터 영감을 얻어야 한다는 사실을 잘 보여 준다. 이런 영감은 항상 그 자리에 있다. 그렇지 않았다면 애초에 그런 목표가 떠오르지도 않았을 것이다. 자신이 가장 하고 싶은 것을 해낼 수 있다는 사실을 암시해 주는 과거의 작은 암시들이 틀림없이 존재한다. 그것을 찾아내서 마음속으로 강조하기만 하면, 정말 소망하는 바를 이룰 자질이 있는 자아 이미지를 인정하기 시작한다. 그리고 이것이 새로운 진실로 자리매김하고 현실에서 이루어지도록 우리의 자기 통제 메커니즘이 작동하기 시작한다.

이처럼 의욕적인 암시들을 집중 조명하고 그 외의 모든 것들은 그림자로 가려라. 그러면 우리 속의 승리감이 반사되어 되돌아와 우리를 따스하게 감싸 줄 것이다.

때로는 내 안의 반대 의견을 옹호하라

나는 익히 알고 있는 두 명의 친구를 관찰할 기회가 있었다. 그들은 아주 비슷한 집안 배경, 교육, 지성, 기술 등을 가지고 있었으며 모두 같은 시기에 완전히 새로운 일을 하기 위해 노력하고 있었다. 두 사람은 서로 전혀 모르는 사이였으나 나는 그들을 동시에 관찰할 수 있었다. 주어진 일이 무엇이었는지는 그리 중요하지 않다. 단지 상당한 어려움이 따르고 적지 않은 좌절감을 느끼게 하며, 대단한 인내심을 요구하는 일이었다고만 생각하자.

한 친구가 내게 이렇게 말했다.

"절대 하지 못할 것 같아. 정말이지 평생 동안 쉽게 풀리는 일이라곤 없군. 모든 걸 고생하면서 해야 했단 말이지. 단 한 번도 행운이 따라 준 적이 없어. 이번 일마저도 고군분투해서 헤쳐 나가야 하다니 이젠 그럴 힘도 다 떨어져 버렸어."

다른 친구는 이런 말을 꺼냈다.

"맥스, 내가 한마디 하지. 이제까지 살아오면서 나한테 쉬운 일이라곤 없었어. 내가 현재 잘할 수 있게 된 일, 힘들이지 않고 할 수 있는 일, 내가 이루어 낸 성공은 사실 처음부터 제대로 했던 건 아닐세. 나는 그 상태에서 잘하려고 엄청나게 노력했어. 내가 정말 제대로 하는 게 한 가지 있다면 서툰 사람에서 유능한 사람으로 탈바꿈할 수 있는 기술이지. 이번에도 이 일로 또 한번 그렇게 될 것 같아."

이 두 사람 중 과연 누가 목표를 포기하고 아무 성과도 없이 도중하차 했을까? 마침내 성공한 사람은 누구일까?

여기서 나는 긍정적인 사고라는 진부한 말, 즉 유리잔이 반쯤 찼느냐 비었느냐에 관한 이야기를 하려는 것이 아니다. 이는 피상적일 뿐 아니라 의식적으로 강요하는 느낌을 준다. 그보다는 훨씬 더 심오한 자아 이미지에 근거한 이야기다. 이 두 사람이 자신의 인생을 어떻게 해석하는지, 자기 자신에 대해 어떻게 생각하는지를 살펴보라.

한 사람은 약간의 진척을 보통 때와 마찬가지로 서투름에서 유능함으로 발전하고 있는 고무적인 증거로 받아들이는 반면, 다른 한 사람은 똑같은 상황에서 자신은 너무나 궁지에 몰려 있고 어마어마한 어려움에 부닥쳤다는 증거로 받아들여 그 일을 성취하지 못할 것이라는 생각에 빠져 있다.

아마 어떤 두 사람을 데려다 놓아도 똑같은 상황을 놓고 아주 다르게 해석할 것이다. 그래서 공화당과 민주당, 보수주의자와 진보주의자, 낙태 반대론자와 찬성론자 등이 존재하는 것이다. 이는 자기 자신에 대해서도 마찬가지다. 만일 자신에 대해 한정되거나 억제된 견해를 가지고 있다면 잠시 물러나 자신을 정신분석가의 입장에서 살펴본 뒤 반대 의견을 옹호해 보라. 노련한 토론가는 논쟁의 어떤 편을 들어도 이기는 법이다.

우리의 뇌는 성공과 실패를 어떻게 기록하는가

사이버네틱스의 과학은 승리감이 어떤 식으로 작용하는지 새롭게 조명한다. 우리는 앞에서 전자 기기의 자기 통제 메커니즘이 효과적인 동작을 기억해 두었다가 이를 반복할 필요가 있을 때 어떻게 인간의 기억력과 유사하게 저장 정보를 활용하는지 살펴봤다.

기술 습득 과정은 주로 높은 적중률이나 성공적인 행동이 기억에 입력될 때까지 시행착오를 통해 반복하는 훈련에 지나지 않는다. 사이버네틱스 과학자들은 학습을 통해 미로 속에서 스스로 길을 찾을 수 있는 '로봇 쥐'를 고안해 냈다. 하지만 그 로봇 쥐는 처음에는 무수히 많은 오류를 범하며 끊임없이 벽이나 장애물에 부딪치곤 한다. 로봇 쥐는 장애물과 부딪칠 때마다 회전하면서 다른 길을 찾는다. 그러다가 또 다른 벽에 부딪치면 다시 회전하면서 앞으로 나아간다. 그렇게 여러 차례 오류를 범하고 멈추고 회전한 결과, 로봇 쥐는 미로 속을 통과한다. 로봇 쥐는 성공했던 방향 전환을 기억해 두었다가 다음번에 지날 때는 성공적이었던 움직임을 재현해 신속하게 길을 찾아간다.

훈련의 목적은 목표를 이룰 때까지 끊임없이 실수를 바로잡아 가면서 반복적인 시도를 거듭하는 데 있다. 성공적인 일련의 동작이 이루어지면 시작부터 끝까지 동작의 전 과정이 우리가 '의식적 기억'이라고 부르는 곳에 저장될 뿐만 아니라 신경계와 세포 조직에도 저장된다.

구어체 문장은 직관적이며 묘사적인 경우가 많다. "나는 내가 할 수 있다는 것을 뼛속 깊이 느꼈어."라고 말할 때 이것은 결코 틀린 말이 아니다. 마찬가지로 케리 미들코프 박사가 "내 안에 홀 컵까지의 궤적이 마치 '뇌 속에 문신이 새겨지듯' 정확히 그려졌다."고 말했을 때 이는 부지불식간에 학습 기억, 또는 상상을 할 때 우리 머릿속에서 무슨 일이 일어나는지 설명하는 최신 과학 이론을 매우 정확하게 묘사한 것이다.

존 에클레스John C. Eccles 박사와 찰스 셰링턴Charles Sherrington 같은 뇌생리학 분야 전문가들은 인간의 대뇌피질은 수십억 개의 신경세포(뉴런)로 구성되어 있으며, 각각의 신경세포에는 일종의 더듬이라고 할 수 있는 수많은 신경돌기가 돋아나 있다고 설명한다.

신경돌기는 각각의 신경세포를 연결하는 부위인 시냅스를 가지고 있다. 우리가 생각하거나 기억 또는 상상을 할 경우 이들 신경세포는 측정 가능한 전류를 내보낸다. 우리가 어떤 것을 학습하거나 무엇인가를 경험하면 신경세포는 일정한 유형을 가진 회로를 이루며 뇌신경 조직에 새겨진다. 이런 유형은 레코드판의 홈과 같은 것이라기보다는 전기적인 트랙과 유사한 성질을 띠고 있다. 즉, 수많은 신경세포 사이의 전기적 접속과 배열은 CD 표면에 기록된 자성磁性 유형과 비슷하다. 따라서 똑같은 신경세포가 수많은 별개의 유형 일부가 될 수도 있다. 이런 까닭에 학습 및 기억과 관련된 인간의 두뇌가 가진 능력은 거의 무한한 것이다.

이런 유형이나 기억의 흔적은 미래에 다시 사용되기 위해 뇌신경 조직에 저장되며, 과거의 경험을 떠올릴 때마다 다시 활성화되고 재생된다. 《사이언티픽 아메리칸》Scientific American 에 실린 〈상상력의 생리학〉The Physiology of Imagination 이라는 논문에서 에클레스 박사는 다음과 같이 말했다.

"회백질 세포들 간의 활발한 연결은 모든 상상을 초월한다. 대단히 포괄적이어서 피질 전체가 통합된 활동을 하는 하나의 개체인 것처럼 생각할 수도 있다. 앞으로도 계속 뇌를 기계처럼 생각한다면 현존하는 그 어떤 기계들보다 월등하게 복잡한 기계라고 해야 할 것이다. 인간이 만든 가장 복잡한 기계인 컴퓨터와 비교해도 무한히 복잡하다고 말할 수 있을 정도다."

간략하게 말하면 과거에 했던 모든 성공적인 동작은 뇌 속에 기억의 흔적이나 유형으로 남아 있다. 그리고 만일 자극을 주어 그 유형을 재생시킬 수만 있다면 이후로는 그저 골프채를 휘두르기만 할 뿐 나머지는 진행되는 대로 내버려 두기만 하면 된다.

과거의 성공적인 유형을 재생할 경우 승리감 역시 재생된다. 마찬가지로 그 승리감을 다시 포착할 수만 있다면 그와 함께 승리를 가져온 행동 모두를 되살릴 수 있다. 이를 순환 과정으로 살펴보자. 느낌은 행동을 낳고, 행동은 느낌이나 상상에 따른 행동을 낳는다. 특히 기억에 근거한 상상 속의 행동은 느낌을 낳고, 이 느낌은 행동을 낳는다. 한 가지 다행스런 사실은 이 과정 중 어느 곳에서 자극을 일으키든 상관이 없다는 점이다.

머릿속에 성공의 유형을 새겨 넣어라

찰스 엘리엇 Charles Eliot 박사는 하버드 대학교 총장 시절에 '성공하는 습관'이라는 제목으로 강연을 한 적이 있었다. 그는 초등학교 학생 중 빈번히 낙제하는 학생의 경우 애초에 그가 성공적으로 공부할 수 있는 과제가 적었기 때문에 낙제를 할 수밖에 없었고 그로 인해 성공의 느낌, 즉 승리감을 발달시킬 수 있는 기회를 박탈당했다고 주장했다. 또한 그는 학창 시절에 한 번도 성공을 경험하지 못한 학생은 성공하는 습관, 즉 새로운 일을 시작할 때 습관적으로 신념과 용기를 떠올릴 수 있는 기회를 갖지 못한다고 말했다.

따라서 그는 교사들이 학업 계획을 짤 때 학생들이 저학년 때 성취감을 맛볼 수 있도록 신경을 써야 한다고 강력히 주장했다. 이때 주어지는 과제는 그 학생의 눈높이에 맞춰야 하며 의욕과 동기를 유발할 수 있을 만큼 흥미로워야 한다. 엘리엇 박사는 이런 작은 성취감이 학생들에게 성공의 느낌을 불어넣어 줄 것이며, 앞으로 모든 일을 시작할 때 소중한 힘이 될 것이라고 말했다.

한 미식축구 경기에서 팀의 공격을 지휘하는 쿼터백이 부상을 당해 경기 도중에 실려 나갔다. 그러자 코치는 벤치를 지키고 있던 후보 선수를 급히 내보냈다. 이때 기민한 코치라면 성공률이 비교적 높은 쉬운 작전을 지시한다. 비록 대단한 플레이는 나오지 않을지언정 성공의 느낌이나 리듬감을 심어 주기 위해서다. 말하자면 승리감을 자극하려는 것이다. 이를 위해 코치는 9미터나 27미터까지 나갈 수 있는 원거리 또는 중앙 패스를 시도하는 대신에, 측면으로 던지는 짧은 스윙 패스를 지시한다. 이렇게 하면 잘해 봐야 겨우 1.8미터나 2.7미터 정도밖에 나가지 못하지만 패스를 성공시킬 확률은 매우 높다.

인쇄 업계에서 나와 알고 지내는 최고의 세일즈맨이 있다. 그는 매일의 일과인 거래처 방문을 시작할 때 맨 처음 들르는 한두 군데는 항상 '아군 지역'이 되도록 스케줄을 조정한다. 그는 분명히 환영해 줄 것이라고 확신하는 고객을 맨 처음 방문한다. 그곳은 그가 반복해서 영업을 뛰는 곳이라 확률적으로 바로 주문이 있을지도 모르고, 최소한 정중하고 예의 갖춘 대접은 받을 수 있는 곳이다. 그런 후에 그는 앞선 곳과 같은 환대는 기대할 수 없는 다른 거래처로 발길을 옮기거나, 지나치게 가격에 민감해서 종종 싼값에 주문을 하는 상대하기 힘든 거래처를 방문한다. 그는 인내심과 지구력을 시험받기 전에 승리감을 얻기를 원한다고 말했다. 그의 상사는 그에게 이렇게 말했다고 한다.

"작은 승리가 큰 승리를 불러온다."

지하철 샌드위치 체인점의 창립자 프레드 델루카는 이렇게 말했다.

"먼저 작은 돈부터 벌어야 한다."

동전을 좀 모았다면 앞으로는 지폐를 벌어야겠다는 생각을 쉽게 할 수 있다. 수백 달러를 벌었다면 수천 달러 버는 것을 목표로 삼기가 훨씬 수월하다.

이같이 작은 승리를 반복하는 것은 만물의 자연스런 발전 과정이기도 하다. 아기는 먼저 기어 다니다가 뭔가를 잡고 일어선다. 혼자 설 수 있으면 그다음에는 뭔가에 의지한 채 앞으로 아장거리며 걷는다. 다음은 본격적인 걸음마 단계다. 걷는 것을 터득하면 자전거를 타 보겠다는 생각을 하게 된다. 또한 자전거 타는 법을 익히고 나면 나중에 오토바이를 타는 모습을 쉽게 상상해 볼 수 있다.

우리는 성공하는 습관이나 성공 리듬을 타는 법을 학습할 수 있다. 즉, 머릿속에 성공의 유형과 느낌을 나이에 상관없이 언제라도 심을 수 있다. 그러기 위해 엘리엇 박사가 선생님들에게 했던 조언을 따르거나, 경험이 부족한 쿼터백을 위해 수완 좋은 코치가 세우는 적절한 전략을 따르거나, 인쇄 업체 세일즈맨이 하루를 시작하는 요령을 활용해도 좋을 것이다.

만일 실패 때문에 번번이 낙담한다면 실패의 습관적인 느낌이 몸에 배어서 새로 시작하는 일마다 모두 같은 결과를 낳을 것이다. 하지만 작은 일들을 성공적으로 해낼 수 있도록 여건을 조정한다면 성공의 분위기를 만들어 낼 수 있으며, 이런 분위기는 그다음에 수행할 더 큰 과업에도 전해진다. 우리는 점진적으로 좀 더 어려운 일을 할 수 있을 것이며 이를 성공리에 마친 뒤에는 더 힘든 일을 할 수 있는 위치에 오를 것이다. 한마디로, 성공은 성공 위에 지어진다. 따라서 다음과 같은 경구에는 상당한 진실이 담겨 있다고 할 수 있다.

"성공만큼 성공하는 것은 없다."

물론 나이 든 성인의 입장에서는 이 과정을 좀 가속화했으면 하고 생각한다. 성공하는 시기를 앞당기기 위해서다. 훈련만 잘 되어 있다면 우리는 마음만 먹어도 언제든지 승리감을 느낄 수 있다. 몇 주 동안 벤치만 지키던 노련한 쿼터백이 갑자기 경기에 투입되는 상황이라면 완만하게 지속적으로 쌓아 올린 작은 승리감보다는 당장 승리감을 끄집어내야만 한다. 이 같은 가속은 우리의 상상력을 통해 새로 만들 수 있다. 실제 경험의 장이 아닌 정신의 영화관을 통해서 말이다. 연출된 경험과 실제 경험이 사실상 똑같은 효과를 내기 때문에 이것은 확실히 효과가 있다.

역도를 할 때는 충분히 들 수 있는 무게에서 시작해서 일정 기간에 걸쳐 점진적으로 역기 무게를 늘려 나간다. 복싱에서도 처음에는 쉬운 상대와 맞붙고 차츰 경험이 많은 상대와 대결하며 실력을 키워 나간다.

우리는 이와 동일한 원칙을 거의 모든 분야에 적용할 수 있다. 처음에는 충분히 해낼 수 있는 과업으로 시작해서 차츰 조금씩 더 어려운 과업을 맡는 것이다. 파블로프는 임종을 앞두고 제자들로부터 성공하는 방법과 관련된 조언을 마지막으로 한 가지만 해달라는 부탁을 받았다. 파블로프가 건넨 답변은 "열정과 점진적인 발전"이었다.

이미 높은 수준까지 기술을 발전시킨 분야라고 할지라도 때로는 수준을 조금 낮춰 편한 마음으로 연습하는 것도 도움이 된다. 발전 단계에서 걸림돌을 만나서, 아무리 노력을 하더라도 더 이상 앞으로 나아가지 못하는 상황에 처했을 때는 특히 더 그렇다. 어떻게든 그 걸림돌을 넘어서려고 계속해서 애를 쓰다 보면 부담, 난관, 힘든 노력 같은 달갑지 않은 감정을 습관적으로 느끼게 된다. 그런 상황에서 역도 선수라면 당분간 무게를 줄인 쉬운 역기로 연습해야 하고, 복싱 선수라면 쉬운 상대들과 많이 맞붙어야 한다.

빠른 속도로 타자 치기 대회에서 여러 해 동안 세계 챔피언에 올랐던 앨버트 탱고라는 더 이상은 속도를 향상시키기가 불가능한 정체기가 찾아오면 평소의 절반 속도로 천천히 타이핑하는 연습을 했다. 유명한 영업사원 한 사람이 이 원칙을 활용해서 영업 슬럼프에서 벗어났다는 이야기도 들은 적이 있다. 그는 슬럼프가 오면 큰 계약에 도전하거나 힘든 고객에게 물건을 팔려고 노력하는 것을 중단하고, 호락호락한 고객들을 상대로 작은 규모의 계약을 체결하는 데 전념했다고 한다.

스몰윈의 경험을 떠올려라

누구든 한 번쯤은 성공을 경험한다. 대단한 성공이 아니어도 상관없다. 학교 불량배에게 과감하게 맞서 혼내 준 경험, 초등학교 시절 달리기 시합에서 우승한 경험, 회사 야유회 때 두 다리를 자루 속에 넣고 뛰는 경주에서 우승했던 경험, 라이벌을 제치고 여자 친구의 사랑을 독차지했던 경험 등 그리 대수롭지 않은 일이 대부분일 수도 있다. 아니면 회사에서 크게 매출을 올렸던 경험, 사업상 성공적인 협상을 끌어낸 경험, 농산물 축제나 가축 품평회 때 올해 최고의 케이크를 만들어 입상한 경험일 수도 있다.

어떤 일에 성공했는지를 따지기보다는 그 성공에 따르는 성공의 느낌이 더욱 소중하다. 원하던 일에서 성공했던 경험, 성취하고자 했던 바를 이룬 경험, 어떤 만족감을 가져다주었던 경험만이 요구될 뿐이다.

과거 기억을 되짚어 가며 성공했던 순간을 새겨 보자. 그리고 상상력을 동원해서 되도록 자세하게 전체적인 장면을 재구성해 보자. 마음의 눈으로 주요 장면만이 아니라 성공을 둘러싸고 일어났던 사소한 요소들까지 모두 떠올려 보는 것이다. 어떤 소리가 들려왔는가? 주변 상황은 어땠는가? 주위에서 또 어떤 일들이 벌어지고 있었는가? 주변에 어떤 물건이 놓여 있었는가? 계절은? 날씨는 더웠는가, 추웠는가?

모두 열거하자면 아주 많을 것이다. 자세하면 자세할수록 좋다. 성공적이었던 과거 어느 때의 일들을 조목조목 자세하게 기억해 낼 수 있다면 당시 느꼈던 기분에 젖어 있는 자신을 발견할 것이다. 특히 당시에 느꼈던 기분을 떠올려 보려고 노력하라. 과거에 느꼈던 기분을 기억해 낼 수 있다면 지금 재현할 수 있다. 그러면 자신감에 차 있는 자신을 발견할 것이다. 자신감은 성공했던 과거의 기억으로부터 만들어지기 때문이다.

이제 전반적인 성공의 느낌을 환기시킨 다음, 이를 머릿속에서 중요한 영업, 회의, 연설, 사업, 골프 대회, 로데오 경기 등 현재 몰두하고 있는 일에 적용해 보자. 자신의 창조적인 상상력을 동원해서 이미 성공을 거두었다면 과연 어떻게 처신할 것인지, 어떤 기분이 들 것인지를 떠올려 보라.

마음속으로 완벽하고 필연적인 성공에 대해 한번 상상해 보자. 하지만 억지로 하거나 무리하게 머리를 짜내지는 마라. 원하는 결과를 얻어 내기 위해 모든 힘을 기울이거나 정신력을 총동원하지도 마라. 다만 평소에 걱정할 때와 마찬가지로 행동하라. 다시 말해 부정적인 목표와 원치 않는 결과에 대해 걱정하지 말고, 긍정적인 목표와 원하는 결과에 대해서만 걱정하도록 하라.

원하는 결과에 대해 절대적인 확신을 가져야 한다고 스스로를 다그쳐서는 안 된다. 이는 초보자가 정신적으로 감당하기에는 너무나 벅찬 일이다. 이때는 '점진성'을 활용하도록 한다. 평소 미래를 걱정하듯이 원하는 결과에 대해 생각해 본다. 걱정할 때 원치 않는 결과가 나올 것이라고 스스로 설득하지 않도록 주의해야 하며 대신 점진적으로 진행해야 한다.

처음에는 가정을 해보는 것에서부터 출발한다. '이러이러한 일이 일어난다고 가정해 보자'라고 마음속으로 말한다. 이런 생각을 계속해서 반복한다. 이후 이것을 마음속에서 여러 각도로 살펴보라.

그다음은 가능성을 살펴볼 차례다. '그것이 불가능한 일은 아니야'라고 말해 본다. 그것은 충분히 일어날 수 있는 일이다. 다음 순서는 마음속으로 이미지를 그리는 것이다. 여러 부정적인 가능성을 마음속에 그리기 시작한다. 이렇게 상상해 낸 장면에 세부 사항도 추가하고 잘 다듬어서 반복 상영하라. 그러면 장면이 점점 더 실제처럼 느껴지면서 그에 어울리는 감정이 일어나기 시작한다. 마치 상상한 결과가 이미 벌어진 듯 말이다. 두려움과 불안감 또한 이런 식으로 발전한다.

신념과 용기도 위와 똑같은 방법으로 나타난다. 단지 목표가 다를 뿐이다. 어차피 걱정하는 데 시간을 허비할 바에야 건설적으로 걱정해 보면 어떨까? 소망하는 실현 가능한 결과에 대해 먼저 윤곽을 잡고, 정의를 내리는 것으로 시작하라.

'만일 최상의 결과가 실제로 나온다면?'과 같은 가정 단계부터 출발한다. 그다음 이것이 지극히 가능한 일이라고 스스로 다짐한다. 이 단계에서는 반드시 그렇게 된다기보다는 될 수도 있다는 정도로 생각한다. 어찌되었든 그렇게 원하는 좋은 결과가 실현 가능하다고 스스로 다짐해 둔다.

우리가 낙관과 신념이라는 약물을 조금씩 계속 투여하면 마음속에서 충분히 받아들이고 소화해 낼 수 있다. 원하는 결과가 틀림없이 이루어질 것이라고 생각한 다음, 그 결과가 과연 어떨지 상상해 보라. 그리고 머릿속에 떠오른 장면을 살펴보고 세부 사항을 그려 가며 다듬어 본다. 이를 자신에게 반복적으로 상영한다. 머릿속의 장면들이 계속 반복되면서 점점 더 구체화되면 이와 더욱 어울리는 감정들이 일어나기 시작한다. 마치 원하던 결과가 이미 실현된 것처럼 말이다. 그러면 장면과 어울리는 감정이 신념, 자신감, 용기 등으로 모습을 드러내거나 이 모든 것이 한데 뭉쳐 다가올 것이다. 바로 승리감이다.

부정적인 감정을 피하지 않고 이용하는 법

제2차 세계대전 때 용맹성과 '피에 굶주린 늙은이' Old Blood and Guts 라는 별명으로 유명했던 조지 패튼 장군은 언젠가 전투 직전에 두려움을 느낀 적이 있냐는 질문을 받았다. 그는 중요한 전투를 앞두고 두려움을 느낀 적이 자주 있으며, 어떤 때는 전투 중에도 두려움을 느낀다고 말했다. 그러나 그는 절대 두려움에 귀를 기울이지는 않는다고 했다.

모든 사람이 때때로 그렇듯이 중요한 일을 앞두고 두려움과 불안 같은 부정적인 감정을 느꼈을 때 이를 실패의 징조로 받아들여서는 안 된다. 모든 일의 성패는 부정적인 감정에 어떻게 반응하느냐, 어떤 태도로 대처하느냐에 달려 있다. 부정적인 감정에 귀를 기울인다든지, 이에 따라 행동하거나 염려하면 주어진 일을 제대로 해내지 못한다.

먼저 명심할 점은 두려움, 불안, 열등감 같은 실패의 감정이 하늘의 계시가 아니라는 사실이다. 그것은 타고난 운명이 아니며 성스러운 진리도 아니다. 실패가 이미 선언되고 결정되었음을 의미하는, 도저히 바꿀 수 없는 운명적인 암시도 아니다. 이런 감정은 우리의 마음에서 나오며 오직 내면에 품고 있는 마음가짐을 나타낼 뿐, 자신에게 불리하게 형성된 외부적인 요인은 결코 아니다.

부정적인 감정은 자신의 능력을 과소평가함을 의미하는 동시에, 자기 앞에 놓인 어려움의 실체를 과대평가하거나 과장하고 있음을 의미한다. 또한 과거에 성공했던 기억 대신 실패했던 기억을 되살리고 있음을 의미한다. 이것이 부정적인 감정이 의미하는 전부다. 미래에 일어날 일과 관련된 사실을 상징하지도 않을뿐더러 전혀 관계도 없다. 다만 미래에 대해 자신이 품고 있는 정신적인 자세를 보여 줄 뿐이다.

이런 점으로 미루어 볼 때 부정적인 실패의 감정을 받아들이거나 거부하거나, 이에 굴해 염려하거나 걱정의 유혹을 뿌리치고 앞으로 나아가거나, 어떤 것을 선택하느냐는 우리의 자유다. 우리는 우리 자신에게 유리한 쪽으로 이 모든 부정적인 감정을 이용할 수 있다.

부정적인 감정에 대해 적극적이고 긍정적으로 반응한다면 그런 행동은 저절로 자기 내부에 잠재해 있는 힘과 능력을 더욱 강하게 만들 것이다. 어려움, 위협, 위험 등의 생각에 수동적으로 끌려다니지 않고 적극적으로 반응한다면 바로 그 생각이 우리 내부의 잠재된 힘을 이끌어 낸다.

제13장에서 우리는 어느 정도의 흥분도 올바르게 이해하고 사용하기만 하면 일을 방해하지 않고 오히려 도움이 된다는 사실을 알았다. 모든 것이 우리의 태도에 달렸다. 부정적인 감정을 자산으로 이용하는가, 아니면 장애물로 이용하는가에 달려 있다.

그 예로 듀크 대학교에 초심리학 연구소를 설립한 조지프 라인 박사의 경험을 들 수 있다. 라인 박사는 실험 대상자가 특정한 카드 세트에서 카드의 순서를 차례대로 추측하거나 텔레파시 능력을 증명하는 테스트를 받을 때, 구경하는 사람들이 으레 던지는 부정적인 의견, 주의를 흩트리는 행동, 불신하는 듯한 표정이 피험자의 점수에 결정적인 악영향을 끼친다고 말했다. 반대로 구경꾼들의 칭찬, 격려, 응원은 피험자가 더 좋은 점수를 올리는 데 기여했으며, 좌절감을 주거나 부정적인 말을 건네는 것은 피험자의 테스트 점수를 떨어뜨렸다.

그러나 가끔씩 피험자가 그런 부정적인 말을 '도전'으로 받아들이고 더 좋은 성적을 내는 경우도 있었다. 가령 피어스라는 사람은 아무런 영향이 없는 상태에서 꾸준히 좋은 성적을 냈다(25개 카드를 쌓아 둔 세트에서 5개를 맞혔다). 라인 박사는 피어스에게 도전적인 자극을 주어 더 좋은 성적을 내도록 유도했다. 즉, 피어스가 매 차례 시도하기 전에 다음 카드는 틀림없이 맞히지 못할 것이라고 말했다. 라인 박사는 "피어스는 집중력이 최고조에 오른 게 분명했다. 틀릴 것이라는 주위 사람의 의견은 그 테스트에 열정적으로 임하도록 만드는 간편한 수단이었다."라고 회상했다. 그 실험에서 피어스는 25개 카드를 모두 정확히 맞혔다.

아홉 살짜리 여자아이인 릴리안은 아무 내기도 하지 않아 실패해도 걱정할 필요가 없을 때는 평균보다 높은 점수를 얻었다. 그리고 나서 놓여 있는 카드를 모두 맞히면 50센트를 주겠다고 이야기함으로써 아이가 가벼운 부담감을 느낄 상황을 만들었다. 테스트를 받는 동안 릴리안은 중얼거리듯 입술을 끊임없이 움직였다. 그리고 카드 25개를 모두 맞혔다. 혼 잣말로 무슨 말을 했던 것이냐고 묻자, 아이는 다음과 같은 말로 자신의 적극적이고 긍정적인 태도를 드러냈다. "계속해서 25개를 맞힐 수 있기를 소망했어요."

"넌 못해!"라는 다른 사람의 충고에 쉽게 낙담하거나 좌절하는 사람이 있다. 반면에 똑같은 말을 듣고도 수완을 발휘해 성공에 대한 의지가 전 보다 더 강렬해지는 사람도 있다. 기업가 헨리 카이저의 한 측근은 다음 과 같이 말했다.

"그가 어떤 일을 하지 않길 바랄 때, 그것이 불가능하다든가 할 수 없 다고 말하는 실수를 범해서는 안 된다. 그러면 그는 그 일을 사생결단하 고 밀어붙인다."

이처럼 다른 사람에게서 부정적인 충고를 들었을 때 적극적, 긍정적으 로 반응할 수 있으며 또 마땅히 그렇게 해야 한다. 그리고 우리 자신의 부 정적인 충고에도 그렇게 반응해야 한다.

기분은 의지에 따라 직접적으로 통제할 수 없다. 기분은 주문하는 대 로 만들어지는 것이 아니며, 수도꼭지처럼 틀거나 잠글 수 있는 것도 아니 다. 기분을 통제할 수는 없으나 비위를 맞출 수는 있다. 의지력으로 직접 통제할 수 없다면 간접적으로 통제하면 된다.

언짢은 기분은 의식적인 노력이나 의지로 떨쳐 버릴 수 없지만 다른 기 분으로 떨쳐 버릴 수는 있다. 부정적인 감정에 대해 정면 공격을 함으로 써 그 기분을 떨쳐 낼 수 없다면 긍정적인 감정으로 대체하는 방법을 사 용해 보라.

이미지를 뒤따르는 것이 감정임을 잊지 말도록 하자. 감정은 우리의 신 경계가 환경에 대해 실제 또는 진실로 받아들이는 것에 따라 조절된다. 우리 자신이 원치 않는 감정을 느낄 때마다 그런 감정 자체에 집중하거나 몰아내려는 시도조차 하지 말아야 한다. 그 대신 곧바로 긍정적인 이미지에 집중하면서 유익하고 긍정적이며 바람직한 이미지, 상상, 기억 등으로 마음을 채우는 데 전념해야 한다. 이렇게 하면 부정적인 감정은 저절로 조절된다. 아예 소멸해 버리는 것이다. 이렇게 새로운 이미지에 적합한 새로운 감정을 만들어 내라.

이와 반대로, 근심이나 걱정을 몰아내거나 이를 공략하는 데만 집중하는 경우 불가피하게 부정적인 요소에만 집중하는 결과를 낳는다. 게다가 걱정거리 하나를 몰아내는 데 성공했다고 해도, 전반적인 정신 상태가 여전히 부정적이기 때문에 걱정거리를 하나 더 만들거나 또다른 근심이나 걱정이 들이닥칠 확률이 높다.

예수는 마음속에서 악령 하나를 쫓아냈다고 해서 집을 비우면 결국 새로운 악령이 들어올 뿐이라고 경고한 바 있다. 또한 예수는 악에 대항하지 말고 선으로 악을 물리치라고 충고했다.

걱정을 없애는 유일한 방법

심리학자 매튜 셔펠 박사는 저서 《걱정을 다스리는 법》에서 똑같은 방법을 권한다. 우리가 심하게 걱정하는 이유는 걱정하는 데 숙달될 때까지 걱정하는 훈련을 하기 때문이라고 주장한다.

미래에 대해 생각할 때 우리는 습관적으로 과거에 습득한 부정적인 이미지를 떠올린다. 또한 걱정은 긴장을 불러온다. 이때 걱정거리가 많은 사람은 더 이상 걱정을 하지 않기 위해 노력하지만 악순환에 말려들고 만다. 걱정을 멈추려는 노력은 긴장을 증대시키고, 긴장은 걱정하는 분위기를 조성한다.

셔펠 박사에 따르면 걱정에 대한 유일한 치유법은 원치 않는 걱정의 이미지를 즉시 즐겁고 건강한 정신적 이미지로 대체하는 습관을 들이는 것뿐이라고 한다. 걱정하는 자신을 발견할 때마다 곧바로 자신의 마음을 과거의 즐거웠던 장면이나 다가올 신나는 체험에 대한 기대로 채우라는 신호로 여겨라. 그러고 나면 얼마 후 걱정은 제풀에 꺾일 것이다. 왜냐하면 이런 습관은 걱정거리를 몰아내는 훈련을 시작하게 하는 자극제 구실을 하기 때문이다.

셔펠 박사는 걱정이 심한 사람은 근심의 원인을 파악하는 대신 정신적 태도부터 바꿔야 한다고 주장한다. 마음이 소극적이며 패배주의에 빠져 있어 아무 일도 일어나지 않았으면 좋겠다고 생각하는 사람에게는 항상 뭔가 걱정할 일이 생긴다.

심리학 센트럴 스쿨Centralist School of Psychology 창립자 데이비드 시버리David Seabury는 아버지에게 들은 최고의 충고는 부정적인 생각이 드는 것을 알아챌 때마다 그 즉시 긍정적인 상상을 하도록 연습하라는 것이었다고 말했다. 그런 연습은 긍정적인 마음 상태의 조건반사를 촉발하는 일종의 '벨'이 되어, 부정적인 기분을 말 그대로 떨쳐 냈다.

의과 대학 시절 나는 교수의 호명을 받고 병리학에 관한 구두시험을 치렀던 적이 있다. 다른 학생을 바라보면서 일어서는 순간, 나도 모르게 두려움과 불안감이 엄습해 왔다. 나는 질문에 제대로 답변하지 못했다. 하지만 현미경으로 슬라이드를 들여다볼 때나 타이핑된 문제지에 답을 적어 넣을 때는 완전히 다른 사람이었다. 나는 그 과목을 완벽하게 꿰고 있었기에 얼지 않았으며 자신감에 차 있었다. 바로 그런 승리감이 있었기에 아주 잘 해낼 수 있었던 것이다.

나는 한 학기를 보내면서 나 자신을 찬찬히 뜯어보았다. 그리고 수업 시간 중에 질문에 답하려고 일어섰을 때 친구가 아닌 내 현미경을 들여다보고 있다고 상상하기 시작했다. 그 결과 나는 구두시험을 치를 때면 부정적인 기분 대신 승리감을 불러일으켜 긴장하지 않을 수 있었다. 학기가 끝날 무렵에는 구두시험과 필기시험에서 모두 좋은 성적을 거두었다. 결과적으로 나의 부정적인 감정은 승리감을 불러일으키고 조건반사적인 역할을 하는 일종의 방울 소리가 된 것이다. 이제 나는 세계 어느 곳, 어떤 모임에서도 여유 있게 강연을 할 수 있다. 이는 내가 긴장을 하지 않고, 이야기할 때 그 내용을 잘 알고 있기 때문이다. 그러나 더 중요한 사실은 다른 사람도 대화에 끌어들여 이들 또한 긴장을 풀 수 있도록 이끈다는 점이다.

성형외과 의사로 25년간 일하면서 나는 전쟁터에서 팔다리를 잃은 병사들, 기형을 가지고 태어난 아이들, 고속도로와 산업 현장에서 사고로 부상을 입은 많은 사람들을 수술했다. 이런 사람들은 다시는 승리감을 맛볼 수 없을 것이라고 생각했다. 하지만 나는 그 환자들이 재활 치료를 해서 정상적인 모습을 되찾음으로써 부정적인 기분을 미래에 대한 희망으로 바꿀 수 있도록 도왔다.

환자들에게 승리감을 다시 품을 기회를 만들어 주면서 나 역시 그런 승리감을 느끼는 기술에 능숙해졌다. 또 환자들이 자아 이미지를 개선할 수 있게 도우면서 내 자아 이미지도 개선했다. 삶을 더욱 가치 있게 살고자 한다면 우리 모두 내면의 상처와 부정적인 기분에 그와 똑같은 작업을 해나가야 한다.

재생되고 변형되는 기억의 레코드

우리 내면에는 성공과 실패 모두가 뒤엉킨 과거의 경험과 감정을 저장하는 거대한 정신적인 창고가 있다. 마치 녹음되었지만 아직 재생되지 않은 테이프처럼, 이런 경험과 감정은 뇌의 기억에 흔적처럼 기록되어 있다. 이들은 행복하게 끝나는 이야기의 기록이자 불운한 이야기의 기록이기도 하다. 이 두 가지 모두 진실이고, 사실이다. 어느 것을 선택해서 재생하느냐는 전적으로 우리 자신에게 달렸다.

기억의 흔적에 관한 흥미로운 과학적인 발견을 하나 더 소개하면 이들은 변경 또는 수정이 가능하다는 것이다. 마치 테이프에 녹음된 내용 위에 추가 자료를 재녹음해서 변형시키거나 전에 녹음되었던 내용 위에 새로운 내용을 녹음하는 것과 같은 이치다.

존 에클레스 박사와 찰스 셰링턴 박사는 인간의 뇌 속에 있는 기억흔적engram은 재생할 때마다 조금씩 변하는 경향이 있으며, 그에 대한 현재의 기분과 생각, 태도에 따라 음색이나 성질이 변한다고 설명한다. 또 개별 뉴런은 100개는 될 만큼 많은 별개의 패턴을 이룬다(이는 과수원에 있는 나무들이 모여 사각형이나 삼각형 혹은 더 큰 사각형 등의 형태를 이루는 것과 비슷하다).

맨 처음의 기억흔적 일부인 뉴런은 그다음에 소속되는 기억흔적의 특성을 일부 취하고, 그러면서 맨 처음의 기억흔적을 일부 변화시킨다. 이런 과정은 대단히 흥미로울 뿐 아니라 희망적이기도 하다. 과거 심리학자들의 주장과 달리, 어린 시절의 힘들고 불행했던 경험이나 트라우마가 영구적이고 치명적이지는 않다고 믿을 근거가 되기 때문이다.

우리는 이제 과거가 현재에 영향을 미친다는 사실뿐만 아니라 현재도 분명히 과거에 영향을 끼친다는 사실을 알게 되었다. 설사 불행한 어린 시절의 경험과 트라우마가 있어서 기억흔적으로 남았더라도 우리가 반드시 이런 기억흔적에 휘둘리거나 바꿀 수 없는 행동 패턴이 생겼다는 뜻은 아니기 때문이다. 즉, 과거에 의한 일방적인 지배도, 저주도 받지 않는다는 것이다. 오히려 반대로 현재 우리의 사고, 현재의 정신적인 습관, 과거의 경험에 대한 자세, 미래를 바라보는 태도 등 모든 것이 과거의 기록에 영향을 미친다. 결론적으로 말하면 과거는 현재 사고하는 바에 따라 변화, 수정 또는 대체될 수 있다.

실패의 과거는 삭제하고 성공의 과거만 재생하라

또 하나의 흥미로운 발견은 이미 기록된 내용이나 기억의 흔적을 활성화하거나 재생하면 할수록 더욱 강력해진다는 사실이다. 기억의 영구성은 신경세포들을 효율적으로 연결하는 시냅스 효과에 기인하는 것으로, 시냅스 효과는 사용하면 할수록 향상되며 쓰지 않으면 감소한다.

여기서 우리는 다시 한번 과거의 불행했던 경험을 잊거나 무시하고, 행복하고 즐거운 기억에만 집중하는 데는 엄연한 과학적 근거가 있다는 사실을 알 수 있다. 이렇게 함으로써 성공이나 행복과 관련된 기억의 흔적은 강화하고 실패나 불행과 관련된 것은 약화시킬 수 있다.

이런 개념은 관념적으로 구상한 '이드', '초자아' 같은 허상이나 억측이 아니라 뇌생리학 분야의 과학적 연구에서 나온 것이다. 상상 속의 이론이 아니라 관찰 가능한 사실과 현상에 바탕을 두고 있다. 이와 같은 사고방식은 과거 경험에 속수무책인 희생자로 인간을 그리는 것과는 대조적으로, 과거에 대처하고 미래를 계획할 수 있는 분별 있는 신의 아들로서 인간의 고결함을 회복하는 데 많은 도움이 된다.

그러나 이런 새로운 개념에는 책임도 따른다. 이제 더 이상은 부모, 사회, 어린 시절의 경험, 문제를 만든 타인들의 부당함을 탓하면서 병약하게 위안을 구할 수는 없기 때문이다. 주변 요인은 현재와 같은 상황이 초래된 과정을 이해하는 데 도움이 될지 모른다. 하지만 과거의 과오를 주변 요인이나 자신의 탓으로 돌리는 태도는 문제 해결에 아무런 효력이 없는 것은 물론, 현재와 미래의 상황을 개선하는 데도 도움이 안 된다. 자신을 책망하는 것에는 아무런 가치가 없다.

과거는 우리가 어떻게 해서 지금 여기에 오게 되었는지를 설명해 줄지 모르지만 지금 여기서 시작해서 앞으로 어디로 갈 것인가는 우리 자신에게 달린 문제다. 선택은 우리 몫이다. 고장 난 축음기처럼 과거의 기억을 끝도 없이 되풀이해 재생하면서 과거의 부당한 행동을 되새기고, 과거의 잘못에 대해 스스로를 측은히 여기는 사람들도 있다. 그러면 모든 생각이 실패의 패턴과 실패한 기분을 활성화하고, 결국 현재와 미래까지 그 영향이 미친다. 하지만 그와 반대로 새로운 기억의 흔적을 재생하고 성공 패턴과 성공감을 활성화해서 현재 맡은 일을 더 잘 해내고 더 즐거운 미래를 맞을 수 있다.

누구든 축음기에서 흘러나오는 음악이 마음에 안 든다고 축음기를 부수거나 음악 자체를 바꾸려고 노력하지는 않을 것이다. 그저 축음기에 걸린 레코드판을 바꾸면 음악은 알아서 바뀐다. 그와 똑같이 간단한 기술을 우리 내면의 기계에서 흘러나오는 음악에도 적용해 보자. 음악에 직접적으로 영향력을 행사하지 말라. 계속 같은 심상(원인)에 사로잡혀 있으면 아무리 애를 쓰더라도 음악(결과)은 바뀌지 않는다. 그러니 대신에 새로운 레코드를 올려놓아라. 심상을 바꾸면 기분은 저절로 좋아질 것이다.

긍정적인 기억은 부정적인 기억을 바꾼다

가족이나 친구가 죽으면 그 사람과 관련된 과거의 기억을 회상하게 된다. 이때 우리는 좋지 않은 기억은 대부분 무시하고 좋은 기억을 떠올릴 뿐만 아니라, 이를 더 좋게 꾸미거나 과장하기도 한다. 무뚝뚝하고 서먹서먹하며 남의 흠을 잘 들춰내지만 가끔 따뜻하고 재치가 있었던 삼촌은 모임을 이끌며 분위기를 살려 주던 사람으로 탈바꿈해, 앞으로의 가족 모임마다 몹시 그리운 대상이 되어 버린다. 1년 중 공휴일에 두세 번 만나는 것으로 족했으며 그동안에는 전혀 그립거나 생각나지 않던 언니가 이제는 매일 아쉽기만 한 절친한 대화 상대가 되어 그리워진다.

하지만 이 모든 것은 애도의 감정에 지나지 않는다. 이는 기록된 기억의 일부만을 재생하고 나머지는 완전히 잊어버리겠다고 작정함으로써 형성되는 것으로, 심지어 재생 기록을 변경하기까지 한다. 우리가 타당하다고 생각하는 애도의 감정을 받아들이기 위해 '역사'를 다시 쓰는 것이다. 이런 재구성은 우리 자신이 어떤 사람이며, 이 같은 상황에서 어떻게 행동해야 하는지 등 우리의 자아 이미지에 프로그램화되어 있는 모든 정보를 토대로 한다.

예전에 한 장례식에 참석한 적이 있었는데, 고인의 친동생이 일어나더니 거의 15분 동안 이야기를 했다. 그는 가업을 놓고 형과 심하게 다툰 뒤 수년 동안 소원하게 지냈던 사이였다. 그런데 그날 너무나도 감동적인 추도 연설을 해서 관 뚜껑 위에 후광이 비칠 정도였으며 장례식에 참석한 사람들이 모두 눈시울을 적셨다. 그로부터 몇 주 후 동네 카페에서 그와 만나 이야기도 나눌 겸 자리를 같이했다. 나는 매우 조심스레 말을 꺼냈다.

"형과 자네 사이에 안 좋은 감정이 쌓여 있었던 것으로 알고 있는데, 형의 장례식에서 어쩌면 그렇게 관대하게 마음을 쓸 수 있었는가?"

그의 대답에서 우리는 감정이 어떻게 만들어지는가에 대한 중요한 비밀을 엿볼 수 있다. 그는 이렇게 대답했다.

"나는 고인에 대해 절대 비방을 안 하는 사람이야."

'나는 이러저러한 사람이야'라는 말은 굉장히 의미심장하고 강력한 말이다. 이는 자아 이미지의 주변부가 아닌 핵심을 드러내는 말이며 모든 생각이나 감정, 행위, 결과 등이 여기에 순응하게 되어 있다. 이는 우리가 어떤 식으로 승리감을 드러내고 강화해 나가는지를 보여 준다.

기적 같은 효과를 내는 '긍정적인 자아' 선언 훈련

부정적인 혼잣말, 즉 자동 실패 메커니즘의 목소리를 긍정적인 진술로 바꿔라.

'나는 이러저러한 사람이다.'

자신에 대한 이 진술을 주문을 외우듯 반복하라. 어떤 자기부정적인 요소가 침입해 와도 자동적으로 반응할 수 있을 정도가 되어야 한다. 여기 몇 가지 예를 적어 본다.

- 나는 효율적인 일과를 계획하고, 목표를 설정하며, 성취하는 사람이다.
- 나는 신중히 경청한 후 자신감 있고 설득력 있게 의사소통하는 사람이다.
- 나는 문제를 해결하는 데 주도적으로 참여하고 아이디어를 제안하는 사람이다.
- 나는 압박받는 상황에서도 침착성을 잃지 않는 사람이다.
- 나는 인스턴트식품보다 신선한 과일과 건강식품을 선호하는 사람이다.

제15장

내 생명력의 수요를
끊임없이 창출하라

늪지 않고 풍요롭게 장수하는 비결

세월이 흘러가면서 자연스럽게 나이를 먹는 것이 아니라,
인생에서 일어나는 수많은 사건에 우리의 감성이
어떻게 반응하느냐에 따라 나이를 먹는다고 할 수 있다.

_아널드 허치네커 Arnold Hutschnecker

우리 인류는 지난 수천 년 동안 젊음의 원천을 찾기 위해 노력해 왔다. 인간의 내부에는 과연 젊음의 원천이 들어 있을까? 성공 메커니즘은 우리의 젊음을 지켜 줄 수 있을까? 또한 실패 메커니즘은 노화 현상을 가속화할까? 솔직히 의학에서 이런 질문에 대한 결정적인 답을 찾기는 힘들다. 하지만 지금 제기한 의문들은 실현 가능한 것은 물론이고, 이미 알려진 사실을 바탕으로 충분히 실질적인 결론을 끌어낼 수 있다고 믿는다. 이번 장에서는 내가 믿고 있으며 내게 실질적인 가치가 있었던 것들에 관해 이야기하려고 한다.

우디 앨런은 다음과 같이 말했다.

"나는 작품을 통해 불멸의 명성을 얻고 싶지 않다. 나는 죽지 않음으로써 불멸을 얻고 싶다."

나도 나이가 들어 보니 그의 말에 동감한다. 10년만 더 젊어질 수 있다면 이 책으로 얻은 재산을 얼마든지 포기할 용의가 있다. 하지만 말년까지도 생명력, 활력, 예리함 등을 그다지 잃지 않은 채 활기차고 건강하며 흥미 넘치는 보람찬 인생을 살았기에 큰 불만은 없다. 이런 삶을 살 수 있었던 것은 평소 정신적인 건강에 적극적으로 투자함으로써 나의 정신이 신체적인 건강까지 유지할 수 있도록 뒷받침했기 때문이다. 앞으로는 더욱 노화 방지 및 장수 연구에서 정신적인 건강의 중요성이 강조되고 각광받을 것이다.

미국의 심리학자이자 철학자 윌리엄 제임스는 과학자를 포함해 모든 사람이 이미 잘 알려져 있지만 실질적으로 검증은 안 된 사실들에 대해 각자 과잉 신념을 키운다고 말한 적이 있다. 실용적인 측면에서 보면 이런 과잉 신념은 해가 없을 뿐만 아니라 우리에게 필요한 것이기도 하다. 우리가 품고 있는 미래에 대한 목표는 때때로 제대로 인식되지 못하지만 현재 우리의 행동과 실질적인 행위 전반을 규제한다.

콜럼버스는 신대륙을 발견하기 전에 서쪽으로 가면 거대한 대륙이 존재할 것이라고 가정해야만 했다. 그렇지 않았다면 항해에 나섰을 리 만무하며, 항해를 한다 해도 동서남북 어느 쪽으로 가야 할지 갈피를 잡지 못했을 것이다.

과학적인 연구가 가능한 것은 가정에 대한 신념이 있기 때문이다. 실험 연구란 혼란스럽게 마구잡이로 진행되는 것이 아니라 일정한 방향에 따라 진행되는 목표 지향적인 행동이다. 과학자는 제일 먼저 사실이 아닌 가정에 근거해서 가설을 세워야 한다. 그런 다음에 가설의 진위를 증명하기 위해 어떤 실험을 해야 할지, 어디를 찾아봐야 할지를 정할 수 있다.

이 장에서는 나 자신의 과잉 신념, 가설, 철학 등을 소개할 것이다. 의사가 아닌 한 인간으로서 말이다. 스트레스 개념을 정립한 한스 셀리에 Hans Selye 박사가 말했듯이 의학적 이론으로 설명할 수 없는 특정한 '진실'이 존재한다. 하지만 환자는 이것을 얼마든지 활용할 수 있다.

젊음과 수명을 연장시키는 생명력의 비밀

나는 두뇌와 신경계를 포함한 우리의 육체가 마치 기계와 비슷하다고 생각한다. 수많은 부속 메커니즘으로 구성된 광범위한 용도를 가진 목표 지향적인 기계 말이다. 하지만 인간이 단순한 기계인 것은 아니다. 인간의 본질은 바로 이 기계에 생명을 불어넣고, 이 안에 살면서 지휘하거나 통제하고 운송 수단처럼 이용하는 데 있다고 생각한다. 전류가 흐르는 전선이나 전기로 가동되는 모터가 전기 자체는 아닌 것처럼 인간은 기계가 아니다. 나는 인간의 본질은 육체를 초월하는 데 있다고 생각한다.

오래전부터 심리학자, 생리학자, 생물학자 등 각 분야의 과학자들은 인간이라는 기계 장치를 움직이는 어떤 보편적인 에너지나 생명력이 존재한다고 추측해 왔다. 또한 이들은 이용할 수 있는 에너지의 양과 활용 방법에 대해 잘 알면 왜 어떤 사람은 질병에 강하고 어떤 사람은 쉽게 병에 걸리는지, 왜 어떤 사람은 빨리 노화하고 또 어떤 사람은 장수하는지 그 이유도 알 수 있을 것이라고 생각했다.

이 근본적인 에너지의 본질은 모른다 할지라도 그 원천은 우리가 먹는 음식에서 얻는 물리적인 에너지 이외의 것이라는 사실은 어느 정도 분명한 듯하다. 대수술을 받았는데도 어떻게 빨리 회복할 수 있는지, 오랫동안 지속되는 스트레스 상황을 어떻게 견뎌 낼 수 있는지, 어떻게 남보다 장수하는지에 대해 열량 에너지는 아무것도 설명하지 못한다. 우리는 이런 사람을 가리켜 '강인한 체질'을 지녔다고 한다.

오랜 세월을 건강하게 사는 강인한 체질을 가진 사람은 상당 부분 우리가 통제할 수 있는 요소와 관련이 있는 듯하다. 그것은 바로 끊임없이 목표를 세우고 또다시 세우는 일로, 이런 과정을 통해 우리의 삶에 의미를 주는 무엇인가를 갖게 된다.

30년 동안이나 정기적으로 순회강연을 했던 한 유명한 전문 강사가 마침내 지쳤다는 느낌을 갖기 시작했다. 강연 자체보다는 끊임없는 여행에서 오는 고단함과 여행에 따르는 온갖 성가신 일, 호텔 방에서 보내는 지루한 밤 때문이었다. 친구들은 여행이 그를 늙게 한다고 말했다. 그는 일을 그만두어야겠다고 생각했다.

사실 그는 자신의 직업을 좋아했다. 아마 삶의 의미와 목표를 잃지 않기 위해서였을 것이다. 이즈음 그는 은퇴를 내다보고 골프를 치기 시작했는데, 골프에 매료되었을 뿐만 아니라 거의 중독되다시피 했다. 그는 골프를 꽤 잘 치는 편이었다. 그러던 어느 날 또다시 비행기로 장거리 여행을 하던 중 갑자기 새로운 목표가 떠올랐다. 바로 미국 각 주의 가장 유명한 골프장에서 최소한 한 번 이상 골프를 쳐 보는 것이었다. 그는 상상의 날개를 펼쳤다. 가장 어렵기로 유명한 페블비치 골프장에서 홀인원을 기록한 뒤 사진을 찍고 있는 자신을 떠올려 봤다. 한적한 알래스카의 골프 코스에서 진짜 러프에 처박힌 모습을 상상하며 혼자서 웃음 짓기도 했다.

그렇게 혼자 곰곰이 생각하던 것이 점점 더 진지한 생각으로 바뀌었다. 그다음 며칠 동안 그 생각을 자주 떠올리게 되었다. 그는 시험 삼아 열흘간의 강연 여행에 골프채를 가져가기로 결심했고 강연 일정 사이사이에 골프 예약을 해두었다. 아니나 다를까, 다음 날이 되자 여행을 염려하기보다 오히려 고대하고 있다는 느낌이 들었다. 새로운 목표가 생겨나자 한 번쯤 쳐 보고 싶은 골프장이 있는 곳으로 강연 일정을 잡고 싶어졌고, 완전히 새로운 차원의 열정과 에너지가 솟아났다. 그는 직업 수명을 연장하고 거기에 새로운 생명을 불어넣었을 뿐만 아니라, 자신의 수명도 연장하고 새로운 생명을 불어넣었던 것이다.

우리는 나이보다 젊어 보이는가, 아니면 더 늙어 보이는가? 숫자를 센다는 것 자체는 틀림없이 자의적인 면이 있다. 달력이 열두 달이 아니라 열다섯 달이라면 지금과 다른 나이에 생일을 축하하지 않겠는가? 숫자상으로 나이가 적을 경우에는 자신의 자아 이미지나 나이에 대해 다르게 생각할 게 분명하다. 기분도 다르고 행동 또한 다를 것이다. 우리 주위에는 35세인 사람이 65세인 양 처신하고 65세를 먹고도 35세처럼 구는 사람이 있다. 나는 이보다는 덜 극단적인 경우가 바람직하다고 생각한다. 그러나 나이 문제와 상관없이 우리 모두는 더 많은 생명력을 원한다.

생명력은 끊임없는 적응에서 나온다

생명력은 한스 셀리에 박사에 의해 과학적인 사실로 입증되었다. 셀리에 박사는 1936년부터 스트레스에 관한 문제를 연구했다. 수많은 임상 연구와 실험을 통해 생명력의 존재를 증명해 보였는데, 그는 이를 '적응 에너지'라고 이름 붙였다. 요람에서 무덤까지 우리는 매일 스트레스에 적응해야 한다. 삶 자체도 스트레스를 만들어 낸다. 즉, 끊임없는 적응이 필요한 것이다.

셀리에 박사는 인간의 몸이 국소적응 증후군LAS 같은 다양한 메커니즘을 갖추고 있으며, 이는 특정한 스트레스를 방어한다는 사실을 밝혀냈다. 또한 불특정 스트레스에 대해 방어하는 범적응 증후군GAS 같은 일반 방어 메커니즘도 있다. 스트레스는 적응이나 조절이 필요한 모든 것, 즉 지나치게 뜨겁거나 차가운 것, 병균의 침입, 정서적인 긴장, 소모적인 일상생활, 노화 과정 등으로 발생한다. 셀리에 박사는 다음과 같이 말했다.

적응 에너지라는 용어는 계속되는 적응 과정 동안 소모되는 에너지를 일컫기 위해 만든 말로, 음식에서 얻는 열량 에너지와는 다른 개념이다. 하지만 이는 이름에 불과하다. 우리는 이 에너지의 본질에 대해 아직 정확한 개념을 파악하지 못하고 있다. 차후에 이런 방면의 연구가 더 진행된다면 전망은 아주 밝을 것이다. 바로 그 시점에 이르면 노화 현상의 근원적인 비밀에 손을 댈 수 있지 않을까 싶다.

셀리에 박사는 임상 연구, 건강, 질병 등과 관련된 스트레스 개념을 설명하는 12권의 책과 수많은 논문을 남겼다. 여기서 그의 주장에 대해 왈가왈부하는 것은 도리가 아닌 듯싶다. 다만 그의 연구는 세계적인 의학 전문가들이 인정한다는 점만 밝혀 두기로 한다. 이와 같은 연구 결과를 이끌어 낼 때까지의 과정에 대해 더 알고 싶다면 그가 비전문가를 위해 쓴 《생활과 스트레스》The Stress of Life 를 읽어 보기를 권한다.

셀리에 박사가 밝혀낸 가장 위대한 업적은 우리가 신체적으로 건강을 유지하고 질병을 치료하며, 노화라고 부르는 현상을 일으키는 요인에 성공적으로 대처하는 등 젊음을 유지하는 데 필요한 조건을 갖추고 있음을 입증했다는 것이다. 또한 그는 우리 몸이 자가 치유 능력을 갖추고 있다는 사실을 증명해 보였을 뿐만 아니라 결국 이것이 세상에 존재하는 유일한 치료법임을 증명했다. 약물, 수술, 기타 치료 요법 등은 대체로 신체 자체의 방어 메커니즘이 약한 경우 이를 자극하거나, 지나친 경우 이를 가라앉히는 식으로 작용한다. 결국 병을 극복하거나 상처, 화상, 스트레스를 이겨 내는 것은 적응 에너지 그 자체인 것이다.

생명의 활력, 생명력, 적응 에너지 등 뭐라고 부르든 이것은 다양한 모습을 가지고 있다. 상처를 아물게 하는 에너지는 우리의 신체 장기가 제대로 기능하도록 하는 에너지와 같다. 이 에너지가 최적의 상태일 경우 모든 장기는 보다 원활하게 움직이고 기분도 좋아지며, 상처가 더 빨리 회복되고, 병에 대한 저항력이 향상되고, 어떤 스트레스에도 빨리 회복되고, 더 젊은 느낌을 갖고 행동하게 된다. 생물학적인 입장에서 볼 때 젊어지는 것이다.

따라서 우리는 이처럼 다양한 생명력의 징후를 서로 연관 지어 생각할 필요가 있다. 생명력이 우리에게 유용하게 작용하는 요인은 무엇이고, 생명 물질의 엄청난 유입을 가져오는 요인은 무엇이며, 생명력을 더 잘 사용할 수 있도록 하는 요인은 무엇인지 알아볼 필요가 있다.

상처가 빠르게 회복하는 데 도움이 되는 보편적인 치료법이 있다면 그것은 우리를 젊게 만든다고 결론을 내릴 수 있다. 쑤시고 아픈 것을 극복하는 데 도움을 주는 치료법은 시력을 좋게 할 수도 있는 것이다. 오늘날의 의학 연구는 바로 이와 같은 방향으로 진전되고 있으며 서광이 비치기 시작했다.

정신적 스트레스가 노화에 미치는 영향

이 책의 초판본에서 나는 의학 연구에 대해 장황하게 소개하면서 1960년 당시 세상의 주목을 받던 '의학적인 기적'에 대해 말한 적이 있다. 그로부터 40년 이상이 흐른 오늘날 밝혀진 사실들에 비춰 당시의 견해를 검토해 보는 것도 흥미로울 것이다. 세부적인 변화에도 불구하고 변함없이 확고한 사실은 젊음의 원천을 찾기 위한 노력은 영원히 계속된다는 것이다.

오늘날 할리우드의 유명 인사, 부유한 기업가, 나이 든 운동선수들 사이에 인간 성장 호르몬HGH 투약이 크게 유행하고 있다. 또한 이 같은 약물과 비슷한 효과를 볼 수 있다고 광고하는 약국 판매용 특효약이 건강식품점과 약국 판매대를 가득 메우고 있다. 아마 DHEA(인체의 부신에서 생성되는 생식 호르몬으로 성적 능력 향상과 노화 방지에 효험이 있다고 알려져 있다—옮긴이)가 함유된 건강 보조 식품이라든지 테스토스테론 패치에 관해 들어 봤을 것이다.

오늘날에는 약물 치료뿐만 아니라 다이어트, 운동, 약초, 건강 보조 식품 등도 나름대로 영향력을 발휘하고 있다. 앞으로도 틀림없이 흥미로운 발견과 비약적인 진보가 이루어질 것이다. 우리는 의학적으로 신체적인 수명을 연장시키는 분야에서 엄청난 진보를 이룩했다. 하지만 삶의 질을 높이는 데는 그다지 성공적이지 못했다.

사실 그동안 나는 신체적인 수명 연장보다는 심리적인 수명 연장에 더 흥미를 느껴 왔다. 정신과 육체의 연관성에 대해 연구하다가, 어떤 환자의 경우 수술 외상이 다른 환자보다 빨리 치유되기도 하는데 왜 그런 현상이 일어나는지 알아내고자 한 적도 있었다. 또한 약물도 어떤 사람에게는 잘 듣고 어떤 사람에게는 별 효과가 없었다.

이런 사실은 생각할 거리를 제공한다. 왜냐하면 쥐를 통한 실험에서 얻은 결과는 한결같았기 때문이다. 쥐는 보통 걱정을 하거나 불만을 갖지 않는다. 하지만 자유롭게 움직이지 못하도록 함으로써 쥐에게 욕구불만이나 감정적인 스트레스를 느끼게 할 수는 있다. 동물은 움직이지 못하게 하면 짜증을 낸다.

실험실에서의 실험에 따르면, 욕구불만으로 인한 정신적 스트레스가 있는 경우 아주 가벼운 부상은 더 빨리 낫는 경향이 있으나 심한 부상은 더욱 악화되며 회복이 불가능해지기까지 한다. 또한 부신이 정신적 스트레스나 신체 조직의 손상으로부터 오는 스트레스에 이와 똑같이 반응한다는 사실은 이미 정설이다.

따라서 신체가 손상될 때마다 욕구불만과 정신적 스트레스(앞에서 이 두 요소가 실패 메커니즘을 이룬다고 설명했다)가 상처에 더욱 큰 타격을 입힌다고 말할 수 있다. 신체적인 손상이 가벼운 경우 약간의 정신적 스트레스는 우리의 방어 메커니즘이 활발하게 작동하도록 자극을 줄 수 있다.

하지만 심각한 부상을 당했을 경우에는 정신적인 스트레스가 이에 가세해 상처를 더욱 악화시킨다.

이와 같은 사실에서 우리는 다음과 같은 결론을 이끌어 낼 수 있다. 의학 전문가 대부분의 견해처럼 적응 에너지를 소모함으로써 노화 현상이 일어난다면 부정적인 실패 메커니즘을 지나치게 작동시키는 것은 적응 에너지를 빨리 소모하게 함으로써 예정보다 노화를 앞당기게 한다는 사실이다.

생명의 시간기록계, 텔로미어가 말해 주는 진실

《텔로미어》의 저자 데이브 워이내로우스키 Dave Woynarowski 박사에 따르면 지금 이 책을 읽고 있는 독자들 대다수는 앞으로 5~10년 안에 줄기세포 생물학과 생물학적 시간기록계라 할 수 있는 텔로미어 관련 기술의 혜택을 누릴 가능성이 꽤 높다. 줄기세포 생물학은 인체 내에서 끝없이 재생되며 장수하는 세포들에 관한 연구다. 체내의 거의 모든 종류의 세포가 줄기세포에서 재생될 수 있다. 줄기세포는 몸에서 건강한 조직을 새로 만드는 데 꼭 필요한 중요한 세포다.

텔로미어는 모든 건강한 염색체의 끝부분을 말한다. 세포분열이 진행될수록, 즉 나이가 들수록 각 세포들의 텔로미어의 길이가 짧아진다. 이런 현상은 심장병 당뇨, 암, 관절염, 알츠하이머병 등 나이가 들면서 생기는 거의 모든 질병과 관련이 있다. 일반 세포와 줄기세포 모두 텔로미어가 길어지면 수명이 늘어나고 건강한 삶을 더 오래 지속할 수 있다.

이와 관련해 과학적인 연구가 활발히 진행되는 동안 다른 한편에서는 인간의 생활 방식과 행동이 노화에 영향을 주며, 세상을 보는 관점과 스스로를 대하는 방식이 몸과 세포의 내부 작용에 직접적인 영향을 끼친다는 증거가 나오고 있다. 예를 들어 스트레스에 적절히 대처하지 못할 경우 노화가 이른 나이부터 시작될 수 있다. 실제로 극심한 스트레스를 겪으며 자란 아이들은 생물학적인 나이보다 10년 이상 나이 든 세포 구조를 가지고 있으며 텔로미어가 평균보다 짧다.

스트레스 관련 화학물질 측정을 통해 어떤 사람이 스트레스를 겪고 있다고 밝혀졌다면 그 사람에게는 두 가지 노화 가속화의 징후가 함께 나타난다. 하나는 텔로미어의 길이가 짧아지는 것이고, 다른 하나는 스트레스 요인으로 손상된 세포와 조직을 복구하기 위해 줄기세포가 일반 세포로 바뀌는 전환 속도가 빨라지는 현상이다.

많은 연구들은 부유한 사람들이 가난한 사람들보다 대체로 더 오래 살고, 실제로 텔로미어도 더 길다는 사실을 밝혔다. 교육 수준과 관련해서도 그와 완전히 똑같은 현상이 관찰되는데, 교육을 많이 받은 사람일수록 전반적으로 더 건강하고 수명도 더 길다. 그러고 보면 교육을 많이 받은 사람들이 더 많이 성공하는 것도 우연은 아닐 것이다.

그렇다면 긍정적인 마음 자세가 건강, 수명, 성공 가능성에 영향을 끼치는 걸까? 긍정적인 자세 그 자체를 청춘의 샘으로 보기는 어려울지 모른다. 하지만 샘의 정체가 밝혀지고 모두가 이를 체험할 수 있을 때까지 목숨을 부지하려면 긍정적인 태도가 도움이 될지 모른다.

성공 메커니즘이 병을 낫게 한다

혈청을 수혈받지 않은 환자 중 일부는 혈청을 수혈받은 일반 환자만큼 수술에서 빠른 회복세를 보였다. 나이, 몸무게, 맥박, 혈압 등의 차이로는 이런 현상을 전혀 설명할 수 없다. 하지만 빠른 회복을 보였던 모든 환자에게 공통으로 나타난 알아보기 쉬운 특징이 하나 있었다.

그들은 모두 낙천적이고, 쾌활하며, 긍정적인 사고를 지닌 사람들이었다. 이들은 빠른 시일 내에 회복되리라고 기대했을 뿐만 아니라 빠르게 병상을 털고 일어나야 하는 이유나 의무를 가지고 있었다. 그들에게는 갈망하는 뭔가가 있었고, 그것을 위해 살아야 할 뿐만 아니라 반드시 회복해야만 할 분명한 이유가 있었다. 그들은 이렇게 말했다.

"나는 직장으로 돌아가야 돼."

"여기서 나가 내 목표를 이루어야만 해."

한마디로 그들은 내가 앞서 성공 메커니즘이라고 설명했던 특성과 태도를 가장 잘 보여 주었다.

정신적인 태도가 신체적인 기능을 회복하는 데 영향을 미친다는 사실은 누구나 알고 있다. 플라세보 효과 placebo effect 나 슈거 필 sugar pill 은 오랫동안 의학계의 불가사의로 남아 있다. 실험에 쓰이는 이 알약에는 병을 치료할 수 있는 어떤 약물도 들어 있지 않다.

그럼에도 불구하고 새로운 약품의 효과를 실험하기 위해 두 그룹으로 나누어 한쪽에는 진짜 약을, 다른 한쪽에는 가짜 약을 투여해 보면 가짜 약을 받은 그룹은 거의 언제나 약간의 차도를 보인다. 그리고 때로는 진짜 약을 투여받은 환자만큼의 효과를 보이기도 한다. 플라세보가 처방된 학생 그룹이 감기약을 받았던 그룹보다 추위에 대한 면역성이 더 높은 경우도 있다.

제2차 세계대전 중 캐나다 해군을 대상으로 뱃멀미를 위한 신약 실험을 했다. 첫 번째 그룹은 새로운 약을 받았으며, 두 번째 그룹은 슈거 필을 받았다. 이 두 그룹은 13퍼센트만 뱃멀미를 앓았다. 한편 아무것도 받지 않았던 세 번째 그룹은 30퍼센트가 뱃멀미를 앓았다.

치료가 효과를 보려면 가짜 약을 받는 환자가 그것이 가짜라는 사실을 알게 해서는 안 된다. 그들은 병을 치료할 진짜 약을 받았다고 믿어야 한다. 플라세보 효과를 오직 암시 효과에 불과하다고 치부해 버리는 것은 아무것도 설명하지 못한다. 보다 합리적인 결론은 약물 복용이 기대를 일으키고, 마음속에 건강이라는 목표 이미지가 만들어지며, 그 목표를 성취하기 위해 몸 자체의 치유 기능을 활용해서 창조적인 메커니즘이 작동한다는 것이다.

이제 플라세보 효과는 거의 상식화되어 있다. 강력한 자기암시가 그럴 듯한 신체 보조 약물의 지원을 받는 것이다. 하지만 이것은 우리의 자기 통제 메커니즘이 실제와 가짜를 구분하지 못한다는 또 하나의 증거 이상으로 큰 의미를 지닌다. 즉, 우리의 자기 통제 메커니즘은 약물의 도움 없이도 건강을 회복하는 신체적인 변화를 가져올 수 있다.

스스로 늙었다고 생각하고 있지는 않은가

우리는 이와 아주 비슷하지만 정반대인 메커니즘을 사용하고 있는지도 모른다. 즉, 일정한 나이에 이르면 늙고 약해진다고 무의식적으로 생각하는 것이다.

1951년 세인트루이스에서 개최된 국제 노인학 학술대회에서 아이오와 주 체로키 출신의 라파엘 긴스버그Raphael Ginzberg 박사는 인간이 약 70세 정도가 되면 늙고 쓸모없기 마련이라는 전통적인 사고방식이 그 나이에 이르면 갑작스런 노화를 초래하는 큰 원인이라고 밝혔다. 앞으로 조금 더 발전된 미래가 오면 70세를 중년으로 여기게 될지도 모른다.

40~50대 사람들 대부분이 젊은 외모와 행동을 유지하지만 그중에 남달리 노인 같은 외모와 행동을 보이는 사람들도 일부 있다는 사실은 잘 알려져 있다. 최근의 한 연구에 따르면 45세에 노인 같은 외모와 행동을 하는 사람들은 자신이 중년이고, 한창때를 지났고, 꺾이기 시작했다고 생

각하는 반면, 여전히 젊음을 유지하는 사람들은 자신이 아직 중년을 맞지 않았다고 생각하는 것으로 나타났다.

이 두 가지 태도는 우리가 노년을 어떤 자세로 맞아야 하는지를 암시한다. 어떤 나이에 이르면 늙은 것이라고 지레 판단하는 선입견은 무의식적으로 자기 통제 메커니즘에 부정적인 목표 이미지를 심어 이를 성취하도록 종용하는지도 모른다. 아니면 늙는 것을 두려워한 나머지 무의식적으로 노화를 촉진시키는 행동을 하는지도 모른다.

그 결과 우리는 육체적, 정신적 활동을 점점 줄여 나가기 시작한다. 실질적으로 강도 높은 신체 활동을 완전히 끊어 버린 탓에 관절의 유연성마저 감퇴하기 시작한다. 또한 운동 부족으로 모세혈관이 조금씩 수축되다가 완전히 수축되어 버린다. 이로 인해 생명의 근원인 혈액이 세포에 공급되는 양이 급격하게 감소한다. 신체 조직에 양분을 공급하고 노폐물을 제거하는 모세혈관을 확장시키기 위해서는 강도 높은 운동이 절실히 필요하다.

한스 셀리에 박사는 동물의 몸속에 속이 빈 튜브를 끼워 넣어 그곳에서 동물 세포를 배양한 적이 있다. 생물학적으로 그 이유가 다 밝혀지지는 않았지만, 이 튜브 속에 어린 세포가 새롭게 자라기 시작했다. 그러나 이 세포들은 잘 돌봐 주지 않으면 한 달 안에 죽어 버린다. 하지만 튜브 속에 쌓인 분비액을 매일 세척하고 배설물을 제거해 주면 이 세포들은 무한하게 산다. 이들은 영원히 활력 넘치는 상태를 유지하고 늙지도 않으며 죽지도 않는다.

셀리에 박사는 이것이 바로 노화의 메커니즘일지도 모른다고 가정했다. 만일 그렇다면 노폐물 생성률을 감소시킴으로써 노화를 연기하거나, 조직의 노폐물 제거를 도와줌으로써 노화를 방지할 수 있다. 인간의 몸에서 이렇게 노폐물을 제거하는 통로 역할을 하는 것이 모세혈관이다. 운동이 부족하거나 활동을 하지 않으면 모세혈관이 바싹 오그라든다는 것은 이미 기정사실로 받아들여지고 있다.

정신적, 사회적 활동을 줄여 나가기로 결심하는 것은 우리 스스로를 무력화하는 길이기도 하다. 그러면 우리는 자신의 틀 속에 안주하고, 흥미를 잃어버리며, 큰 기대나 목표를 포기하게 된다.

건장한 30대 젊은이를 데려다 5년 안에 노인으로 만드는 일은 아주 쉽다. 그에게 이제 늙었다고 설득하든지, 육체적인 활동은 이제 위험하다든지, 정신적인 활동은 헛된 짓이라는 생각만 주입할 수 있다면 가능한 일이다. 하루 종일 흔들의자에만 앉아 있도록 유도하든지, 미래에 대한 꿈을 모두 버리게 하든지, 새로운 아이디어에 대한 호기심을 버리도록 한다든지, 자신이 한물간 쓸모없고 하찮은 사람이라고 여기게 만든다면 그를 충분히 노인으로 만들 수 있다.

존 쉰들러 박사는 저서 《365일을 사는 법》에서 모든 인간에게 필요한 여섯 가지 조건을 다음과 같이 소개했다.

1. 사랑
2. 안전
3. 창조적인 표현
4. 인식
5. 새로운 경험
6. 자존심

이 여섯 가지에 나는 하나를 더 추가하고자 한다. 바로 '생명력의 필요성'이다. 기쁨과 기대감을 가지고 미래를 꿈꿔야 한다. 이를 기대와 약속의 필요성이라고 생각해도 좋을 듯하다.

이 같은 생각은 나에게 확고한 신념을 가져다주었다. 나는 인생 자체가 환경에 적응해 가는 과정이라고 본다. 인생은 목표 그 자체가 아니라 목표를 달성하기 위한 수단이다. 인생이란 목표를 이루기 위해 다양한 방식으로 사용할 수 있도록 우리에게 특권적으로 주어진 수단 중 하나다.

　아메바에서 인간에 이르기까지 모든 생명체에 이 원리가 작용되고 있음을 볼 수 있다. 예를 들어 북극곰은 추운 환경에서 살아남기 위해 두터운 모피를 필요로 한다. 또한 먹이를 몰래 추적하거나 천적으로부터 몸을 보호하기 위해 보호색을 필요로 한다. 생명력은 이런 목적을 위한 수단으로 작용하기에 북극곰에게 백색 모피를 제공하는 것이다. 이렇게 환경에 대한 생명의 적응력은 거의 무한하다. 따라서 더 이상 이런 사실들을 열거하는 것은 무의미하다. 나는 오직 결론을 내리기 위해 이와 같은 원리만을 지적하고 싶을 따름이다.

　생명이 목적을 위한 수단으로서 수많은 형태를 취하며 스스로 적응한다고 할 때, 우리가 만일 더 많은 생명력을 필요로 하는 상황에 처한다면 더 많은 생명력을 얻으리라고 가정할 수 있지 않을까? 인간이 목표 지향적인 존재임을 고려해 볼 때 적응 에너지 또는 생명력은 추진 원료로서 목표까지 도달하게 해주는 에너지라고 상정할 수 있다. 창고에 처박힌 자동차에는 연료 탱크에 휘발유를 가득 채울 필요가 없다. 인간에게 지향해야 할 목표가 없다면 생명력은 그다지 필요하지 않다.

　기쁨과 기대감으로 벅찬 미래를 꿈꾸거나 내일을 재미있게 보내겠다고 기대할 때, 뭔가 처리해야 할 중대한 일이 있거나 가야 할 곳이 있을 때 생명력은 필요할 것이다.

생명력의 비밀은 창조적 활동이다

창조성은 생명력의 특징 가운데 하나다. 그리고 창조성의 본질은 목표에 대한 기대다. 창조적인 사람은 더 많은 생명력을 필요로 한다. 보험 수학 전문가가 계산해 낸 결과에 따르면 창조적인 사람의 수명이 더 길다는 사실을 알 수 있다. 과학자, 발명가, 화가, 작가, 철학자와 같이 창조적인 직업을 가진 사람은 오래 살 뿐만 아니라 비창조적인 직업에 종사하는 사람보다 더 오랫동안 왕성한 활동을 하는 것으로 나타났다.

미켈란젤로는 80세가 넘어 최고 작품을 만들었으며, 괴테도 80세가 넘어 《파우스트》를 썼다. 에디슨은 90세가 넘어서도 연구를 계속했으며, 피카소는 75세 이후에 미술계를 지배했다. 라이트는 90세가 넘어서도 여전히 창조적인 건축가로 지목받았으며, 버나드 쇼는 90세에도 희곡을 창작하는 데 여념이 없었다. '모지스 할머니'라는 별명으로도 불리는 화가 안나 메리 로버트슨 모지스는 79세에 그림을 그리기 시작했다.

물론 이 말은 젊음을 유지하려면 관을 운반하는 사람에게 실려 나갈 때까지 계속 일을 해야 한다는 의미는 아니다. 누구에게나 은퇴란 그것이 어떤 형태든지 저주나 다름없다. 하지만 여기서 일이라 함은 긍정적인 기대와 약속이지, 평생을 바친 직업이나 직장이어야만 한다는 뜻은 아니다. 흔들의자를 피할 수 있는 선택은 무궁무진하다.

나는 오랫동안 다채로운 경력을 쌓은 뒤에 61세에 이 책을 쓰고 전문 강사로 나섰다. 꽤 오랜 기간 동안 두 영역에서 활동하면서 지냈다. 어떤 날은 낮에는 뉴욕에서 수술을 하고, 밤에는 비행기에 몸을 싣고 로스앤젤레스로 날아가서 강연을 했다. 많은 사람들이 일을 그만두거나 시대에 뒤떨어지기 시작하는 나이에 나는 흥미로운 일을 새롭게 시작했다. 나는 매우 운이 좋은 경우로 책도 펴내고 강연도 하며 흥미로운 인물을 만나기도 했다. 할리우드의 유명 인사인 제인 폰다, 낸시 레이건, 이 책을 읽고 자신의 그림을 선물한 초현실주의 화가 살바도르 달리 등을 포함해 이 책을 읽은 다양한 팬들과 교류했다.

하지만 나의 책이 이렇게 대중의 사랑과 인정을 받지 않았다고 하더라도 나는 행복하고 충만한 사람으로 살았을 것이다. 나와 다른 사람 모두에게 의미 있는 활동에 몰두하고, 목표를 정하고 이루기 위해 한 걸음씩 나아가고 있었을 것이다. 우리 모두 이와 같이 하지 못할 이유가 없다.

바로 이런 이유 때문에 나는 환자들에게 생산적이고 활기찬 삶을 살려면 과거가 아닌 미래에 대한 꿈을 키우라고 충고하곤 한다. 인생에 대한 열정을 키우고 더 많은 생명의 필요성을 창조해 내면 더 많은 생명을 얻을 것이다.

누구나 한 번쯤 무대 위 배우들이 어떻게 자신의 나이보다 훨씬 젊어 보일 수 있는지, 50세 또는 그 이상의 나이에도 젊은 외모를 과시할 수 있는지 의아하게 여긴 적이 있을 것이다. 아마 이들이 젊게 보일 필요성이 있었기 때문이 아닐까? 또한 자신의 외모를 가꾸는 데 관심이 있어서가 아닐까? 다시 말하면 중년에 이른 우리 대부분과는 달리 단지 젊음을 유지하겠다는 목표를 포기하지 않았기 때문은 아닐까? 아널드 허치네커 박사는 《살고자 하는 의지》The Will to Live 에서 다음과 같이 말했다.

세월이 흘러가면서 자연스럽게 나이를 먹는 것이 아니라, 인생에서 일어나는 수많은 사건에 우리의 감성이 어떻게 반응하느냐에 따라 나이를 먹는다고 할 수 있다.

생리학자 막스 루브너 Max Rubner 는 밭에서 저임금 노동자로 일하는 여성의 얼굴이 빨리 노화되는 경향이 있다는 사실을 발견했다. 하지만 육체적인 힘이나 지구력에서는 전혀 쇠함이 없었다. 이것은 노화에서 분화가 이루어진 좋은 사례다. 우리는 이들이 여성으로서의 경쟁적 역할을 포기했다고 추론할 수 있다. 그들은 미모가 아닌 신체적인 역량만을 필요로 하는 일벌의 인생에 자신을 내맡긴 것이다.

또한 허치네커 박사는 과부의 경우 어떤 여자는 빨리 늙는 반면 어떤 여자는 그렇지 않은 이유에 대해 다음과 같이 설명한다.

"만일 자신의 인생이 끝났다고 느끼면서 삶의 의미를 포기하면 이것은 그녀의 태도에서 드러난다. 점차 몸이 시들고 머리가 백발로 변한다. 나이가 더 많은 또 다른 여자는 한창때처럼 꽃이 피기 시작한다. 그녀는 새로운 남편감 고르기 경쟁에 뛰어들었는지도 모르며 새로운 사업에 착수했을 수도 있다. 아니면 지금까지는 여유가 없어 취미로 삼아 왔던 일을 더욱 확장시키느라 눈코 뜰 새 없이 바쁜지도 모른다."

신념, 용기, 흥미, 낙천주의, 앞날에 대한 기대 등은 우리에게 새로운 인생과 더불어 더 많은 생명력을 가져다준다. 반대로 공허감, 염세주의, 좌절감, 과거에 매인 삶 등은 노인의 특징일 뿐만 아니라 노화를 촉진하는 원인이다.

인생에 은퇴는 없다

우리는 은퇴한 후에 급격한 노화 현상을 겪는다. 활동적이고 생산적인 인생은 막을 내렸고 맡은 바 소임을 다했다고 생각하기 때문이다. 이제 우리는 의미를 두고 살 만한 것이 없다. 무료해지기 시작하고, 소극적으로 변하며, 소외감을 느껴 종종 자존심을 잃어버리기도 한다. 자신이 더 이상 중요한 존재가 아니라고 느끼기 때문이다. 우리는 쓸모없고 무가치하며 폐물이 되어 버렸다는 자아 이미지에 시달린다. 그리하여 많은 이들이 은퇴한 뒤에 1년 안팎으로 사망한다.

이들이 사망한 이유는 직장에서 은퇴했기 때문이 아니다. 인생에서 은 퇴하기로 마음먹었기 때문이다. 쓸모없고 지칠 대로 지쳤으며 자존심이 꺾이고 용기와 자신감을 잃었기 때문이다. 현재 우리 사회는 이런 감정을 부추기는 경향이 있다. 우리는 이런 감정이 시대에 뒤떨어진 비과학적인 발상에 기인한다는 사실을 깨달아야 한다.

약 50년 전 심리학자들은 인간의 정신적인 기능이 25세 때 절정에 달 하며 그 뒤로는 점차 쇠퇴한다고 믿었다. 그러나 최근의 연구 결과에 따르 면 35세 정도에 정신적으로 정점에 이르며 70세 이후까지 똑같은 수준을 유지하는 것으로 나타났다. 많은 학자들이 인간이 70세가 되어도 학습 능력은 17세 못지않게 유지된다는 사실을 증명했는데도, 머리가 굳어진 노인이 새로운 사고방식을 습득하는 것은 불가능하다는 허튼소리가 아직 도 떠돌고 있다.

우리는 언제나 득과 실을 따진다. 막 직장 생활을 시작한 젊은이는 대 개 강인한 육체적 에너지, 활짝 열린 정돈된 마음, 집요한 호기심, 모험심, 날카롭게 잘 돌아가는 머리 등을 가지고 있다. 이와 경쟁하는 나이 많은 사람은 체력이 훨씬 약하거나 불편한 몸과 씨름하고 있을지도 모른다. 게 다가 창조력의 자유로운 활동을 가로막는 뿌리 깊은 편견에 사로잡혀 있거 나, 모험을 싫어하거나, 보수적이고 머리 회전까지 느릴 수 있다.

하지만 젊은 사람은 경험이 부족할 뿐만 아니라 감정을 처리하는 데 미 숙하고 능력에 대한 자신감이나 신용도 등이 떨어진다. 나이 든 사람은 상대적으로 경험(일부 문화권에서는 아직도 이것을 인생의 지혜로 여기고 있다) 이 훨씬 풍부해 중요한 결정을 내리거나 실수를 만회해야 할 때 이를 활 용할 수 있다. 즉, 모두가 나름대로의 득과 실을 갖고 있다.

사업을 한다고 가정할 때 대통령이 내각을 구성하듯이 자신의 부족한 부분을 보강해 줄 공동 경영자나 자문역 등을 기용할 것이다. 또한 이렇게 자문위원회를 꾸릴 수 없다면 풍부한 상상력을 동원해서 머릿속으로 토론회를 열어 전문가에게 조언을 구할 수도 있다.

내가 말하고자 하는 요점은 특정 나이에 있을 수 있는 곤경, 비극, 장애, 질병 등을 겪더라도 어떻게 반응할 것인가는 우리 각자가 선택해야 한다는 것이다. 노화나 질병과 관련해서 우리가 선택한 감성적인 반응은 생체 시계, 유전자, 약물 등의 영향 못지않게 그런 상황에 처하면서 겪어온 인생 경험에서 비롯된 것이기도 하다. 이런 사실을 조금이라도 인정한다면 나이보다 젊게 살기 위해 사이코사이버네틱스의 개념과 기술을 익혀야 할 또 하나의 동기를 얻는 셈이다.

생리학자들은 예전에는 우리 나이가 마흔 살 이상이 되면 모든 육체 활동이 몸에 해롭게 작용한다고 믿었다. 그래서 40세 이상의 환자들에게 가능하면 몸을 아끼고, 골프를 비롯한 여러 운동을 그만두어야 한다는 그릇된 조언을 했다. 심지어 20년 전에는 한 유명 작가가 원기와 체력을 보존하려면 나이가 마흔 이상인 사람들은 앉을 수 있는 상황이라면 절대로 서 있지 말고, 누울 수 있는 상황이라면 절대로 앉지 말라고 조언했던 일까지 있었다.

그러나 이제는 국내에서 최고로 손꼽히는 심장 전문의를 비롯한 모든 의사들과 생리학자들이 모든 연령대에서 격렬한 활동을 포함한 모든 신체 활동을 해도 괜찮을 뿐 아니라 건강을 유지하려면 꼭 필요하다고 이야기한다. 운동하는 데 너무 늦은 나이란 없다. 그러나 병세가 너무 심하거나, 오랜 기간 운동을 거의 못 하고 지내다가 갑자기 힘을 쓰는 운동을 하면 스트레스가 생길 수 있고 다치거나 치명적인 타격을 줄 수 있다.

격렬한 운동에 익숙하지 않은 상태라면 욕심 내지 말고 조심하면서 서서히 강도를 높여 가야 한다. 45~80세 사람들의 체력 회복 분야 선구자인 토머스 큐러턴_{Thomas K. Cureton} 박사는 힘을 많이 써야 하는 격렬한 운동을 할 수 있게 되기까지 최소 2년에 걸쳐 점진적으로 몸을 만들어야 한다고 조언했다.

지금 나이가 40세 이상이라면 대학 시절에 무게가 꽤 나가는 아령이나 역기를 들었거나, 얼마나 빨리 달렸는지에 대한 기억은 잊어버려라. 처음에는 집 근처 한 블록 정도를 산책하는 것에서 시작한다. 걷는 거리를 1~2킬로미터에서 시작해서 조금씩 늘려서 6개월 뒤에는 7~8킬로미터까지 늘려간다. 그 뒤로는 걷기와 뛰기를 번갈아 한다. 처음에는 조깅하는 거리를 1킬로미터 이하로 하고 나중에 1~2킬로미터까지 늘린다. 그다음에는 팔굽혀펴기, 앉았다가 일어나기, 적당한 무게의 아령이나 역기를 들기 시작해도 좋다.

큐러턴 박사는 이와 같은 프로그램을 활용해서 2년 혹은 2년 반 만에 체력이 약한 50~60대, 70대들이 하루에 8킬로미터를 거뜬히 달리는 체력을 갖출 수 있게 만들었다. 이 프로그램에 참여했던 사람들은 몸이 가뿐해지고 기분이 좋아졌다고 응답했을 뿐 아니라 신체검사 결과 심장을 비롯한 다른 주요 장기들이 훨씬 건강해진 것으로 확인됐다.

기적은 이미 당신 마음속에 있다

나의 확고한 신념을 고백하는 김에 남김없이 털어놓는 것이 좋을 듯싶다. 나는 기적을 믿는다. 의학은 신체 내부의 갖가지 메커니즘이 어떻게 작동하는지에 대해 전혀 아는 바가 없다. 작동 방식이나 어떤 일들이 일어나는지에 대해 조금 알고 있을 따름이다. 신체가 상처를 아물게 하기 위해 어떤 일이 일어나고, 메커니즘이 어떻게 작동하는지 묘사할 수는 있다.

하지만 설령 전문 용어를 사용했다 할지라도 묘사가 설명일 수는 없다. 나는 칼에 벤 손가락이 왜, 어떻게 낫는지 아직도 잘 알지 못한다.

나는 치료의 메커니즘을 움직이는 생명력의 힘을 제대로 이해하지 못한다. 또한 그 생명력이 어떻게 작용하는지, 무엇이 생명력을 발휘하게 하는지도 모른다. 그런 메커니즘을 창조해 낸 힘에 대해서도 모를 뿐 아니라 지시를 내리는 그 힘이 메커니즘을 어떤 식으로 운용하는지도 잘 알지 못한다.

알렉시스 카렐Alexis Carrel 박사는 프랑스 루르드Lourdes(1858년 베르나데트라는 14세 소녀가 이곳에 있는 마사비엘 동굴에서 18회에 걸쳐 성모 마리아를 보고 회개를 촉구하는 메시지를 들었다고 전해진 후 해마다 세계 각지로부터 300만 명이 넘는 순례자가 찾아오는 순례지가 되었다. 또한 동굴 속에 있는 샘물은 성수聖水로서 병을 치료하는 데 효험이 있어 이를 찾는 신도와 환자들이 많으며, 입구에는 완치된 사람들이 두고 간 수많은 목발이 걸려 있다—옮긴이)에서 순식간에 일어난 치유의 기적을 개인적으로 목격한 관찰기를 썼다. 의사로서 그가 할 수 있는 유일한 설명은 일반적으로 치유되기까지 일정한 시간이 걸리는 신체의 자연 치유 과정이 아주 열렬한 믿음의 영향으로 불가사의하게 가속화되었다는 것이었다.

카렐 박사의 말에 따르면 기적은 자연 치유 과정과 신체적인 능력의 가속화 또는 강화에 의해 이루어진다. 그렇다면 저절로 새로운 조직이 생겨나 수술 자국이 치유되는 것을 볼 때마다 나는 작은 기적을 목격하는 셈이다. 내가 보기에 그것이 2분이 걸리든, 2주가 걸리든, 2개월이 걸리든 상관없다. 나는 항상 내가 파악할 수 없는 어떤 힘이 작용하는 것을 목격한다.

프랑스의 유명한 외과 의사인 뒤부아Dubois는 수술실에 다음과 같은 글이 적힌 커다란 액자를 걸어 두었다.

"상처에 붕대를 감아 주는 것은 의사지만, 고치는 이는 신이다."

이 말은 항생제부터 감기약에 이르기까지 모든 약물 치료에도 해당된다. 하지만 나는 분별력 있는 사람이 자신의 신앙에 어긋난다고 주장하면서 의학적인 치료를 업신여기는 태도에 대해서는 이해하지 못하겠다. 나는 신앙적 치유를 가능하게 하는 힘 또는 생명력이 의학적인 기술과 발견도 가능하게 만들었다고 생각한다. 그렇기 때문에 의학과 종교 사이에 어떤 대립도 존재할 이유가 없다고 본다. 의료 행위에 의한 치유나 신앙에 의한 치유, 둘 다 같은 원천에서 유래했으니 함께 협력해서 나아가야 하는 것이다.

미친개가 자신의 아이를 공격하고 있는데 옆에 서서 "내 신앙심을 증명해야 하니까 난 손을 쓸 수가 없어."라고 말할 아버지는 세상에 없다. 그 아버지는 곤봉이나 총을 가져다주는 이웃의 도움을 거절하지 않을 것이다. 하지만 미친개의 크기를 수억 배로 줄여 그것이 박테리아나 바이러스라고 가정하자. 그러면 그 아버지는 캡슐이나 메스, 주사기 등의 도구를 건네주는 이웃 의사의 도움을 거절할지도 모른다.

인생의 한계를 긋지 마라

이제 이 책을 끝낼 때가 된 것 같다. 성경을 보면 선지자가 사막에서 굶주리고 있을 때 신이 하늘에서 음식을 담은 보자기를 내려보냈다. 하지만 선지자는 그 음식이 먹을 만하다고 생각하지 않았다. 음식은 불결했고 온갖 벌레가 기어 다녔다. 신은 선지자를 꾸짖으며 신이 내려 준 것을 함부로 불결하다고 말하지 말라고 했다.

오늘날 일부 의사와 과학자 중에는 종교 색을 띠면 무조건 경멸하는 사람이 있다. 마찬가지로 독실한 신자 중에는 과학과 관계된 것이라면 무조건 의심하고 반감을 드러내는 사람도 있다. 편견에 치우쳐 협력하지 못하는 경우가 비일비재하며, 내게 반감을 품고 있는 이들도 있다. 척추 교정 의사와 일반 의사는 저마다 상대 분야의 가치와 효용성을 인정하고 환자를 위해 협력하는 대신 반목을 일삼는다.

정신과 의사, 심리학자, 의학계는 대부분 자가 요법을 비웃는다. 하지만 이 책과 같은 책들로부터 크게 도움을 받았다는 수많은 증언과 언론을 통해 자세히 보도된 증거가 너무 압도적으로 많은 까닭에, 정상적인 사람이라면 도저히 부정하지 못할 것이다. 그렇다면 기꺼이 이를 받아들이는 것은 어떤가? 의사들이 〈오프라 윈프리 쇼〉나 홈쇼핑 방송에 출연하는 유명한 대중 심리학 작가나 정신 수행자를 격렬하게 비판하는 이유는 타당한 근거에 의한 것일까, 아니면 아집이나 시기심 때문일까?

이 모든 분야가 서로 다투며 서로의 정통성을 부정한다 할지라도 우리는 이들의 속 좁은 언쟁에 말려들 이유가 없다. 우리는 자신에게 가장 적합한 것을 찾아 취사선택할 자유가 있다. 잠재적인 혜택과 도움에 대해 마음의 문을 닫지 마라. 그리고 우리 자신의 이성적인 판단을 이용하라. 스스로 여러 이론을 시험하도록 하라.

이 장의 서두에서 밝혔듯이 우리의 진정한 목표는 나이가 들어감에 따라 보다 원숙한 삶을 사는 것이다. 행복에 대한 우리의 정의가 어떻든 행복은 더욱 충만한 삶을 체험할 때만 누릴 수 있다. 충만한 삶이란 무엇보다도 성취감, 가치 있는 목표의 달성, 사랑의 교류, 건강과 즐거움의 향유, 나 자신과 다른 사람 모두의 행복 등을 의미한다.

나는 인생이 단 한 번 주어질 뿐이며, 단 하나뿐인 궁극적인 것이라고 생각한다. 그러나 인생에는 다양한 길이 존재하며 다양한 형태로 나타난다. 만일 인생에서 충만한 생명력을 얻고자 한다면 충만한 인생에 접근할 수 있는 다양한 경로를 한정 짓지 말아야 한다. 그것이 과학, 종교, 심리학 등의 형태를 띤다고 하더라도 받아들일 수 있어야 한다.

또 하나의 중요한 경로는 타인을 통한 것이다. 타인이 우리에게 주는 도움, 행복, 즐거움 등을 거절하지 말고, 반대로 남에게 주는 것을 주저하지 말자. 자존심이 강한 나머지 타인의 도움을 받아들이지 못하는 사람이 되지 말아야 한다. 또 너무 무심한 나머지 도움을 베풀지 못하는 사람이 되어서도 안 될 것이다. 우리에게 주어진 선물이 우리의 선입관 또는 자존심에 반한다고 해서 그것을 불결하다고 여기지 말자.

끝으로, 자기부정 때문에 충만한 인생 자체를 부정해서는 안 된다. 신은 우리에게 자기긍정에서 나오는 용서, 마음의 평화, 기쁨 등을 주었다. 이런 은총에 등을 돌린 채 우리가 너무 불결해서 아무 가치와 능력도 없고 하찮은 존재라고 스스로를 부정한다면 이는 신에 대한 모욕이다. 가장 적절하고 현실적인 자아 이미지는 자신이 '신의 형상으로 만들어졌다'고 생각하는 것이다.

프랭크 슬로터 Frank G. Slaughter 박사는 다음과 같이 말했다.

"자신이 신의 형상으로 지어졌다는 사실을 강렬하고 진실한 마음으로 전적인 확신을 갖고 믿을 때 강인함과 능력이 새롭게 샘솟는다."

이 책에 소개된 다양한 견해와 훈련 방법은 우리가 더욱 충만한 삶을 살 수 있도록 나의 환자들의 도움을 받아 완성한 것이다. 이 책이 모든 사람에게 같은 효과를 불러일으켰으면 하는 것이 나의 간절한 소망이다.

Psycho
Cybernetics

제16장

사이코사이버네틱스로
성공한 사람들

신발 끈을 맬 수만 있다면, 당신도 성공할 수 있다

자신이 성취하려는 것이 무엇인지 구체적으로
알고자 하는 사람은 극소수에 불과하다.
대부분의 사람들은 눈앞의 상황이나 이익에만 집착한다.

_주디스 바드윅 Judith Bardwick

셀라 퀸은 평균 지능을 월등히 뛰어넘는 천부적인 지능을 가지고 태어났다. 그녀는 미국 전체 인구의 상위 2퍼센트에 속하는 지능지수를 가진 사람들의 단체인 멘사MENSA의 회원이다. 하지만 꽤 오랫동안 이 재능은 그녀에게 별 도움이 되지 못했다. 그녀의 신체가 갖고 있는 선천적인 기형 때문이었다.

그녀는 심한 언청이로 태어났다. 입천장과 윗입술이 찢어진 선천적인 기형 때문에 발음이 나빠 사람들은 그녀의 말을 알아들을 수가 없었다. 언청이는 종종 코의 기형도 동반한다. 퀸은 자신의 코가 마치 "지붕의 한 쪽 귀퉁이가 무너진 반원형 막사" 같다고 묘사했다. 그녀가 태어날 당시의 미숙한 수술 기술은 그녀의 언어 장애를 교정하는 데 아무 도움이 되지 못했다. 그녀의 말은 너무 알아듣기 힘들어 의사소통을 하기 위해 항상 필기도구를 가지고 다녀야 할 정도였다. 그녀는 턱, 치아, 얼굴 등이 자주 쑤시고 아팠다.

퀸은 학창 시절에 많은 시련을 겪었다. 학교 친구로부터 괴롭힘을 당했을 뿐 아니라 선생님도 그녀를 바보 취급했다.

"말을 못 하면 사람들은 바보라고 생각하죠. 가족을 비롯해 선생님과 아이들도 그렇다고 생각했기 때문에 심지어 저도 그런 줄 알았죠."

그녀는 16세에 집을 나와서 가장 가까운 도시로 가는 버스에 올라탔다. 주머니에는 고작 44달러가 들어 있었다. 아무 계획도 없었고, 어디로 가야 할지도 몰랐다. 그저 그녀가 살던 곳을 벗어나야 한다는 생각밖에 없었다.

그녀는 잡화점 안의 간이식당에서 그릇 닦는 일자리를 얻었다. 그리고 매춘을 하는 흑인 여성의 지하 셋방을 빌렸다. 그 흑인 여성은 퀸에게 열심히 노력해서 학업을 계속하고 꿈도 버리지 말라고 격려해 주었다. 퀸은 그 흑인 여성과 이야기를 나누며 그녀가 부동산을 소유하고 있고 주식 투자에도 손을 대고 있다는 사실을 알았다. 퀸은 놀라움을 금치 못하는 동시에 이런 사실에 큰 자극을 받았다.

어느 날 퀸이 일하는 간이식당에서 매일 아침 커피를 마시기 위해 들르는 치과 의사가 쪽지 하나를 건네받았다. 쪽지에는 다음과 같이 적혀 있었다.

"저는 이가 너무 아픕니다. 하지만 저는 치료비로 한 달에 5달러밖에 낼 수 없는 처지랍니다. 저를 좀 도와주시겠습니까?"

그 치과 의사는 퀸의 수술을 주선하고 치료까지 받을 수 있도록 도와주었다. 총비용은 3,000달러가 넘게 나왔다. 퀸은 청구 비용을 보고 울음을 터뜨렸다고 한다. 그러나 그녀는 수많은 일자리를 전전하면서 치료비를 다 갚았다.

이후 그녀는 비서가 되기 위해 비즈니스 스쿨에 등록했고 코 성형 수술을 하기 위해 저축을 했다. 또 고학으로 네브래스카 대학교를 다녔으며

12년 만에 신문학 학사 학위를 받을 수 있었다. 졸업 후 7년 동안은 네브래스카주 링컨시에서 기자로 활동했다. 이때 메릴린치에서 연수생을 뽑는다는 신문 광고가 그녀의 흥미를 끌었다. 그녀는 곧 메릴린치의 인턴으로 지원해 이후 7년 동안 근무했다. 훗날 그녀는 스미스바니로 자리를 옮겨 부사장 자리까지 올랐다.

셀라 퀸은 주식중개인과 투자 컨설턴트로 계속 경력을 쌓았고, 마침내 투자신탁회사의 사장이 되어 엄청난 성공을 거두었다. 거실에 풀장이 설치된 대저택, 고급 승용차, 사회적인 영향력, 경제력 등 그녀의 삶은 유명인사의 삶에 못지않았다. 어떻게 그녀는 그 숱한 역경과 고난에도 굴하지 않고 성공할 수 있었을까? 그녀는 자신의 극적인 변신이 결코 쉽지 않았다고 말했다.

"제 자아 이미지는 형편없었죠. 하지만 저 자신의 필요성, 주위 사람들의 격려, 제 능력에 대한 점진적인 자각 등이 맞물려 조금씩 앞으로 나갈 수 있었어요."

처음 세일즈를 시작했을 때는 자존심을 기르기 위해 정신과 의사의 상담을 받기도 했다. 정신과 의사는 그녀가 이제껏 생각해 왔던 것처럼 '바보'가 아니라고 말해 주었다. 사실 그녀는 지극히 총명했다. 의사는 그녀에게 멘사에 가입하라고 강력히 권했고, 그녀는 합격했다.

간이식당에서 일할 때 그녀는 이 책의 초판본을 읽고 성형 수술을 받아야겠다고 마음먹었다. 또한 이 책 덕분에 정신과 의사에게 도움을 청할 용기도 낼 수 있었다. 마침내 그녀는 어린 시절에 받은 정신적인 충격에 빠져 앞날을 개척하는 데 주저할 필요가 없다는 사실과 자신이 성취한 발전에 대해 자신감과 자존심을 가질 만하다는 사실을 깨달았다. 그녀는 다음과 같이 말했다.

"몰츠 박사님의 책을 읽고 시간당 88센트를 받던 접시닦이가 투자신탁

회사를 차릴 수 있었어요."

중요한 점은 주변의 평가와 관계없이 자신에 대한 '진실'을 시험해 본 결과, 그 평가가 전혀 맞지 않았다는 사실을 발견했다는 것이다. 셀라 퀸의 사례에서 영감을 얻은 사람은 자신의 자아 이미지 재고 목록에서 잘못 평가되었던 진실에는 어떤 것이 있는지 찾아보라. 그러면 아마도 가장 걸림돌이라고 생각했던 것이 실은 전혀 그렇지 않다는 것을 발견할 것이다.

퇴학당할 뻔한 학생이 대학 교수가 되다

"대학에서 학사 경고를 받고 퇴학당할 위기에 처해 자살을 결심했을 때 처음 이 책을 접했는데, 정말 제 삶을 완전히 바꿔 놓았습니다."

대학 교수, 전문 강사, 작가, 성공한 사업가로 살아온 마셜 레딕이 털어 놓은 말이다. 레딕은 20세 무렵 대학에서 퇴학당하지 않기 위해 발버둥 치고 있었다. 그는 자신이 성공적인 삶을 꾸려 나가기는커녕 대학에 졸업 하는 데 필요한 지적인 능력조차 부족하다고 생각했다. 게다가 굉장히 수줍음을 탔고 형편없는 자아 이미지를 가지고 있었으며 자신감마저 완전히 잃은 상태였다. 그는 이 책을 읽고 나서 가장 단순하고 기본적인 훈련법 부터 실천해 보기로 결심했다.

"저 자신을 다시 프로그램하기 시작했죠."

그는 말을 계속했다.

"예를 들면 제 주변에 작은 메모지를 붙여 놓았어요. 주머니, 거울, 자동차 속에도 붙여 놓았습니다. 이는 제가 자신감이 있고 유능한 사람이라는 사실을 기억하기 위해서였죠. 그러자 단 21일 만에 이전과 다른 기분이 들면서 전과 다르게 행동하기 시작했어요."

레딕은 그 후 학문의 길을 밟아 크게 성공했다. 대학에서 경제학, 경영학을 공부한 뒤 콜로라도 주립대학교에서 경영학 석사 학위를 받았고, 텍사스 공과대학교에서 경영학 박사 학위를 받았다. 그 후 캘리포니아 주립대학교에서 경제학 및 경영학 담당 교수로 3년간 재직했다.

"수업을 받는 모든 학생에게 이 책을 읽고 리포트를 제출하라고 했죠. 저는 요즘 이 책을 추천하곤 합니다."

오늘날 레딕은 인기 있는 전문 강사로 미국강연자협회NSA가 공식 추천하는 최고의 프로 강사에게 수여하는 상인 전문연사상Certified Speaking Professional, CSP을 받기도 했다. 또한 그의 세미나 회사는 1975년부터 전 세계 기업들을 대상으로 시간 관리, 협상, 직무 수행 등의 프로그램을 소개하고 있다. 이렇게 단순한 방법만으로 낙제생이 우등생으로 탈바꿈해서 박사 학위를 받고 교수가 된 사실이 놀랍지 않은가? 자수성가한 백만 장자인 클레멘트 스톤이 가장 좋아하는 경구가 하나 있다.

"작은 경첩이 큰 문을 움직인다."

이 말은 다양한 상황에 적용될 수 있는 심오한 뜻을 가지고 있다. 하지만 여기서는 우리의 자아 이미지에 새겨진 조그만 진실이나 생각을 새롭게 탈바꿈시키기 위한 도전이 극적인 성장을 가능하게 하는 커다란 문으로 통한다는 의미로 해석할 수도 있을 것이다. 아이디어의 크기보다는 결과를 좌우하는 기회의 크기가 더 중요하다. 이 책을 읽고 가장 간단한 아이디어를 실천에 옮겨 본 사람이라면 놀라운 자아 발견을 할 수 있을 것이다.

소녀 가장에서 최고의 강사로

제 직업은 전문 강사입니다. 며칠 전 큰 단체의 오찬 모임에서 발제를 하기 위해 사무실을 나올 채비를 하고 있었는데, 사무실 책장으로 눈길이 갔습니다. 그중 책 한 권이 눈에 띄었습니다. 표지가 여기저기 해진 낡은 책이었습니다. 그 책을 본 저는 1960년 당시를 떠올렸습니다.

유명한 법률회사에서 일하던 저는 고학으로 텍사스주 버몬트에 있는 라마 대학교를 다닐 수 있었습니다. 그 법률회사의 파트너였던 분이 저의 멘토였죠. 오늘날에 와서야 저는 그분이 다른 19세 소녀에 비해 제가 자존심에 큰 상처를 입고 있다는 사실을 알고 있었음을 깨달았습니다. 그해 어느 회의 시간에 박사님의 책 한 권을 내주며 한번 읽어 보라고 하더군요. 저는 그분이 추천해 준 책이니 틀림없이 좋은 책일 거라고 생각했습니다. 저는 그 주에 그 책을 독파했죠. 그 책은 제 사고방식과 감정을 재정비할 수 있는 도구를 제공했습니다. 전에는 생각지도 못했던 일이었습니다.

제가 16세가 될 때까지 아버지는 큰 제조 업체에서 일했습니다. 아버지는 회사에서 이름난 말썽꾼이었죠. 덕분에 우리는 해마다 이사를 해야 했습니다. 어떤 때는 같은 해에 두 번씩 뉴욕과 로스앤젤레스 사이를 왔다 갔다 한 적도 있답니다. 12년 동안 17군데의 학교를 다녔죠.

우리 가족은 일주일 내내 이동했습니다. 주말이면 아버지는 술독에 빠져 지내곤 했습니다. 어머니는 집 밖에 나갈 형편이 못 되었기 때문에 네 형제 중 맏이였던 제가 어머니의 발이 되어 드려야 했습니다. 우리가 이사할 때마다 전기, 가스, 수도 등은 제가 도맡아 연결했고, 청구된 고지서들을 꼼꼼히 확인해서 납부했으며, 장을 보는 것도 제 몫이었습니다. 하지만 어머니의 눈에는 제가 하는 일이 성에 차지 않았죠. 이렇게 자란 저는 사회에 나와서도 맡은 역할을 제대로 해내기 위해 노력했습니다. 하지만 썩 만족스럽지 않았던 모양입니다. 제 상사가 자아 이미지에 관한 책을 건네줄 정도였으니 말입니다.

첫해에 저는 그 책을 다섯 번이나 읽었습니다. 그 후 5년 동안 해마다 몇 차례씩 읽곤 했습니다. 몰츠 박사님은 제게 자극제나 다름없었죠. 박사님은 제게 새로운 삶으로 통하는 문을 활짝 열어 주었을 뿐만 아니라, 일생 동안 관심을 가졌던 몸과 마음에 관한 연구를 하게 한 장본인이기도 합니다. 저는 이를 직업으로 삼기로 결정했고 이런 결정은 일생 동안 만족감을 주었습니다. 오늘날 저는 전국 방방곡곡을 다니며 청중들에게 자존심과 의사소통의 문제에 관해 강연을 합니다. 저는 경험을 통해 저 자신과 의사소통이 안 되면 다른 사람과도 의사소통을 할 수 없다는 사실을 알게 되었습니다.

페기 콜린스는 법률회사 사무원에서 부동산 업계의 실력가로 발돋움했으며, 곧 금융회사의 선임 부사장 자리까지 올랐다. 그 뒤 그녀는 전문 강사 및 워크숍 지도자의 길을 걸었다. 그녀의 고객으로는 모빌오일, 프리토레이, 버거킹, JC페니 등 쟁쟁한 대기업들이 있었다.

그녀의 사례는 과거가 미래를 지배하지 않는다는 사실을 뒷받침한다. 알코올 의존증 환자의 자녀가 심각한 문제에 부딪친다는 것은 널리 알려진 사실이다. 하지만 그녀가 자란 것과 같은 '파탄 가정'의 범위를 어떻게 규정하느냐에 따라 어쩌면 우리 모두가 문제 가정에서 자랐다고도 할 수 있다. 우리는 어린 시절의 경험 또는 성인이 되어 겪은 불운한 삶을 딛고 일어서서 지금 바로 이 순간부터 자신의 자아 이미지를 변화시켜 앞으로 나가야 한다.

미국에서 인기 있는 강사인 조엘 웰던은 수년 동안 '제트기 조종사는 백미러를 쳐다보지 않는다'라는 제목으로 강연을 했다. 우리 모두 백미러는 그만 쳐다보고 지금 이 순간과 미래를 바라봐야 한다.

꼴찌 로데오 팀을 정상에 올려놓다

1969년 가을 더그 버틀러가 캘리포니아 주립기술대학교 로데오 팀의 코치 자리를 맡기로 결심했을 때, 이 팀은 전국대학로데오협회의 서부 지역에서 최하위 팀이었다. 편자공 전공반의 학생 한 명은 꼴찌 팀에 발이 묶인 정상급 로데오 카우보이였는데, 버틀러에게 코치 자리를 맡아 달라고 애원하면서 자기 팀이 경기 성적은 시원치 않지만 잠재력이 있는 팀이라고 강력히 주장했다. 버틀러는 당시를 이렇게 회상한다.

"그즈음 맥스웰 몰츠 박사의 책을 읽고 깊은 감명을 받아 제 삶에도 그 가르침을 적용해 보려던 참이었죠. 그때 그것을 로데오 선수들을 가르치는 데도 적용할 수 있겠다는 느낌이 들더군요. 실제 사례에 대해서는 못 들어 봤지만 말입니다. 나중에야 그레이 레퓨란 사람이 황소 타기 학교에서 그런 방법으로 학생을 가르치고 있다는 말을 들었습니다. 하지만 당시에는 제가 처음으로 새로운 지평을 개척하고 있다고 생각했죠."

버틀러는 팀 성적을 올리기 위한 계획을 세웠다. 그 계획에는 새로운 규칙, 훈련 기풍, 선수의 행동 규칙 등과 함께 선수들의 자기계발을 위해 맥스웰 몰츠 박사의 이 책을 교과서로 채택하는 것까지 포함되어 있었다. 프로 하키 선수 출신이었던 축산학과 학과장은 그의 계획을 지원해 주기로 동의했다.

버틀러는 로데오 팀 선수들을 만나 자신의 조건에 모두가 동의하지 않을 경우 코치직을 수락하지 않겠노라고 분명히 밝혔다. 그가 정한 규칙은 술, 담배, 약물 복용 등을 금지하고, 학교 성적을 유지하며, 용모를 단정하게 하는 동시에 일주일에 두 차례 학교 로데오 경기장에서 있을 혹독한 훈련에 참가할 것과 매일 정신 훈련을 해야 한다는 것이었다. 버틀러는 억척스럽게 심신 훈련 프로그램을 강행했다.

"일주일에 세 번씩 오전 6시 30분부터 체육관에서 훈련을 했죠. 웨이트 트레이닝을 통한 체력 단련과 유연체조를 실시한 후에 단거리 달리기 훈련을 했습니다. 그다음 숨을 가라앉히고 이 책을 읽고 깨달은 점들을 서로 토의했죠. 모두가 책을 가지고 있었고 읽고 또 읽었습니다. 선수들마다 자신이 경기에서 우승하는 모습을 마음속으로 그려 보는 법을 연습하곤 했죠. 그런 뒤에 상상을 통해 체험한 바를 세부적인 묘사를 곁들여 서로 나누었습니다."

1970년 늦봄 무렵 버틀러의 팀은 서부 지역 최하위에서 2위까지 성적이 올라갔다. 나중에 로데오 세계 챔피언 대회에서 6회나 우승한 팀 바로 다음이었다. 팀의 이미지, 경기 내용, 성적이 향상되자 학생들에게 처음으로 로데오 장학금이 지급되었다.

"연말 송년 모임에서 학생들은 제게 장식이 새겨진 은 허리띠 버클을 선물해 주며 우레와 같은 기립 박수를 보냈습니다. 아직도 그 버클을 차고 다니죠. 저는 우리가 나누었던 추억을 언제까지나 기억할 것입니다. 당시 함께했던 선수 모두가 자신들이 선택한 분야에서 성공했답니다."

더그 버틀러는 코넬 대학교에서 수의해부학과 말영양학으로 박사 학위를 받았다. 그는 미국에서 500명밖에 안 되는 공인 편자공 중 한 사람으로서 북미 편자 박기 팀 선수로 세 번이나 선발되었다. 또한 그는 말의 편자 박기와 발 관리법에 관한 30여 권의 책을 썼으며 관련 테이프를 만들기도 했다. 1980년 그는 북미 챌린지컵 편자 박기 대회에서 우승했으며, 1997년에 국제 편자 박기 명예의 전당에 올랐다. 그리고 1999년에는 미국편자공협회로부터 언론 홍보상을 수상했다.

버틀러는 현재 대장장이를 대상으로 시각화 기법을 가르치고 있다. 또한 각종 기업, 협회, 종업원 등을 대상으로 품성, 지도력, 극기 등을 강조하는 '카우보이의 규칙'이라는 제목의 강연도 하고 있다. 그는 이 책이 어떤 목표도 성취할 수 있도록 자신을 이끌어 주었다고 말한다.

이상에서 알 수 있듯이 우리의 직업이 무엇이든 그것은 중요하지 않다. 이 책이 소개하는 원칙, 개념, 기법은 최고의 성과를 창출할 수 있도록 돕는 믿을 만한 도구다. 또한 버틀러 팀의 사례에서 알 수 있듯이 우리의 출발점이 어디든 상관없다. 우리가 꼴찌의 자리에서 헤매거나 혼란에 빠져 있더라도 상관없다. 중심을 잃고 자기 관리를 못하며 자신감을 잃었다고 하더라도 모든 것은 우리의 결심에 달려 있다. 과거의 경험에 매달려 그것이 우리의 현재와 미래를 지배하도록 내버려 두어서는 안 된다.

근육위축증 환자가 일어나 걷기까지

"몰츠 박사님께. 먼저 박사님의 저서에 감사의 뜻을 전하고 싶습니다."라는 도입부로 시작하는 이 편지는 몰츠 박사의 연구실로 배달된 수천 통의 편지와 다름이 없는 듯했다. 하지만 이 편지는 정말 놀라운 이야기를 담고 있었다.

> 지금 저는 지극히 개인적인 체험을 말씀드리면서 복받쳐 오르는 감정을 주체할 수 없습니다. 단 한 권의 책으로 저의 삶 전체가 바뀐 것을 생각한다면, 지금부터 말씀드리는 제 이야기는 그리 놀라운 일이 아닐지도 모릅니다. 저는 다만 다른 사람들에게 제 이야기가 도움이 되기만을 바랄 뿐입니다.
>
> 저는 1924년 10월 1일 켄터키주 프로비던스에서 4킬로그램의 몸

무게를 가진 건강하고 정상적인 여자아이로 세상에 태어났습니다. 그러나 10세 때 근육위축증(신체의 근육이 점차 퇴화되어 걷고 움직이는 데 점점 어려움을 느끼게 되는 질환. 근육 발육 이상 때문에 일어나는 질병이라고도 한다—옮긴이)이라는 진단을 받았습니다. 제가 앞으로 1년도 못 살 테니 학교를 그만 다니게 하는 편이 나을 것 같다고 부모님께 이야기하는 의사의 말을 엿들었던 기억이 납니다. 이 말은 제 마음속 깊이 두려움을 남겼습니다. 그리고 저의 운동기능에 서서히 변화가 오기 시작했습니다. 비틀거리며 걷기 시작하더니, 바로 걷는 것 자체도 어렵게 되었습니다. 그 후 손을 사용하기가 아주 힘들어지기 시작했습니다. 저는 사람들의 사랑과 이해심에 의지한 채 다음 20년을 지속할 여행을 시작했습니다. 죽음의 그림자를 드리운 진행성 질병인 근육위축증에 맞서 싸우면서 말입니다.

저는 수많은 여름날을 깁스를 한 채 치료를 받으며 병원에서 보내야 했습니다. 마침내 걸을 수 있도록 강철 보강재가 부착된 특수 신발이 제게 주어졌습니다. 그즈음 몸 전체가 약해지는 징조를 보이기 시작했습니다. 다른 사람에게는 너무나도 쉬운 일들이 제게는 좌절감만을 안겨 주었죠.

수많은 장애에도 불구하고 학교는 마칠 수 있었습니다. 대학까지 나왔으니까요. 그 후 13년 동안 저는 교직에 있었습니다. 25세가 되던 해에 양쪽 발목을 모두 수술해야 한다는 통보를 받았습니다. 그렇지 않으면 남은 일생을 휠체어에 의지하고 살아야 할지도 모른다는 거였죠. 수술을 받고 나서는 거의 1년을 깁스를 하고 휠체어에 의지하면서 살아야 했습니다. 저는 걷는 법을 다시 배워야 했습니다. 얼마간 서 있을 수 있기까지 수개월이 걸렸습니다. 몇 년 전부터는 다시 일을 할 수 있게 되었습니다.

수술은 전반적으로 성공했다고 할 수 있지만 정신적인 상처는 여전히 남아 있었습니다. 그 상처는 제게 신체적인 장애보다 더 큰 약점으로 작용했습니다. 저는 자신감도 부족했고, 자존심과 자립심 모두가 모자랐습니다. 마치 방향감각을 잃어버린 듯 사는 목적도 잃어버린 것 같았습니다.

여기서 중요한 사실 하나를 짚고 넘어가자. 우리가 삶의 목적, 자존심, 자신감 등을 잃어버릴 때 그 과정이나 사건 자체는 그다지 중요하지 않다. 그것은 수많은 사람에게 서로 다른 양상으로 나타난다. 반드시 심각한 신체적인 장애나 정신적인 충격 때문만은 아니라는 말이다. 하지만 이런 암흑 속에서 빛을 찾아가는 길은 그 원인이 애초에 무엇이었든 동일하다. 편지는 다음과 같이 계속된다.

그동안 제 친구와 가족들은 정말 저를 헌신적으로 도와주었습니다. 저 또한 깨어 있는 시간 전부를 투자해서 영적인 가르침을 전해 주는 책이나 일반 서적, 온갖 종류의 철학적 가르침 등을 필사적으로 찾아 헤맸습니다. 저는 불교에서 초월 명상법까지 안 읽어 본 것이 없었습니다. 심지어 바라문교 성전聖典까지도 깊이 파고들었습니다.

하루는 서점에서 책을 고르고 있는데 《맥스웰 몰츠 성공의 법칙》이라는 책이 시선을 끌었습니다. 제목이 제 호기심을 자극했죠. 점원에게서 재고를 제대로 보유하지 못할 정도로 그 서점에서 가장 잘 팔리는 책 중의 하나라는 말을 들었습니다. 그만한 책이면 괜찮겠다 싶었습니다. 저는 그 책을 산 후 손에서 책을 내려놓지 못했습니다. 평생 처음으로 제 행동에 대한 통찰력을 갖기 시작했습니다. 책을 다 읽고 난 뒤에 언젠가는 저자를 만나 봐야겠다고 결심했습니다. 어떻게 만나야 할지 알 길이 없었지만, 몰츠 박사님에게 감사하는 마음을 전해야겠다고 생각했습니다.

그 후 몇 년 동안 박사님의 책은 행동 지침서나 다름없었습니다. 저의 태도는 부정적인 것에서 '승리감'으로 바뀌었습니다. 다른 사람에게 기적처럼 보이는 것들은 저의 자아 이미지를 변화시키는 과정에서 얻은 부산물이었을 뿐입니다.

저는 의학적인 불가사의와 같은 존재가 되었습니다. 저를 검진했던 의사 모두 제가 걷는 데 필요한 근육 기능이 없어졌다고 입을 모았었죠. 의학적인 관점에서는 제가 다시 걸을 수 있다는 사실을 논리적으로 설명할 길이 없는 모양입니다. 저는 최근에 제4 지역 조종사 국제 대회에서 '올해의 전문직 여성 장애인'으로 뽑혔습니다. 이 상은 조종사와 대통령 산하 장애인고용위원회가 공동 후원한 것입니다. 저는 최근 플로리다주 애스큐 주지사의 장애인 고용 정보 및 홍보 소위원회 위원으로 위촉받기도 했습니다.

저는 TV 방송 일을 하면서 운 좋게도 유명 인사들과 만날 수 있는 기회가 있었는데, 그중에서도 가장 좋았던 기회는 바로 몰츠 박사님과 만난 것이었습니다. 저는 이제 충만하고 유익하며 행복한 삶이 어떤 것인가를 깨달았습니다.

우리는 살면서 재앙을 겪기 마련이며, 아무리 눈물겨운 노력이 필요할지라도 재앙을 극복하고자 노력한다. 진 샌더스는 걸을 수도 없고 차를 운전할 수도 없었다. 모든 의사의 진단에 따르면 그녀는 걷는 데 필요한 근육의 기능이나 힘을 상실한 상태였다. 그녀가 다시 걷고 차를 운전할 수 있게 된 건 눈에 보이지 않고 의학적으로 검증할 수 없는 자아 이미지가 불러일으킨 근육의 힘이 있었기에 가능했다.

샌더스가 이 책을 '행동 지침서'로 삼았다고 말한 점은 의미심장하다. 수많은 철학적인 글이나 자기계발서와 달리 이 책은 생각하는 것만을 강조하지 않고 직접 행동할 것을 강조한다. 바로 이 점이 중요하다. 왜냐하면 건설적인 행동이 의미 있는 결과를 가져다주기 때문이다.

여기 한 남자가 있다. 그는 매일 몇 시간씩 혼자 조용한 방에 앉아 눈을 감고 복권에 당첨되는 장면이라든지, 대기업의 CEO가 되는 장면, 뉴욕 맨해튼이 내려다보이는 유리가 설치된 호화로운 고급 주택에서 지시를 내리는 장면, 열대 해변에서 아름다운 여인과 신혼여행을 즐기는 장면 등을 마음속으로 그렸다. 날이면 날마다 수년간 이런 이미지에 몰두하던 이 남자는 끝내 넌더리를 내면서 포기했다. 그리고 '자기계발서의 헛소리'에 귀를 기울이는 사람에게 모두 허튼소리라며 떠들고 다니기 시작했다. 문제는 이 남자가 한 번도 복권을 구입한 적이 없고, 승진 요청을 한 적도 없으며, 젊은 여성에게 데이트를 신청한 적도 없다는 데 있다.

이 책을 읽기만 하고 책꽂이에 꽂아 둔다면 그다지 값어치를 못 느낄 것이다. 하지만 진 샌더스가 그랬던 것처럼 분명한 목적과 방향, 결심을 세우고 이 책을 이용한다면 충만한 삶을 누릴 수 있도록 자유로워질 것이다.

새로운 출발점에 선
당신에게

새로운 출발점에 도달한 것을 축하한다. 이 책의 출발점이 아니라 끝없이 진화하는 '새로운 나'의 출발 말이다. 이 책이 처음 출판된 때로부터 50년 도 넘게 지났지만 여기에 담긴 원칙과 기술은 과거 어느 때와 다름없이 지금도 유효하며, 수많은 사람들의 동기를 끊임없이 자극하고 그들의 삶 에 변화를 불러일으키고 있다. 날마다 세계 각지에서 사람들이 사이코사 이버네틱스 홈페이지를 방문하고, 구독자가 되고, 각자 경험했던 긍정적 인 사례를 소개하는 이메일을 보내온다. 여러분의 이런 여정에 함께할 수 있어서 정말로 기쁘다.

이 책을 마무리하면서, 날마다 꾸준히 긴장을 완화한 상태에서 정신적 이미지를 활용하는 법을 비롯한 사이코사이버네틱스 훈련을 실천하면서 차츰 느껴지는 중요한 삶의 변화 몇 가지를 짚고 넘어가려고 한다.

우선 이미지를 떠올리기 전에 만드는 고요하고 편안한 마음 상태가 갈 수록 확고해지고, 하루 중에 어느 때라도 그런 고요한 마음 상태를 유지할 수 있다는 것을 인식하게 된다. 훈련을 하루라도 거르면 분명히 뭔가가 다르다는 느낌을 느끼고 다시 빨리 원래대로 돌아가야겠다는 생각이 든다.

하루도 빠짐없이 연속으로 훈련하는 날이 늘어날수록 긍정적인 상상을 떠올리고 느끼는 능력 또한 발전하게 된다. 시간이 지나면 이런 느낌이 몰입감으로 발전한다. 하지만 단순히 이 책을 읽기만 하거나 가끔씩만 훈련할 경우 그런 몰입감은 생기지 않는다. 확실한 효과가 발현되려면 사이코사이버네틱스 원칙을 날마다 실천해야 한다.

자기계발 분야의 통상적인 실천법과는 달리 사이코사이버네틱스에서는 목표를 달성할 기한을 정해야 한다고 이야기하지 않는다. 그 말은 목표 기한 설정 자체가 잘못되었다는 것이 아니라 경우에 따라 부적절할 수도 있는 뜻이다. 우리가 추구하는 목표들 중에는 기한을 확실히 정하는 것이 도움이 되는 목표도 있지만 그렇게 되면 오히려 방해가 되는 것도 있다.

이미지를 떠올리는 연습의 목적은 창조 메커니즘이 긴장이나 억제로 방해를 받는 일 없이 목표를 향하도록 만들기 위해서다. 우리는 이런 이미지와 감정으로 뇌와 신경 체계에 목표를 각인시킨다. 이때 목표에 명확한 기한을 부여할 경우 메커니즘의 흐름을 막아서 기능 이상을 초래할 가능성도 있다. 자신이 정한 기한 내에 목표를 달성할 수 있을지 초조하고 긴장되기 시작한다면 메커니즘의 원활한 작용이 막혀 있다는 신호다. 어떤 사람들은 재정적인 목표와 달성 기한을 정해 두고는 자기가 왜 그토록 부정적인 마음 상태가 됐는지 알아차리지 못하기도 한다. 그런 현상은 대개 정해진 기한 내에 자신이 목표를 달성할 수 있을 것이라고 믿지 못하기 때문에 발생한다.

이 문제에 관한 개인적인 경험과 오랜 세월 내가 코칭했던 사람들의 사례를 바탕으로 판단했을 때 나는 명확히 정해 둔 시간적 계획이 없을 때 사람들이 더 좋은 성과를 낸다고 믿는다. 목표를 상상하면서 그 목표를 이루는 순간의 좋은 기분을 느낄 수 있으면 된다. 원하는 것을 상상하고 있다가 취해야 할 행동 조치가 떠오르면 그것을 따른다. 그리고 일단 그런 행동 단계에 돌입하면 진전이 나타난다. 그러면 기분이 더 좋아지고, 놀랍게도 기대했던 것보다 목표를 더 일찍 성취하기도 한다. 어째서 그럴까? 목표를 언제 달성할 것인지 신경 쓰며 불안해할 일이 전혀 없기 때문이다. 우리는 그저 목표를 달성할 수 있다는 사실에 대한 믿음과 확신만 품으면 된다. 그렇게 되면 자동 유도 시스템이 제 기능을 못할 일이 전혀 없다.

처음에는 단기적인 목표, 프로젝트, 동기를 불러일으키는 이미지를 떠올리는 것이 좋다. 단 하루나 일주일 만에 만들어 낼 수 있는 목표를 상상하는 것이 1년이나 그 이상이 걸리는 목표를 상상하는 것보다 낫다. 이 과정을 이렇게 저렇게 실험하면서 즐겨 보자. 큰 목표에 도전하기 전에 우선은 작은 목표부터 공략하도록 한다. 그렇게 하면 이 과정과 자기 자신에 대한 확신이 생길 것이다.

정신적 이미지를 떠올리는 연습을 매일 꾸준히 하면 시간이 흐르면서 다른 정신적인 기술이 삶에 나타나기도 한다. 어떤 종류의 기술을 말하는 것일까? 알다시피 몰츠 박사는 사이코사이버네틱스를 설명하면서 듀크 대학교의 조지프 라인 박사가 제시했던 초감각적 지각, 투시, 텔레파시 같은 초심리학 이론을 수없이 많이 인용했다. 그가 이 내용을 언급했다는 사실 자체만으로도 그렇지만 언급했던 횟수가 그토록 많았던 것을 보면 몰츠 박사가 초심리학에 깊은 관심이 있었음이 틀림없다. 그리고 몰츠 박사가 짧게나마 이 주제를 책에서 다루었던 건 날마다 수행하는 정신적인 이미지 훈련을 통해 그 스스로가 감정과 육감이 급격히 향상되는 경험을 했기 때문이라고 확신한다.

지금 내가 대담하게 이런 이야기를 꺼낼 수 있는 건, 사실 내게도 그런 일이 일어났기 때문이다. 나는 인간으로서 가능하다고 믿었던 수준을 뛰어넘는 감각을 느꼈으며 직감이 불현듯 떠오르고 남들의 병을 치유하는 경험을 했다. 게다가 그것은 저절로 일어난 일이었다. 처음에 그런 능력이 생기게 만들려고 뭔가를 시도한 것도 아니며 그에 대해 더 자세히 알아보려고 하지도 않았다. 오히려 비현실적으로 느껴지는 경험을 하게 된 데 조금 겁이 났다.

몰츠 박사가 "환자들의 구체적인 사례를 제시하면서 개인의 놀라운 발전에 대해 설명하면 터무니없는 과장이라는 비판을 받거나, 사이비 종교 집단으로 몰리거나, 아니면 그 두 가지 공격을 한꺼번에 받기 때문에"라고 책 서두에서 언급했듯이, 그는 이런 경험을 세상에 알리기를 주저했다. 그랬지만 나는 지금이야말로 사이코사이버네틱스 재단의 통솔과 보호 아래 이런 다른 가능성을 탐구하고 싶은 사람들에게 기회를 열어 줄 시기라고 믿는다.

앞에서 설명했지만 메이저리그 명예의 전당에 이름을 올렸으며 '그 인간'The Man 이라는 애칭으로 불리기도 했던 야구 선수 스탠 뮤지얼은 자신에게 초감각적 지각이 있다고 공개적으로 선언했다. 그는 타석에 섰을 때 투수가 어떤 공을 던질지 알려 주는 목소리를 들었으며 그 목소리는 틀린 적이 한 번도 없었다고 한다. 그러고 보면 명예의 전당에 등재된 선수들 중에서 차마 세상에 알려지는 못했지만 숨겨진 특별한 능력이 있었던 선수들이 더 많지 않았을까 하는 생각도 든다.

이는 아주 놀랍고 흥미로운 대화 주제임이 틀림없다. 개인적인 견해로는 초능력을 바란 적이 없는데 저절로 생긴다면 그런 재능에 대해 더 많이 알아보라는 징조로 받아들이는 것이 좋지 않을까 싶다. 그 지식과 능력을 더 나은 삶을 살고 남을 돕는 데 활용할 수 있도록 말이다.

그런 의미에서 나는 몰츠 박사가 언급했던 '용서'의 능력, 해방과 치유의 능력을 깨닫는 데 도움이 될지 모를 개인적인 경험을 공유하면서 이 책을 마무리하고자 한다.

1982년 여름, 나는 인생의 황금기를 보내고 있었다. 행복했고, 얼굴에 웃음이 끊이지 않았으며 진정으로 삶을 즐기고 있었다. 그러나 당시에는 모르고 있었지만 몇 시간 뒤에는 극적이고 충격적인 경험을 할 운명이었다. 평생의 흉터를 입고 얼굴이 완전히 바뀌는 사건이었다.

나는 펜실베이니아 록 헤이븐에서 열린 14일간의 전지훈련을 마치고 동료 레슬링 선수들, 코치들과 함께 아이오와 대학교로 복귀했다. 바로 다음 날부터는 28일간의 일정으로 새로운 훈련 캠프가 시작될 예정이었다. 나는 훈련을 기대하며 한껏 들떠 있었다. 얼마나 활기가 넘쳤던지 여행에서 막 돌아온 참이었는데도 이른 저녁에 동료 선수들 몇 명과 8킬로미터 달리기를 하고 올 정도였다.

달리기를 마치고는 다 함께 사우나에 가서 20분 동안 앉아 있다가 샤워를 하고 저녁으로 파스타를 먹으러 갔다. 그다음에는 바로 자리를 옮겨 술을 마셨다. 아이오와주에서 합법적으로 술을 마실 수 있는 나이인 만 19세가 되었다는 사실에 기분이 으쓱했다. 술을 여러 잔 마시고 나서는 기분이 한층 고조됐다. 그 누구도 내게 손을 대거나, 나를 다치게 하지 못할 것 같았다. 마치 천하무적이 된 기분이었다.

그러다가 어느 순간엔가, 나도 모르게 싸움에 휘말리게 됐다. 나와 맞붙은 상대는 법과 규칙은 안중에도 없는 부류의 사내였다. 그가 내 셔츠에 맥주를 휙 던지듯 쏟아붓자, 나는 그를 뒤로 밀쳐 버렸다. 그는 내 앞으로 다가와 맨주먹이 아니라 빈 유리잔을 집어 들고 왼손으로 훅을 날렸다. 나는 나름대로 무하마드 알리 흉내를 내 보려고 했다. 공격을 피하기 위해 몸을 뒤로 젖혔으나 민첩성이 부족했다. 그가 다가서면서 내 얼굴 오른쪽을 후려쳤다. 유리잔이 내 얼굴에 부딪치면서 산산조각 났다. 소방 호스에서 뿜어 나오는 물처럼 머리에서 피가 솟구쳤다.

피부가 절개되어서 속살이 완전히 드러났다. 오른쪽 눈썹에서 눈꺼풀, 뺨에 이르는 피부가 옆으로 축 늘어졌다. 나는 내 긴팔 티셔츠로 얼굴에 덜렁거리며 붙어 있는 피부를 받쳤다. 눈꺼풀이 갈기갈기 찢기고 뺨, 윗입술, 목에서도 피가 흘렀다. 눈과 뺨에는 유리잔 파편들이 깊숙이 박혔다.

피가 솟구치는 내 얼굴을 보고 겁에 질린 사람들이 내지르는 비명 소리가 지금도 귀에 들리는 듯하다. 내가 사람들에 이끌려 밖으로 나가던 상황도 눈에 생생하다. 몇 초 안 되는 듯한 빠른 시간 내에 구급차가 도착했다. 구조대원들은 내 머리를 감싸고, 아이오와 시내에 있는 대학병원 응급실로 나를 급히 이송했다.

응급실에서 나를 살핀 의사들은 내 얼굴이 마치 조각 퍼즐 같다고 말했다. 유리 파편이 얼굴과 눈에 박혔는데 얼굴을 자세히 들여다보던 한 의사는 "세상에, 하늘이 도우셨나 보네요. 하마터면 실명할 뻔했어요."라고 말했다. 조금 지나서는 "죽지 않은 게 행운"이라는 말도 들었다.

수술대에 누워서 봉합 수술 받을 준비를 하는데 한 남자가 다가와 내 이름을 불렀다. 목소리만 듣고도 누군지 금방 알 수 있었다. 나의 코치를 맡고 있는 댄 게이블이었다. 그는 올림픽 금메달리스트이며, 역사상 최고의 레슬링 선수이자 코치로 자주 꼽히는 인물이다. 그는 내 어린 시절의 우상이자 롤 모델이었다. 그런 그가 갈기갈기 찢긴 내 얼굴을 바라보며 내 옆에 서 있었다. 창피하고 부끄러워서 참을 수가 없었다. 이런 바보 같은 일을 저지르다니.

내가 감정을 주체하지 못하고 어쩔 줄 몰라 하자, 게이블이 나를 보고 "왜 그래, 괜찮아?"라고 물었다. 뭐라고 대답을 해보려고 애를 쓰는데 다행히 옆에서 의사가 거들었다.

"환자분이 충격이 아주 컸을 겁니다."

"아, 네. 저도 이해합니다."

정말로 그랬을 것이다. 게이블은 열다섯 살 때 위스콘신에서 부모님과 함께 낚시 여행을 떠났다. 누나인 다이앤은 다음 날에 여행 장소로 직접 찾아올 예정이었다. 하지만 누나는 그곳에 오지 못했다. 전날 밤에 한 남자가 게이블의 가족이 사는 집에 침입해서 누나를 성폭행한 뒤에 살해했기 때문이었다.

이 일로 게이블의 가족은 극도의 괴로움에 짓밟혔다. 게이블의 부모님은 그 집에서 더 이상 살고 싶어 하지 않았다. 끔찍한 범죄가 벌어졌던 그 집은 가족들에게 괴로운 기억을 불러일으켰다. 다이앤의 방은 텅 비어 있었는데, 방이 비어 있다는 사실을 인식할 때마다 느껴지는 고통이 가족들 간에 끊임없는 불화를 초래했다. 이렇게 계속 다투기만 하다가는 가족이 유지되지 못하겠다는 사실을 직감한 어린 댄이 부모 앞에 나섰다.

"제가 이제부터 누나 방을 쓰겠어요."

댄이 당당히 선언했다. 그리고 그런 그의 행동 덕분에 가족은 살아남을 수 있었다.

그렇게 용감하게 나섰던 바로 그 사람이 내 앞에 서 있었다. 그는 여러 차례 챔피언 자리에 올랐고 제자들을 챔피언으로 키워 낸 대단한 인물이었다. 그는 인간으로서 내가 존경하는 모든 자질을 갖추고 있었다. 나는 그와 같은 사람이 되고 싶었다. 언젠가는 게이블 밑에서 배우겠다는 것이 고등학교 시절 내내 바랐던 목표였다. 그리고 그가 이끄는 팀에서 한 시즌을 보냈던 그 시점에, 나는 상처로 얼굴이 완전히 절개된 채로 그 앞에 누워 있었다.

***

일곱 시간 동안 수술을 받고 나서 거울로 들여다본 내 얼굴은 팅팅 부었고 상처투성이였다. 머리가 참을 수 없이 가려웠다. 하지만 가려움을 해소하려고 아무리 긁어 봐도 감각이 전혀 없었다. 감각이 돌아오기까지는 그 뒤로도 6개월이 더 걸렸다.

실밥을 모두 제거한 뒤에는 다시 훈련에 몰입해야 했다. 전국 대회를 앞두고 있었기 때문에 자기 연민에 빠져 넋 놓고 앉아 있을 수는 없었다. 그래서 나는 훈련과 학교에 온 정신을 집중하고, 내게 벌어졌던 일에 대해서는 관심을 거두었다. 이후로는 그 일을 절대 입에 담지 않았다. 그 기억을 마음에서 완전히 차단했던 것이다.

가족들은 나를 대신해서 가해자를 고소했다. 처음에는 그 사건에 대해 정말 아무 조치도 취하고 싶지 않았다. 나는 그 일에 죄책감을 느끼고 있었으며, 내게도 책임이 있다는 사실을 잘 알았다. 하지만 부모님은 내가 아무리 부적절한 행동을 했을지언정 맥주잔에 맞아 얼굴 피부가 완전히 절개될 정도의 잘못을 하지는 않았다며 행동에 나섰다.

그로부터 5년 뒤 나는 1만 6,000달러라는 거금을 보상금으로 받았고 그 3분의 1은 사건을 수임했던 변호사에게 돌아갔다. 보상금이 나왔던 시기는 마침 돈이 절실히 필요했던 때였다. 전국 대학 레슬링 대회 우승 타이틀을 쥐고 대학을 막 졸업했고, 일반인을 대상으로 헬스 트레이닝 강좌를 열어 수업에 쓸 운동기구를 구입해야 했고, 광고도 해야 했다.

시간을 빨리 돌려서, 2007년 여름이었다. 술집에서의 싸움이 있은 뒤로 25년이 흘렀다. 하지만 그날에 이르기까지 이 기억을 놓아 보낼 필요가 있다는 사실은 미처 인식하지 못하고 있었다.

이날 아침, 매일 해오던 연습으로 정신의 영화관으로 들어가서 안정된 마음 상태를 만드는데 평소와는 달리 뭔가가 이상했다. 목표를 시각화할

532

수가 없었다. 과거의 성공이나 행복했던 순간이 아무리 해도 떠오르지 않았다. 그런 와중에 마음속에 감춰져 있던 한 영화가 내 관심을 간절히 원하며 고집스럽게 버티고 있었다. 마치 과거에서 온 무시무시한 유령 같았다. 바로 아이오와의 술집에서 싸움에 휘말렸던 열아홉 살 때의 기억이었다.

싸움을 했던 때로부터 21년이 흐른 뒤에야 나는 그때의 일을 대화할 때나 글에서 조금씩 언급하기 시작했다. 주로 세미나 때 내 개인적인 체험을 들려주면서 청중들 각자가 내면의 흉터를 극복해야 한다고 격려하는 과정에서였다. 나는 '평생의 흉터'가 생겼지만 그 경험을 긍정적으로 승화시킬 수 있었음을 참석자들에게 보여 주고 싶었다. 하지만 이야기를 꺼낼 때마다 매번 예외 없이 슬픔의 눈물이 쏟아져 내렸다. 그 싸움에 대한 엄청난 고통이 마음속에 잠재되어 있었던 것이다. 내가 전혀 인식하지 못했던 그 고통은 변화를 간절히 바라고 있었다.

그래서 그날 아침에 목표를 시각화하는 것이 불가능해지자, 나는 지금껏 해본 적 없는 일을 해보기로 결심했다. 인생의 흉터에 대해 그저 말이나 글로 언급하는 데만 그치지 않겠다는 결심이 섰다. 나는 두 눈을 감고 그 당시로 돌아가서, 그 사건을 다시 체험했다. 나는 술집 바닥에 앉아서 맥주잔이 내 얼굴에 부딪치며 깨지는 순간을 지켜봤다. 천장에 매달린 전등이 있는 곳에서도 내려다봤다. 그리고 술집 바에 놓인 의자에 앉아 다른 각도로 또 한 번 지켜봤다.

처음에는 그 사건을 이런 식으로 다시 체험할 수 있다는 데 놀랐다. 나는 얼굴에서 피가 솟구쳐 나오고, 티셔츠를 들어 얼굴을 감싸는 장면을 지켜봤다. 그리고 스스로에게 '지금 기분이 어때?'라고 물었다.

이 질문을 던지자 태산 같은 슬픔이 밀려들었다. 눈을 감은 채 계속해서 고통스런 순간을 느끼고, 주체할 수 없이 흐느끼면서, 소리 없이 이렇게 말했다.

"반격할 수가 없어."

청년기를 보내며 생전 처음으로 의료진의 도움을 기다리는 일 말고는 아무것도 할 수 없는 상황에 놓였던 것이다. 승부욕이 아주 강한 레슬링 선수였던 내게 반격할 수 없는 상황은 엄청난 치욕이었다. 이런 현실은 몸에 입은 상처보다도 더 큰 상처를 안겼다. 그리고 그 순간 나도 모르는 사이에 내면에 흉터가 생기기 시작했다. 그 흉터는 얼굴의 흉터가 무색할 만큼 심각한 것이었다.

깊은 괴로움을 느끼면서 바닥에 앉아, 내가 받아 마땅한 끔찍한 경험이라고 믿었던 경험을 다시 체험하고 있을 때 구름 사이로 연민과 사랑의 목소리가 들려왔다. 지금까지 이 경험을 이런 식으로 글로 표현했던 적이 없지만, 나는 그 목소리가 몰츠 박사가 내게 건네는 이런 조언이었다고 믿는다.

"매트, 자네는 열아홉 살이었네. 자네는 실수를 했던 거야. 상대방도 마찬가지였고. 자네 자신을 용서하게. 이제는 그만 그 기억을 놓아 보내게. 그리고 그 사람도 용서해 주고. 더 이상은 이 고통을 안고 살아서는 안 되네. 이제는 고통을 안고 살아갈 필요가 없어. 이제 그만 내려놓고 자네 자신과, 자네에게 상처를 입힌 그 사람을 축복하게."

나는 그 조언을 따랐다. 부서진 맥주잔을 손에 들고 내 앞에 서 있는 그 남자를 머릿속에 그렸다. 나를 공격했던 그 남자가, 자기가 한 행동에 신이 난 듯 큰 소리를 내지르는 것을 보고 들었다. 나는 그를 향해 손을 흔들고 미소 지었다. 그와 나 사이의 공간에 밝게 웃는 얼굴을 그려 넣어 그를 축복했다.

그러자 조언을 해주는 그 목소리가 이렇게 말했다.

"자, 이제 그가 들고 있는 맥주잔을 보게. 그리고 그것을 깃털로 바꿔

봐. 그 깃털 끝에는 잉크가 묻어 있네. 이 깃털이 자네에게 인생의 승차권을 써 줄 거야."

눈을 뜨려고 하는데 목소리가 다시 들렸다.

"매트, 반격이 불가능해 보이는 상황에 놓인 사람들이 이 세상에 얼마나 많을지 한번 생각해 보게. 그들이 만들어 내는 정신적인 이미지와 느낌으로 그들 각자가 스스로와 타인을 용서하면 삶을 크게 개선시킬 수 있다는 사실을 자네가 세상 사람들에게 보여 주게. 이 세상의 모든 것은 정신적인 이미지라네. 사람들이 가진 모든 목표는 마음속으로 그리는 이미지에서 출발하네. 그리고 각자의 모습이나 삶에서 마음에 안 드는 부분은 어떤 것이 되었든 정신적인 이미지를 바꾸기만 하면 변화시킬 수 있네. 절대 잊지 말게. 용서조차도 정신적인 이미지라는 것을."

매트 퓨리

사이코 사이버네틱스 재단 대표